반세기만의 SCM 혁명

DEMAND DRIVEN
PERFORMANCE
USING SMART METRICS

데브라 스미스·채드 스미스 지음
이광빈·김경현 옮김

KOREA LOGISTICS NEWS
Mc Graw Hill Education

Demand Driven Performance, 1st Edition

1 2 3 4 5 6 7 8 9 10 KLN 20 18

Original: Demand Driven Performance, 1st Edition © 2013
By Debra Smith, Chad Smith
ISBN 978-0-07-179609-5

This authorized Korean translation edition is jointly published by McGraw-Hill Education Korea, Ltd. and Korea Logistics News. This edition is authorized for sale in the Republic of Korea

This book is exclusively distributed by Korea Logistics News.

When ordering this title, please use ISBN 978-89-93475-28-9 (93500)

Printed in Korea

한국의 독자들에게

채드 스미스(Chad Smith)

Hello and thank you for the interest in this book and topic!
Korean is the first language that this book has been translated to and both Debra and I are extremely excited to see how these concepts can help make a difference.
The book that you are about to read is the beginning of a journey to bring common sense, properly applied mathematics and management accounting back to corporations. We can accomplish so much more when we can focus on relevant information. But what is relevant?
That is the key to opening the door to immense amounts of potential.
We hope this book can help you sift through the oceans of data and to narrow your focus to what is truly relevant for your company's success.

안녕하세요? 이 책과 주제에 관심을 가져 주셔서 감사합니다.
한국어는 이 책이 번역된 첫 번째 언어이며, Debra와 나는 이 개념이 어떻게 효과를 낼 수 있는지를 볼 수 있게 되어서 대단히 기쁩니다.
이 책은 상식과 적절하게 적용된 수학 및 관리 회계를 기업에 되돌려주는 여행의 시작입니다. 우리는 적합한 정보에 집중할 수 있을 때 더 많은 것을 성취할 수 있습니다. 그러나 적합한 정보란 무엇입니까?
그것은 바로 엄청난 잠재력으로 통하는 문을 열 수 있는 열쇠입니다.
이 책을 통해 데이터의 바다에서 진정으로 적합한 것을 찾아내어 여기에 초점을 맞추어 회사의 성공에 도움이 되기를 바랍니다.

추천의 글

임석철 / 아주대학교 산업공학과 교수 · (사)한국SCM학회 이사장

우리나라에 SCM(공급사슬경영)이 도입된 지 20년이 넘어, 이제 SCM은 기업과 공공조직의 경영성과를 좌우하는 핵심경영전략으로 자리 잡았다. 종전에는 조직의 내부에 의견대립과 책임전가, 부서 이기주의가 만연하여 조직 전체의 성과는 훼손되었다. 공급사에게는 일방적인 거래관행으로 눈에 안 보이는 손실을 발생시켰다.

SCM은 이러한 난맥상을 해소하는 도구이자 경영전략이다. 내부적으로는 수요계획과 공급계획을 전사 단일화하고 이를 계획대로 실행, 평가하는 순환적 운영시스템을 구축하고, 외부적으로는 비즈니스 파트너들과의 정보공유와 협업을 통해 수요와 공급을 일치시켜 매출을 늘이고 재고와 결품을 줄이는 경영성과를 창출한다.

이러한 패러다임의 변화는 기존에 굳게 믿고 있던 잘못된 생각deep truth을 버리고 거기서 빠져나올 때 비로소 가능하다.

이 책은 이러한 변화를 가능하게 하는 중요한 돌파구를 제시한다. 조직을 탈바꿈시켜 경영성과를 획기적으로 향상시키고자 하는 경영관리자들의 일독을 적극 추천한다.

옮긴이의 글

이광빈 · 김경현

이 책은 기업의 의사결정에 있어서 적합한 정보의 중요성을 강조하고, 지난 수십년 동안 부적합한 정보를 의사결정의 원천으로 사용함으로써 발생한 문제점에 대한 심도 있는 분석을 통해, 이러한 문제점의 해결방안으로서 뉴 노멀 시대에서 기업의 시스템 플로우flow 및 ROI를 극대화할 수 있는 디맨드 드리븐 플래닝 Demand Driven Planning 방법론과 스마트 메트릭스를 제시한다.

지난 수십년 동안 SCMSupply Chain Management의 역사상 가장 혁신적인 발명으로 평가받아 왔던 기존의 MRPMaterial Requirements Planning의 가장 근본적인 문제점은 공급망을 선형 시스템으로 이해하고, 이를 기반으로 한 계산식에 의해 공급 주문을 생성하는 것이다. 그러나, 많은 회사에서 MRP의 입력 데이터로 사용되는 부적합한 수요예측 데이터의 부정확성 및 변동성으로 인하여 MRP가 권고하는 공급 주문 수량 및 시점을 현업에서 그대로 받아들이지 못하고 실무 담당자의 경험치가 반영된 별도의 엑셀 같은 보조 도구를 이용하여 매일 임기 응변식으로 대응하고 있는 것이 현실이다.

공급망은 선형 시스템이 아니라 복잡 적응 시스템Complex Adaptive System이라는 것이 이미 학계에서 규명되었으며, 변동성의 증폭으로 인한 채찍효과는 피할 수 없는 현상으로 받아들여지고 있다. 기존의 MRP 로직에는 채찍효과를 줄일 수 있는 메커니즘이 없으며, 오히려 MRP 자체의 과민성이 변동성을 증폭시키고 채찍효과의 발생에 대한 원인을 제공하고 있다.

위대한 경제학자인 존 메이너드 케인즈는 "적당히 맞는 것이 정확히 틀리는 것보다 낫다(It is better to be roughly right than precisely wrong)"라는 유명한 말을 남겼다.

이 책에서 제시하는 새로운 공급망 계획 방법인 DDMRPDemand Driven MRP는, 오류가 많고 부적합한 수요예측 데이터 대신에 적합한 데이터인 실제 확정 주문을 입력 데이터로 사용하여 기존의 선형적 MRP 로직 내에 변동성을 다룰 수 있는 메커니즘을 집어넣음으로써 기존의 MRP가 추구해 왔던 특정 시점에서 정확하게 재고를 제로로 만드는 것을 목표로 하는 것이 아니라, 오히려 전략적 위치에 디커플링 재고 버퍼decoupling stock buffer를 적당히 보유함으로써 변동성의 증폭을 막고 시스템 플로우를 증대시켜 리드타임을 극적으로 단축시키는 효과를 가져오게 한다.

이 책은 이러한 디맨드 드리븐 플래닝 방법론을 기반으로 한 사고체계 전환의 필요성과 새로운 성과 평가지표인 스마트 메트릭스를 제시하고 있다. 이 새로운 메트릭스는 운영 영역, 전술적 영역, 전략적 영역에 각각 적합한 별도의 성과지표를 갖는다.

이 책을 처음 접한 순간 지난 30여 년간 SCM 관련 컨설팅 분야에 종사하면서 풀리지 않았던 MRP의 본질적인 문제가 한 순간에 해결되는 듯한 강렬한 느낌을 받았고, 꼭 번역해서 관련업계 및 학계의 종사자들과 내용을 공유하고 싶은 생각이 들게 되었다.

이 책의 머리글에서 세계 굴지의 중장비 회사인 르터노 테크놀러지LTI의 CEO였던 댄 에커만은 다음과 같이 말했다. "저를 믿으세요. 이 방법론은 효과가 있습니다. 저는 경험으로 그것을 압니다!"

아무쪼록 이 책이 제조 및 유통 회사의 경영층, SCM 관련 학계, 그리고 회사의 공급망 계획과 재고관리 및 유통망 관리를 담당하는 담당자들, 그리고 SCM을 공부하는 학생들로 하여금 새로운 관점에서 SCM을 조망할 수 있는 기회를 제공해 줄 수 있게 되기를 간절히 바라는 마음이다.

감수의 글

김승철 / 한양대학교 경영대학 교수 · (사)한국SCM학회 공동회장

SCM(공급사슬경영)에서 전통적으로 대립되는 두 가지 방식은 예측 기반의 계획을 수립하고 운영하는 푸시Push 방식과 실시간 수요를 기반으로 운영하는 풀Pull 방식이라고 할 수 있다. 이 책은 수요 기반의 풀Pull 방식의 공급사슬 경영 시스템을 강력히 지지하는 내용을 담고 있으며, 이를 위해서 우리가 필요로 하는 정보와 계획 수립 방법론에 대해 얘기하고 있다.

좋은 번역서가 되기 위한 조건은 첫째 원서가 좋아야 하고, 둘째 번역자가 원서의 내용을 현지의 상황에 맞게 적절히 번역하는 것이다. 원서의 내용을 있는 그대로 직역하는 것도 좋겠지만 보다 더 생동감 있는 번역서가 되려면 번역자가 상황에 맞추어 적절히 의역을 하는 것도 필요할 것이다. 이 책은 산업 분야에서 30년 이상을 근무하면서 쌓아온 실무 경험과 기업 강의 및 컨설팅 경력, 학술적인 이론 능력을 갖춘 두 사람의 번역자가 힘을 합쳐 좋은 내용의 원서를 적절하게 한국어로 풀어냈다는 점에서 훌륭한 번역서로 평가하고 싶다.

이 책을 통해 기업 경영층과 SCM 실무자를 비롯한 산업계 근무자와 SCM을 연구하는 학자 또는 학생들이 SCM에 관한 본질적인 문제를 좀 더 심도 있게 이해하고 해결안을 찾는데 도움이 될 수 있을 것으로 생각한다.

마지막으로 번역이란 쉽지 않은 일을 집중력을 갖고 잘 마무리 지은 역자들의 노고를 치하하는 바이다.

머리글 FOREWORD

댄 에커만(Dan Eckermann)

여러분도 이렇게 할 수 있습니다 – CEO의 관점
You Can Do This – a CEO's Perspective

저는 이 책을 읽으신 후 이 책에 기술된 잠재력이 아직도 사실인지 의구심을 갖고 있는 여러분들의 마음 상태를 쉽게 확인할 수 있습니다. 저 역시 한 때 이러한 의구심을 가졌었습니다. 저는 이전에 이러한 유형의 방법론들은 단지 디트로이트의 업체들처럼 높은 생산량high volume과 낮은 믹스low mix 생산환경에서만 작동되거나 고도의 반복생산 형태로 잘 정의된 생산환경에서만 작동된다고 믿었습니다. 저는 이러한 방법론들이 운영의 복잡성이 극심하였던 르터노 테크놀러지LeTourneau Technologies, Inc의 롱뷰 공장Longview plant에서는 성과를 낼 수 없다고 거의 확신하였었습니다.

롱뷰 공장의 현황은 다음과 같았습니다.

- 스크랩 철강으로부터 완제품에 이르기까지 고도의 수직 통합
- 600,000개의 BOM 레코드
- 165,000개의 품목번호
- 연간 60,000건의 제조 오더
- 연간 290,000건의 제조 오퍼레이션
- 500,000개의 도면

이러한 현황은 어떠한 척도에 의해서도 물류 관리 측면에서 놀라운 숫자입니다. 대부분의 회사들의 경우, 물류가 이처럼 복잡한 경우는 흔하지 않습니다.

제조업체의 경영진이 그들의 사업 조직으로부터 황금을 캐내는 것이 왜 이렇게

어려울까요?

이에 대한 답은 그들이 황금을 알아보지 못하기 때문입니다. 그리고 그들은 황금을 알아보더라도 그것을 캘 수 있다고 믿지 않으며, 설사 황금을 알아보고 캐낼 수 있다고 믿더라도 어떻게 캐낼 수 있는지를 알지 못합니다. 그 이유는 회사의 물류가 복잡하고, 우리의 타고난 행동양식이 그러한 복잡한 환경 하에서 올바른 일을 올바른 방법으로 수행하도록 이끌어주지 않기 때문입니다. 사실상 우리의 타고난 행동양식은 복잡한 물류 상황을 더욱 나쁘게 만들며, 실제로 이에 관한 많은 사례들이 발생하고 있습니다. 복잡한 물류 상황들을 다루기 위하여 여기에서 언급된 작업 프로세스들의 유형은 직관적인 것이 아니며, 분명히 단순하지 않습니다. 만일 그것들이 단순하다면 모두가 그 방식들을 따랐을 것이며, 그 방식을 올바르게 수행하였을 것입니다.

이 책에서 저자들은 실제로 입증된 방법들을 제시할 것입니다. 일단 설명이 되면, 그 논리가 보편화될 것이며, 쉽게 이해할 수 있게 될 것입니다. 황금을 캐내지 못하는 이유에 대하여 경영진이 통상적으로 어떻게, 그리고 어디에 초점을 맞추는 지와 연관하여 설명 드리겠습니다. 예를 들면, 제조담당 임원이 효과적인 판매기능을 달성하는 것은 완전히 자연스러운 일입니다. 왜냐하면 그는 이 기능이 회사의 성공에 있어서 얼마나 중요한지 항상 이해하고 있는 것처럼 보이기 때문입니다. 마찬가지로 동일한 경영 사고방식은 엔지니어링, 생산, 회계, 인사관리, 그리고 정보기술을 정상적으로 이해하며, 따라서 기대감을 가지고 여기에 초점을 맞춥니다. 이와는 반대로 같은 임원들에 의한 물류 관리는 신중한 초점 없이 그저 발생하는 것으로 여겨집니다.

이러한 경영 사고방식은 흔히 구매, 생산관리 및 유사하게 명명된 기능들이 본질적으로 그들의 공급망 관리를 수행하기를 기대하며, 이러한 기능들이 가능한 최상의 결과들을 산출해 낸다고 믿습니다. 결국, 이러한 기능들은 과거의 것들과 비교 가능한 결과를 성취하게 됩니다. 그리고 이러한 경영 사고방식은 과거의 기준들을 충분한 것으로 받아들이면서 겉보기에 열심히 일하는 직원들이 가능한 결과를 결코 성취하지 못한다는 사실을 간과합니다.

요점: 이러한 경영 사고방식은 공급망의 각 영역에서의 진정한 획기적 개선을 기대하지 않으며, 요구하지도 않습니다.

진정한 획기적 개선이 회사의 공급망에서 요구될 지라도, 최고경영자로부터 시작해서 조직 전반에 걸쳐 면밀하게 고려된 방법들을 적용 가능케 하는 리더쉽을 발견하기는 쉽지 않습니다. 여기에서 잠시 멈추고 다음과 같은 질문에 대한 답변을 생각해 보도록 하겠습니다. 이러한 문제에 있어서 CEO의 위치는 어디입니까? CEO가 가시적으로 참여하며 주도적 역할을 하고 있습니까? 우리는 CEO가 당신의 회사의 성과를 개선하려고 노력하는 것을 알고 있습니다. 그러나 여러분은 그에게 현실적으로 가능한 방법을 알려주었습니까? 그리고, 여러분은 그에게 얼마나 많은 양의 황금을 캐낼 수 있는지 알려주었나요?

공급망 관리에 있어서 "올바른 일을 올바른 방식으로" 수행하는 것은 관습과 전통에서 탈피하는 것을 분명하게 요구합니다. 대단히 복잡한 상황에서의 어려운 도전들의 관리를 통해서 저는 오늘날 많은 회사들이 실행하고 있는 방법보다 더 나은 물류관리 방법들이 있다는 것을 알게 되었습니다. 이 경험으로부터 저는 많은 회사들이 우선 황금을 찾아내고 그 다음에는 찾아낸 황금을 올바른 액션에 의해서 캐낼 수 있는 방법을 알게 됨으로써 회사의 이익을 개선할 수 있다는 것을 확신할 수 있게 되었습니다. **분명히 자본 지출을 실행하기 전에 방법 개선이 먼저 추구되어야 합니다!** 운 좋게도, 이 시대에는 여러분의 획기적 개선을 실현하는데 도움을 줄 수 있는 입증된 방법론들과 우수한 컨설팅 서비스가 가능합니다. 이 책은 이러한 관점에서 많은 답변을 줄 수 있는 효과적인 방법들을 제공합니다.

르터노 테크놀러지LTI의 실제 사례는 현대에 있어서 많은 양의 황금을 정말로 캐낸 하나의 사례일 뿐입니다. 이 개선된 황금 캐내기 방식은 경영진의 사고의 극적인 전환과 개선 여정에 있어서의 많은 노력을 통해서 이루어졌습니다. 1920년대에 태동한 이 미국 제조업의 전설은 많은 중장비 제조업체들이 부러워하는 상당한 자산과 우위를 얻게 되었으며, 그 내용은 훌륭한 기술, 6대주에 걸친 강력한 시장 참여, 거대한 생산 능력, 훌륭한 브랜드 네임, 본질적으로 모든 기능과 사업장소를 포괄하는 조직의 뛰어난 직업윤리 등입니다. 여기에 추가해서 구현해야 할 과제는 고객을 행복하게 하며 회사의 이익을 증진시킬 수 있는 더 나은 물류관리였습니다. 많은 회사들이 바로 이 물류관리 분야에서 황금을 캐내는 것을 놓치고 있습니다.

이 사례는 제조업계의 거인이 현대적 모습을 갖추기까지 수십 년간 생존할 수 있도록 도와준 많은 LTI 직원들에 대한 찬사입니다. 생존을 위해 해외로 이주한 많은 다른 미국 제조업체들과는 달리 LTI의 훌륭한 직원들은 바로 여기 미국에서 앞에서 정의한 성취와 우위를 달성하였습니다. 이러한 인정에도 불구하고 회사 직원들은 극심한 핸디캡(낮은 물류관리 수준)을 가지고 있었지만 탁월한 직업 윤리를 확실히 실천하였습니다. 사실상 우리의 수준은 효과적인 물류관리 수준을 나타내는 "-10" 스케일에서 단지 "3"에 불과했으며, 이러한 낙제점수는 낮은 고객 정시 배송율과 용인할 수 없는 ROACEReturn On Average Capital Employed(평균 고용자본 수익률)로 요약되었습니다.

이러한 물류관리의 실패는 주문독촉, 세게 밀어붙이기, 많은 잔업 수행 등에 능했던 저희 회사 직원들의 영웅적인 노력에도 불구하고 발생하였습니다. 이 회사는 훌륭한 직업윤리로 잘 알려진 회사였다는 사실을 기억하시기 바랍니다. 그들은 정말로 어려운 일을 해낼 수 있는 집단으로 받아들여졌습니다. 그들의 타고난 근무 행동양식에도 불구하고, 열심히 노력하는 직원들이 계속해서 정상적이고 직관적인 작업 수행으로 인해 결국은 기진맥진하게 되었으며, 만족할 만한 결과를 달성하지도 못하고 충분한 황금을 캐내지도 못하였습니다. 물류관리의 관습과 전통으로부터의 궁극적 탈출을 이끌어낸 것은 이러한 기진맥진함이었습니다. 이 시점에서 우리의 귀중한 회사 역사에 있어서 포기하지 않는 것과 진정으로 더 나은 방법이 있다는 것을 끈질기게 믿어온 것에 대한 공로를 인정해 주시길 바랍니다!

이제 본론으로 들어가서, 우리는 매우 능력 있는 컨설팅 그룹과 광범위한 제조업계에 있어서 잘 알려지지 않았던 매우 효과적인 방법론을 적용할 수 있는 그들의 능력을 최초로 접하게 되었습니다. 우리는 이 책에서 설명된 것과 매우 유사한 그들의 방법들을 따랐습니다. 제조업계에서는 아직도 많은 사람들이 이러한 방법에 대하여 알지 못하고 있으며, 심지어 실행에 있어서 그러한 방법들의 존재, 지식, 그리고 리더쉽에 대한 관심도 부족합니다. 이것은 어떤 사람의 지능에 대한 비판이 아니라, 이러한 방법의 실행이 쉽지 않으며 직관적인 것이 아니라는 것에 대한 인정을 뜻합니다. 많은 회사에서 일상적이고 전형적인 우선순위에서 다른 긴급한 문제 처리를 위하여 물류관리의 우선순위가 밀려나게 되는 것은 매우 쉬운 일입니다. 이로 인해 이러한 유형의 방법 실행이 더욱 어려워지고 황금을 캐낼 수 있는 확률은 작아집니다. 몇 년 뒤 이맘때에도 회사의 운영이 같은 관리자들과 같은 직원에 의하여 이루어졌지만 사용된 방법은 달랐습니다. 이 중요한 LTI 사례 역사에 있어서 많은 연관된 작업 수행들을 포함하여 추구된 전체 개선 과정을 여기에서 거론하기에는 지면이 충분하지 않습니다. 그렇더라도 이 시기의 활동내용은 좋은 결과를 포함해서 잘 문서화 되어 있습니다. 아마도 이러한 유형의 개선활동에 참여하지 못한 사람들이 믿기는 어려울지라도 이 시기에 이루어진 핵심 결과들을 요약하면 다음과 같습니다.

- 고객의 배송 기대치를 거의 충족시키지 못했던 이전의 모습과는 대조적으로 고객의 기대치를 일상적으로 만족시키는 극적인 정시 배송의 개선

- 이전에는 풀 가동 시 더 적은 수량을 생산했던 동일한 시설로부터 새로운 대형 장비를 더 많이 생산

- 회사 이익에 상당히 기여하였던 복잡한 서비스 부품 시장에서의 몇 배의 생산량 성장

- 열심히 일하는 직원들이 불만스럽게 일하는 것으로부터 더욱 잘 정의된 목적을 가지고 일함으로써 좋은 결과를 성취하는 것으로 바뀌었음.

- ROACE가 몇 배로 개선됨.

– 회사 소유권에 있어서 결국 회사를 17년 만에 순 투자금액의 약 25배를 받고 양도하는 것이 가능해졌음.

이상의 내용들이 사실입니다. 인정하건대, 13년 동안 CEO로서 이러한 좋은 결과에 공헌했던 많은 동시적인 개선들이 있었습니다. 그러나 대부분의 다른 개선들의 발생을 가능하게 한 것은 분명히 개선된 회사 물류 관리였습니다. 모든 다른 개선들을 근본적으로 가능하게 했던 핵심적 개선활동은 정말로 더 나은 물류관리였습니다. 본질적으로 생산량 증가의 이득은 플로우를 더 잘 관리하지 못했다면 발생하지 못했을 것입니다. 저는 이것을 많은 논리와 이유로 인해 강하게 믿습니다. 같은 조직이 과거에는 거의 항상 생산량 증가에 대응하느라 고전하였지만 지금은 아닙니다!

공정하게 말하면 저는 같은 시기에 저희 회사 내에서의 충분한 제조 생산능력과 열심히 일하는 많은 직원들을 가진 다른 지역 공장의 관리 실패를 인정합니다. 이 공장의 경영진은 그들의 물류관리 개선을 추구하기 위하여 이 책에 기술된 같은 방법들을 사용하지 않는 것을 선택하였고, 이에 따라 이 공장에서의 결과는 나쁘게 나타났습니다. 그 결과는 정말로 나빴지만 이로 인해 본사 지역에서 동시적으로 달성된 개선들의 진가가 입증되었습니다. 같은 회사와 같은 시장 시기 내에서의 두 결과(효과적 물류관리 시스템을 적용하였을 경우와 그렇지 않았을 경우)의 비교를 통해서 다시 한번 이 책에서 기술된 방법들이 실제로 작동되는 것이 입증되었으며, 이 방법들을 도입하지 않았을 경우의 운영결과는 좋지 않았다는 것이 입증되었습니다.

나중에 이 책에서 제시한 방법론들에 대한 설득력 있는 사례를 입증한 이벤트가 있었습니다. 앞에서 언급한 바와 같이 회사가 다른 회사에 팔린 후 새로운 소유주는 본사 공장에서 성공적으로 실행되었던 방법들을 부분적으로 포기하기로 결정하였습니다. 공장의 한 커다란 영역에서 이러한 훌륭한 방법들로부터 벗어난 것은 나쁜 의도가 있었던 것은 아니나, 분명히 이 책에서 언급한 방법들의 힘을 이해하지 못한 사례였습니다. 거의 즉각적으로 이전의 우수한 결과는 감퇴되기 시작하였습니다. 본질적으로 같은 물리적 생산능력과 열심히 일하는 직원들을 가진 같은 공장이 생산량 감소에도 불구하고 정시 배송율이 곧바로 떨어지기 시작했습니다. 같은 물리적 위치 내이지만 이 거대한 공장의 한 독립된 부서를 담당하는 사업 본부장은 이전에 실행하였던 좋은 방법들을 계속 적용하는 것을 선택하였습니다. 그 결과 이 사업본부에서는 만족스런 결과가 지속되었습니다. 이것은 적절히 적용되었을 경우에 이러한 방법들이 작동한다는 것을 다시 한번 입증하였습니다. 또한, 효과적인 방법들이 적용되지 않을 경우 복잡한 물류관리에 있어서 좋은 결과를 성취하기가 어렵다는 것을 입증하였습니다. 이것은 틀림없이 개선의 근거를 옹호하는 사람을 요구합니다.

이러한 매우 설득력 있는 경험에도 불구하고 많은 회사들은 계속해서 일상의 습관대로 운영할 것입니다(그들이 항상 해왔던 것을 행하며, 그 결과 그들이 항상 얻었던 것을 얻음). 그러나 다른 회사들은 지속적으로 획기적인 개선을 추구하는 것을 선택할 것이며, "왜 안되는가?"라는 질문을 던질 것입니다. 그것은 진실로 하나의 선택이며, 대부분 매우 중요한 선택입니다. 저는 개인적으로 인생은 획기적인 개선을 시도하지 않기에는 너무 짧다고 믿습니다. 그리고 회사에서 그러한 차이를 만들어내기를 열망하는 사람들에게 다음과 같은 단계를 추천합니다.

1. 이러한 방법론들에 대한 기본 문헌을 공부함으로써 스스로를 교육시킨다.
2. 기본 실력을 향상시킨 후 이 책의 내용을 읽고 이해한다.
3. 내부 지원을 얻기 위한 불굴의 성향을 가지고 운영을 개선하기 위한 기폭제가 된다.
4. 이러한 방법론에 대한 경험을 가지고 있고, 회사의 개선을 촉진시킬 수 있는 외부의 도움을 찾는다.
5. 중역으로부터 시작해서 가장 최고위층 경영진이 단념하지 않는 정신으로 실행을 지휘할 때까지 멈추지 않음으로써 최고 경영진의 관심을 끌고 변화시킨다.

6. 끝으로, 결코 포기하지 않으며, 항상 최선을 다한다. 여러분의 회사도 이렇게 할 수 있다.

마지막으로, 제가 말씀 드린 방법들을 저희 직원들이 적용에 성공하는 것을 목격했기에, 저는 이 방법들의 신봉자가 되었습니다. 저는 방법론 적용 프로세스에 있어서의 주제에 관하여 박식하게 되었습니다. 인정하건대, 믿기 위해서 보아야 했기 때문에, 다른 사람들보다 더 긴 시간이 소요되었습니다. 여러분은 이것에 대해 전에 어디에서 들으신 적이 있습니까? **이 책에서 기술된 방법들이 여러분이 상상할 수 있는 가장 복잡한 제조업체에서 매우 효과적인 결과를 수반하며 작동되었다는 것을 저는 증명할 수 있습니다.** 저는 여러분께서 이 책이 헌정된 사람들과 이야기를 나누어 보시기를 바랍니다. 왜냐하면 저는 개인적으로 많은 것을 루디 M. 해리스Rudy M. Harris에게 배웠는데, 그는 우리의 노력이 결실을 맺는 것을 목격한 사람입니다. 결국, 저는 단지 한 사람의 신봉자로부터 이러한 방법들의 적용에 의하여 회사의 성과를 개선하는 일에 대하여 진정으로 열정적인 사람으로 변하였습니다. 저를 믿으세요. "이 방법론은 효과가 있습니다." 저는 경험으로 그것을 압니다!

댄 에커만에 대하여

댄 에커만은 텍사스 주 태생으로, 그의 전 경력을 에너지와 광산 관련 제조업에 전념하였다. 그는 에너지부 장관Secretary of Energy의 자문 기관인 국립 석유 위원회National Petroleum Council에서 일하였으며, 아직도 에너지를 열정적으로 공부하는 "학생"이다. 댄은 르터노 테크놀러지에서 25년간 근무하였으며, 사업본부 내의 운영 매니저 및 사업본부장으로서, 그리고 마지막 13년 동안은 사장 및 CEO로서 은퇴할 때까지 근무하였다. 그가 사장 및 CEO로 재임했던 기간 동안 LTI는 거의 10배 성장하였다.

지은이의 글 PREFACE

데브라 스미스(Debra Smith) · 채드 스미스(Chad Smith)

아인슈타인은 이렇게 말하였다. "우리가 직면하고 있는 중요한 문제들은 우리가 그것들을 만들어내었을 때의 사고와 같은 수준에서는 해결될 수 없다."

대부분의 산업에서 사용하는 메트릭스metrics(측정기준)에 관하여 우리가 직면하고 있는 문제는 은밀하게 퍼져있다. 이 측정 기준은 제조와 공급망 업체로서 우리가 행하는 거의 모든 것에 퍼져 있으며, 우리가 조직으로서 생각하고 행동하는 방법과 관련이 있다. 따라서 우리는 더욱 깊은 이슈를 다루지 않고는 '올바른' 메트릭스를 논의할 수 없다.

많은 산업이 이러한 더욱 복잡하고 변덕스런 세계에서 나아갈 길을 잃었다. 이 책을 읽음으로써 여러분은 언제 어떻게 길을 잃었는지를 알아낼 수 있을 것이다. 게다가 여러분은 더욱 복잡하고 변덕스런 세계에서 시스템에 대하여 생각하고 설계하고 운영하며 성과를 측정할 수 있는, 더욱 단순하고 스마트한 다른 방법을 발견할 것이다.

메트릭스는 우리가 성취하기를 원하는 것을 기반으로 우리가 어떻게 업무수행을 하고 있는지를 알려준다. 그러나 대부분의 회사들은 그들이 정말로 성취하고자 하는 것을 정의하기 위하여 고군분투하는 것처럼 보인다. 이익 지향의 세계에서 기업이 성취하고자 하는 목표는 비교적 단순하며, 그것은 주주 자본의 최대화이다. 앞서 언급된 은밀하게 퍼져있는 문제는 대부분의 회사들이 목표달성을 위하여 당연하게 택하는 경로인데, 그것은 완전히 그리고 명확히 잘못되었다. 대부분의 산업들이 그 길이 옳다고 믿고 있다고 해서 틀린 것이 바로잡히지는 않는다.

이 책의 설계에 따른 독자들의 여정을 통해서 앞에서 언급된 과감한 진술을 입증하고자 한다. 우리는 이 책이 우리가 스마트 메트릭스smart metrics라고 부르는 것의 정의와 사용을 완전히 이해하는데 필요한 선행단계로서 저술되었다고 믿는다. 이 책은 세 개의 섹션으로 구성되어 있다. 1장에서 4장까지로 구성된 첫 번째 섹션은 우선 문제를 분명히 표현하고, 그 다음에는 오늘날 더욱 복잡하고 변덕스런 세계에서의 조직관리 프레임워크를 규정하도록 설계되었다. 더욱 스마트한 방법이라고 불리는 이 프레임워크는 세 개의 순차적 요소들로 구성 되어있다. 첫 번째 구성요소(2장)는 어떻게 조직들이 시스템 관점에서 생각할 필요가 있는지를 다룬다. 두 번째 구성요소(3장)는 제조와 공급망 업체들이 더욱 복잡하고 변덕스런 세계에 대처하기 위하여 어떻게 새로운 디맨드 드리븐demand driven 운영 개념을 사용하여 그들의 운영 시스템을 설계해야만 하는지를 기술한다. 세 번째 구성요소(4장)는 이러한 새로운 디맨드 드리븐 시스템들을 지속시키고 개선하기 위한 스마트 메트릭스를 소개한다.

이 책의 그 다음 섹션(5장에서 9장까지)은 어떻게 기존의 관습이 회사들로 하여금 그들이 가고자 하는 방향과 반대방향으로 이끄는 현재의 메트릭스를 만들어 냈는가를 이해하기 위하여 그 상황과 역사를 살펴 본다. 5장은 우리의 메트릭스를 크게 훼손한 근본 원인과 깊은 진실을 파헤치기 위하여 과학적 방법의 사용을 통한 문제분석에 관하여 논의한다. 6장은 이 근본 원인의 영향과 가정들에 대하여 깊이 있게 탐구한다. 7장은 이 근본원인이 어떻게 우리의 재무와 정보관리 시스템에 만연하게 되었고, 지속되고 있는지에 대하여 논의한다. 8장은 주요 산업에 있어서 재무 의사결정의 역사에 대하여 논의한다. 이러한 과거의 거인들에 의한 획기적 발전 및 혁신은 의사결정을 위해서 무엇이 정말로 적합한지를 정의하고 찾아내는 방법에 대한 중요한 교훈을 보여준다. 모든 경영 방법론은 기술, 시장, 그리고 소비자들의 극적인 변화를 극복하기 위하여 탄생하였는데, 그것은 또 다시 경영과 메트릭스의 주요한 혁신을 요구하는 오늘날의 극적인 변화와 매우 유사한 상황이다. 9장은 보잉 드림라이너Dreamliner에 대한 사례로 끝을 맺는데, 이 사례는 잘못된 메트릭스와 가정들이 얼마나 잘못된 결과를 가져오는지 보여준다. 이 책의 마지막 섹션(10장에서 12장)은 오늘날의 더욱 복잡하고, 통합되고, 변덕스러운 세계에서 회사들이 경쟁우위를 유지하기 위하여 필요한 새로운 디맨드 드리븐 시스템을 설계하고 운영할 수 있는 새로운 방향을 제시한다. 10장은 복잡적응 시스템complex adaptive system이라고 불리는, 현대적 관리자들이 오늘날 운영하는 시스템 유형을 소개한다. 이러한 시스템들은 다른 사고방식을 요구하며, 어제의 낡고 단순한 선형 시스템보다 새로운 룰 세트를 요구한다. 11장은 복잡 시스템complex system이 균형, 즉 일관성을 이룰 수 있게 하기 위하여 새로운 목표와 메트릭스를 소개한다. 끝으로 12장은 앞으로 전개될 여정과 도전들에 대하여 요약한다.

협업 저술에 대하여 About This Collaboration

1997년에 저자들은 제약경영그룹Constraint Management Group, LLC(CMG)이라는 회사를 창립하였다. CMG는 제조업체를 대상으로 TOCTheory of Constraints(제약이론)의 실행 및 적용을 전문으로 하는 서비스 회사였다. CMG는 여러 대형 제조업체의 운영 개선을 위한 계약을 확보하는 즉각적인 성공을 거두었다. CMG는 재무 및 메트릭스와 운영 전문기술의 독특한 조합과 함께 회사들이 그들의 혼란을 이해할 수 있도록 도와주는 사고 프로세스 도구들을 결합하여 이 회사들이 갓 태어난 회사인 CMG에게 기회를 줄 수 있도록 하였다.

CMG는 중견 및 대형 제조업체들에게 TOC의 실행을 통하여 실제로 명확하고 놀라운 이익의 결과를 제공함으로써 다음 6년간의 성공과 성장을 경험하였다. 아마도 이러한 솔루션들을 더 많은 회사들에게 보급함에 있어서의 가장 커다란 장애물은 고객의 정보시스템이 필요한 솔루션 설계를 적절히 지원하는 데 있어 지속적인 장애물이 되었을 것이다. 이러한 정보기술의 결핍은 솔루션 실행 기간을 길어지게 하였는데, 그 이유는 고객의 요구에 맞춘 솔루션들이 자주 고객의 IT 부서와 협력하여 개발되어야 했기 때문이다. 소프트웨어 제공업체와 연대하려는 시도들은 종종 불충분한 솔루션 및 개발방향 컨트롤의 난조라는 결과를 낳

았다. 솔루션 제공이라는 우리의 비전과 가치는 일치하지 않았던 것이다.

2003년에 CMG는 두 개의 기업 소프트웨어 애플리케이션 개발 계획을 가지고 소프트웨어 사업에 진입하였다. 하나의 소프트웨어 애플리케이션은 생산자원을 스케줄링하고 생산현장의 실행을 위한 것이었으며, 다른 하나의 소프트웨어 애플리케이션은 가장 복잡한 공급망 시나리오에 있어서도 수요 시그널과 공급 오더 생성 및 실행을 더 잘 동기화함으로써 정규 계획 시스템의 결함을 극복하였다. 그리고 CMG의 고객들은 이러한 목표에 미달되는 것을 요구하지 않았다. 그들은 시스템 효율과 플로우를 촉진시키는 스마트 메트릭스를 기반으로 한 성과 측정 시스템을 제공할 필요가 있었다.

이에 따라, CMG의 팀은 공들여 DDMRPDemand Driven MRP와 스마트 메트릭스의 기초가 되는 룰들의 구성요소들을 접목시켰다. DDMRP는 정규적인 계획 시스템의 모습을 변화시킬 것이며, 스마트 메트릭스는 더욱 더 변덕스럽고 복잡한 세계에서 이러한 변화들이 지속가능하고, 측정할 수 있도록 유지시킬 수 있는 것을 약속한다. 이러한 접목과 협업은 수년간 항공산업, 광업, 석유 및 가스, 식품가공과 일용 소비재 분야의 세계 최고수준의 업체들과의 작업을 포함한 가장 다양하고 복잡한 산업환경에서 발생하였다.

성과들은 자명하므로, 계속 읽어서 그 성과들을 발견하기 바라며, 더 많은 내용을 파악하려면 CMG 웹사이트인 www.thoughtwarepeople.com을 방문하기 바란다. 이 책은 맥그로-힐McGraw-Hill에 의한 디맨드 드리븐 시리즈의 두 번째 책이다. 이 시리즈의 첫 번째 책은 캐롤 프탁Carol Ptak과 채드 스미스Chad Smith가 저술한 올리키의 자재소요량 계획Orlicky's Material Requirements Planning의 3판McGraw-Hill, 2011이며, 디맨드 드리븐 MRPDemand Driven MRP라고 불리는, 미래의 정규 계획시스템에 대한 청사진이 밝혀져 있다. 이 두 책의 결합은 이제 회사들에게 디맨드 드리븐 개념을 정의하고, 실행하며, 지속시키기 위한 더욱 더 완전한 그림을 제공한다.

감사의 글 ACKNOWLEDGMENTS

데브라 스미스(Debra Smith) · 채드 스미스(Chad Smith)

저자들은 지난 15년간 이 책이 현실이 될 수 있도록 하기 위하여 함께 한 많은 특별한 분들에게 감사 드립니다.

우선, 고 엘리 골드랫Eli Goldratt 박사는 저자들에게 커다란 불을 지피게 할 수 있었던 불꽃을 제공해 주셨습니다. 래리 본딜렌Larry VonDeylen, 브루스 야노프스키Bruce Janowsky, 댄 에커만Dan Eckermann, 데이브 우즈Dave Woods, 데이빗 렉스David Rex, 그리고 앤디 매카트니Andy McCartney와 같은 특별한 경영자들은 위기에 처한 그들의 조직과 사람들이 변화를 주도하도록 정성껏 돌보았습니다.

루디 해리스Rudy Harris, 놈 스티븐스Norm Stevens, 크리스 요크Chris York, 토니 바텔슨Tony Bartellson, 크레이그 졸리Craig Jolly, 조 마신스키Joe Marcinski, 조 모레스코Joe Moresco, 데이비드 모트너David Mautner, 브래드 발렌타인Brad Valentine, 월리 브라우닝Wally Browning, 재키 윌리엄슨Jacky Williamson, 빌 사이먼Bill Simon, 피트 존슨Pete Johnson, 데이비드 블라젝Daivid Blazek, 제프 스타인Jeff Stein, 진 스핑크스Jene Spinks, 짐 스톨크Jim Stoelk, 그리고 메리 스카첼로Mary Scarcello와 같은 강력한 경영 리더들은 디맨드 드리븐 전술들을 실행 수준으로 밀어붙였고, 지속적인 정착을 위하여 기업의 저항을 막아냈습니다.

저자들은 그들의 회사를 위해 대규모로 혁신을 추진한 유니레버Unilever, 로막 인더스트리Romac Industries, 로얄 플라스틱스Royal Plastics, 튜브 포징스 오브 어메리카Tube Forgings of America, 르터노 테크놀러지LeTourneau Technologies, 로즈버그 포리스트 프로덕츠Roseburg Forest Products, 더 찰스 머신 워크스The Charles Machine Works, 보우든 매뉴팩처링Bowden Manufacturing, 그리고 렉스 머티어리얼즈 그룹Rex Materials Group의 뛰어난 팀들에게 감사를 드립니다.

저자들은 또한 제약경영그룹Constraint Management Group LLC, 디맨드 드리븐 테크놀러지Demand Driven Technologies, 그리고 디맨드 드리븐 인스티튜트Demand Driven Institute의 팀에게도 감사 드립니다. 그레그 카스Greg Cass, 제프 허먼Jeff Herman, 커크 블랙Kirk Black, 패디 라마Paddy Rama, 조지 펜제닉George Penzenik, 토드 스태프니Todd Stafney, 켄 보닌Ken Bonnin, 스티브 엘리히Steve Erhlich, 그리고 캐롤 프탁Carol Ptak은 이러한 개념을 정의하고, 그것들이 교과서 밖에서 구현될 수 있도록 지칠 줄 모르고 애써 주셨습니다.

채드 스미스는 오랜 출타와 사무실에서의 작업을 참고 견뎌준 그의 아내 사라Sarah와 두 딸 소피아Sophia와 릴리Lily에게 감사하다는 말을 전합니다. 이 세 사람의 지원과 사랑이 그로 하여금 계속해서 나아가게 하였습니다. 아울러, 채드는 디맨드 드리븐 개념을 일용소비재 시장의 거인에게 전파하는데 헌신한 카민 메이니로Carmine Mainiero, 닉 만테누토Nick Mantenuto, 그리고 말테 슐츠Malte Schulz에게 감사 드립니다. 채드는 또한 고객들에게 실제이며 지속 가능한 결과를 가져다 준 에릭 부쉬Erik Bush의 리더쉽과 신념에도 감사를 표합니다. 끝으로, 채드는 1997년 이래의 도전적이고 가치 있는 협력에 대하여 공저자인 데브라 스미스에게 감사 드립니다.

데브라 스미스는 그녀의 남편 그레그Greg에게 30년이 넘도록 모든 면에서 동반자가 되어준 것과 무엇보다도 그녀를 즐겁게 해준 것에 대하여 감사 드립니다. 또한 그녀의 손자와 손녀인 딜런Dylan, 소피아Sophia, 릴리Lily, 그리고 재스민Jasmine에게 모든 것을 다시 새롭게 해 준 것과 모든 것을 합리적 관점에서 보게 해 준 것에 대하여 감사하고, 그들의 어머니인 에리카Erika와 사라Sarah에게 그들을 세상에 태어나게 해준 것과 그들과 나눔을 갖게 해 준 것에 대하여 감사 드립니다.

25년간 아이디어, 피드백, 그리고 수 없이 와인을 같이 나누며 진정한 친구가 되어준 캐롤 프탁Carol Ptak에게 특별히 감사 드립니다. 그리고 올바른 일을 행하는 것이 제일의 목표라는 믿음으로 생활했던 댄 에커만Dan Eckermann에게도 특별히 감사 드립니다. 끝으로 데브라는 공저자인 채드 스미스에게 놀라운 학습능력과 올바른 질문을 할 수 있는 능력에 대하여 감사 드립니다.

여러분은 저희가 올바른 방향으로 나아갈 수 있도록 이끌어 주셨습니다. 여러분은 여기에서 마지막으로 언급되었지만 저의 세계관에 있어서 여러분은 맨 먼저입니다.

목　차

서문: 깊은 진리
INTRODUCTION: DEEP TRUTH

"이것이 너의 마지막 기회다. 일단 선택하면, 다시는 돌이킬 수 없다. 파란 알약을 먹으면 이야기는 끝난다. 너는 침대에서 일어나서 네가 믿고 싶은 것은 무엇이나 믿게 될 것이다. 빨간 알약을 먹으면, 너는 원더랜드Wonderland에 머무르게 될 것이며, 내가 토끼 굴rabbit hole이 얼마나 깊은 지 보여주겠다."

– 영화 매트릭스The Matrix에서의 모피우스Morpheus 캐릭터
(1999, 워너 브로스 픽처스Warner Bros. Pictures)

깊은 진리deep truth는 우리가 어떻게 현실을 인식하고, 그 인식의 관점에서 행동하는가의 핵심에 위치한다. 그것은 그저 우리가 알고 있는 것이다. 진리에 도전하는 것은 극도로 어려우며, 심지어 미친 짓으로 생각된다. 노벨상 수상자인 물리학자 닐스 보어Niels Bohr는 다음과 같이 말하였다. "진리를 대체할 증거는 너무나 강력하고 명백해서 사람들은 현상에 대한 그들의 믿음을 버려야만 한다. 다시 말해 일단 진리를 마주하게 되면, 간단히 이전 상태로 돌아갈 수 없다. 진리를 부정하는 것 역시 진리의 특성이다."[1)]

오늘날의 산업에서 우리는 진리를 가지고 있으며, 그것은 우리의 모든 경영 의사결정 및 행동에 스며들어 있다. 이 진리는 ROIReturn On Investment가 단위원가의 최소화를 통해서 최대화되며, 직접적으로 단위원가의 최소화에 상응한다는 가정이다. 이 진리에 도전하는 것은 성공적인 직장경력을 훼손할 수 있다. 오늘날 누가 CEO와 이사회 앞에서 "우리는 절대로 직원들이 단위 원가를 최소화하도록 지시해서는 안됩니다"라고 말할 수 있는가?

오늘날의 깊은 진리

▼단위 원가 = ▲ROIReturn On Investment

학계에 의하여 승인된 교과과정으로부터 컨설팅 회사에 의하여 제시된 접근방법 및 솔루션들, 그리고 주요 ERP 소프트웨어 업체에 이르기까지 모든 것은 이 진리의 일부이다. 정말로 모든 기업 들은 이 진리를 중심으로 만들어졌으며, 그것을 보급하는데 전력을 다해왔다. 오늘날의 깊은 진리를 드러내는 것은 낡은 깊은 진리에 대한 엄청난 투자 및 그에 따라 행동하고 있는 많은 사람들에게 위협이 되고 있다.

만일 오늘날의 깊은 진리가 전적으로, 완전히, 그리고 명확하게 잘못된 것이라면 어떨까?

만일 단위제품원가 최소화의 전체 아이디어가 단지 경제학과 심지어 물리학이 거부하는 부적당한 방정식을 사용하는 '잘못된 수학'이라면 어떨까?

만일 법률이 회계정보의 초점이 되어버린 보고 요구사항을 규정하였고, 의사결정과 제품 원가계산에 필요한 적합한 정보의 진정한 정의 및 룰들을 거의 우연히 대체하였다면 어떨까?

만일 우리의 모든 정보시스템들이 원가와 수익이 어떻게 행동하는가에 대하여 잘못 적용된 룰들과 가정들에 기초하여 원가보고와 자원영역 성과측정 자료 작성을 하기 위하여 하드코딩 되어 있다면 어떨까?

만일 단위원가가 적합한 정보의 정의에 관한 전체 규율entire discipline이 손실된 깊은 진리가 되어버렸다면 어떨까?

만일 적합한 원가를 이해하는 사람들이 액션을 취할 수 있는 적합한 시간 구간 안에 적합한 정보를 제공할 수 없는 시스템 내에서 업무처리를 해야 한다면 어떨까?

만일 사람들이 알고 있는 액션을 취하는 것이 나중에 반드시 처리해야 할, 예측 가능하며 지극히 부정적인 결과로 이어지는 것에 대하여 더 이상 문제시하지 않는다면 어떨까?

이 모든 질문들에 대한 답변들은 우리에게 토끼 굴이 얼마나 깊은 지를 말해줄 것이다. 그렇다면 우리는 어떤 알약을 선택해야 할까? 파란 알약 또는 빨간 알약?

각주 ——————————————————————

1. "Discussion with Einstein on Epistemological Problems in Atomic Physics," in Albert Einstein : Philosopher-Scientist, P. A. Schilpp(ed.)(1949) : p.240.

1 더 스마트해져야 할 필요성

The Need to Get Smarter

- 우리는 정말로 올바른 룰을 따르고 있는 것일까?
- 뉴 노멀(시대변화에 따라 새롭게 떠오르는 기준)의 발흥
- 푸시 앤 프로모트의 문제점
- 플로우의 필요성
- 변동성 – 플로우의 첫 번째 적
- 변동성의 유형
- 더 스마트해지기 – 변화를 위한 기본 청사진

1 더 스마트해져야 할 필요성

The Need to Get Smarter

오늘날 제조업체를 운영하기 위하여 사용하고 있는 미션-크리티컬mission-critical한 룰들은 40년 이상 전에 개념화된 것으로, 현재 심각한 재검토가 필요하다. 조직 운영 전반에 걸쳐 널리 펴져 있는 갈등을 유발하고, 해로운 행동과 낭비를 야기시킨다.

두 영역(계획수립 및 자재관리와 원가계산)에 뿌리 박힌 룰들은 푸시 앤 프로모트 push-and-promote로 알려진 운영 모드를 만들어내기 위해 결합되었다; 이 모드는 디맨드 풀demand-pull 중심이기 보다는 공급 및 원가 중심supply and cost-centric 개념이다. 이 룰들은 만들어졌을 당시의 상황에서는 아주 적절하였으나, 뉴 노멀 시대의 성공을 위해서는 심각한 문제이고 심지어는 위협이다.

기존 룰의 핵심은 불확실하고 부적합한 수요예측을 기반으로 공급오더를 생성하는 것과 단위 원가를 줄이면 ROI가 증가한다는 잘못된 믿음으로 이루어져 있다. 그러나 실제로 이러한 룰은 채찍효과를 증대시키며, 이로 인해 시스템 플로우는 악화될 수 밖에 없다.

뉴 노멀 시대에서 살아남기 위해 조직은 더욱 더 스마트해져야 하며 그 방법은 다음의 세 단계로 구성된다.

단계 1: 조직 내에 올바른 쏘트웨어thoughtware를 설치

단계 2: 디맨드 드리븐Demand Driven으로의 전환

단계 3: 스마트 메트릭스Smart Metrics의 효율적 사용 – 더 스마트한 방법을 위한 룰들

1 더 스마트해져야 할 필요성
The Need to Get Smarter

우리는 정말로 올바른 룰을 따르고 있는 것일까?
Are We Even Playing by the Right Rules?

룰Rule[rool] 명사

1. 수행conduct, 액션, 절차procedure, 처리방식arrangement 등을 지배하는 원칙 또는 규정을 뜻함. 예) 체스의 룰들[1)]

룰은 모든 조직에서 필요하다. 룰이 없이는 행동을 드라이브drive하고 관리할 방법이 없다. 행동을 드라이브하고 관리할 방법의 부재는 기업의 혼돈을 초래한다.

따라서, 우리는 룰을 생각할 때 다음과 같은 몇 가지를 명심해야 한다.

1. 룰이 많아질수록 룰이 서로 상충될 가능성은 더 커진다.

현대의 기업들은 어디에서나 룰을 가지고 있고, 룰을 유지하고 시행하기 위해서 방대한 양의 자원을 투자하고 있다. 대부분의 기업에서 룰의 숫자는 항상 확대되는 것처럼 보인다.

2. 서로 상충되는 룰은 낭비이다.

우리가 서로 상충되는 룰을 가지고 있을 때 우리는 서로 상충되는 행동을 하게 된다. 서로 상충되는 행동은 조직의 부서들이 각 부서, 또는 그들 자신과 반대되는 일을 하게 되기 때문에 커다란 낭비의 원천이 된다. 나중에 우리는 조직 전반에 걸쳐 갈등이 얼마나 만연해 있고 엄청난 파괴력을 가지고 있는지를 배우게 될 것이다.

3. 제한 수명이 있는 룰들이 많이 있다.

룰은 흔히 생성 당시의 환경에 대한 가정에 기초하여 도입되며, 종종 한계점을 수용하기 위하여 만들어진다. 가정이나 한계점이 변하게 되면 룰이 여전히 적합한지 아닌지를 결정하기 위한 재검토를 해야만 한다. 사우더의 법칙Souder's Law에 따르면 "반복은 타당성을 확립시키지 못한다." 더욱 나쁜 것은 반복이 길어질수록 룰이 타당하지 않거나 부적절하게 되는 것이다.

4. 부적절한 룰을 "최적화" 하는 것은 역효과를 낳는다.

부적절한 룰을 준수, 또는 더 잘 지키게 하려는 시도와 투자는 조직을 파괴시킬 수 있다. 만일 그 룰이 부적절할 뿐 아니라 악영향을 주는 것이라면, 그것은 조직이 그 구성원들에게 틀린 일을 더 빠르게 처리하도록 독려하고 있는 것이다.

위에서 지적한 것들은 상대적으로 분명한 것 같다. 하지만 오늘날 제조업체를 운영하기 위하여 사용하고 있는 미션-크리티컬mission-critical한 룰들은

▲ 40년 이상 전에 개념화되었고,

▲ 심각한 재검토가 필요할 수 있으며,

▲ 조직 운영 전반에 걸쳐 만연하고,

▲ 널리 펴져 있는 갈등을 유발하며,

▲ 해로운 행동과 낭비를 야기시킨다.

다음 섹션들은 이러한 유형의 룰들을 많이 포함하고 있는 두 가지 미션-크리티컬한 영역에 대하여 논의한다. 이러한 영역들은 제조 통제manufacturing control와 경쟁력 방정식의 핵심 영역이다.

[제1영역] 계획수립 및 자재관리 Planning and Materials Management

대부분의 중견 및 대형 제조업체들은 자재소요량계획MRP: Material Requirements Planning이라고 불리는 계획수립 방법과 도구를 사용한다. 1950년대 말에 개념화된 MRP는 제조의 세계를 완전히 바꾸어 놓았다. 그 당시 컴퓨터 사용이 점점 보편화되기 시작했고, 수요 시그널 인풋demand signal input이 주어지면 무엇을 생산하고 무엇을 구매해야 할 것인지에 대한 복잡한 계산들을 컴퓨터가 사람보다 더욱 빠르게 수행할 수 있다는 것을 사람들은 깨닫게 되었다. 이러한 룰들은 가장 현대적인 ERPEnterprise Resource Planning 제품에서도 오늘날까지 변하지 않은 채 남아 있다.[2]

이것은 무엇을 의미하는가? 오늘의 제조업체들은 1960년대와 1970년대에 그들이 수행했던 것과 똑같은 방식으로 수요를 계산하고, 그 수요에 대한 공급을 생성하고 있다는 것이다! 이것이 문제인가? 절대적으로 그렇다! 본 장의 후반부에서 우리는 40년 전과 비교한 현대의 상황에 대하여 상세하게 다룰 것이다. 그러나 현 시점에서는 상황이 엄청나게 변했다고 말하는 것으로 충분하다.

그렇다면 룰이 새로운 환경에 맞추어 변하고 있는가? 대부분의 경우, 대답은 '아니오'이다.[3]

최근에 와서야 관련된 전문 개발 조직과 대학교들에서 이 주제에 대한 핵심 커리큘럼을 재검토하기 시작했다. 예를 들어 ISCEAInternational Supply Chain Education Alliance(국제 공급망 교육 연합)는 2012년에 CDDPCertified Demand Driven Planner(공인 디맨드 드리븐 플래너) 프로그램을 시작했다. ERP 공급업체들은 동일한 낡은 룰을 준수하거나 수용하기 위하여 단지 "진보된" 방법을 장착한 동일한 계획수립 제품군을 지속적으로 고객들에게 제안하고 있다.

그 결과는 무엇인가? ROIReturn On Investment(투자수익률)가 매우 낮거나 전혀 없이, 시간과 에너지가 어마어마하게 소비되고 있다. 진보된 수요예측 모듈은 재고 및 서비스 수준을 거의 개선하지 못한다. 교육 프로그램은 사람들이 새로운 룰에 대한 고려 없이 낡은 룰들을 준수하도록 가르친다. 계획수립 담당자와 구매 담당자들은 그들이 시스템에서 보는 내용을 근본적으로 불신한다.

그림 1.1 MRP를 보완하기 위하여 스프레드시트를 사용 중인 회사

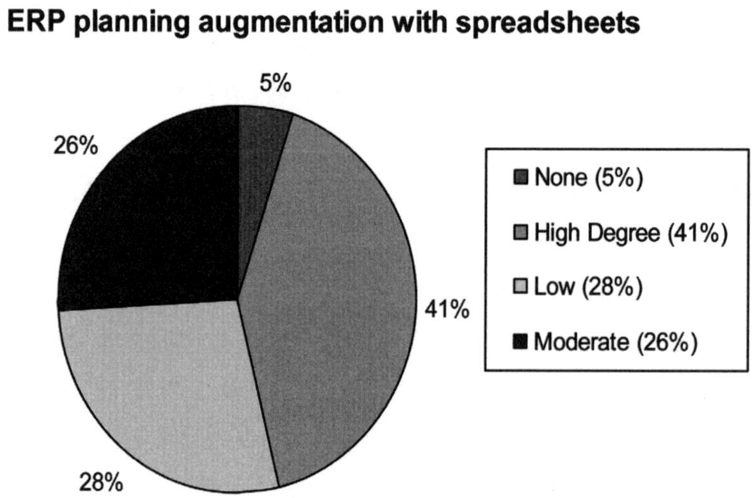

오늘날 현대적인 계획수립 룰과 도구가 얼마만큼 부적절한지에 대한 가장 큰 폐단의 흔적은 아마도 사람들이 시스템 외에 추가적인 임시 방편들을 자주 활용하는 데에서 찾을 수 있다. [그림 1.1]은 이 주제에 대하여 디맨드 드리븐 인스티튜트Demand Driven Institute에서 2011년부터 2012년까지 수행한 여론조사 결과이다.[4] 여론조사 결과는 애버딘 그룹Aberdeen Group 같은 분석 기업이 수행한 서베이 결과와도 일치한다.[5]

스프레드시트에 대한 이러한 의존성은 흔히 엑셀 지옥Excel Hell이라고 표현된다. 왜 계획수립 담당자들과 구매 담당자들은 스프레드시트를 별도로 사용하는가? 왜냐하면 그들이 완전히 시스템의 룰 내에 머무르며, 시스템이 제안하는 모든 권고 사항들을 받아들일 경우, 그들의 경력이 제한 받는다는 것을 알기 때문이다. 내일이 되면 그들은 오늘 한 일의 절반을 원상태로 돌리거나 뒤집어야 할 것이다. 그래서 그 대신 그들은 무엇을 할까? 그들은 시스템을 피해서 일하게 되는 것이다. 그들은 수년간의 경험을 통해서 정교하게 다듬고 창조한 도구들을 활용하여 그들만의 방법으로 업무를 처리한다. 이러한 업무처리 방법과 도구들은 각 개인별로 고유한 특성을 가지므로, 다른 사람들에게 넘겨주기에는 극도로 제한적이다. 이것은 서로 다르고, 비공식적이며, 고도로 각 개인의 요구에 맞추어진 룰들의 집합이다.

이렇게 스프레드시트에 의존하는 것은 필요한 것처럼 보이나 위험을 수반한다. 거의 대부분의 조직에서 스프레드시트가 다른 어떤 대안보다 더 흠이 없다는 가정하에 이러한 스프레드시트에 대한 감독, 또는 감사가 거의, 또는 전혀 행해지지 않고 있다. 그러나 이 가정은 위험할 수 있다. "2008년도의 여러 연구분석에 의하면, 스프레드시트 문서의 약 90%가 에러를 포함하고 있다. '아무리 주의 깊게 개발하더라도 스프레드시트는 모든 공식 셀에 1% 이상의 에러를 포함하고 있다.' 하와이 대학University of Hawaii의 IT 경영학과 교수이며 잘못된 스프레드시트 사례의 권위자인 레이 팬코Ray Panko 교수는 다음과 같이 언급했다. '수천 개의 공식들로 이루어진 대형 스프레드시트들은 발견 되지 않은 에러를 수십 개 포함 하고 있을 것이다.'"[6)]

이러한 보조적 해결책들을 사용함에 따라 기업 및 각 계획수립 담당자와 구매 담당자들은 현대적이며 값비싼 계획수립 및 통제 시스템을 보유하고 있음에도 불구하고 아래에 기술된 방법들을 수행하기 위해서 매일 수백만, 또는 수천만 달러의 자본을 지출하고 있다.

1. 심각한 재검토가 필요한 룰들
2. 임시방편의 보조적 해결책들(에러가 발생할 가능성이 높음), 또는
3. 두 가지가 혼합된 형태

우리가 사용하고 있는 엄청나게 비싼 계획수립 및 자재관리 시스템들은 무언가 대단히 잘못되어 있다. 만일 당신이 제조업체에서 근무하고 있다면, 계획수립 담당자 및 구매 담당자에게 마이크로소프트 엑셀이나 액세스Access제품을 갑자기 사용하지 못하게 될 경우 어떤 일이 벌어질지 질문해 보라. 아마도 당신은 (마이크로소프트사의 주식을 갖고 있지 않는 한) 그들의 답변을 좋아하지 않을 것이다. 아마도 더욱 흥미 있는 질문은 "왜 그들이 그러한 일을 하게 내버려두는가?"이다. 왜 조직이 가장 중요한 기능 중 하나를 시스템 외부에서 자주 처리하는 것을 허용하는가? 그 대답은 간단하다. 살아남기 위해서이다. 객관적으로 말하자면 많은 경영진들은 그저 시스템 외부에서 얼마나 많은 업무가 발생하는지 알지 못한다. 그들이 일단 그 내용을 알게 되면 그들은 심각한 딜레마에 처하게 된다. 계속해서 언급하자면 시스템 외부에서의 처리를 당연히 승인하는 것과 주제 전문가들이 말하는 시스템의 강제 준수에 대한 선택은 경영진이 이 문제에 처음 직면한 경우에만 쉽다.

이 책의 저자들은 재고가 엄청나게 증가하고 서비스 수준이 떨어졌을 때, 임시 방편adhoc 시스템 사용을 곧 중단시키려는 시도를 하는 경영진들을 수없이 목격했다. 그들은 보조적 해결책들이 왜 필요한 지에 대하여 근본적으로 이해하지 못했을 수도 있다. 그러나 이제는 그 방법에서 벗어나야 한다는 것은 충분히 알고 있다. 그래서 그들은 어떻게 하면 회사 전체가 새로운 ERP 시스템을 사용하게 할 것인가에 대하여 야단법석을 떤다. 그러나 임시방편으로 처리되고 있는 일들이 얼마나 많은지에 대해서는 경시한다.

다시 한번 언급하지만, 우리가 사용하고 있는 엄청나게 비싼 계획수립 및 자재관리 시스템들은 무언가 대단히 잘못되어 있다.

[제2영역] 원가 시스템 Costing Systems

성과를 평가하고 전략·전술적 의사결정을 내리기 위하여 필요한 원가 및 회계보고 정보를 생성하기 위한 오늘날의 룰은 ROI 성과를 내기 위해 필요로 하는 것과 잘 조화를 이루지 못하고 있다.

· **선형** vs **비선형** Linear versus Nonlinear

오늘날의 공급망 시스템들은 비선형/복잡 시스템들이다. 비선형 시스템들을 지배하는 룰들은 선형 시스템들을 지배하는 룰들과는 분명하게 다르다. 원가행동 양식에 대한 룰은 양 시스템이 서로 다르며, 많은 점에서 서로 반대이나, 대부분의 경영진과 운영 담당 직원들은 전혀 그 차이를 이해하지 못하고 있다. 따라서 기존의 원가 및 회계보고 정보는 선형 시스템 룰 세트rule set에 기초하고 있으며, 그 룰 세트가 오늘날의 복잡한 제조 및 공급망에 적용되어야 한다는 기본 가정을 기초로 하고 있다. 그러나 이 가정은 타당하지 않다.

· **일반회계원칙** Generally Accepted Accounting Principles

1934년에 개발된 일반회계원칙GAAP은 표준회계보고를 위한 기본 원칙이다. GAAP는 외부 사용자들에게 재무제표를 공정하게 공표하게 하기 위해 부과된 요건 사항이다. GAAP는 과거의 성과에 대한 법적 스냅샷이다. 이것은 즉, 원가 정보에 관한 과거 정보를 100% 정확하게 제공한다는 뜻이다. GAAP는 원가가 오늘과 미래에 어떻게 구체적으로 행동할 것인지에 대해서는 99.9% 부정확하다. 오늘날의 급변하는 복잡한 환경하에서 과거에 확실한 단위 원가를 산출했던 특정 상황이 오늘과 미래에도 정확히 같은 방식으로 발생할 것이라는 가정은 잘못된 것이다. 따라서 만일 회사들이 오늘날에도 계획수립, 실행 및 투자 결정을 위하여 GAAP 원가 정보를 사용하고 있다면, 그들은 틀림없이 잘못되거나 부적합한 정보를 사용하고 있는 것이다. 잘못되거나 부적합한 정보가 사용되면, 결과는 기대치에 부합하지 않을 것이다. 이렇게 기대치에 어긋나게 되는 것은 재무제표의 차이와 재무성과의 계획 대비 실제의 차이에 반영된다.

공급망을 비선형 시스템으로 인식하지 못하는 것과 GAAP의 사용이 결합되어 원가 성과와 ROI와의 관계에 대한 가정이 생성되고 강화되며, 모든 원가 개선들이 회사의 이익에 기여하게 될 것이라는 믿음을 가지게 된다. 이 신념과 그로 인해 만연하는 행동은 우리의 모든 정보 보고와 성과 지표에 하드 코딩 되어있다. 그래서 우리는 다른 방법을 전혀 볼 수 없는 것이다.

원가를 최소화하기 위해 시스템화된 동인drive이 그 의도와는 정 반대로 유도를 하고 있다. 즉 더 낮은 서비스 수준, 현금의 고갈, 재고의 증가, 그리고 자원 능력과 자재의 낭비들이다. 공장의 회계 담당자와 관리자들은 이것을 안다. 그들은 이것을 매일 목격하고 있는 것이다. 그들은 원가 성과 평가지표의 달성과 다른 KPIKey Performance Indicator(핵심성과지표)들의 보호 사이에서 끊임없이 갈등하고 있다. 만일 그들이 원가 성과를 최소화하고 최적화하는 것 이외에 아무것도 하지 않는다면, 그것은 전체 시스템의 ROI를 직접적으로 위태롭게 한다는 것을 그들은 안다. 그들에게 어떤 제품에 대한 원가를 물으면, 그들은 답변하기 전에 당신에게 왜 그것을 알려 하며, 그것을 가지고 무엇을 하려 하는지를 물을 것이다.

다시 말하면 그들은 문제가 야기될 수 있는 단순한 답변을 주기 전에 전체 스토리를 말해줄 필요가 있는지를 결정하려고 노력한다. 이것은 우리의 원가 기반cost-driven 시스템과 실제 세계가 조화를 이루지 못하고 있는 것을 보여주는 가장 커다란 징후 가운데 하나이다.

외부 사용자들에게 GAAP를 보고하는 것은 의무 요건 사항인 반면, 내부 사용자들에게는 의무 요건 사항이 아니다. GAAP는 제조업체와 공급망 자산들에 대한 의사결정을 유도하기 위해 만들어지지 않았다. 그것은 관리회계가 해야 할 일이다.

제1영역 + 제2영역 = 커다란 문제 Area 1 + Area 2 = Big Problems

이 두 영역은 개별적으로도 골칫거리이다. 두 영역의 결합은 대단히 파괴적이다. 앞에서 언급한 바와 같이, 진짜 MRP 시스템이 처음으로 온라인화 된 것은 1960년대이다. MRP 시스템은 회사가 무엇을 언제 제조하고 구매할지를 계산하는 방식에 대변혁을 일으켰다. MRP의 사용이 확산되고 컴퓨터의 용량이 증가함에 따라 더욱 더 많은 기능들이 MRP에 추가되었다. 1972년에는 자원 능력 스케줄링 및 조정이 MRP에 통합되어 폐쇄 루프closed-loop MRP가 되었다. 1980년에는 회계기능이 MRP에 통합되면서 MRP IIManufacturing resources planning(제조자원계획)로 발전하였다.

***제조자원계획**MRP II – **제조회사의 모든 자원의 효과적 계획수립을 위한방법. 이상적으로는 제품 단위 기반의 운영계획, 현금 기반의 재무계획을 다루며, 그리고 What-if 질문의 답변에 대한 시뮬레이션 능력을 보유한다. MRP II는 서로 연결된 다양한 프로세스들로 구성되어 있다: 경영 계획, S&OP**Sales and Operations Plan**(판매 및 생산계획), MPS**Master Production Scheduling**(기준생산계획), MRP**Material Requirements Planning**(자재 소요량 계획), CRP**Capacity Requirements Planning**(생산능력 소요량계획), 그리고 생산능력과 자재에 대한 실행지원 시스템. 이러한 시스템들로 아웃풋**output**은 경영계획, 구매 승인 보고서, 출하예산, 그리고 예상 재고금액과 같은 회계보고서로 통합되어 있다. 제조자원계획은 폐쇄 루프 MRP의 직접적인 파생물이며 확장이다.**[7]*

MRP II는 앞에서 기술된 두 영역(계획수립 및 원가계산)으로부터 하드 코딩된 룰들이 결합된 시스템으로서, 내부 관리자들에게 적합한 원가정보를 제공하는 것을 종식시켰다. 중간 관리계층의 비용절감 압력이 조직의 관리회계 능력의 많은 부분을 상실하게 했다. 오늘날의 관리회계 기능으로는 사전에 레이더 스크린에 포착되는 것이 거의 없다. 이러한 일이 진행된 지 이미 오래되어서 사람들은 프린트된 원가정보를 진짜인 것으로 받아들이게 되었다. 이 문제는 지난 20년간 회계 문헌 및 많은 다른 포럼들에서 반복적으로 지적되어왔다.

1990년대에 들어 MRP II는 더 크고 빠르고 더욱 강력하며 비싼 정보시스템인 ERP(전사적 자원계획)으로 발전하였다. 오늘날의 ERP 제품들의 핵심에는 MRP II가 존재하며, 그 뒤에는 그 동안 변화되지 않고 문제가 많은 하드 코딩된 룰들이 그대로 존재한다. 그리고 이것은 결정적인 질문으로 이어진다: 우리는 잘못된 것들을 더욱 빠르게 처리하고 있지는 않은가?

뉴 노멀(시대변화에 따라 새롭게 부상하는 표준)의 발흥
The Rise of the New Normal

항상 기억할 것: 낡은 룰 + 새로운 상황 = 값비싼 교훈

우리의 조직들이 관리의 기준으로 삼고 있는 미션-크리티컬하고 하드 코딩되어 있는 룰들을 대규모로 변화시키는 것을 고려해야 할 만큼 오늘날의 상황이 정말로 달라졌는가? 〈표 1.1〉은 지난 몇 십 년에 걸쳐서 극적으로 변화된 산업환경에 대한 부분적인 상황들을 보여준다.

〈표 1.1〉의 상황들은 1965년과 2013년에 제조업체들이 처해 있던 운영환경의 핵심 구성요소들이다. 이러한 상황들은 분명히 운영(제조와 공급망) 설계와 성과에 중요한 영향을 미친다. 이러한 상황들이 극적으로 변화되었기 때문에 이들과 연관된 운영 모델들과 룰들도 바뀌어야 한다. 한 예로 MRP의 창시자인 조 올리키Joe Orlicky는 컴퓨터의 가용성이라는 커다란 변화에 직면하여 이전의 재고 및 자재 관리 방법들에 대하여 다음과 같이 기술하였다.

이전의 재고관리 방법들은 보조, 또는 통합 요약, 손쉬운 방법shortcut, 또는 근사법approximation method으로 재고관리 역할을 수행했지만, 이것은 종종 보잘것없고 상당히 비현실적인 가정에 기초하였으며, 때로는 방법 적용을 허용하기 위하여 현실에 억지로

표 1.1 1965년에서 2013년으로의 운영환경의 변화

상황	1965	2013
공급망 복잡성	**낮다.** 공급망 체인처럼 선형에 가까웠다. 수직으로 통합된 국내의 공급망이 보편적이었다.	**높다.** 기존의 공급사슬은 공급망(supply web)으로 발전하였으며, 조각 조각으로, 전세계에 걸쳐 확장되었다.
제품 수명 주기	**길다.** 제품 수명 보통 몇 년 단위로 측정됨. 다이알 식 전화기는 수십년 동안 유지되었다.	**짧다.** 몇 개월 단위로 측정됨. 눈깜짝할 사이에, 신형 스마트폰 출시를 놓칠 수 있다.
고객 허용 시간 (CTT: Customer Tolerance Time)	**길다.** 종종 몇 주 또는 몇 개월 단위로 측정됨.	**짧다.** 며칠 단위로 측정되며 많은 경우에, 24시간 이내의 고객허용시간이 요구되기도 한다.
제품의 복잡성	**상대적으로 낮다.** 사람들이 자신의 차를 직접 정비 작업하곤 하였다.	**높다.** 대부분의 제품들은 상대적으로 복잡한 기계 및 전기 시스템과 마이크로 시스템을 보유하고 있다.
제품의 커스터마이제이션	**낮다.** 옵션이나 고객 특별 사양이 거의 존재하지 않았다.	**높다.** 특정 고객 또는 고객 유형에 따라 수많은 사양 및 커스터마이제이션이 보편화되어 있다.
제품의 다양성	**낮다.** 예를 들어, 1965년에는 콜게이트와 크레스트 치약이 각각 한 종류씩만을 생산했다.	**높다.** 2012년에 콜게이트는 17가지, 크레스트는 42 종류의 치약을 생산하였다.
장기 리드타임 품목	**적다.** 여기에서 "장기"라는 단어의 뜻은 시장이 기꺼이 기다려줄 수 있는 시간과 연관된다. 만일 고객허용시간이 더 길다면, 더 적은 수량의 장기 리드타임 품목이 존재하는 것이 당연하다. 그 당시의 공급망은 지금과는 달랐다. 대부분의 부품들은 국내에서 조달되었고, 따라서 리드타임은 훨씬 짧았다.	**많다.** 오늘날의 확장되고 조각난 공급망들은 단지 더욱 더 많은 구매 품목들 뿐 아니라 더욱 더 먼 지역으로부터의 구매품목들을 조달해야 한다.
수요예측 정확도	**높다.** 더 낮은 변동성, 더 긴 제품 수명주기, 그리고 높은 고객 허용시간은 수요예측 에러에 상대적으로 작은 영향을 미친다. – 에러를 수정할 시간적 여유가 있다.	**낮다.** 상기 항목들의 결합된 복잡성으로 인하여 수요예측 정확도를 개선하겠다는 생각은 돈키호테 같은 모험을 만든다.

재고 감축에 대한 압박	**낮다.** 더 낮은 변동성과 더 긴 제품 수명주기로 인하여 재고 비축의 불이익과 위험이 최소화되었다.	**높다.** 기업 운영이 더욱 적은 운전자본으로, 더욱 더 복잡한 수요 및 공급 시나리오(상기 항목에서 정의)를 지원 하도록 요구 받는다.
거래선 확보	**어렵다.** 공급업체와 고객들을 찾아내기 위해서는 철저하고 값비싼 노력이 필요했다. 선택은 제한적이었고, 사람들의 제조업체와의 첫 만남은 흔히 그들 앞에 앉아있는 판매원을 통해서 이루어졌다.	**쉽다.** 사람들은 마우스 클릭 한번으로 필요한 정보를 찾을 수 있다. 선택의 폭은 엄청나게 커졌다. 사람들의 제조업체와의 첫 만남은 흔히 그들 앞에 놓여있는 컴퓨터 스크린을 통해서 이루어진다.

끼워 맞춘 개념들을 근간으로 하였다. 가장 중요한 결과들은 기존의 절차들을 개선하고, 정제하고, 더욱 빠르게 처리하는 것을 선택한 사람들이 아니라, 그들의 시스템들을 근본적으로 변혁시킨 사람들에 의해서 성취 되었다.[8)]

물론 아이러니컬한 것은 1960년대, 1970년대에 올리키Orlicky가 소개했던 새로운 방법이 이제는 더 이상 오늘날의 새로운 방법으로 사용할 수 없다는 것이다. 이 경우에 있어서 변화는 계산의 스피드가 빨라졌다기 보다는 뉴 노멀 시대의 복잡한 환경에 기인한 것이다.

현재의 운영 방법과 룰들은 근거가 빈약하거나 상당히 비현실적인 가정들에 기초하고 있다. 게다가 그 방법들과 룰들은 일반적으로 인정된 기법의 사용을 위하여 새로운 현실에 대하여 개념들을 끼워 맞추고 있다.

푸시 앤 프로모트의 문제점
The Push-and-Promote Problem

앞에서 논의한 두 영역(계획수립과 원가계산)에 뿌리 박힌 룰들은 푸시 앤 프로모트push-and-promote로 알려진 운영 모드를 만들어내기 위해 결합되었다; 이 모드는 디맨드-풀demand-pull 중심이기보다는 공급 및 원가 중심supply and cost-centric 개념이다. 이 룰들은 만들어졌을 당시의 상황에서는 아주 적절했었다. 지금 그 룰들은 뉴 노멀 시대의 성공을 위해서는 심각한 문제이고 심지어는 위협이다. 요점은 산업이 이미 수확체감 포인트에 도달했거나, 또는 지났다는 것이다. 구식의 푸시 앤 프로모트 모드에 뿌리를 둔 룰들을 사용하여 회사를 지속적으로 운영하는 기업들은 더욱 많이 투자하면서 더욱 적게 성과를 거두게 될 것이다. 어떤 룰이 깨졌는지에 대한 재검토를 우리는 어떻게 시작해야 할 것인가? 어떻게 하면 우리의 조직과 운영 모델을 더욱 적절한 곳으로 이끌어갈 수 있을 것인가?

플로우의 필요성

The Need for Flow

1965년 또는 2013년의 상황과 관계없이, 제조를 프로세스로 인식하는 것은 제조가 어떻게 운영되어야 하는지를 이해하는 데 필수적이다. 제조가 어떻게 운영되어야 하는지를 이해함으로써 우리는 현재 상태에 비추어 제조를 둘러싸고 있는 룰들이 어떠해야 하는 지를 정의할 수 있는 능력을 갖게 된다. 어떠한 룰들이 계속 유지 되어야 하고, 어떠한 룰들이 사라져야 하는가? 어떠한 룰들을 변경해야 하는가? 그리고 어떠한 룰들이 추가 되어야 하는가?

조 올리키Joe Orlikiy, 올리버 와이트Oliver Wight와 함께 MRP의 창시자인 조지 플로슬George Plossl은 다음과 같은 글을 남겼다. "제조란 제품, 자재, 기술, 기계 및 사람들 기량의 혼란한 다양성으로 인해 프로세스로서의 근본적인 정밀함과 단순성을 모호하게 하는 것이다. 제조(일반적으로 공급망)의 엣센스는 공급자로부터 공장과 유통채널을 거쳐 고객에게 전달되는 물류의 플로우와 모든 품목에 대하여 계획 및 소요량이 얼마이며, 과거에 어떤 일이 일어났었고, 현재 어떤 일이 진행되고 있으며, 앞으로 어떻게 진행될 것인지에 대한 정보의 플로우이다.[9]

조지 플로슬의 제조에 대한 이 간결하고 단순한 평가가 우리를 제조의 제 1 법칙으로 안내했다.

모든 이득은 정보와 자재 플로우의 스피드와 직접적으로 연관되어 있다.[10)]

여기에서의 경고는 모든 정보와 자재가 반드시 시장의 기대치, 또는 요구사항과 밀접한 관련이 있어야 한다는 것이다. 우리는 조직들이 거의 적합하지 못한 정보와 부적합한 대량의 자재(잘못된 시점에 너무 많은 잘못된 자재) 재고의 바다에 빠져 허우적거리는 모습을 빈번하게 목격한다.

"모든 이득"은 많은 것을 포함하는 표현이다. 모든 이득을 상세히 분류해보면 다음과 같다.

1. 서비스Service – 잘 흘러가는 시스템은 일관성 있고 신뢰할 만한 결과를만들어낸다. 이것은 배송 성과뿐 아니라 품질에 관해서도 고객의 기대 충족에 영향을 준다. 이것은 특히 유통기한 이슈를 갖고 있는 산업의 경우에 특히 적용된다. 당신은 형편없는 플로우를 갖고 있는 레스토랑에서 식사를 하기를 원하는가, 아니면 훌륭한 플로우를 갖고 있는 레스토랑에서 식사를 하기를 원하는가?

2. 수익Revenue – 고객 서비스가 지속적으로 높을 때, 시장 점유율은 성장하거나 최소한 줄어들지는 않는다.

3. 재고Inventories – 원자재 및 포장재, 재공품Work-In-Process, 그리고 완제품은 최소화될 것이며, 전체 시스템을 통해서 각 단계간의 플로우 시간에 직접적으로 비례 할 것이다. 플로우에 소요되는 시간이 적으면 적을수록 총 재고량은 적어질 것이며,[11)] 재고는 사용 자본employed capital의 형태로 묶여 있는 돈이다.

4. 비용Expenses – 플로우가 좋지 않을 때는 플로우의 격차를 줄이기 위한 추가적인 동과 비용이 발생한다. 예를 들면 화물운송 독촉, 야근, 재 작업, 교차 출하, 그리고 계획되지 않은 부분 출하 등이 이에 해당한다. 이러한 활동들의 대부

분은 직접적으로 현금이 조직에서 빠져나가도록 하며, 전반적인 시스템이 비효율적인 것을 나타내는 지표가 된다. 많은 회사에서 이러한 독촉 관련된 비용들은 정당하게 평가되지 않으며, 제대로 측정되지 않으나 천천히 조직에 해를 끼치게 된다.

5. 현금Cash – 플로우가 극대화되면, 회사가 구매한 자재가 상대적으로 빨리 일관성 있는 비율로 현금으로 전환된다. 따라서 현금 플로우의 관리와 예측이 훨씬 쉬워진다. 게다가 앞서 언급한 주문 독촉 관련 비용이 최소화된다.

수익이 극대화되고 보호되며, 재고가 최소화되고, 추가적이거나 불필요한 부수적 비용이 제거되면 어떠한 일이 일어날까? 투자수익률ROI이 높아진다. 그것이 진정한 목표가 아니겠는가? 모든 영리 추구 기업은 보편적인 주된 목표를 가지고 있다: 어떤 형태로든 자기자본 수익률Return on shareholder equity을 최대화시키는 것이 바로 그 목표이다. 그 목표를 달성하기 위한 최상의 지속 가능한 방법은 플로우를 촉진하고 보호하는 것이다. 이것이 바로 효율적인 제조 시스템의 정확한 정의이다. 역으로 ROI와 시스템 효율을 저해하는 가장 빠른 방법 중 하나는 무엇인가? 그것은 플로우를 해치는 의사결정을 하고 플로우를 해치는 행동들을 강화하는 것이다.

일단 플로우의 중요성을 인식하면, 몇 가지 중요한 원칙들이 드러난다.

1. 시간이 궁극적인 제약이다. 시간은 제조 프로세스에 있어서 가장 귀중한 자원이다. 고객허용시간이 계속적으로 단축되고 있기 때문에 오늘날 이 원칙은 그 어느 때보다도 더욱 더 진실이다. 우리가 항상 명심해야 할 것은 중요한 시간은 시스템을 통과해서 이동하는 시간이라는 점이다. 우리가 이것을 마음에 새기지 못하면, 우리는 시간과 관련하여(특히 자원 레벨에서) 잘못 사용하고 행동을 왜곡시킬 수 있다.

2. 시스템은 잘 정의되고 이해되어야 한다. 자재와 정보가 어떻게 이동해야 하

는지에 대한 명확한 정의는 시스템이 플로우를 최대화할 수 있는 능력이 있는지의 여부를 결정할 것이다.

3. 시스템 내의 각 포인트 간의 연동, 또는 연결은 반드시 매끄러워야 한다. 자재와 정보는 한 포인트에서 다른 포인트로 매끄럽게 통과해야 한다. 이러한 포인트들에서의 마찰이 크면 클수록 플로우는 더욱 지연된다.

이러한 원칙들의 결합은 우리에게 명확한 포인트를 알려준다. 시스템 관점에서 시간과 플로우를 더 잘 관리할 수 있는 회사의 능력이 ROI에 대한 성공을 결정하게 될 것이다.

시장이 푸시 앤 프로모트 모드를 기꺼이 지원하는 모드 하에서만 제 1 법칙이 작동한다는 점을 명심해야 한다. 이 책을 쓰는 시점에서 그러한 상황은 전세계의 일부 신흥 소비자 시장에서는 아직 발견될 수 있다. 그러나 종국에 가서 만일 푸시 앤 프로모트 전술로 플로우가 나빠졌다면, 그 시장은 그러한 전술에 맞지 않는 것이다. 시장을 변화시키는 것은 거의 불가능하며, 전술을 바꾸는 것은 가능하다는 것을 명심해야 한다.

변동성 – 플로우의 첫 번째 적

Variability – Enemy Number One of Flow

만일 시간이 궁극적인 제약이고, 플로우의 촉진이 그것을 가장 잘 관리할 수 있는 방법이라면, 우리는 무엇이 플로우를 촉진시키는 우리의 능력을 가장 자주 방해하는 것인지를 이해해야 한다. 시스템에서 무엇이 플로우의 주된 킬러인가? 간단하게 말하자면, 그 대답은 변동성이다. 변동성의 법칙은 다음과 같이 말한다. "프로세스에서 변동성이 많이 존재할수록 그 프로세스의 생산성은 더욱 떨어질 것이다."[12]

저자인 우리들이 이 정의에 대해 갖고 있는 우려는 이 정의가 시스템 레벨에서의 변동성의 영향을 충분히 부각시키지 못할 수도 있다는 점이다. 변동성의 영향은 개별 프로세스 레벨에서보다 시스템 레벨에서 더 잘 이해 되어야만 한다. 변동성에 대하여 수십 년간 진행되었던 토론은 전체 시스템에 대한 영향에는 거의 집중하지 않은 채 개별 프로세스 레벨에만 대부분 초점을 맞추어 왔다. 지엽적인 레벨에서의 변동성은 시스템 플로우를 죽이지는 않는다. 시스템 플로우를 죽이는 것은 변동성의 축적과 증폭이다. 축적과 증폭은 시스템의 특성 때문에 발생한다. 즉 시스템 내에서 개별 영역들이 상호 작용하는 (또는 상호작용에 실패하는) 방식 때문에 발생하는 것이다. 따라서 우리는 새로운 법칙을 제안한다.

시스템 변동성의 법칙: 개별 영역, 단계, 또는 시스템 내의 프로세스 사이에서 변동성이 더 많이 통과할수록 시스템의 생산성은 더욱 떨어질 것이다. 시스템 내에 더 많은 영역, 단계, 또는 연결들이 존재할수록 시스템 생산성에 대한 효과는 더욱 침식될 것이다.

[그림 1.2]는 시스템 변동성의 법칙을 보여준다. 그림의 하반부는 연결들의 네트워크를 보여주고 있다. 이것은 프로젝트 네트워크, 자재 명세서BOM: Bill of Material, 또는 제조공정표routing라고 볼 수 있다. 요점은 이 그림이 어떤 형태의 완성된 제품, 프로젝트, 또는 최종 상태로 완결되는 개별 이벤트, 영역, 엔터티entity 간의 관계들의 집합을 나타낸다는 것이다. 굵고 구불구불한 선은 시스템을 통하여 축적되고 증폭되는 변동성의 파동을 나타낸다. 지연된 결과는 자주 누적되지만 반면 일찍 끝난 결과는 거의 누적되지 않는다. 네트워크 섹션 위쪽 그림은 시스템 리드타임과 아웃풋에 대한 변동성의 영향을 보여준다. 간단히 말하면 리드타임은 늘어나고 아웃풋은 줄어든다.

개별 영역, 단계, 또는 프로세스 사이를 통과하는 변동성과 연관된 문제들은 제조 및 공급망 세계에서는 새로운 것이 아니다. 공급망에서는 채찍 효과bullwhip effect라는 것이 존재한다.

그림 1.2 시스템 변동성(variability) 법칙의 예시

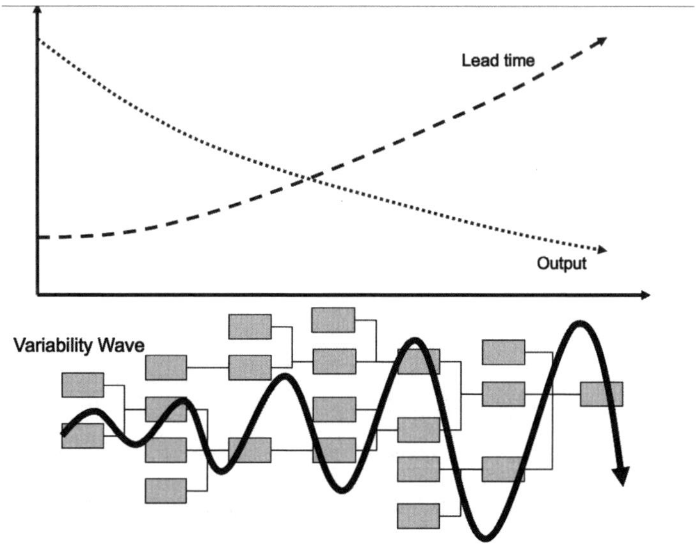

채찍 효과 – 공급망 하류에서 발생한 작은 수요의 변화에 의한 공급망 상류 위치에서의 극심한 변화. 재고가 백오더backorder 상태에서 금방 과다 재고 상태로 바뀔 수 있다. 채찍효과는 상류로 주문을 하는 순차적인 특성과 공급망 아래 쪽으로 제품을 이동시키면서 필연적으로 발생하는 운송지연에 의해서 야기된다. 채찍 효과는 공급망을 동기화함으로써 제거될 수 있다.[13)]

채찍효과는 항공, 자동차 및 가전산업처럼 대형 조립업체들에 의해서 주도되는 대규모의 확장 공급망을 가지고 있는 산업에서 꽤 악명이 높다. [그림 1.3]은 채찍효과를 예시한다. 수요 시그널의 왜곡 및 변동은 오른쪽에서 왼쪽(고객에서 공급업체로)으로 이동하고, 반면에 지연과 결품은 왼쪽에서 오른쪽(공급업체에서 고객에게로)으로 흘러간다.

시스템 변동성의 또 다른 그림이 계획 시스템에서 발생한다. 우리는 그것을

그림 1.3 채찍효과(bullwhip effect)

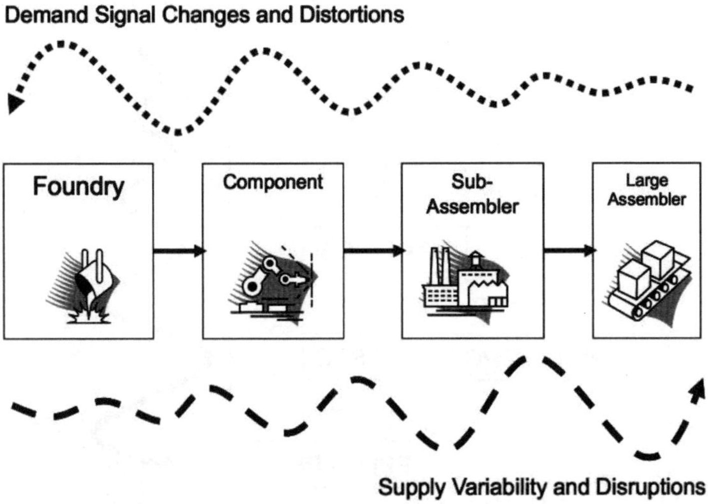

과민성이라고 한다.

과민성Nervousness – MRP시스템 내에서 상위 레벨(예: 레벨 0 또는 1) 품목정보 또는 기준생산 스케줄MPS:Mater Production Schedule의 작은 변경이 하위 레벨(예: 레벨 5 또는 6) 일정 또는 오더에 대해 상당한 시간, 또는 수량 변경을 야기시키는 특성(동의어: 시스템 과민성)

과민성은 회사의 제품 구조에서 종속적으로 연결된 품목 수와 품목들이 서로 어떻게 영향을 미치는가에 직접적으로 연관되어 있다. [그림 1.4]는 과민성을 예시한다. 제품 구조의 상위 레벨에서 수량과 시간에 대한 요구사항이 변경되면 이러한 변경은 자동적으로 하위 레벨의 수량과 일정에 영향을 미친다. 구불구불한 선은 과민성이 자재명세표BOM: Bill of Material를 타고 아래로 증폭되면서 내려오는 것을 나타낸다.

그림 1.4 시스템 과민성(nervousness)

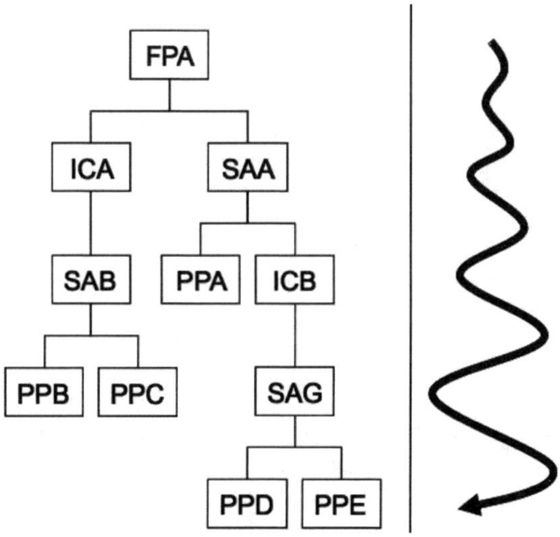

과민성은 MRP의 가장 큰 장점이자 가장 큰 결점인 모든 것을 종속적으로 만드는 것과 직접적으로 연관되어 있다. 공용부품과 자재들이 많을수록 과민성은 자주 악화된다. 그 이유는 종속성이 증가하기 때문이다. 사실상 과민성은 너무나 파괴적이어서, 쉽게 실시간 또는 더 자주 순 소요량 계산을[14] 수행할 수 있는 컴퓨팅 파워에도 불구하고, 대부분의 회사들은 일일 또는 주간 MRP 계산 방식을 고수하고 있다. 기술을 가능한 한 최대한 사용하는 것이 그것을 쓸모 없는 것으로 만들어버리는 혼란스러운 상황을 연출하고 있는 것이다.

많은 공급망에서의 채찍 효과에 대해서 중요한 영향을 미치는 요소는 공급망을 구성하는 다양한 제조업체들의 과민성의 상호작용이다. [그림 1.5]는 한 공급망 전반에 걸친 과민성과 채찍 효과의 예시이다. 그림의 왼쪽 부분은 대형 완제품 제조업체가 맨 윗부분에 위치해 있는 공급망을 보여준다. 각각의 박스는 저마다 오른편과 같은 시스템 과민성을 가지고 있는 고유한 제조업체를 포함하고 있다. 제품 구조의 맨 밑에 표시된 점선은 그 구매 품목의 해당 공급업체와 연결

그림 1.5 공급망에서의 과민성과 채찍효과

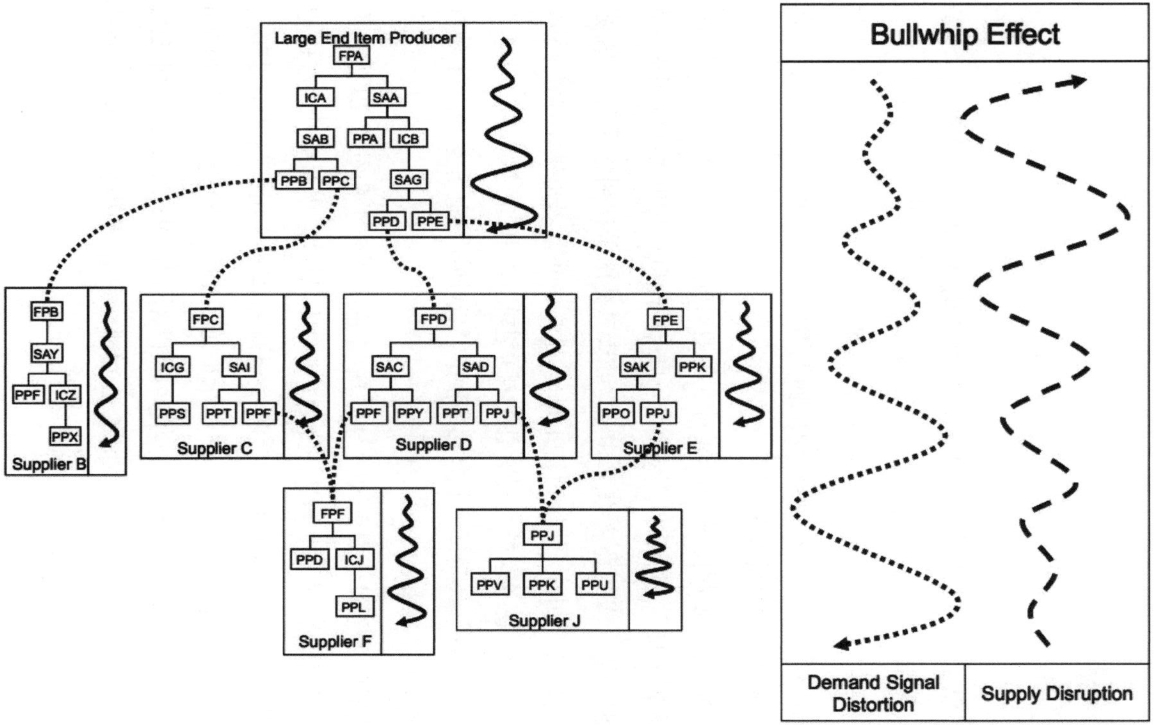

되어 있다. 그림의 오른쪽은 공급망 전반에 걸친 채찍효과를 보여준다.

변동성의 유형

The Types of Variability

만일 플로우가 가장 중요한 보호 대상이고, 시스템 변동성이 플로우를 죽인다면, 우리는 회사들이 직면하고 있는 시스템 변동성의 본질을 탐구해야만 한다. 이 섹션은 대부분 캐롤 프탁Carol Ptak과 채드 스미스Chad Smith가 저술한 '올리키의 자재소요량계획'Orlicky's Material Requirements Planning 3판(McGraw-Hill, 2011, pages 16-18)에서 인용하였다.

변동성은 체계적으로 최소화시키고 관리할 수는 있지만, 제거할 수는 없다. 변동성의 모든 원인들을 공격하고 시스템에 대한 개별 영향을 최소화하는 것에 대한 가장 큰 도전은 시간, 노력, 그리고 그것을 하기 위한 돈의 투자 및 그 투자에 따른 수익이다. 식스 시그마 도구 세트는 개별 프로세스 레벨에서의 변동성을 감소시키는 훌륭한 접근방법을 제공한다. 그러나 아무리 최고의 마스터 블랙벨트master black belt라도 (마법의 지팡이가 없다면) 변동성을 완전히 제거할 수는 없다.

기업의 관점에서 보면 변동성은 네 종류의 명확한 원천이 있다(두 종류는 내부 변동성, 두 종류는 외부 변동성). 이러한 원천들이 서로 합쳐져서 전체 시스템 변동성을 만들어낸다. 네 가지 원천들은 [그림 1.6]에 나타나 있다. 여기에서 구불구불한 선들은 네 영역 중 각각의 내부에서 발생하는 변동을 나타낸다. [그림 1.6]에서 조직은 상부에 관리층이 위치한 피라미드로 표현 되어 있다. 2장에서 이 모양에 대하여 더 구체적으로 이해하게 될 것이다. 조직의 아웃풋은 피라미드의 맨 밑바닥에서 흘러 나온다.

그림 1.6 변동성의 유형

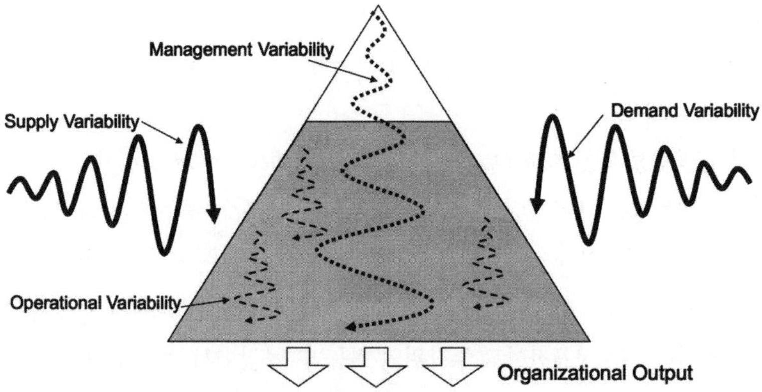

수요의 변동성 Demand Variability

수요의 변동성은 외부적인 형태의 변동성이다. 수요의 변동성은 수요 패턴과 계획에서 경험하게 되는 변동과 편차로 특징지어진다. 수요의 변동성은 [그림 1.6]의 오른쪽에 있는 구불구불한 선이다. 앞에서 논의하였듯 많은 공급망에서 수요의 변동성은 공급망의 맨 윗부분 부근의 주요 회사들의 시스템 과민성에 의해서 발생한다. 뉴 노멀 시대의 조건하에서 수요 변동성과 변덕성은 더욱 광범위한 범위의 제품에 걸쳐서 엄청나게 증가하고 있다.

공급의 변동성 Supply Variability

공급의 변동성도 외부적인 형태의 변동성이다. 공급의 변동성은 공급 네트워크에서 혼란 또는 공급 오더의 입고에 대한 요청일자, 또는 약속일자의 편차이다. 그것은 공급 네트워크의 신뢰성(또는 신뢰성의 부족)을 뜻한다. 부품이 단 한 개만 빠지더라도 최종 제품의 납품을 방해한다. 다시 말하면 회사가 99.9%의 공급 신뢰성을 가지더라도 서비스 수준은 용납할 수 없는 정도로 낮을 수 있다. 극단적인 경우 5센트짜리 패스너fastener가 수십 억짜리 조립품의 납품을 방해할 수 있다. [그림 1.6]에서 공급의 변동성은 왼쪽으로부터 시작되는 구불구불한 선이다. 뉴 노멀 시대의 조건하에서는 더욱 더 많은 원격 공급업체들뿐만 아니라 전체 공급업체들의 증가로 인해 공급 변동성이 증가하고 있다.

운영의 변동성 또는 머피 Operational Variability or "Murphy"

운영의 변동성은 내부적인 변동성의 형태이다. 종합적 품질관리TQM: Total Quality Management의 창시자인 W. 에드워즈 데밍W. Edwards Deming은 이러한 유형의 변동성을 일반원인변동common cause of variation이라고 정의하였다. 이것은 정상 상태의 시스템에서 나타나는 정규적이고 무작위의 변동이다. 앞에서 언급하였듯 프로세스의 모든 포인트에서의 완벽은 불가능하다. 심지어 린lean 접근방법을 채택하거나 식스 시그마를 활용하는 회사들도 원하는 목표인 완벽은 불가능하다는 것을 인정한다. 정규 또는 무작위의 운영 변동은 통계적으로 계산된 관리 한계control limits 내에 프로세스가 위치하지만 여전히 관리한계 내에서 변동하는 결과를 가져온다. 이러한 한계(복수형)가 많이 있다는 그 사실은 변동에 대한 기대치가 있다는 것을 인정하는 것이다. [그림 1.6]에서 운영의 변동성은 세 개의 작고 구불구불한 점선들로 표시되어 있으며, 피라미드의 운영 세그먼트 내에 존재한다.

관리의 변동성 Management Variability

관리의 변동성은 내부적인 변동성의 형태이며 인간적 요소와 관련된 변동이다. 인간은 시스템의 룰들을 만들고 해석한다. 관리 변동성은 회사 내에서 내려진 의사결정들과 시행된 업무활동들의 직접적인 결과이므로 스스로 초래된다. 관리 변동은 아무리 좋은 의도를 가지고 있다 하더라도 자주 프로세스를 통계적으로 통제 불능한 상태로 만든다(2장에서 상세 설명). 이러한 형태의 변동성은 데밍Deming의 정의에 의하면 특별 또는 지정 가능한 원인 변동성special or assignable cause of variability으로 분류된다. 데밍에 따르면 특별원인변동성이 첫 번째 개선 대상이다. 특별원인변동이 다루어져야만 프로세스의 정규변동normal variation이 확인될 수 있다. 이렇게 함으로써 훨씬 관리하기 쉬운 정상상태가 제공된다. 이러한 점을 염두에 두고 우리는 반드시 먼저 이러한 형태의 변동성을 줄여나가야 한다.

더 스마트해지기 – 변화를 위한 기본 청사진

Getting Smarter – A Basic Blueprint for Change

갈수록 시스템 변동성이 증가하고 있는 뉴 노멀 시대에서 플로우를 극대화 하기 위해서는 변화가 요구된다. 무엇을 변화시킬 것이며, 어떠한 상태로 변화시킬 것인지를 정의하려면 조직은 더 스마트해져야 한다. 그렇다면 오늘날의 조직들이 스마트하지 않다는 뜻인가? 조직들은 많은 유능하고 스마트한 인재들을 보유하고 있지만 전체적으로 그들은 진정으로 근본적인 변화의 필요성을 인식하고 다루는데 실패하고 있다. 어떻게 하면 조직들이 전체적으로 더욱 스마트해 질 수 있는가?

변화를 위한 청사진은 간단하다. 우리는 이것을 "더 스마트한 방법"이라고 명명하였다. 이 장의 앞부분에서 우리는 현재의 운영 방법들과 룰들이 빈약하거나 상당히 비현실적인 가정들에 기초하거나 인정된 기법의 사용을 허용하기 위하여 새로운 현실에 대하여 개념들을 끼워 맞추고 있다고 서술하였다. 변화를 위한 이 청사진은 빈약하고 비현실적인 가정들과 그 가정들을 생성시킨 해로운 습관들을 관리 변동성에서 직접 다룰 것을 지적한다. 우리는 인간적 요소를 제거할 수는 없지만, 인간적 요소의 해로운 측면은 제거할 수 있다. 다시 말하면 지정 가능한 원인은 뉴 노멀 시대의 상황을 감안해서 다루어질 수 있다. 더 스마트한 방법은 아주 간단한 세 단계로 구성된다.

단계 1: 조직 내 올바른 쏘트웨어Thoughtware 설치

우리는 조직이 체계적으로 생각할 수 있도록 격려하고 활성화하고 있는가? 저자인 우리는 그렇게 생각하지 않는다. 사실상, 수십 년 동안 거의 1,000여 개의 조직들로부터 얻은 합쳐진 경험은 아주 그 정반대였다는 것을 우리에게 보여주었다. 대부분의 경우 회사 내부의 사람들은 활동이 제한되고, 의욕을 잃고 있으며, 문제들과 해결책들을 체계적 관점에서 생각할 수 없었다(이것은 2장에서 다루어질 과감한 진술이다). 개인들과 조직은 유능하게 만들어질 수 있다. 의미 있고 급속한 개선을 추진하려면 문제들의 정의와 해결책들의 개발이 반드시 뉴 노멀 시대를 염두에 두고 시스템과 플로우 기반의 관점에서 이루어져야 한다. 조직들은 앞에서 논의되었던 스스로 초래된 변동성의 제거를 어렵게 하는 커다란 장애물을 가지고 있다. 2장에서는 단계 1이 논의될 것이다.

단계 2: 디맨드 드리븐Demand Driven으로의 전환

푸시 앤 프로모트 모드의 운영은 반드시 변화해야 한다. 뉴 노멀에서는 푸시 앤 프로모트의 가정들과 운영 방법들이 맞지 않는다. 회사들은 그들의 자원과 노력을, 오늘날 우리가 처해있는 더욱 변동성이 강하고, 변덕스러우며, 복잡한 환경에서 실제 시장과 고객에 더 잘 맞출 수 있는 방법을 찾아야 한다. 다시 강조하지만 이것은 듣는 것처럼 쉬운 일은 아니다. 왜냐하면 글로벌 제조 및 공급망 환경에서의 증가하는 변덕성과 변동성은 잘못된 추측과 틀린 계산에 대한 불이익을 더욱 크게 하기 때문이다. 3장에서는 단계 2에 대하여 논의할 것이다.

단계 3: 스마트 메트릭스의 효율적 사용 – 더 스마트한 방법을 위한 룰들

이 시점에서 독자들은 아마 이렇게 말할 것이다, “잠깐만! 우리 조직이 잘못된 룰들로 가득 차 있다면, 올바른 룰들은 도대체 무엇인가?” 룰들이 어떠해야 하는지를 이해하려면 단계 1 과 단계 2가 필요하다. 뉴 노멀 시대에 경쟁력을 지속적으로 유지하기 위해서 요구되는 변화는 새로운 룰들과 평가지표를 필요로 한다. 이러한 메트릭스를 기꺼이 받아들이고 효율적으로 사용하기 위해서는 매우 뿌리깊고, 심지어 하드 코딩된 가정들, 메트릭스, 그리고 판에 박힌 행동을 제거하는 것이 필요하다. 사람들이 체계적으로 생각할 수 있고, 운영 모델들을 뉴 노멀 시대에 맞도록 설계하지 않는 한 이러한 메트릭스는 우리를 피해 갈 것이다. 메트릭스는 플로우와 체계적인 사고에 대한 근본적인 원칙들을 이해하는 기능이다. 4장은 스마트 메트릭스에 대한 개요를 제공할 것이다. 그 이후의 장들은 뉴 노멀 시대에서의 플로우를 극대화하기 위한 근본적이고 정교한 룰 세트를 제공함으로써 그 접근방법을 상세히 다룰 것이다.

각주 ————————————————————————

1. www.dictionary.com
2. Ptak, Carol, and Chad Smith, 올리키의 자재소요량계획(Orlicky's Material Requirements Planning), 3d ed. New York: McGraw-Hill, 2011, page 40.
3. MRP를 21세기에 적용하기 위한 청사진은 올리키의 자재소요량계획(Orlicky's Material Requirements Planning), Ptak and Smith, McGraw-Hill, 2011에 상세히 기술되어 있다.
이 새로운 형태의 MRP는 디맨드 드리븐 MRP(demand driven MRP: DDMRP)라고 한다.
4. 200개 이상의 제조업체들로 구성된 여론조사 샘플.
5. 애버딘 그룹, "수요 관리(Demand Management)", Boston: November, 2009.
6. Olshan, Jeremy, 월스트릿 저널의 마켓워치(MarketWatch), April 20th, 2013.
7. APICS Dictionary, 12th ed.(Blackstone, 2008, page 78)
8. Orlicky, Joseph, 자재소요량계획(Material Requirements Planning), 생산 및 재고관리의 새로운 생활방식(The New Way of Life in Production and Inventory Management),
New York: McGraw-Hill, 1975, page 4.
9. Plossl, George, 올리키의 자재소요량계획(Olicky's Material Requirements Planning), 2d ed. New York: McGraw-Hill, 1994, page 4.
10. Ibid.
11. 이 관점에 대한 이해 증진을 위하여 리틀의 법칙(Little's Law)을 참조 바람.
12. APICS Dictionary, 12th ed.(Blackstone, 2008, page 71)
13. APICS Dictionary, 12th ed.(Blackstone, 2008, page 14)
14. MRP에 있어서, 부품, 또는 조립품목에 대한 순 소요량(net requirements)은 다음의 공식에 의하여 계산된다. (총 소요량 + 할당 수량(allocation)) - (현 재고수량 + 예정 입고량)의 결과 치에 안전재고 수량을 고려하고, 여기에 로트 크기와 리드타임을 적용함으로써 순 소요량이 계획오더(planned order)로 변환된다. APICS Dictionary, 12th ed.(Blackstone, 2008, page 86)

2 조직 내에 쏘트웨어 설치

Install Thoughtware in the Organization

- 우리의 조직들은 체계적으로 생각할 수 있는가?
- 현대의 조직 - 갈등의 공장
- 갈등과 진동
- 낭비의 진정한 정의

2 조직 내에 쏘트웨어 설치

Install Thoughtware in the Organization

조직은 뉴 노멀에 대응하기 위하여 막대한 하드웨어와 소프트웨어의 추가적인 투자를 고려하기 전에 우선 쏘트웨어thoughtware에 대한 투자를 고려해야 한다.

쏘트웨어란 사람들이 체계적으로 생각하고 의사 소통할 수 있는 능력이다. 집합적인 직관에 초점을 맞춤으로써 문제를 안고 있는 가정들, 시대에 뒤떨어지고 상충되는 룰들, 그리고 이를 기반으로 한 의사결정의 문제점들이 드러나게 된다.

이러한 문제점들은 조직내의 갈등을 야기시키게 되며, 공통 목표를 달성할 수 있는 능력을 심각하게 저하시킨다. 이것이 바로 낭비의 절대적인 전형이다. 즉 엄청난 시간과 돈을 소비하면서 아무런 성과도 얻지 못하는 것이 낭비인 것이다. 낭비에 대한 가장 기본적이고 정교한 정의는 "미해결된 갈등"이다.

올바른 쏘트웨어의 설치 없이 이루어지는 하드웨어와 소프트웨어에 대한 추가투자는 자주 낭비로 이어지는데, 왜냐하면 잘못 적용되거나, 최초에 플로우의 관점에서 그것들이 정말로 요구되지 않았기 때문이다.

2 조직 내에 쏘트웨어 설치

Install Thoughtware in the Organization

변동성은 플로우를 방해하며, 가장 파괴적인 형태의 변동성은 스스로 초래된 것이다(이 점에 대해서는 뒤에서 상세 설명). 데밍Deming에 따르면 스스로 초래된 변동성, 즉 관리 변동성은 반드시 우선 처리되어야 한다. 그것은 우리가 시스템 내에 가지고 있는 가정 및 우리가 만들고 시행하는 룰들과 직접적으로 연관된다. 뉴 노멀의 상황에서 우리가 그 가정들을 적응시키거나 발전시킬 수 없는 무능력은 관리 변동성을 증가시키는 원인이다. 새로운 환경이 조직에 적용되는 과정에서 조직은 운영방법과 새로운 환경에 대한 대응방법을 결정할 수 있다.

이 장의 전제는 단순하다. 조직은 뉴 노멀에 대응하기 위하여 막대한 하드웨어[1]와 소프트웨어의 추가적인 투자를 고려하기 전에 우선 쏘트웨어thoughtware에의 투자를 고려해야 한다. 쏘트웨어란 사람들이 체계적으로 생각하고 의사 소통할 수 있는 능력이다. 집합적인 직관에 초점을 맞춤으로써 우리는 문제를 안고 있는 가정들, 시대에 뒤떨어지고 상충되는 룰들, 그리고 잠 자리를 펼 뿐만 아니라 그 위에 눕게 만드는 자동적인 반응들을 드러내게 할 것이다. 올바른 쏘트웨어의 설치 없이 이루어지는 하드웨어와 소프트웨어에 대한 추가투자는 자주 낭비로 이어지는데, 왜냐하면 잘못 적용되거나, 최초에 플로우의 관점에서 그것들이 요구되지 않았기 때문이다.

여기에서 고려해야 할 몇 가지 질문이 있다.

1. 당신의 조직 내의 사람들이 체계적으로 생각할 수 있도록 공식적으로 교육 받았는가?
2. 그들이 작업할 수 있는 공통적인 문제해결 언어와 프레임워크가 있는가?
3. 당신의 조직에 있는 사람들이 부서, 자원 및 사람들과의 연결을 이해하고 있는가? 또는 그들 의 직관이 주로 그들의 사일로silo에 제한되어 있는가?
4. 사람들에게 부서, 자원, 및 사람들 간의 적합한 연결을 볼 수 있는 충분한 가시성이 주어져 있는가? 그들은 데이터를 플로우를 위한 적합한 정보로 변환시킬 수 있는가?
5. 사람들이 그들 영역 밖의 해결책을 생각하거나 제안할 의욕을 잃어버렸는가?
6. 어떻게, 그리고 어디에서 변동성이 축적되고 증폭되어서 전체 시스템 플로우에 영향을 주는지를 사람들이 확인할 수 있는가?

우리의 조직들은 체계적으로 생각할 수 있는가?
Can Our Organizations Think Systemically?

앞에서 우리는 '회사 내부의 사람들은, 활동이 제한되고, 의욕을 잃고 있으며, 문제들과 해결책들을 체계적 관점에서 생각할 수 없었다'라는 과감한 진술을 한 바 있다. 만일 이것이 사실이라면, 조직들은 사실상 무력함의 사이클에 갇혀버릴 수 밖에 없다. 우리는 어떻게 그러한 주장을 할 수 있는가?

직관적으로 조직내의 거의 모든 사람은 조직이 시스템이며, 생존을 위한 어떤 종류의 공통의 목표, 또는 이유를 가진 집합체라는 것을 안다. 성과 측정, 운영, 그리고 문제 해결에 관한 한 우리는 조직을 서브시스템들로 나누는 경향이 있다. 이러한 서브시스템들은 보편적으로 직원, 예산, 그리고 권한을 가지며, 서브

시스템 내부에서 관리할 수 있는 전문지식을 가진다.

우리는 흔히 실제로 시스템을 관리하는 대신 서브시스템들의 집합을 관리한다. 최우선의 가정은 서브시스템들이 통제되면 전체 시스템이 통제된다는 가정이다.

어느 제조업에 속하는 한 회사의 예를 들어보자. 이 회사는 계획 대비 목표달성을 위해 꽤 오랫동안 애써왔다. 그러나 상황은 호전되지 않고, 계획 달성을 위해서 더욱 많은 실수가 발생했다. CEO는 임원 회의실에서 회의를 소집했고, 전체 임원들이 참석했다. 참석자는 다음과 같다.

▲ 마크Mark, 기술담당 부사장

▲ 미리엄Miriam, CFOChief Financial Officer

▲ 레베카Rebecca, 구매 담당 부사장

▲ 댄Dan, 제조 담당 부사장

▲ 자니Johnny, 판매 및 마케팅 담당 부사장

CEO는 회의를 시작한다. "우리는 이사회로부터 최후 통첩을 받았습니다. 우리가 목표 달성을 하지 못하면, 커다란 변화가 있을 것입니다. 우리가 즉시 풀어야 할 많은 이슈들이 있으며, 여러분들이 최선의 노력을 다해주시기 바랍니다."

CEO는 회사의 문제점들을 화이트보드에 열거한다.

1. 전체 매출액 및 시장 점유율이 하락함. 고객들을 잃고 있을 뿐만 아니라 심각한 가격 압력을 받고 있음.

2. 서비스 수준이 낮음. 경쟁사 대비 낮은 서비스 수준을 보이고 있으며, 이로 인해 시장점유율이 하락함. 우리는 서비스를 95% 이상으로 끌어올려야함.

3. 제품 수익률이 매우 안 좋음. 당사의 이익은 지난 2년간 엄청나게 잠식당했음. 조만간 사람들에게 비용을 지불하고 우리 제품을 처리하도록 할 예정임.

4. 재고는 통제 불능임. 당사는 원자재, 포장재, 재공품 및 완제품 재고를 합쳐 총 72일분의 재고를 가지고 있음. 대부분의 재고는 원자재와 포장재임. 당

사의 재고 회전율은 연간 5회전 이하임. 모든 경쟁사들은 최소한 연간 6회전 이상의 재고회전율을 달성하고 있음. 그런데 어째서 당사는 이 많은재고를 보유하면서 만족할만한 서비스 수준을 달성하지 못하는지 알 수 없음.

5. 품질보증 이슈들이 급상승함. 작년에 품질 보증관련 비용이 320만 달러나 발생했음.

이 회의는 어떻게 끝날 것인가? 팀 문제해결의 정신으로, CEO는 왜 이러한 일들이 발생하며 이와 관련해서 어떠한 조치가 필요한지 모두에게 의견을 물을 것인가? 그들은 분명히 의견 및 설명, 심지어 때로는 동료 임원에게 던질 다트(짧은 화살)를 갖고 있을 것이나, 그렇게 놔두어서는 안 된다. CEO는 이 과정을 이전에도 거쳤다. 이 그룹이 필요한 마지막 일은 감정이 북받친 손가락질하기 시합이다. 지금은 집중해야 할 시간이다. CEO가 반드시 책임을 져야 한다.

"마크Mark(기술담당 부사장), 품질보증 이슈에 대해서 깊이 검토한 후에 새로운 품질보증 프로그램에 대한 방안을 만들어서 보고하시기 바랍니다."

"미리엄Miriam(CFO), 제품 마진 이슈를 들여다보시고 즉각적으로 추진할 수 있는 방안을 만들어 보세요."

"레베카Rebecca(구매 담당 부사장), 지금 재고 수준은 전혀 인정할 수 없습니다. 재고수준을 즉시 낮출 수 있는 계획이 필요합니다."

"댄Dan(제조 담당 부사장), 서비스를 95% 이상 올릴 수 있는 계획을 작성하세요."

"자니Johnny(판매 및 마케팅 담당 부사장), 기존 고객을 활성화하는 방안과 신규 고객 창출 방안에 대한 계획을 작성해서 보고하세요."

각각의 임원들(그리고 그들 각각의 직원들)이 상호 원만히 작동될 수 있는 계획을 작성할 수 있는 가능성은 있는가? 그들은 문제에 동의하였는가? 그들은 공통적인 해결책에 동의할 수 있는가? 또는 그들이 단지 그들이 해결해야 할 이슈들을 다루기 위해 단지 '그들 자신의 일만 처리'할 것인가?

레베카의 예를 들어보자. 그녀는 분석을 통해서 많은 양의 자재와 포장재가 슬로우 무빙slow-moving 또는 사용할 수 없는 품목들인 것임을 발견한다. 유리한 자재원가차이positive material cost variance를 얻기 위해 대규모 수량 구매가 이루어졌고, 그 결과 재고수준이 부풀어 오른 것이다. 게다가 기술부서에서 많은 패스트 무빙fast-moving 제품들에 대해서 품질 개선 명목으로 과다한 자재 설계변경을 시행한 것이 밝혀졌다. 이로 인해 많은 재고를 갖고 있는 여러 자재들의 사용가치가 떨어지게 되었다. 현재의 사용률에 따르면 이 자재들은 2년 반 동안에는 소진되지 않을 것이다. 포장재 재고는 하나의 악몽이다. 마케팅부서는 사전에 충분한 통보 없이 포장재를 현저하게 변경하였다(리브랜딩 노력 지원을 위하여). 이제 구 자재는 근본적으로 쓸모 없게 되었으나 CFO는 회사가 이미 계획보다 못 미치는 실적을 보이는 현 회계 기간 내에 사용할 수 없는 재고를 결손 처리하고 손실을 감수하는 것을 원하지 않는다.

많은 수량의 재고가 쓸모 없게 되거나 사용되지 않는 상황에서 레베카의 선택은 무엇일까?

레베카가 선택할 수 있는 옵션이 하나 있다. 그녀는 매우 짧은 기간 안에 극적으로 재고를 감축할 수 있다. 즉 빠르게 소모되는 자재와 포장재들에 대한 공급 오더를 취소하거나 지연시킬 수 있다. 불과 몇 주 안에 레베카는 매우 큰 재고 수량 감축을 달성할 것이다. 그녀는 과연 이로 인해 높이 평가 받을 수 있으며, 이익은 개선될 수 있을 것인가?

어떤 일이 벌어질 것인가? 중요하고, 패스트 무빙인 품목들의 재고는 빠르게 고갈될 것이다. 자재와 포장재의 결품은 제조 계획을 차단하거나 지연시킬 것이며, 서비스 수준은 악영향을 받을 것이다. 자재와 포장재에 대한 주문 독촉은 극적으로 증가할 것이며, 플로우는 거의 정지되고, 제조 담당 부사장인 Dan과 판매 및 마케팅 담당 부사장인 자니는 레베카에게 모든 책임을 돌릴 것이다.

이것은 단지 레베카의 이야기이다. 그러나 다른 임원들도 조직의 다른 부서나 전체 시스템 플로우에 미치는 영향에 대한 고려 없이 특정 증상을 치료하기 위하여 고립된 해결방안을 시행할 가능성이 매우 높다.

ROI 계산식은 자재와 정보 플로우의 스피드에 비례한다는 것을 기억해야 한다. 자재와 정보 플로우의 스피드를 방해하는 것은 변동이다. 시스템 변동을 파악하고 완화시키는 것은 일들이 어떻게 서로에게 영향을 주고 상호작용 하는지에 대한 이해를 필요로 한다. 만일 조직의 구성원들이 시스템 변동을 파악하고 해결 또는 완화시키지 못한다면, 조직은 전체적으로 플로우를 고려하지 못하게 되고, 플로우에 따라 행동하지 못하게 된다.

쏘트웨어를 설치한다는 것은 시스템의 플로우를 개선하기 위하여 프레임워크와 환경을 생성하고, 사람들의 통찰력을 이용할 수 있는 기회를 만들어내는 것을 의미한다. 그러나 많은 조직들은 그 정반대여서, 운영 프레임워크와 문화가 사람들로 하여금 시스템 및 플로우 기반 관점에서 아이디어를 창출하고 고려하는 것과 액션을 취하는 것을 적극적으로 방해한다.

따라서 조직의 체계적인 사고능력과 관련하여 해결해야 할 주요한 문제는 개별적으로 문제를 정의하고 해결방안을 구축하며 계획을 시행하려는 조직과 경영층의 경향이다.

[그림 2.1]과 관련하여 단순한 질문이 하나 있다. 4개의 변동 원천 중에 어느 것이 우리의 직접적인 통제하에 있는가?

고객과 시장의 행동(수요 변동성)은 거의 아니며, 공급업체의 실적(공급 변동성)은 단지 간접적으로 통제하에 있다. 임의의 이벤트(운영 변동성)는 그 정의에서 알 수 있듯이 통제할 수 없다. 결국 우리가 사업을 어떻게 운영할 것인지를 결정하는 것(관리 변동성)만이 우리의 직접적인 통제하에 있는 것이다.

다시 한번 언급하지만 중요한 것은 관리 변동성에 대한 것이다.

즉 우리가 내리는 결정, 우리가 생성하는 프레임워크, 우리가 육성하는 문화, 그리고 우리가 보상하는 행동들이 여기에 해당되며, 그것들은 모두 가정에 기초한다. 사실상 이슈에 대해서 더 깊이 들여다보면 수요, 공급, 그리고 관리 변동성이 흔히 우리가 가지고 있는 가정들과 우리가 내리는 의사결정들에 의해서 매

그림 2.1 변동성의 유형

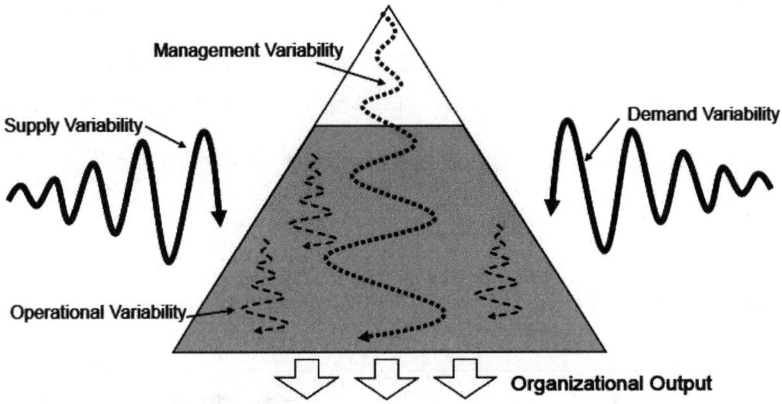

우 악화되는 것을 알 수 있다. 예를 들면 생산능력, 또는 자재의 제약이 있는 생산 시설에서 일시적으로 생산된 제품들을 판매 촉진 할 수 있는데, 이것은 곧 커다란 서비스 문제로 이어진다. 우리는 공급업체에게 자주 지나치게 실제와 다른 수요 시그널을 주거나 정시 대금 지불을 지연함으로써 계획되지 않은 자재 결품을 야기시킬 수 있다. 우리는 지속적으로 생산시설 일정계획을 갑자기 변경함으로써 예고 없는 설비 전환 및 혼동을 야기시킬 수 있으며 이는 곧 품질 문제로 연결된다.

우리가 조직에서 경험하고 있는 변동성의 상당 부분이 주로 우리가 스스로 발생시킨 것은 아닌가?

현대의 조직 - 갈등의 공장

Modern Organizations - Conflict Factories

휘발유(뉴 노멀)가 성냥(관리 변동성)을 만나면 어떻게 될까? 뉴 노멀은 우리에게 조직의 효율을 극적으로 증가시킬 수 있는 방법을 찾아내라고 압력을 가한다. 이 장에서 주장하는 바는 거의 대부분의 회사들이 금광 위에 자리잡고 있다는 것인데, 단지 그 금광은 숨겨져 있을 따름이다. 이 숨겨져 있지만 내재된 잠재능력을 획득하려면, 우리에게 행하고 있는 해로운 일들을 이해하고, 왜 그러한 일들을 행하며, 어떻게 그것을 멈출 수 있는지를 이해해야 한다.

그림 2.2 ROI 개선을 위한 구성 요소

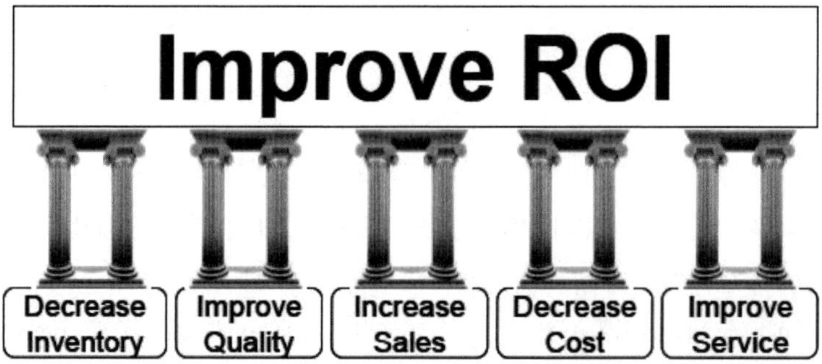

[그림 2.2]는 TOC 핸드북The Theory of Constraints Handbook[2)]의 14장에서 인용한 것이다. 이 그림은 ROI를 개선하기 위한 표준 전략적 접근 방법으로서, 우리가 만났던 모든 회사들에게 동일하게 적용된다. 구성요소 중 어느 하나도 지속적인 성공과 건강한 ROI를 위해 적합하고 필요한 것이 아니라고 주장할 시니어 매니저는 없을 것이다. 그들은 ROI 계산식의 기둥들이기 때문이다. 그 논리는 견고하다. 품질과 서비스가 증가하면 매출액은 증가한다. 매출액이 증가하면 원가는 감소하게 되고 순이익과 현금 플로우는 증가한다. 재고 수준이 낮아지면 투자자본은 감소할 것이다. 이 모든 것을 합치면 ROI는 증가한다.

그러나 이러한 전술적 목표들이 조직의 하부에 전달되게 되면, 각 연결 고리간 및 연결고리 내에서 갈등이 생성된다. 시스템은 정의상 상호의존적이며, 독립적이 아니다. 결과는 흔히 꽤 엉망이고 혼란스러운데, 그것은 비난, 세력 다툼, 그리고 방대한 양의 조직 낭비들로 특징지어진다. 아래의 질문에 답변함으로써 그것이 입증된다.

▲ *품질을 향상시키기 위한 노력이 원가를 상승시키고 사이클 타임을 증가시키는가?*

▲ *원가를 절감시키려는 노력이 품질과 시장에 부정적인 영향을 주는가?*

▲ *매출 증대를 위한 노력이 마진을 잠식시키는가?*

▲ *정시 배송을 증가시키거나 리드타임을 단축하기 위한 노력이 원가와 재고를 증가시키고 품질을 손상시키는가?*

▲ *재고 감축을 위한 프로그램이 생산에 차질을 일으켜 낮은 정시 납기 성과on-time performance, 주문 독촉 운송비용의 증가와 초과 근무의 증가를 발생시키는가?*

대부분의 관리자들은 위의 질문들에 대한 연결을 시도하지만 딜레마에서 빠져나올 방법을 찾지 못한다. 결국 하나의 전술적 목표를 극대화하기 위한 액션을 취하는 것과 정반대이거나 경쟁적인 목표 사이에서 흔들리다가 목표 달성이 더욱 더 위태로워지게 될 뿐이다. 이것은 스스로 초래된 변동의 원천 중 하나이다. 이러한 반복적인 응급 대처는 자본, 노동력, 재고 및 운영 비용의 증가로 이어진다.[3]

어떻게 이러한 일이 발생하며, 그것이 얼마나 조직의 성과에 파괴적인 영향을 주는지에 대해서 예시해 보도록 하자. 저자들은 앨런 버나드Alan Barnard 박사에게 아래 사례의 프레임워크를 개발한 공을 돌려야만 한다. 우리는 이것이 겉보기에는 견고하고 일관성 있는 전략이 얼마나 중대하고 값비싼 운영상의 갈등을 만들어 내는지를 표현할 수 있는 가장 좋은 방법 중 하나라고 믿는다.

[그림 2.3]에서 우리는 조직의 피라미드를 여러 계층으로 나누어 보았다. 피라미드의 정점은 목적이다. 그 바로 아래 계층은 "전략적 목표"이다. 전략적 목

그림 2.3 계층화 조직 피라미드

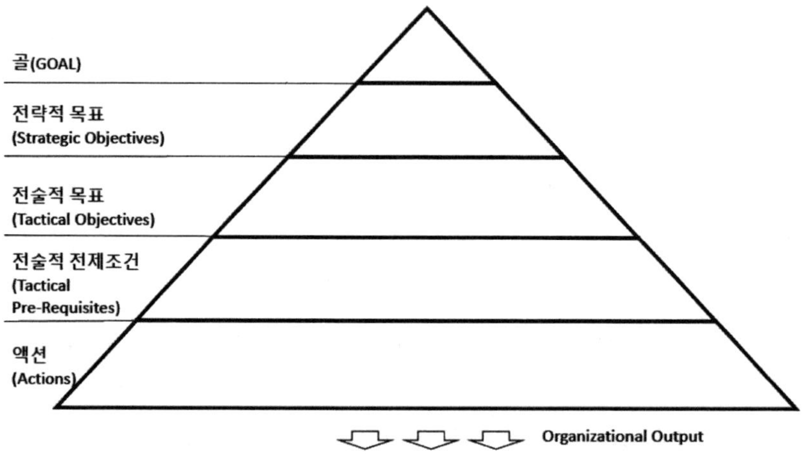

표는 목적 달성을 위해서 필수적인 것들이다. – 그것들은 필요 조건으로 간주된다. 전략적 목표 바로 아래에 있는 계층은 "전술적 목표"이다. 이러한 목표들은 보통 부서 또는 영역으로 나뉜다. 전술적 목표 아래에는 전술적 전제조건이 위치한다. 전술적 전제조건들은 전술적 목표의 필요조건들이다. – 그것들은 특정 전술적 영역에 대한 주 평가기준metrics과 통상적으로 연관된다. 마지막 계층은 이러한 전술적 전제조건들을 충족시키기 위하여 해당 부서 직원들에 의하여 취해지는 액션들이다.

[그림 2.3]의 구조를 사용하여 이러한 갈등들이 어떻게 발생하는지를 설명할 것이다. 회사가 엄청난 압력을 받고 있는 상황을 고려해 보자. 아마도 이사회에 참여하는 것조차 겁이 날 것이다. CEO는 임원진과의 회의를 소집한다. 아마도 그들은 같은 주제에 대하여 토의하기 위하여 사무실에서 떨어진 장소로 이동이라도 할 것이다.

회의의 목적은 명확하다. "우리는 다음 한 해 동안 상당히 향상된 수익률을 주주들에게 보여줄 필요가 있습니다. 그렇지 못할 경우 큰 변화가 불가피합니다.

그림 2.4 골(goal) 및 전략적 목표가 표시된 피라미드

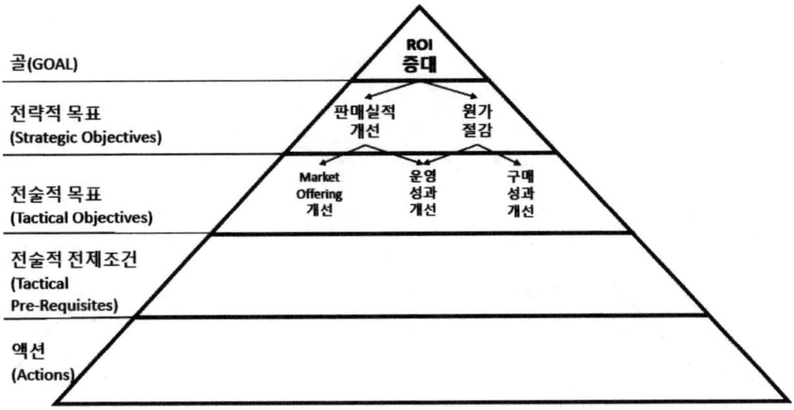

우리는 무엇을 해야 할 필요가 있습니까?" 수많은 신중한 토의를 가진 후에 그들은 판매실적 개선과 원가 절감이라는 두 개의 전략적 목표에 합의를 한다. 얼마나 뜻밖의 일인가? [그림 2.4]는 피라미드 안에 목적과 전략적 목표들을 포함하고 있다. 화살들은 관계를 나타낸다. 화살의 꼬리 부분에 있는 것은, 화살의 앞쪽 끝 부분에 있는 것을 달성하기 위하여 필요한 것(충분한 것이 아닌)으로 간주된다. 따라서, 우리는 더 나은 ROI 달성을 위해서 판매실적 개선과 원가절감이 필요하다고 말할 것이다.

그러면 판매실적 개선과 원가절감을 위해서 이 회사는 무엇을 해야 하는가? 많은 아이디어들이 제시되었고, 많은 아이디어들이 서로 상충되거나 문제가 있거나 너무 비용이 많이 든다는 이유로 기각되었다. 격렬한 세션의 끝 무렵에 그들은 세가지 전술적 목표에 도달했다. 마켓 오퍼링market offering 개선, 운영성과 개선, 구매성과 개선이 그 목표이다. [그림 2.5]는 전술적 목표들이 포함된 피라미드를 보여준다. 이 경우 판매실적 개선을 위해서는 마켓 오퍼링 개선과 운영 성과 개선이 필수적이라고 팀은 말한다. 그리고 원가 절감을 위해서는 운영성과를

그림 2.5 전술적 목표가 추가된 피라미드

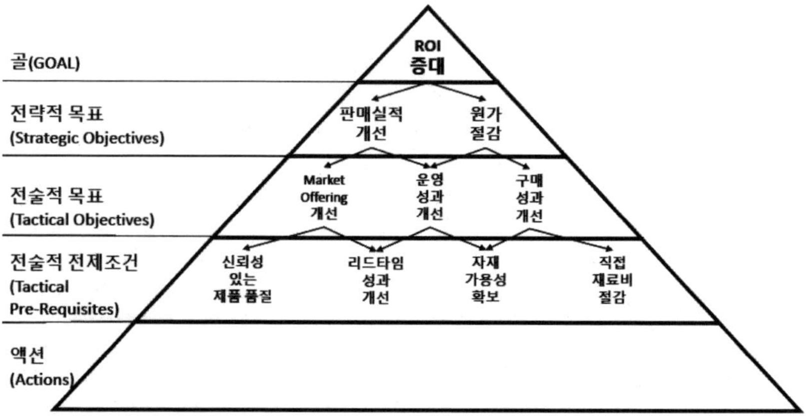

개선함과 동시에 구매 성과를 개선해야 한다고 말한다. 지금까지는 별 문제가 없다. 도출된 항목들은 상호 보완적이며, 심지어 ROI 향상을 위해 직접 위쪽으로 흘러가는 공통 항목까지 존재한다. 이 피라미드는 훌륭한 계획처럼 보인다.

이제 CEO는 각각의 목표에 가장 근접해 있는 임원들(기술담당 임원, 제조 담당 임원, 자재 담당 임원)에게 목표달성을 위한 핵심 아이디어를 제안할 것을 요구한다. 그날 저녁에 세 명의 임원들은 마주 앉아서 전술적 목표 달성을 위한 네 가지 항목에 동의한다. 다음날 아침에 그들은 그룹에 네 가지 아이디어를 발표한다. 신뢰성 있는 제품 품질 확보, 리드타임 성과 개선, 자재 가용성 확보, 직접 재료비 절감이 도출된 네 가지 아이디어이다. [그림 2.6]은 이러한 전술적 전제 조건들을 피라미드 내에 보여준다. 임원들은 그들의 아이디어가 부서 관점에서 제한적이지 않을 뿐 아니라, 많은 부분들이 각 부서 간에 어떤 방법과 모양 및 형태의 관점에서 공유되고 있다는 것을 보여준다. 팀은 감동 받고 임원들은 이에 대하여 축하 받는다. 이제 임원들은 결과물을 가지고 개별 팀으로 돌아가 실제로 구현해야 한다. 회의는 끝나고, 축하할 일만 남았다.

그림 2.6 전술적 전제조건이 추가된 피라미드

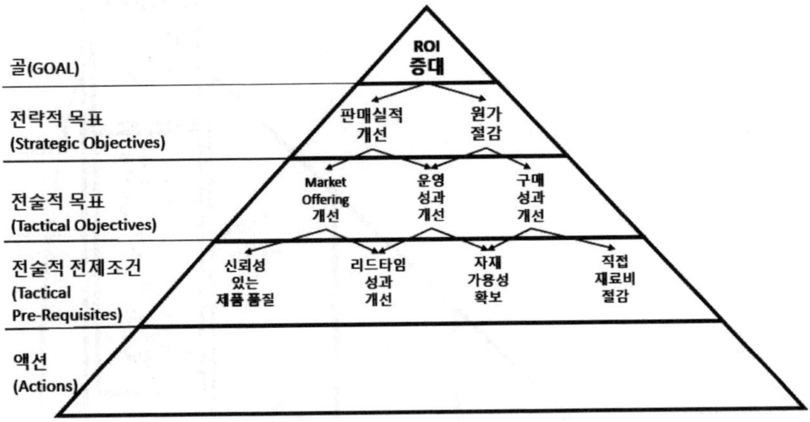

언뜻 보기에 이것은 축하할 이유이다. 이번 계획은 사일로가 아니라 교차기능적으로 작성되었기 때문이다. 이 사실만이 이 계획을 대부분의 계획보다 좋게 만든다. 그러나 불행하게도 실행 레벨에서는 액션과 그에 대한 해석이 사일로 안에서 발생한다. 겉보기에는 훌륭한 계획이 어떻게 갈등의 결과를 낳는지 지켜보라.

구매 담당 임원이 임원 오프사이트 미팅으로부터 돌아오자 구매 담당 부서 회의가 소집된다. "원가를 절감하고 제조를 돕기 위해 저는 두 가지 기준에 입각하여 우리의 구매 성과를 극적으로 개선할 것을 약속하였습니다. 자재 가용성의 확보와 직접 재료비 절감이 바로 그것입니다. 여러분들은 이 두 가지 기준을 가이드로 하여 필요한 액션을 취해주시기 바랍니다."

제조 담당 임원이 임원 오프사이트 미팅으로부터 돌아오자 제조 담당 부서 회의가 소집된다. "판매부서를 더 잘 지원하고 원가를 절감하기 위하여 저는 리드타임을 상당한 수준으로 단축시킬 것을 약속하였습니다. 걱정할 필요는 없습니다. 구매부서가 자재 가용성 확보에 합의해 주었으니까요. 여러분들은 제조 리

그림 2.7 피라미드의 액션 레벨에서의 갈등(conflict)

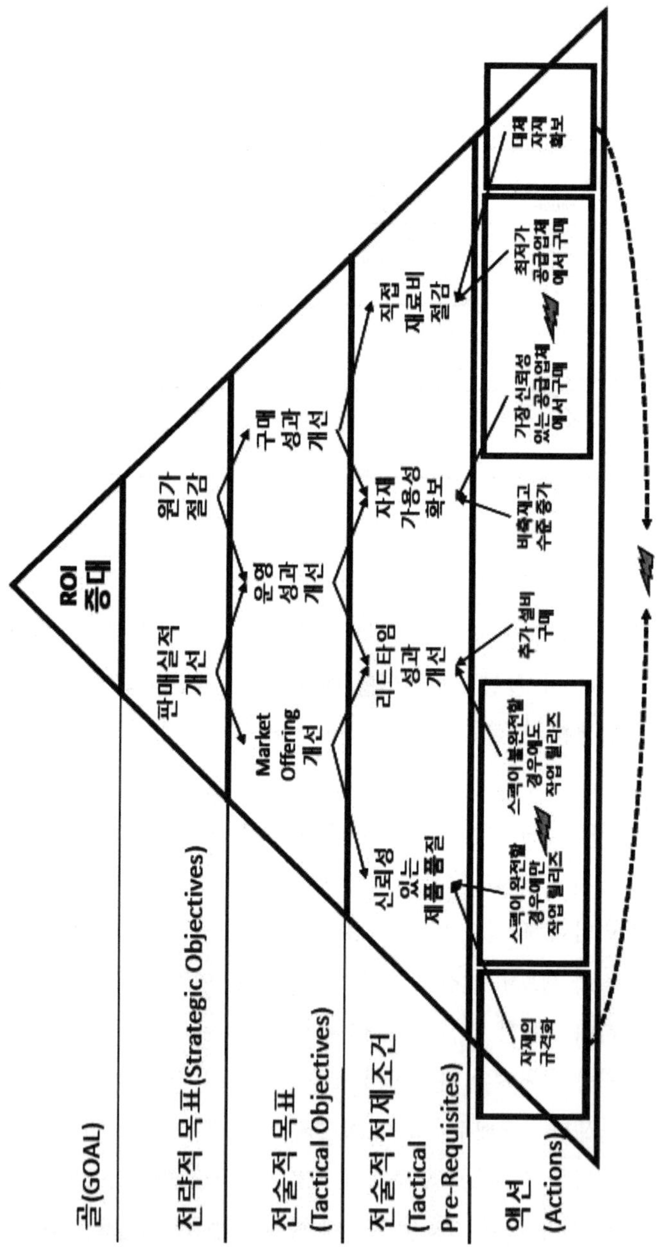

드타임 단축에 필요한 액션을 취해주시기 바랍니다."

기술 담당 임원이 임원 오프사이트 미팅으로부터 돌아오자 기술 담당 부서 회의가 소집된다. "판매부서를 더 잘 지원하고 열악한 품질 관련 비용을 개선하기 위하여 저는 제품 품질 개선을 약속하였습니다. 여러분들은 훨씬 좋고 신뢰성 있는 제품 품질을 확보할 수 있도록 필요한 액션을 취해 주시기 바랍니다."

[그림 2.7]은 조직의 실행 레벨에서의 부서 내부 및 부서간의 갈등을 보여준다. 구매 기능 조직 내부에서는 공급업체의 종류에 대한 갈등이 존재하는데, 그것은 가장 신뢰성 있는 공급업체와 가장 낮은 가격으로 공급하는 공급업체 사이의 갈등이다. 제조부서와 기술부서 사이에는 언제 생산현장에 설계를 릴리즈 할 것인가에 대한 갈등이 존재한다; 충분하고 완전한 제품 스펙을 정의한 이후, 또는 충분하고 완전한 제품 스펙을 정의하기에 앞서 기술부서와 구매부서 사이에는 대체 자재에 대한 갈등이 존재한다. 번개 모양의 심볼은 두 개의 상반된 액션간의 갈등을 의미한다.

이러한 갈등들을 더욱 깊이 들여다 보면 갈등의 다이어그램으로 표현되는 기본 구조가 나타난다. 제약이론TOC: Theory of Conflict에서는 이 다이어그램이 갈등구름conflict cloud으로 표현된다. 이러한 유형의 다이어그램의 사용에 광범위한 경험을 갖고 있는 저자들은 갈등구름이 사용 가능한 최고의 분석 및 커뮤니케이션 도구라고 믿고 있다. [그림 2.8]은 갈등 구름 구조를 나타낸다.

다이어그램의 맨 윗부분에 위치하고 있는 것은 대체로 시스템, 또는 서브시스템에 대한 중요한 목표이며, 흔히 공통 목표라고 언급된다. 공통 목표는 두 개의 전제 조건으로 구성된다. 전제 조건들은 목표 달성을 위해서 반드시 성취되어야 할 것들이다. 전제 조건들은 목표달성을 위해서 그들 자체로, 또는 함께 합쳐서도 충분하지 않을 수 있다. 그러나 그들 중 하나라도 달성되지 않으면 목표는 달성되지 않는다. 이러한 전제 조건들이 서로 상충되지 않도록 하는 것이 중요하다.

전제 조건들은 반드시 함께 달성되어야 한다는 것을 명심해야 한다. 갈등은

그림 2.8 갈등 구름 구조(conflict cloud structure)

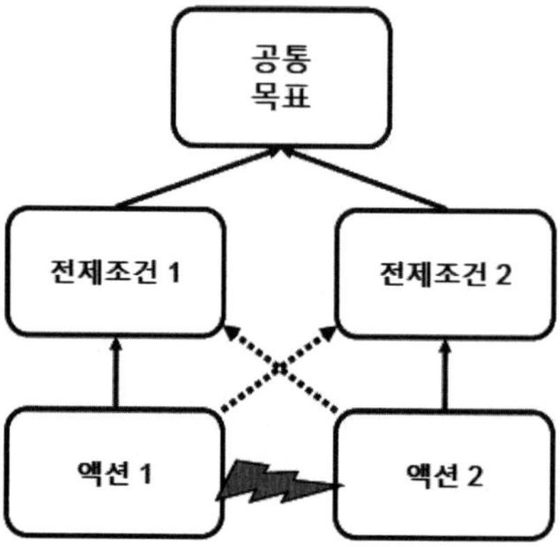

액션과 액션 사이에 발생한다. 한 액션으로부터 반대 측면의 전제 조건을 가로지르는 점선 모양의 화살은 갈등 존재 여부를 체크하라는 의미이다. 예를 들면 액션 1은 전제 조건 2를 달성할 수 있는 능력을 손상시키거나 방해한다. 액션 2는 전제 조건 1을 달성할 수 있는 능력을 손상시키거나 방해한다.

앞의 사례로부터 세가지 갈등을 도식화 해보자. [그림 2.9]는 사례로부터 각각의 확인된 갈등들을 나타낸다.

"A"로 표시된 첫 번째 갈등은 기능 내부의 갈등이다. 이 경우 구매 담당자들은 딜레마에 빠지게 된다. 한편으로는 자재 가용성 확보를 위하여 가장 신뢰성 있는 공급업체로부터 구매해야 한다는 압력을 느끼며, 다른 한편으로는 직접 재료비를 절감하기 위하여 최저가에 공급할 수 있는 공급업체로부터 구매해야 한다는 압력을 느낀다. 이 갈등은 가장 신뢰성 있는 공급업체가 동시에 최저가로 공급할 수 있는 품목에 대해서는 발생하지 않을 것이다(흔하지 않은 경우임). 갈등이 체크되면 가장 신뢰성 있는 공급업체로부터의 구매가 우리의 직접 재료비를 절감할 수 있는 능력을 방해한다는 사실이 드러난다. 한편 우리가 최저가 공

그림 2.9 세가지 딜레마(그림 2.7 참조)

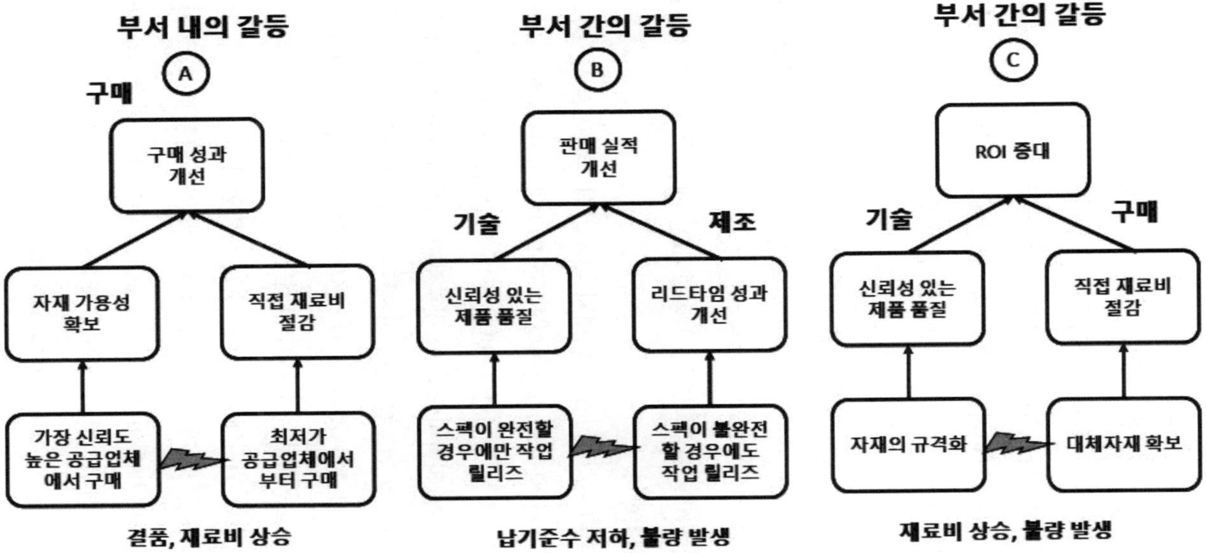

급업체로부터 구매할 경우, 우리의 자재가용성 확보 능력은 방해 받는다. 구매 담당자가 공식적인 메트릭스를 갖고 있거나, 또는 두 가지를 동시에 시행하도록 명백한 지시를 받았을 경우에는 갈등은 심각해진다.

"B"로 표시된 다음 갈등은 좌측의 기술부서와 우측의 제조부서 사이에서 발생한다. 품질을 보호하기 위하여 기술부서의 담당자는 모든 제품 스펙이 완성되기까지는 작업 릴리즈를 억제하려 한다. 반면에 제조부서 담당자는 충분한 시간이 확보되지 않은 것을 우려해 가능한 한 빨리 릴리즈 하려고 시도한다. 이 경우 공통 목표는 피라미드에서 전술적 목표들 중 하나가 아니라 전략적 목표이다(판매실적 개선). 이 목표는 가장 낮은 레벨의 공통 목표이므로 사용되었다. 이 갈등을 체크한다는 것은 우리가 완전한 스펙을 정의한 후에 작업 릴리즈를 할 경우, 리드타임 성과 개선능력이 약화된다는 것을 의미하며, 완전한 스펙을 정의하기 이전에 작업 릴리즈를 할 경우, 신뢰성 있는 제품 품질 확보가 위태로워질 수 있다는 것을 의미한다.

"C"로 표시된 마지막 갈등은 역시 부서간의 갈등으로서, 좌측의 기술부서와 우측의 구매부서 사이의 갈등이다. 품질을 보호하기 위해 기술부서는 특정 자재 또는 특정 공급처를 명기한다. 반면 구매 담당자는 값싼 대체 자재를 찾는다. 이 경우 공통 목표는 피라미드의 맨 윗부분까지 올라가서 최상위 목표인 'ROI 극대화'가 된다. 타당성 검토를 위해 이 갈등을 체크한다는 것은 기술부서가 특정 자재나 공급처를 요구할 경우, 직접 재료비 절감 능력이 방해 받거나 약화된다는 것을 의미하며, 구매부서가 대체 자재를 조달할 경우, 조직의 신뢰성 있는 제품 품질 확보 능력은 위기에 처한다는 것을 의미한다.

피라미드 사례는 우리의 조직이 얼마나 많은 갈등들로 가득 차 있는가를 보여주는 조그만 사례일 뿐이다. [그림 2.10]은 데브라 스미스Debra Smith의 저서인 "성과측정의 악몽: 제약이론이 어떻게 상충되는 전략, 정책, 그리고 성과지표 들을 해결할 수 있는가The Measurement Nightmare: How the Theory of Constraints Can Resolve Conflicting Strategies, Policies, and Measures(CRC Press, 1999, page 25)"에서 제시한 거미줄 갈등구름spider

그림 2.10 갈등의 그물망(web of conflict)

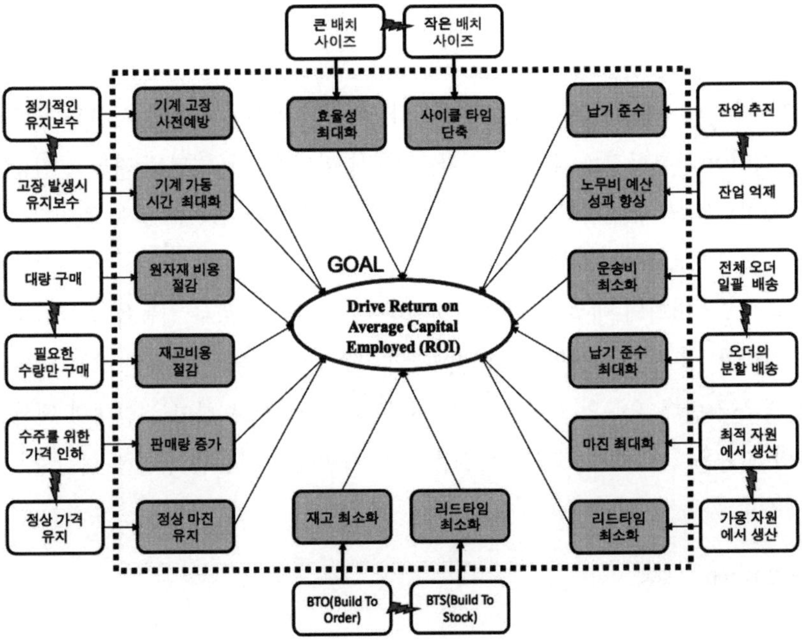

web conflict cloud을 인용한 것이다. 이 그림은 아마도 각 기능 내부와 기능 간에서 얼마나 많은 갈등들이 어느 한 시점에 진행될 수 있는지를 보여주는데 있어서 피라미드 그림보다 더욱 명확하다.

[그림 2.10]은 공유된 ROI 목적을 맨 가운데 표시하였다. 점선 박스 안에 포함된 사각형들은 이 목적을 달성하기 위한 다양한 전제 조건들이다. 점선 안에 있는 항목들은 서로 상충되지 않으나 점선 밖에 위치한 액션들은 자주 서로 상충된다. 이러한 갈등들은 번개 심볼들에 의해서 표시되어 있다. 이제 액션을 그와 반대되는 전제 조건과 비교함으로써 갈등구름을 체크해보라. 그 액션이 전제 조건을 방해하거나 위태롭게 하는가?

갈등과 진동

Conflicts and Oscillation

갈등은 흔히 경쟁적인 액션을 일으킨다. 이러한 액션들은 돈과 시간을 낭비하며, 심지어 근무환경을 해칠 수 있다. 집에서 아래층에는 히터를 켜놓고 위층에는 에어컨을 켜 놓는다면 많은 돈을 소비하고도 참담한 결과를 얻을 것이다. 그러나 이러한 갈등에 대하여 더욱 중요한 포인트가 있다. 즉, 상충되는 액션들은 대체로 조직변화의 내부 및 주변의 파워 구조와 환경으로서 진동을 만들어낸다는 것이다. 조직은 갈등의 한 측면에서의 생활과 연관된 부정적인 효과(대부분의 경우에 반대 요구의 희생과 직접 연관됨)가 조직으로 하여금 반대의 액션으로의 전환을 강요하기 전까지는 갈등의 한 측면에서 한동안 생활해 나간다. 스

그림 2.11 재고의 갈등

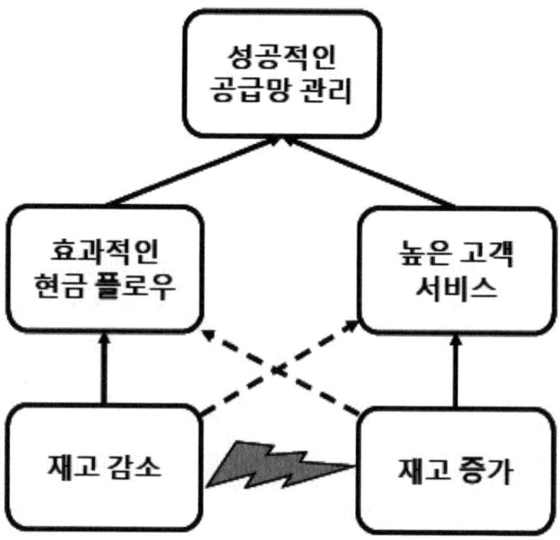

스로 초래된 진동은 대체로 명령, 위협, 또는 개인 희생에 의해서 전달되는데, 이러한 진동들을 보여주는 쉬운 사례를 소개한다.

[그림 2.11]은 많은 제조회사에 있어서 재고와 관련된 전형적인 갈등을 나타낸다. 공통 목표는 성공적으로 공급망을 관리하는 것이다. 이 목표 달성을 위해서 두 가지 매우 중요한 전제 목표들은 효과적인 현금관리와 높은 고객 서비스의 유지이다. 갈등을 체크하기 전에 우리는 다음과 같은 질문을 한다. “재고를 증가시키는 것이 현금의 효과적인 관리능력을 저해하는가? 재고를 감소시키는 것이 고객 서비스를 위태롭게 하는가?”

어느 시점에서는 전제조건들 중 하나가 다른 전제조건보다 더 중요하게 된다. 예를 들어 고객서비스가 그렇다고 하자. 아마도 CEO가 대형 고객으로부터 걸려온 개인적인(별로 기분 좋지 않은) 전화를 받았을 것이다. 다음과 같은 명령이 떨어진다. “서비스 수준을 만족할 만한 수준까지 올릴 것.” 이 명령은 곧 조직 전체로 퍼져 나가고 직원들은 요점을 알아차린다. 가용성과 주문 충족률을 보호하는 가장 빠른 방법은 무엇인가? 재고의 증가가 해결책이지. 우리는 너무 재고 수준을 낮게 운영해 왔어!

[그림 2.12]는 서비스 수준에 대한 강조를 보여준다. 높은 서비스 레벨 및 이와 관련된 액션은 즉각적으로 최 전면으로 떠오른다. 반면에 다른 전제 조건과 관련 액션은 후방으로 물러선다. 완제품 재고 목표 수준은 치솟고, 제조와 구매 오더의 폭증으로 이어진다. 생산 일정은 가득 채워지고, 넘치는 생산량을 커버하기 위해 초과근무가 시행되며, 많은 재공work-in-process(생산 공정 중에 있는 미완성 제품) 재고들이 쌓이고, 생산현장은 혼란스럽고 길 찾기조차 어려워진다. 완제품은 필연적으로 증가하고 저장공간이 이슈가 된다. 게다가 정기적인 품질 검사가 핵심자재에 대한 이슈를 밝혀낸다. 밤새 완제품 재고의 40%가 손상된 것으로 판정되어 스크랩 처리된다.

이 시점에서 CEO는 충분한 것을 얻었다. 조직은 현금이 고갈되고 주주들부터 심한 공격을 받았다. 관련 당사자들은 책임을 져야 하며, 변화가 발생한다.

그림 2.12 서비스를 강조할 경우

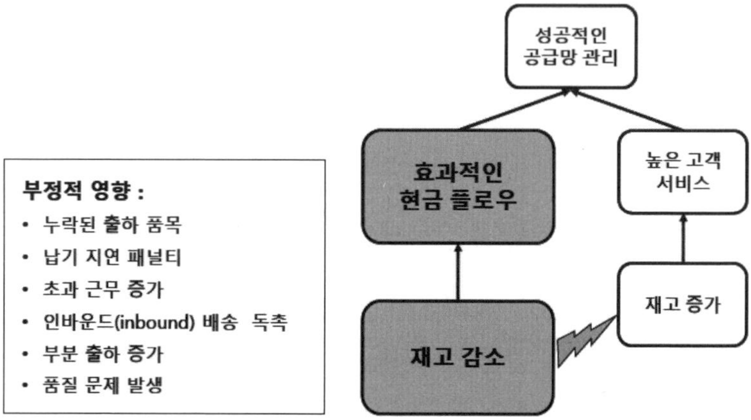

새로운 스태프가 명확하고 단호한 지시를 받는다. 이 혼란을 깨끗이 정리하고 재고수준을 계속해서 낮출 것. 이 지시는 조직 전체로 퍼져 나간다. 생존자들은 요점을 알아차리고, 새로운 담당자들이 박력 있게 추진해 나간다. 어떻게 하면 우리가 더 나은 현금 포지션에 빠르게 도달할 수 있는가? 재고를 삭감하고, 제조 및 구매 오더들을 취소하며, 낡은 제품들을 처리하게 위해서 엄청난 가격 할인을 제시한다.

[그림 2.13]은 새로운 액션에 대한 진동을 보여준다. 현금 관리의 전제 조건이 전면으로 나서는 반면, 서비스는 후방으로 물러선다. 자재 결품이 발생하기까지는 오랜 시간이 걸리지 않는다. 조직은 아직도 많은 재고를 가지고 있지만, 그것들은 올바른 재고가 아니다. 제조 오더는 지연되고, 고객 수요 충족률은 떨어지며, 고객 위약금이 발생하기 시작한다. 공급업체에 대한 긴급 오더가 발령되고, 주문 독촉이 이루어진다. 작업인력들은 자재 입고를 기다리기 위해 초과근무를 해야 한다. 제조일정계획은 지속적으로 뒤바뀌어 결과적으로 우리가 생산할 수 있을 때에 생산할 수 있는 것을 만들어서 출하하게 된다. 생산 현장은 완전한 혼

그림 2.13 현금을 강조할 경우

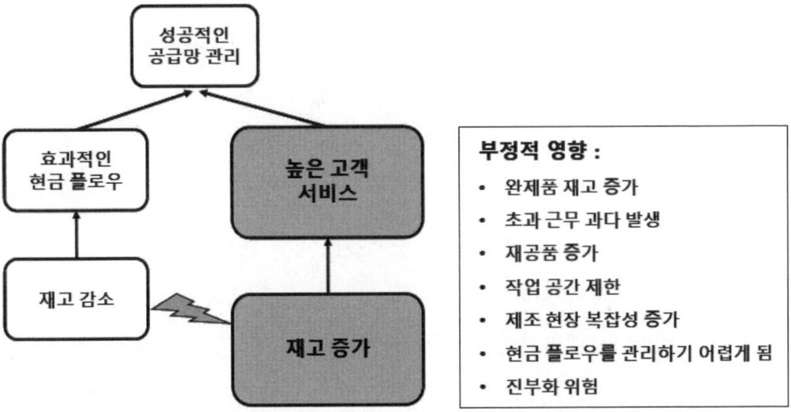

란 상태가 되고, 실수가 남발되며, 품질이 주요 이슈가 된다. 고객들은 격노하고 우리는 엄청난 돈을 써야만 한다.

그 다음에 어떤 일이 발생할지 예측할 수 있는가? 조직은 다시 진동할 것인가? 분명히 그럴 것이다. 그러나 그 진동은 아마도 새로운 CEO에 의해서 주도될 것이다.

진동에 대한 짧은 이야기 A Short story about Oscillation

저자들은 한 때 이러한 갈등의 정의와 해결 기법을, 여러분들이 거의 매일 볼 수 있는, 잘 알려진 브랜드의 주요 설비 회사의 시니어 팀에게 가르친 적이 있다. 우리는 근본적으로 다른 액션 간의 이러한 진동들과 그들이 조직에 미치는 영향에 관한 요점을 제기하였다. 우리는 심지어 한 팀이 되어 모든 영향들을 배치시킨 다이어그램을 개발했다(현재 상황나무, current reality tree). COOChief Operation Officer인 데이브Dave는 매우 조용했고, 그날 마지막 시간에는 불참하였다.

그 다음날 아침에 데이브는 회의실에 가장 먼저 도착하였다. 그는 사적으로 이야기 나눌 것을 요청하였다. 우리는 회의실의 구석에 함께 앉았고, 그는 그의 코트의 가슴 주머니에서 접힌 두 장의 종이를 꺼냈는데, 그것은 거의 90일의 차이가 나는 두 개의 다른 이메일의 프린트 본이었다. 둘 다 강력하게 표현된 명령이었는데, 하나는 즉시 재고수준을 낮추라는 것이었고, 다른 하나는 즉시 걷잡을 수 없는 서비스 문제들을 해결하라는 것이었다.

"제가 문제입니다."라고 그는 말했다. "저는 사람들이 일을 제대로 하지 않고 있다고 생각했는데 실상은 그렇지 않았습니다. 그들은 정확히 제가 지시한 바를 행하고 있었습니다." 그리고 나서 그는 일과 시작 전에 그룹 앞에서 이야기 할 수 있는 시간을 요청하였다.

그룹이 모였을 때 데이브는 그룹에게 이메일들을 보여주었다. 전체 그룹은 그 이메일들을 명확히 기억하고 있었다. 그는 그룹원들에게 사과하고 그들이 그 이상의 가치가 있다고 말해주었다. 그리고는 이렇게 말하였다. "이것을 기회로 삼아 이러한 일의 발생을 예방하는 시스템을 구축합시다." 둘째 날 세션의 한 시간 만에 그의 팀은 그를 위해 벽이라도 뚫고 나갈 준비를 갖추게 되었다.

자기 파괴적인 진동을 종식시킴으로써 이 회사는 다음과 같은 결과를 이끌어 냈다. 12개월 안에 이 회사는 재고를 3,500만 달러 이상 감축시켰고, 리드타임을 90일에서 14일로 단축시켰으며, 방대한 자본 투자를 지연시켰고, 거의 700만 달러의 외주 비즈니스를 내부 생산으로 복귀시켰다. 이 모든 것이 서비스의 손상 없이 17%의 매출 신장과 더불어 달성되었다. 사실상 서비스 숫자는 실질적으로 상승하였다.

이 사례들로부터 대부분의 조직에서 얼마나 많은 잠재능력이 숨겨져 있는지 알 수 있다.

낭비의 진정한 정의

The Real Definition of Waste

정의에 의하면 진동은 변동성이다. 더욱 나쁜 것은 그들은 완전히 스스로 초래된다는 것이다.

우리는 빈번히 우리의 조직과 서브시스템들을 두 개의 극단적 포지션 사이에서 요동치게 한다. 이것은 우리에게 더욱 많은 비용을 치르게 하는데, 그 이유는 뉴 노멀의 환경이 더욱 빈번한 진동을 일으키기 때문이다. 이러한 진동이 지속되면 조직은 제자리에서 헛바퀴를 돌리게 되며, 심지어 두 가지 세트의 부정적인 영향들을 교환하고, 공통 목표를 달성할 수 있는 능력이 심각하게 문제시 되면서 뒤쪽으로 미끄러지게 된다. 이것이 바로 낭비의 절대적인 전형이다. 즉 엄청난 시간과 돈을 소비하면서 아무런 성과도 얻지 못하는 것이 낭비인 것이다. 낭비에 대한 가장 기본적이고 정교한 정의는 "미해결된 갈등"이다.

이전에 우리는 관리 변동성을 빈번하게 시스템을 정상 상태에서 벗어나게 하는, 특수한, 또는 지정 가능한 원인 변동이라고 정의하였다. 위에서 기술된 스스로 초래된 진동은 이것을 보여준다. 우리는 이러한 형태의 변동이 반드시 제일 먼저 제거되어야 한다는 데밍의 진술을 다시 한번 강조한다.

저자들의 노트: 저자들의 의견으로는 제약이론의 사고 툴 세트*the thinking tool set* ***가 최상의 체계적 문제해결 및 솔루션이라고 말할 수 있다.***

각주 ---------------------------------------

1. 하드웨어는 모든 자본자산 (capital assets)에 있어서의 투자를 포함한다.

2. Smith, Debra and Herman, Jeff, page 374(McGraw-Hill, 2010).

3. Smith, Debra, and Jeff Herman, "성과측정 딜레마의 해결(Resolving Measurement/Performance Dilemmas)", Chapter 14, Theory of Constraints Handbook, New York: McGraw-Hill, 2010.

3 디맨드 드리븐으로의 전환
Becoming Demand Driven

전통적인 공급 및 원가 중심 모델supply and cost-centric model로부터 플로우 및 디맨드 풀 중심 모델flow and demand pull-centric model로의 전환이 필요하다.

플로우 및 디맨드 풀 중심으로의 전환은 디맨드 드리븐demand driven으로의 전환을 의미한다. 디맨드 드리븐 전략은 시장의 요구사항에 대응하기 위한 극적인 리드타임 단축과 노력들의 정렬에 관한 것이다. 이것은 실제 소비에 기반한 계획, 스케줄링, 그리고 실행에 대한 철저한 동기화를 포함한다. 디맨드 드리븐이 된다는 것은 본질적으로 푸시 앤 프로모트push-and-promote 운영 모델로부터 포지션 앤 풀position-and-pull 모델로의 전환을 강요한다.

적합한 정보와 자재 플로우의 속도는 회사의 궁극적인 목표인 자기자본 이익률의 최대화와 직접적으로 부합한다. 플로우와 ROIReturn On Investment와의 연결은 언제나 존재해 왔으나, 뉴 노멀의 환경이 이를 집중 조명하게 하였다.

주주들은 원가에 대한 질문은 줄이고, 그 대신 플로우에 대한 답변을 요구해야 한다.

3 디맨드 드리븐으로의 전환
Becoming Demand Driven

2장에서 다루어진 형태의 갈등들을 해결하기 위한 열쇠는 갈등들의 특정 측면 뒤에 숨어 있는 근원적인 가정들과 룰들을 명확히 확인하고 말로 표현할 수 있는 능력에 달려있다. 왜 사람들은 어떤 액션이 특정 전제조건에 도달하는 가장 적당한 방법이라고 가정하는가? 그것은 신념인가, 아니면 공식적 또는 비공식적 메트릭인가? 가정, 신념, 또는 측정 기준이 그 환경에서 상황에 맞는가? 아니면 그것이 우리의 운영모델을 재 검토해야 할 필요성을 나타내는 것인가?

아마도 우리가 논의했던 유형의 갈등들을 해결하거나, 최악의 경우 최소화할 수 있는 가장 쉬운 방법은 우리가 오늘날 직면한 상황에 적합한 운영 모델을 포용하는 것이다. 이 장에서는 우리는 전통적인 공급 및 원가 중심 모델supply and cost-centric model로부터 플로우 및 디맨드 풀 중심 모델flow and demand pull-centric model로의 전환을 논의할 것이다. 플로우 및 디맨드 풀 중심으로의 전환은 디맨드 드리븐으로의 전환을 의미한다. 디맨드 드리븐 전략은 시장의 요구사항에 대응하기 위한 극적인 리드타임 단축과 노력들의 정렬에 관한 것이다. 이것은 실제 소비에 기반한 계획, 스케줄링, 그리고 실행에 대한 철저한 동기화를 포함한다.[1] 디맨드 드리븐이 된다는 것은 본질적으로 푸시 앤 프로모트push-and-promote 운영 모델로부터 포지션 앤 풀position-and-pull 모델로의 전환을 강요한다.

'푸시 앤 프로모트' 에서 '포지션 앤 풀'로의 전환

'Push and Promote' to 'Position and Pull'

디맨드 드리븐으로의 전환은 다섯 단계를 포함한다.

1. 뉴 노멀에 내재된 변화의 수용
2. 플로우와 그 영향의 포용
3. 플로우를 위한 운영모델의 설계
4. 디맨드 드리븐 모델을 조직에 적용
5. 디맨드 드리븐 모델의 운영 및 지속적 유지

뉴 노멀에 내재된 변화의 수용

Accepting the Changes Inherent in the New Normal

1장에서 설명한 바와 같이 뉴 노멀은 근본적으로 다른 경쟁 환경을 상징한다. 복잡성, 변덕성, 그리고 변동성(대부분은 스스로 초래된 것임)은 극도로 복잡한 계획 및 실행 시나리오들을 생성하였다.

오늘날 제조의 세계는 계획과 회계 영역에 있어서 전통적인 운영 방법과 룰들이 개발되었던 30, 40, 그리고 50년 전과는 전혀 같지 않다. 오늘날 이러한 낡은 방법들은 소프트웨어, 교육 및 금융기관, 그리고 커다란 변화에의 저항들에 의해서 지속적으로 강화되고 있다. 그러나 이러한 타성과 정체는 새로운 기회를 제시한다. 관습에 얽매이지 않고 상식적으로 행동하려는 의지가 있는 사람들은 이 새로운 기회를 잡을 수 있다.

플로우와 그 영향의 포용
Embracing Flow and Its Implications

1장에서 설명되었듯 적합한 정보와 자재 플로우의 스피드는 회사의 궁극적인 목표인 자기자본 이익률의 최대화와 직접적으로 부합한다. 플로우와 ROI와의 연결은 언제나 존재해 왔으나, 뉴 노멀의 환경이 이를 집중 조명하게 하였다.

주주들은 원가에 대한 질문은 줄이고 그 대신 플로우에 대한 답변을 요구해야 한다.

디맨드 드리븐 운영 모델의 설계
Designing the Demand Driven Operating Model

디맨드 드리븐 운영 모델의 설계는 포지션 앤 풀의 포지셔닝 부분에 관한 것이다.

포지셔닝을 제대로 하려면, 다음의 두 가지가 필요하다.

▲ 디커플링decoupling과 컨트롤 포인트의 식별과 배치

▲ 디커플링과 컨트롤 포인트의 보호 방안에 대한 고려

디커플링 포인트의 배치

만일 이익이 플로우를 보호하고 증진시킬 수 있는 우리의 능력과 직접 연관되고, 변동성이 시스템 플로우의 가장 커다란 장애요소라면, 우리는 플로우 상의 변동성의 영향을 완화 시킬 수 있는 시스템을 설계해야 한다. 변동성이 개별 프로세스에서 존재한다는 사실은 이슈가 아니다. 이전에 논의한 바와 같이 변동성의 축적, 이동, 그리고 증폭이 실제로 플로우를 방해하는데, 우리는 앞에서 이것을 시스템 변동성이라고 불렀다. 따라서 우리는 이 단락의 첫 문장을 다음과 같이 수정해야 한다. 만일 이익이 플로우를 보호하고 증진시킬 수 있는 우리의 능

그림 3.1 6가지 포지셔닝 팩터

디커플링 포인트 결정시 고려사항	
고객 허용 시간	일반적인 고객이 대체 소스를 찾기 전에 기꺼이 기다려 주는 시간
시장의 잠재 리드타임	기존 또는 새로운 고객 채널에서 가격 인상이나 추가적인 비즈니스 기회를 만들어 낼 수 있는 리드타임
판매 오더 가시범위	일반적으로 판매 오더 또는 실 종속 수요를 인식할 수 있는 시간 구간
외부 변동성	수요 변동성: (생산능력, 재고, 자금 등의) 자원 능력을 능가하는 수요의 흔들림 또는 스파이크 수요의 가능성 공급변동성: 공급원 또는 특정 공급처로 인한 혼란의 심각도 및 그 가능성
재고 레버리지 및 유연성	기업의 비즈니스 니즈를 만족시키도록, 더 많은 가용한 옵션 뿐만 아니라 최대한 단축된 리드타임을 제공할 수 있는, 통합 BOM(매트릭스 BOM) 또는 유통망 상의 위치/장소
중요 공정 보호	생산 능력이 한정된 지점, 혼란으로 인해 품질 악화 지점, 변동성 누적/확대 되는 지점 등이 이런 공정에 해당

력과 직접 연관되고, 변동성이 시스템 플로우의 가장 커다란 적이라면, 우리는 플로우 상에서의 변동성의 이동과 증폭을 완화시킬 수 있는 시스템을 설계해야 한다. 여기에서 우리는 다음과 같이 추론할 수 있다. 시스템의 특정 포인트에서 우리는 특정 프로세스들을 디커플링 시켜서 변동성 축적의 체인을 단절시키는 독립의 요소가 확보되도록 한다. 이것을 디커플링 포인트decoupling point라고 명명한다.

디커플링 포인트 – 제품 구조 또는 유통 네트워크 상에서 프로세스 또는 엔터티 간의 독립을 생성하기 위해서 재고를 배치한 위치. 디커플링 포인트의 선택은 고객 리드타임과 재고투자를 결정짓는 전략적 의사결정이다.[2]

디커플링 포인트는 한 측면에서 발생하는 이벤트들이 다른 측면에서 발생하는 이벤트들에 직접 연결되는 것을 차단시키는 장소를 뜻한다. 디커플링 포인트는 최소한 두 개의 독립적으로 계획되고 관리되는 구간들의 경계를 나타낸다. 디커플링 포인트는 보통 재고 비축 포지션과 연관된다. 재고 비축 포지션으로서 디커플링 포인트는 수요가 축적되는 것을 허용하나 해당 수요 시그널을 발생시킨 고객들이 디커플링 포인트 앞 쪽의 프로세스들에 대한 리드타임 페널티를 발생시키지 않으면서 기간 내에 서비스 받을

수 있도록 허용한다. 우리의 전통적 계획 도구인 MRP가 디커플링 포인트의 개념과 싸우고 있음을 기억하라. MRP의 근본적인 목적은 모든 것을 직접적으로 종속되게 하는 것이다.

디커플링 포인트는 모든 곳에 배치되지는 않는다. 디커플링 포인트들이 전략적으로 배치될 장소를 결정할 때 고려해야 할 요소들이 있다. 깊이 있고 복잡한 사례들을 포함한 상세한 설명이 올리키의 자재 소요량 계획Material Requirements Planning 3판의 4장과 23장에 상세히 기술되어 있다. 이 두 개의 장에서 프탁Ptak과 스미스Smith는 여섯 개의 포지셔닝 요소들을 정의하였다. [그림 3.1]은 프탁과 스미스가 저술한 책의 392쪽으로부터 인용한 표로, 여섯 가지 요소들을 포함하고 있다.

고객허용시간CTT: Customer Tolerance Time은 사업을 지속하기 위하여 유지해야만 하는 리드타임이다. CTT는 최소한 경쟁우위 확보를 위해 디커플링 포인트를 얼마나 고객 가까이 배치시켜야 하는지를 말해준다. 시장 잠재 리드타임MPLT: Market Potential Lead Time은 더욱 많은 사업, 또는 매출액을 그 안에서 창출할 수 있는 리드타임이다. MPLT는 디커플링 포인트를 얼마나 더 고객 가까이 배치시켜야 하는지를 말해준다. 이 두 가지 리드타임의 차이는 결코 가볍지 않다. CTT 이내에 디커플링 포인트를 고려한다는 개념은 회사로 하여금 시장의 잠재적 가능성에 대한 강력한 what-if 시나리오를 탐구할 수 있도록 한다.

수요 및 공급 변동성은 변동성의 중요한 원천의 고려 대상이며, 특히 외부 원천으로부터 발생한다. 모든 완제품들 및 자재들이 동일하게 신뢰성과 일관성이 없는 것은 아니다.

재고 레버리지 및 유연성Inventory leverage and flexibility은 매트릭스 BOMBill of Material(자재 명세표)이라고 불리는 종합적인 제품 구조의 고려를 추구한다. 리드타임과 운전자본의 단축의 관점에서 어떠한 공통 부품들이 관리대상이 되는지를 매트릭스 BOM을 활용해서 판단할 수 있다.

핵심공정 보호Critical Operation Protection는 변동성이 통과할 때 생산능력이 제약을 받거나 쉽게 정상상태로부터 이탈되어 버리는 자원들에 대한 고려와 보호를 말한다. 어떤 경우에는 해당 자원 앞에 공식적인 디커플링 포인트를 배치하는 것이 요구된다.

[그림 3.2]는 공식적인 디커플링 포인트가 없는 시스템과 공식적인 디커플링 포인트를 가지고 있는 시스템 사이의 개념적 차이를 보여준다.

그림 3.2 디커플링 포인트(decoupling point)에 의한 리드타임 단축

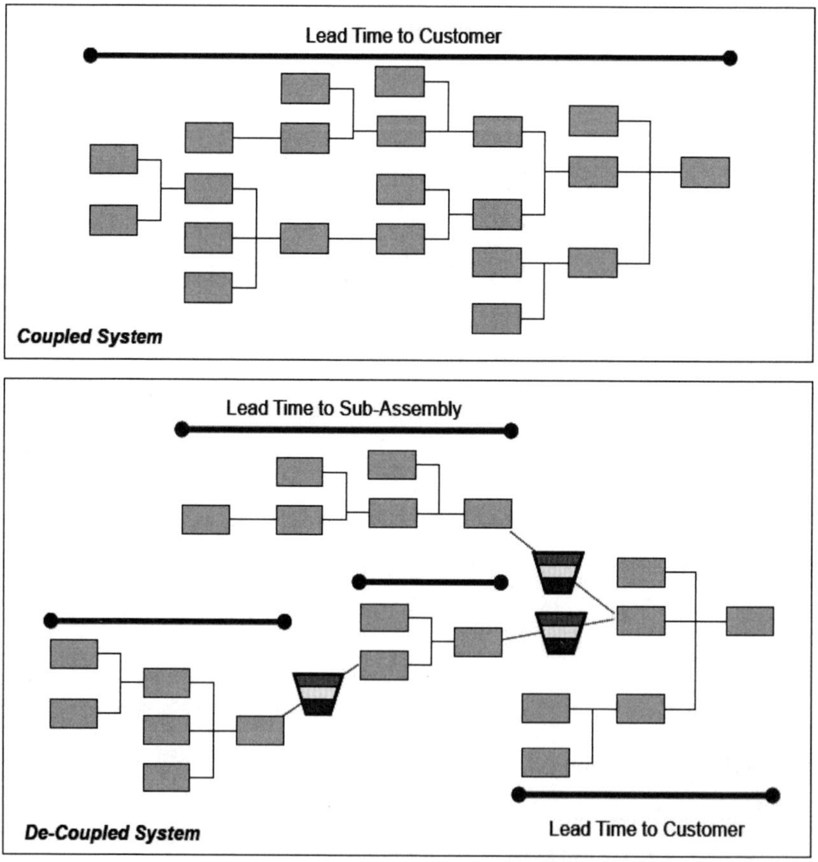

[그림 3.2]의 시스템에 표시된 버킷 모양의 아이콘은 디커플링 포인트를 나타낸다. 디커플링 포인트를 통과하는 점선들은 두 개의 독립적으로 계획되고 관리되는 디커플링 포인트의 양 쪽을 간접적으로 연결하는 것을 보여준다.

디커플링 포인트에 대한 중요한 사항들을 아래에 정리하였다.

1. 리드타임이 디커플링 된다.

2. 가장 긴 디커플링된 리드타임 경로를 더하면 여전히 결합된 시스템의 리드타임 숫자와 유사한 결과를 낳는다. 그러나 결정적인 차이점은 고객이 신뢰성 있게 경험하는 리드타임은 엄청나게 단축되며, 그것이 중요한 시장 경쟁우위가 될 수 있다.

3. 이것은 계획에 대한 커다란 시사점이다. 계획 리드타임이 단축되면 계획 리드타임에 걸친 수요예측 에러는 따라서 줄어드는데, 그 이유는 계획구간 이 길어지면 수요예측 에러도 커지기 때문이다.

제조업체와 유통 네트워크 내부 및 상호간에 걸친 이러한 디커플링 포인트의 배치, 보호, 그리고 운영에 대한 전반적인 규율은 이미 명확히 설명되었고 입증되었다. 이 규율은 디맨드 드리븐 MRPDDMRP라고 불리며, 앞에서 언급된 올리키Orlicky 저서의 3판에서 상세하게 기록되어 있다.

컨트롤 포인트의 배치

컨트롤 포인트는 시스템을 통하여 컨트롤을 전달하고 증폭시키는 장소이다. 컨트롤 포인트는 디커플링 포인트 사이의 리드타임 존을 더 잘 컨트롤할 목적으로 디커플링 포인트 사이에 흔히 배치된다. 존 내의 더 짧은 리드타임과 더 작은 변동성은 디커플링 포인트에서의 재고의 감소(운전자본의 감소)로 이어진다.

많은 경우에 있어서 완제품 수준에서의 디커플링 포인트는 필요하지 않다(고객과 제조공정의 마지막 단계 사이). 예를 들면, ETOengineer-to-order 환경에서 모든 완제품은 고객에게 고유하므로 완제품의 재고는 비축될 수 없다. 어떤 중간 조립품, 또는 자재들은 디커플링 포인트를 가질 수 있으나 완제품은 그렇지 않다. 고객 허용시간이 출하 이전에 마지막으로 설정된 디커플링 포인트로부터의 리드타임보다 길 경우는 또 다른 사례이다. [그림 3.2]는 실제로 이러한 상황을 보여준다. 왜냐하면 마지막 디커플링 포인트 이후에도 상당한 작업들이 존재하기 때문이다. 이 경우, 컨트롤 포인트(아마도 하나 이상의)가 마지막 디커플링 포인트와 고객 배송 사이에 설정될 것이다.

컨트롤 포인트**Control point - **계획, 스케줄링, 그리고 컨트롤 기능을 단순화하기 위한, 논리적 제품 구조, 또는 패밀리 안의 전략적 위치. 컨트롤 포인트는 게이팅 공정**gating operation, **수렴 포인트**convergentpoints, **분기 포인트**divergent points, **제약 공정**constraints, **그리고 출하 포인트**shipping points**를 포함한다. 상세 스케줄링 지시들은 이러한 위치들에서 계획되고, 시행되고, 모니터링 된다.[3]

모든 자원에 대하여 매 분마다 관리함으로써 시스템을 컨트롤하려는 시도 대신, 특정 그룹에 대하여 상대적으로 적은 장소에서 의미 있는 컨트롤을 확보하고 유지하는 것이 더욱 중요하다. 공항의 보안이 한 예가 될 것이다. 감시는 모든 곳에서 이루어지고 있지만 액티브 컨트롤은 단지 몇몇 포인트에서 확보되고 있다. 이러한 몇몇 포인트로부터 항공편의 지연 및 취소를 최소화하면서 수 백대의 항공기와 수 만 명의 승객들에 대한 보안이 확장될 수 있다. 탑승권 카운터와 게이트 모두에서 각 항공편에 대하여 수행되는 보안 검색과 관련된 비용, 혼란, 지연, 그리고 위험들을 상상해 보라.

컨트롤 포인트는 리드타임을 디커플링 하지 않는다. 그 대신 그것이 직접적으로 포함된 리드타임 구간을 더 잘 관리하는 것을 도모한다. 컨트롤 포인트는 요청된 최종 종료시간(고객 또는 디커플링 포인트까지의 배송 시간)에 기초하여 스케줄링 되는 첫 번째 영역이다. 컨트롤 포인트 스케줄은 리드타임 구간내의 모든 다른 자원과 영역 스케줄을 드라이브하며, 그 결과로 자재 투입 및 예정 완료일(약속 일자) 준수에 엄청난 효과를 창출한다. 제약이론에서는 컨트롤 포인트가 드럼으로 불린다. 왜냐하면 그것이 시스템의 리듬을 결정하기 때문이다. 린Lean 생산방식에서는 컨트롤 포인트가 페이스세터pacesetter로 불린다.

컨트롤 포인트는 어디에 배치해야 하는가? 디커플링 포인트와 마찬가지로 컨트롤 포인트의 배치 포인트를 선택하기 위하여 고려해야 할 사항들이 있다.

고려사항 1: 희소 생산능력 포인트 Points of Scarce Capacity

엘리 골드랫Eli Goldratt 박사의 소설 〈더 골the Goal〉을 읽어보신 분이라면 아마도 보이스카웃 대원 중 가장 느린 대원인 허비Herbie를 기억할 것이다. 논리는 단순하다. 전체 시스템 아웃풋은 가장 느린 자원에 제한된다. 만일 수요가 해당 자원의 생산능력을 초과한다면, 그 자원에서 손실된 시간은 본질적으로 영원히 손실된 시간(현금 창출 잠재력)이다. [그림 3.3]은 가용 생산능력(y-축)을 일련의 자

그림 3.3 부하(load) vs 생산능력(capacity) 분석

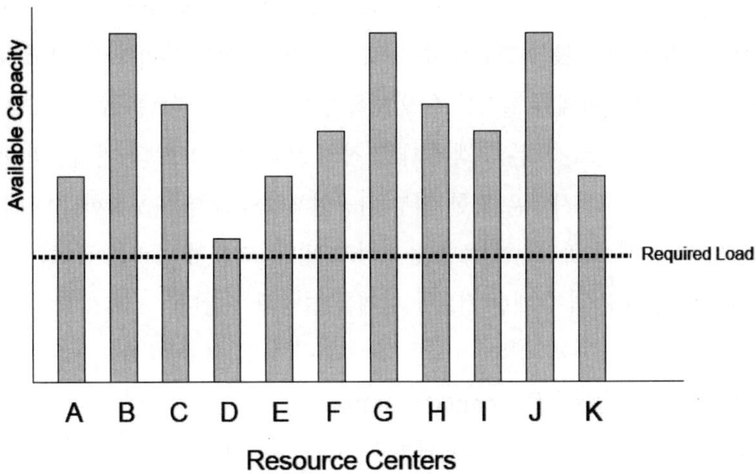

원 센터들(A–K)에 걸쳐 요구되는 부하(점선)와 비교했을 때 어떠한 자원 센터가 생산능력 제약 컨트롤 포인트의 후보가 될 수 있는지를 보여준다. 자원 D는 이상적인 컨트롤 포인트 후보로 보인다. 자원 D는 가장 작은 부하 대비 가용 생산능력 비율을 가지고 있다. 자원 D는 병목(요구 부하가 가용 생산능력을 초과하는 자원)은 아니지만, 생산능력 제약 자원(만일 붕괴될 경우 병목으로 전환될 수 있는 제한된 생산능력을 가진 자원)이다. 이 자원은 주의 깊게, 그리고 유한하게 스케줄링 되어야 하며, 스케줄은 반드시 유지되어야 한다. 스케줄의 붕괴는 이 자원의 제한된 생산능력을 낭비하게 하며, 병목이 되게 한다.

이 특정한 고려사항(생산능력)은 너무나 명백하고 〈더 골The Goal〉에 의해서 너무 유명해졌는데, 이러한 스케줄 붕괴는 대부분 회사에 해롭다. 회사들은 주의해야 한다. 만일 생산능력 제약 자원이 명확하지 않거나 존재하지 않을 경우라 해도, 컨트롤 포인트가 존재하지 않는다는 뜻이 아니다. 이 경우 다음의 고려사항을 살펴봐야 한다.

고려사항 2: 출구 및 입구 포인트 Exit and Entry Points

출구 및 입구(게이트)의 스케줄을 수립하는 것은 회사로 하여금 전체 프로세스에 대한 더 나은 컨트롤을 확립할 수 있도록 한다. 그것은 우리가 그 한도 내에서 활동할 수 있는 한계를 설정할 수 있도록 한다. 이러한 컨트롤 포인트들은 분명히 디커플링 포인트, 또는 고객에 대한 작업 오더의 릴리즈 및 완제품의 배송을 포함한다. 이 고려사항은 또한 외부 가공업체와의 교류를 포함한다. 작업이 시스템을 떠날 때 효과적인 컨트롤을 떠나게 된다. 따라서 우리는 컨트롤과 가시성에 있어서 그 간격에 대한 컨트롤 한계를 설정해야 한다.

고려사항 3: 공통 포인트 Common Points

공통 포인트는 제품 구조, 또는 제조공정표가 합류하거나converge 또는 분기하는diverge 포인트이다. 이러한 유형의 장소들의 영향력은 과소평가되어서는 안 된다. 그 영향력은 그곳에서 수행되는 작업 내용과는 관련이 없으며, 품목 제조공정표part routing나 구조의 순서, 또는 계층에 있어서의 포인트의 위치와 깊은 관련이 있다. 많은 경로들이 시작되거나 합류하는 장소가 있다면, 이 모든 경로들이 그 한 장소로부터 어느 정도 컨트롤될 수 있다. 공통 포인트는 엄청난 레버리지 기회를 제공하며, 플로우의 상태에 대한 가시성과 정보의 중심이다.

때때로 이 기준에 맞는 영역들은 최소임금을 지급받는 작업자들에 의해서 진행되는 비 부가가치, 또는 저 부가가치 공정들일 수 있다. 예를 들어 데이브Dave의 회사에 관한 2장에서의 이야기를 계속해 보자(그 자신이 그의 회사 내부를 통해 진동을 발생시켰다는 사실을 인식했던 COOChief Operating Officer(최고 운영 책임자)에 관한 이야기). 그의 회사는 백만 제곱 피트 이상의 제조 공간과 제조공장에서 일하는 1,500명 이상의 직접 근로자들을 가지고 있었다. 공장은 기본적으로 두 개의 분명한 구역으로 구분되어 있었다. 한 구역은 고도로 숙련된 작업자를 필요로 하는 여러 가지 다양한 형태의 자원들로 구성된 거대한 조립 및 기계 가공 공정이 배치되어 있었다. 공장의 이 구역에는 700명 이상의 작업자들이 다수의 병렬 공정에 투입되어 있었다. 작업은 동일한 결과를 성취하기 위해서 많은 대체 제조공정표alternative routings에 따라 진행될 수 있었다. 이러한 유연한 환경 속에서 어떻게 컨트롤을 확보할 수 있을까? 컨트롤 포인트들이 모든 곳에 배치되어야 할까?

그 때에 어떤 직원이 언뜻 보기에 멍청한 질문을 했다. "페인트 라인은 어떨까요?" 그러자 곧바로 여러 이의가 제기되었다. 페인트 라인은 2교대 근무보다 적게 운영되었고, 낡았으며, 더러웠다. 작업자들은 숙련도가 낮아서 그저 부품들을 후크에 거는 일만 했다. 모든 것은 사실이었다. 그러나 공장의 앞부분을 통과하는 부품들의 90% 이상이 한 영역에서 한가지 컬러로 페인트 칠해졌다. 컨트롤 포인트로서 페인트 라인은 거대한 양의 작업 플로우를 동기화할 수 있었다. 여러 시간에 걸친 토의 끝에 팀은 그것을 시도해 보는데 동의하였다. 그 당시 그의 나이가 80대였고, 그의 이름으로 100개 이상의 특허를 보유하고 있었던 뛰어난 엔지니어인 이 공장의 창업자는 이 아이디어가 발표되었을 때 그저 만족한 미소를 지었다. 그는 단지 두 단어만 언급하였다. "얼마나 멋진가!"

고려사항 4: 프로세스의 불안정성이 높은 포인트 Points That have Notorious Process Instability

자원이 심하게 정상상태를 벗어나 있을 때는 그것을 컨트롤 포인트로 지정함으로써 조직이 해당 자원을 컨트롤할 수 있게 되나, 조직은 이러한 자원들을 결코 잘 이해하지 못한다. 자원은 인풋으로서 무엇을 필요로 하며, 어떻게 아웃풋을 산출하는가? 자원의 명확하게 정의된 목적은 무엇인가? 아마도 조직은 해당 자원이 적절히 운영되는 방법을 이해했던 직원을 잃었는지도 모른다. 이러한 잘못된 이해가 자원의 부적절한 사용을 야기시켜 불안정성과 변동성 있는 품질로 이어지게 한다.

이러한 상황은 저자들이 세계에서 가장 큰, 다양한 냉동건조식품 제조업체인 오레곤 냉동건조Oregon Freeze Dry와 일할 때 발생하였다. 오레곤 냉동건조는 공장과 그들 고객의 창고 사이에 디커플링 포인트를 배치함으로써 막대한 이득을 챙겼다. 그래서 그들은 그들의 계획구간을 현재의 2주에서 2일로 극적으로 줄이기 위하여 그들의 공장 내부에 솔루션을 적용하기를 원했다. 그러나 어디에 컨트롤 포인트를 배치할 것인가? 건조실들은 가장 투자를 많이 한 자산이었으며, 운영에 많은 돈이 들었다. 그들은 가까운 장래에는 더 이상의 건조실을 신축하지 않을 예정이었다. 건조실들을 컨트롤 포인트로 지정하고, 그들을 유한 스케줄링한 후, 나머지 자원들을 이 스케줄(그들의 잠재적 플로우를 최대화할 수 있는 스케줄)에 맞추어 운영하는 것이 타당한 것으로 여겨졌다.

그러나 이 전략의 문제점이 앞 단계 프로세스의 생산능력이 조사되었을 때 노출되었다. 어떤 것을 건조하기에 앞서 반드시 그것을 냉동해야 한다.[4] 이 냉동 프로세스는 "냉동실"에서 이루어진다. 냉동실은 일반적으로 빙점을 훨씬 밑도는 온도를 유지하는 대형의 절연 처리된 시설이다. 냉동처리 되지 않은 음식(익히지 않았거나 조리된 혼합물)은 대형 카트의 쟁반 선반에 놓인다. 냉동실은 카트의 출입을 위해서 빠르게 열 수 있는 커다란 문들을 가지고 있다. 그 당시 오레곤 냉동건조는 네 개의 냉동실을 가지고 있었으며, 다섯 번째의 냉동실을 신축할 계획을 갖고 있었다(상당한 크기의 자본투자인 동시에 운영에 많은 돈이 드는 설비임). 만일 냉동실이 현재의 2주 계획구간에서 빈번하게 건조실의 스케줄을 혼란에 빠트렸다면, 2일 구간에서는 어떤 일이 발생할 것인가?

왜 냉동실은 빈번하게 건조실을 혼란에 빠트리는가? 냉동실들은 서리 생성으로 인하여 빈번하게 폐쇄되어야 하며, 식품들은 일관성 없는 냉동율의 결과로 발생한 열악한 품질로 폐기처분 되어야만 한다. 냉동실은 미스터리로 보인다. 어떨 때는 품질이 좋고 서리가 문제되지 않았으나, 또 다른 때는 동일한 제품을 생산하는 과정에서 정반대의 결과를 낳았다.

추가적인 조사를 통하여 냉동실이 빈번하게 카트들로 빽빽하게 채워지곤 했다는 것이 밝혀졌다. 냉동실의 문들은 카트를 위치시킬 곳을 찾기 위해서 이거나, 냉동실로부터 꺼내 올 올바른 카트를 찾아내기 위해서 더 오랫동안 열려 있어야 했다. 분명히 이것은 온도 불안정성을 야기시켰으며, 냉동시간의 연장뿐만 아니라 약간의 품질 이슈들로 이어졌다. 그러나 왜 냉동실은 항상 꽉 차있었는가?

추가적인 조사를 통해 회사가 냉동실의 생산능력이 가용 스페이스(제곱 피트)에 좌우된다고 생각하였다는 것이 밝혀졌다. 냉동실 내에 가용 스페이스가 있을 경우, 더 큰 배치batch들이 생산되고 저장되었다. 더 큰 배치들은 더욱 많은 카트들이 냉동실로 들어가는 것을 의미하였다. 더 많은 카트들의 입실은 냉동실 문이 더욱 자주 열리도록 하였다. 스페이스에 제약이 걸리자 문은 카트를 집어넣고 빼내기 위해서 더욱 오랫동안 열려있어야 했다. 게다가 뜨거운 제품들(스트로가노프 또는 마카로니와 치즈)의 더 큰 배치들은 냉동실의 커다란 온도의 진폭을 발생시켰으며, 이것은 곧 냉동시간의 연장, 열악한 품질, 서리 생성 및 이로 인한 냉동실 서리 제거의 결과를 낳았다.

여기에서 근본적인 질문이 요구되었다. 냉동실의 목적은 무엇인가? 답변은 재료를 바람직하고 일관성 있는 냉동 상태로 만들어서 건조 준비를 완료하는 것이다. 냉동실은 어떻게 이 작업을 수행하는가? 냉동실은 일관성 있는 비율로 재료로부터 열을 빼앗아야만 한다. 냉동실에 있는 냉각장치는 그 열 전달율을 반드시 지원해야 한다. 다시 말하면 그것은 냉동실내에 얼마나 넓은 바닥 면적이 사용 가능한가와는 전혀 관련이 없으며, 온도 유지를 위하여 얼마나 많은 냉각장치 능력이 남아 있는가와 관련이 있다. 냉동실이 뜨거운 제품들로 적재되어 있을 때, 냉각장치에 대한 부하가 더 커지며, 보다 적은 제곱 피트가 사용된다. 냉동율과 품질은 이제 일관성 있게 된다. 이것은 곧 냉동실이 브로콜리, 또는 옥수수를 냉동시킬 때 냉동실은 더 많은 카트를 수용한다는 것을 뜻한다(더 많은 제곱 피트의 사용).

운영 담당 중역이 이 내용을 이해하는 데는 1분 정도가 걸렸다. 수많은 엔지니어들과 물리학자들로 가득 찬 회사에서 이것은 커다란 놀라움이었다. 초점은 항상 건조실에 집중되어 있었다. 그 곳은 모든 첨단 과학, 지적 재산권이 몰려있는 곳이었으며, 관심이 집중되는 곳이었다. 점심 시간에 운영 담당 부사장인 래리 폰 딜런Larry Von Deylen이 다음과 같이 말하였다. "저희가 거의 30년 동안 냉동 건조 사업에 종사해 왔는데, 냉동에 대해서 거의 아는 것이 없는 것 같다는 사실이 저를 당혹스럽게 합니다."

임시적으로 냉동실을 컨트롤 포인트로 지정하고 냉각장치의 부하에 맞추어 스케줄링한 결과, 빠르고도 극적인 결과가 도출되었다. 냉동 시간과 품질 일관성은 극적으로 개선되었다. 회사는 단지 두 개의 냉동실만이 필요하다는 것을 빠르게 깨달았다. 그들은 다섯 번째 냉동실에 대한 계획을 보류하고 두 개의 불필요한 냉동실을 원재료 냉장 시설로 전환시켰다. 그들은 이전에는 외부업체로부터 냉장 시설을 임대해서 사용하였었는데, 그 비용은 회수되고 원재료는 이제 자사 공장에서 관리한다.

디커플링 및 컨트롤 포인트 사례
A Decoupling and Control Point Example

요약하면, 전략적으로 배치된 디커플링 및 컨트롤 포인트는 시장 요구사항과 기회 충족을 위하여 극적으로 리드타임을 단축하고 시스템 전반에 걸친 컨트롤을 확보할 수 있게 한다. 디커플링 및 컨트롤 포인트의 배치 시 고려해야 할 요소들의 적용을 예시하기 위해 설비 제조업체의 예를 사용하기로 한다.

그림 3.4 디커플링 포인트와 컨트롤 포인트 배치 사례

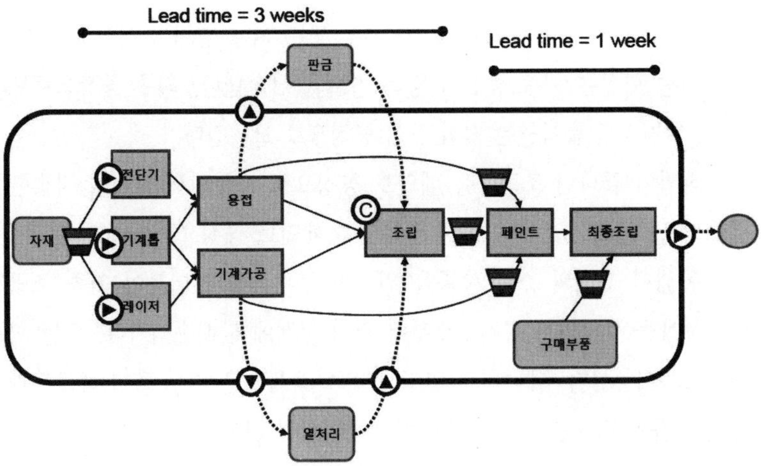

[그림 3.4]는 설비 제조업체의 공정 플로우 다이아그램flow diagram을 나타낸다. 공정 플로우 다이아그램은 단순히 자원들과 자재 플로우의 방향 사이의 일반적인 관계를 표현한다(왼 쪽에서 오른 쪽으로 이동). 공정 플로우 다이아그램을 에워싼 두껍고 모서리가 곡선인 사각형은 시스템 영역을 나타낸다. 원자재 및 구매부품 재고는 시스템 영역 내에 있는 것으로 표시되어 있으므로 공장 내에 보

관될 수 있다.

이 회사는 보통 자사 공장에 비축하고 있는 원자재 재고로부터 원자재를 끌어당겨 사용한다. 첫 번째 스텝은 자재를 전단기, 기계 톱, 또는 레이저에 의해서 절단하는 것이다. 절단된 자재는 용접, 또는 기계 가공 공정으로 보내진다. 자재는 용접 공정으로부터 조립 공정으로 이동 하거나, 직접 페인트 공정(서비스 품목 또는 옵션 품목)으로 가거나, 또는 판금 작업을 위하여 시스템 영역 밖으로 표시된 점선화살 끝부분에 위치한 외부 판금 공정으로 이동한다. 판금작업이 끝난 품목은 회사로 다시 돌아와서(반대 방향의 점선 화살) 직접 조립공정으로 간다.

자재는 기계가공 공정으로부터 조립공정으로 이동하거나, 직접 페인트 공정(서비스 품목 또는 옵션 품목)으로 가거나, 또는 외부 열처리 시설로 간다. 마찬가지로 점선 화살은 외주 공장의 왕복 경로를 나타낸다. 외주 공장으로부터 입고된 후, 열처리된 품목들은 직접 조립 공정으로 보내진다.

조립 작업이 끝나면 조립품은 페인트 공정으로 이동해서 고객이 지정한 컬러로 페인팅 된다. 조립품들과 옵션 품목들은 페인트 공정으로부터 최종 조립공정으로 이동해서 고객의 스펙 충족을 위하여 구매품목과 더불어 최종 조립된다. 서비스 품목들은 페인트 공정으로부터 직접 고객에게 배송되거나, 또는 최종 조립라인으로 이동한다. 왜냐하면 일부 서비스 품목들은 일부 옵션 품목들과 정확히 동일한 품목 번호를 가지기 때문이다(예: 버킷 치아bucket teeth).

이 프로세스를 일관되게 달성하기 위한 리드타임은 현재 6주이다. 고객의 기대치는 2주내에 기계 구성을 갖추는 것이다. 판매 조직은 리드타임을 일주일로 단축하면 상당한 이득이 있을 것이라고 하였다. 이에 따라 팀은 일주일 리드타임을 충족시키는 시스템을 설계하기로 결정한다.

이 회사는 리드타임 목표 달성을 위해 어디에 디커플링 포인트를 배치하는 것을 고려해야 할까? 담당직원들에 따르면 일주일 리드타임을 달성하려면 페인트 공정 앞에 디커플링 포인트를 배치하는 것이 필요했다. 페인트 공정은 주요 수렴 포인트convergent point이며, 조립 품목 뿐 아니라 서비스 품목 및 옵션 품목들이 용접 및 기계가공 공정으로부터 공급되는 공정이다. 선행 공정으로부터 발생하는 많은 변동성(외부 가공업체를 포함하여)이 이 수렴 포인트에서 흡수될 수 있다. 페인트 공정보다 훨씬 앞부분에 디커플링 포인트를 배치할 경우, 일주일 목표치 보다 리드타임을 확장시킬 것이다. 디커플링 포인트를 페인트 공정과 최종 구성 공정 사이에 배치하는 것은 타당치 않다. 왜냐하면 컬러가 고객에게 고유하기 때문이다.

그림 3.5 디커플링 포인트의 배치 및 새로운 리드타임

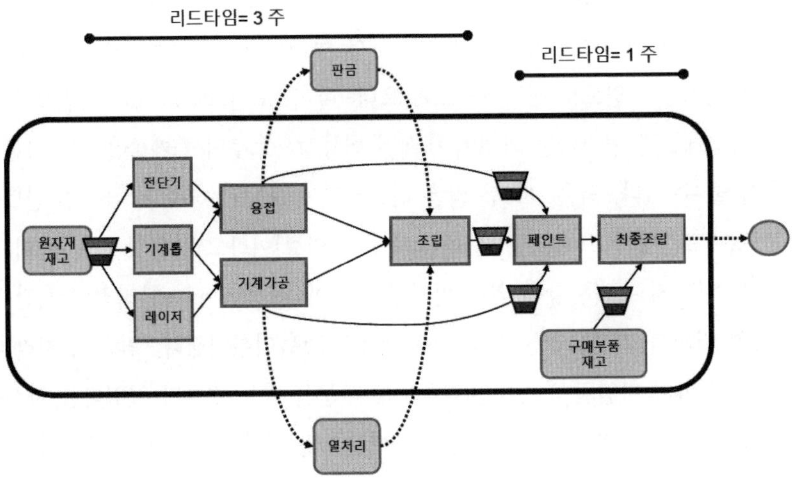

담당 직원들은 만일 조립 품목, 서비스 품목 및 저장품이 항상 페인트 공정에 가용성을 제공한다면, 그리고, 구매부품이 항상 최종 구성 공정에 가용성을 제공한다면, 일주일 리드타임은 현실이 될 수 있을 것이라고 결론짓는다. 그들은 이 결론에 따라서 디커플링 포인트를 배치하기로 결정한다. [그림 3.5]는 디커플링 포인트(버킷 아이콘)들이 페인트 공정으로 들어오는 경로와 구매 부품 비축

재고에 삽입된 것을 보여준다. 리드타임은 페인트 공정으로부터 최종 구성 공정까지 소요되는 시간으로서 일주일로 표시된다. 이것이 시장이 경험하는 리드타임이다.

팀이 원자재 비축재고에 디커플링 포인트를 배치하여 공급업체 리드타임을 완전히 내부 계획 및 스케줄링 계산식에서 제거하기로 한 후 페인트 공정 앞의 디커플링 포인트에 공급하는 리드타임은 3주로 단축되었다. 게다가 팀은 페인트 일정을 조립 스케줄로부터 디커플링 함으로써 용접 및 기계가공 공정이 이 영역들에서의 잡음 및 상충되는 시그널들을 감소시킬 것이라고 믿었다. 공급자원에서의 변동의 감소는 리드타임의 단축으로 이어진다.

이제 팀은 컨트롤 포인트를 찾기 시작한다. 팀은 정의된 디커플링 포인트 위치에는 심각한 생산능력 제약이 없다는 데에 동의한다. 적절한 입구 및 출구 포인트를 컨트롤 포인트로 선택함으로써 오더-바이-오더order-by-order 기반으로 외부 가공업체들과 협력하는 과정에 내재된 변동성으로부터 스케줄을 보호하는데 도움을 줄 수 있다. 팀은 새로운 짧은 리드타임이 보장될 경우, 궁극적인 컨트롤 포인트는 고객에게 스케줄링 된 배송(출구 포인트)이라고 결론짓는다. 팀이 갖고 있는 한가지 우려사항은 외주 열처리 공정이다. 과거에는 합리적인 시간 내에 작업 결과를 가져오려는 노력들이 반복적으로 이루어졌다. 팀은 열처리 공정이 흔히 이미 지연된 작업을 처리하도록 주문을 받는 경우가 있었다는 사실을 인정한다. 그들은 컨트롤 포인트를 아웃바운드와 인바운드 양쪽에 배치하는 것이 그들과 외주 공급업체의 성과 측정 능력 개선 및 외주 공급업체의 스케줄 안정에 도움이 될 것이라고 믿는다. 팀은 판금 가공업체의 신뢰성에 대한 확신을 가지고 있다. 그들은 작업을 정시에 내보낼 경우, 아무런 성과 관련 이슈가 발생하지 않는다는 것을 믿는다. 따라서 그들은 컨트롤 포인트를 아웃바운드에만 배치하고, 인바운드에는 배치하지 않는다.

[그림 3.6]에는 이러한 컨트롤 포인트들이 시스템을 떠나고 시스템으로 돌아오는 점선화살 위에 방향을 나타내는 굵은 화살 끝 모양을 가진 원으로 표시되

그림 3.6 디커플링 포인트와 컨트롤 포인트의 예시

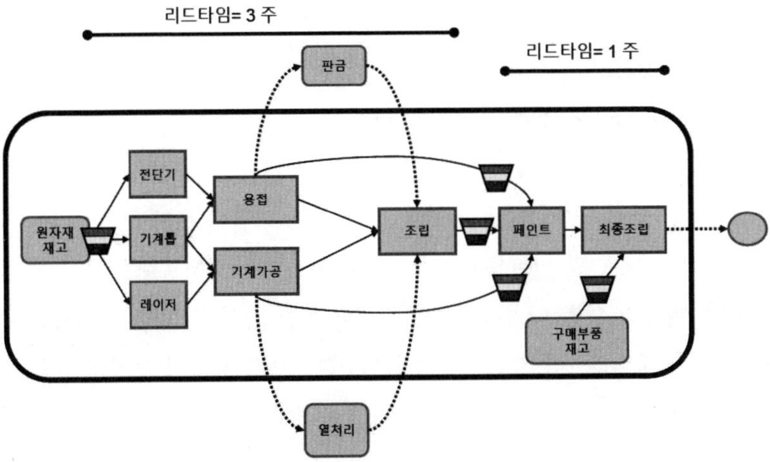

어 있다. 팀은 이제 관심을 시스템 영역 내부와 페인트 공정 앞의 디커플링 포인트 이전으로 돌린다. 어떻게 공장의 이 부분을 동기화할 것인가? 잘 작동될 것 같은 수렴 포인트가 있는데, 그것은 조립 공정이다. 만일 조립공정의 스케줄이 유한 생산능력 기반으로 작성되고, 주의 깊게 관리된다면, 부품 도용 및 결품을 수반하는 많은 오픈 오더로 특징 지어지는, 공정의 혼란을 감소시킬 수 있을 것이라고 팀은 생각해 본다. 그들은 조립 공정에 컨트롤 포인트를 배치한다. 이 컨트롤 포인트는 [그림 3.6]에 "C"를 포함한 원으로 표시되어 있다.

수렴 포인트로서, 조립 스케줄은 외부 가공업체에 대한 컨트롤 포인트의 스케줄들을 포함해서 조립공정 이전의 모든 다른 스케줄들을 결정한다. 조립 스케줄은 공장의 이 부분에서 주요 컨트롤 포인트이며, 그 스케줄은 다른 모든 스케줄보다 중요하다. 팀은 또한 생산 현장에의 자재출고를 컨트롤 포인트로 선언하기로 결정한다. 이는 적절한 시점에 조립 스케줄을 맞추기 위하여 필요 시 작업이 시스템에 진입할 수 있게 한다. 이것은 원자재 재고와 전단, 톱질, 그리고 레이

저 공정 사이에 인바운드 화살 끝을 포함한 개별 원 모양으로 [그림 3.6]에 표시되어 있다.

디커플링 및 컨트롤 포인트의 보호
Protecting Decoupling and Control Points

이러한 디커플링 및 컨트롤 포인트에서 우리는 이러한 포인트들이 그들 각각 목적(플로우의 보호 및 컨트롤)을 달성할 수 있도록 누적된 변동성을 흡수할 수 있는 어떤 형태의 완충 메커니즘을 도입해야만 할 것이다. 이 완충 메커니즘은 버퍼buffer라고 불린다. 이 포인트들에서는 기본적으로 세가지 유형의 버퍼가 존재하는데, 그것들은 비축재고, 시간, 그리고 생산능력 버퍼이다.

디맨드 드리븐 비축재고 버퍼 Demand Driven Stock Buffers

비축재고 버퍼들은 변동성에 대항하는 장소를 완화시킬 수 있도록 설계된 재고수량이다. 전통적인 운영에서는 많은 유형의 비축재고 버퍼들이 존재한다. 그러나 그들 중 많은 유형들이 뉴 노멀에서의 증가된 변동성과 복잡성의 관점에서 볼 때 불완전한 룰, 또는 가정으로 인하여 문제점을 드러내고 있다. 여러 사례와 수십 년의 경험을 통해 저자들은 DDMRP 방법론에서의 비축재고 버퍼링 메커니즘stock buffering mechanism을 주창한다. 이 버퍼들은 전략적으로 보충되는 버퍼라고 불리며, 디커플링 포인트에서 완충 메커니즘이 되어야 한다.

이 버퍼들은 디맨드 드리븐 시스템의 핵심이다. 고객허용시간CTT이 지속적으로 줄어들어 디커플링 포인트가 점점 더 오더 완료 포인트에 가까워지도록 압력이 가해지므로, 비축재고 버퍼의 중요성은 지속적으로 증가할 것이다.

비축재고 버퍼의 위치는 버퍼 상태를 기초로 하여 새로운 공급 오더를 생성하고 오픈 공급 오더에 대한 우선순위를 전달하는 주된 계획 및 스케줄링 위치이다. 그들은 양쪽 방향으로(제품 종속 구조의 상하로) 완충시키도록 구체적으로

그림 3.7 전략적 보충 버퍼

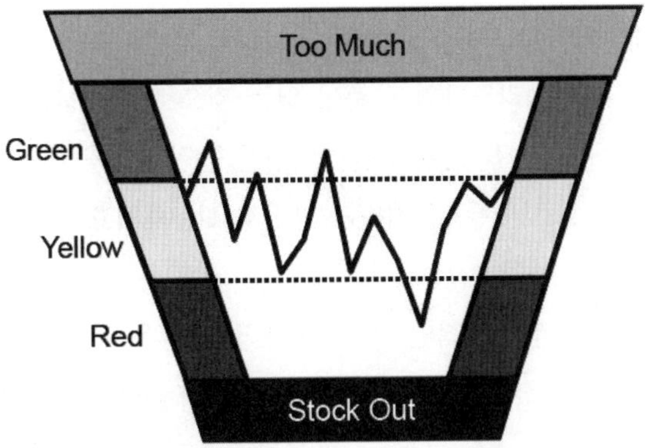

설계되어서 채찍효과bullwhip effect를 완화시키며, 플로우를 보호하고 증진시킨다. 따라서 이 장에서는 다른 버퍼링 메커니즘보다도 비축재고 버퍼에 대하여 집중적으로 설명할 것이다.

전략적으로 보충되는 버퍼들은 최초에는 평균 사용률, 리드타임, 변동성, 그리고 오더 배수들을 포함한 요소들의 조합을 통해서 크기가 정해진다. 이러한 버퍼들은 계획과 실행에 있어서 손쉬운 우선순위 결정을 위하여 그린, 옐로우 및 레드로 표시된 컬러 존으로 계층화된다. 각 존은 상대적 크기에 영향을 미치는 속성들을 갖는다. 버퍼들은 소비에 있어서 시장의 변화에 따라 동적으로 조정되거나, 또는 계절성 및 프로모션과 같은 계획되거나 알려진 활동에 대하여 사전에 동적으로 조정된다. 이 버퍼들은 DDMRP 용어인 "넷 플로우 계산식" 및 버퍼의 옐로우 존과의 관계에 기초하여 주의 깊게 보충된다. 넷 플로우 계산식의 결과치가 버퍼의 옐로우 존에 속하면 그 위치에 대응하는 공급 오더가 생성된다. [그림 3.7]은 이 버퍼들의 특성을 보여준다.

DDMRP의 계획방법은 공식적인 계획의 룰들에 대한 주요한 변화를 나타낸다. 제품 구조상에 디커플링 포인트들을 도입하는 것과 공급 오더 생성시 예측 오더를 배제하는 것은 전통적인 방법과 정면으로 배치된다.

독자들은 전략적 보충 버퍼를 MRP의 안전재고와 혼동하지 말아야 한다. 안전재고는 디커플링 하지 않는다.

단지 디커플링, 또는 리드타임 단축이 없는 것으로 가정하고 변동성의 보상을 도모할 뿐이다(예: 더 긴 계획 구간). 이것은 안전재고를 매우 비효율적인 형태의 완충 메커니즘으로 만든다. 게다가 안전재고는 채찍효과를 악화시킬 수 있다.[5]

비축재고 버퍼에 대한 구체적인 크기, 관리 및 측정은 이 책의 11장과 부록 A 및 프탁Ptak과 스미스Smith가 저술한 올리키Orlicky 책의 24장-28장에 상세히 서술되어 있다.

디맨드 드리븐 시간 버퍼 Demand Driven Time Buffers

컨트롤 포인트는 바로 컨트롤이 행해지는 포인트를 말한다. 디커플링 포인트 사이의 활동은 일반적으로 컨트롤 포인트를 통해서 관리된다. 컨트롤 포인트의 스케줄이 모든 다른 자원 및 존의 스케줄을 리드한다. 컨트롤 포인트들의 스케줄을 보호하는 것은 전반적인 컨트롤에 있어서 결정적인 역할을 한다. 디맨드 드리븐 시간 버퍼는 컨트롤 포인트의 스케줄이 붕괴되지 않도록 보호하기 위하여 제품 제조공정표에 삽입된 계획된 시간의 양이다. 시간 버퍼들의 크기는 컨트롤 포인트에 부품을 공급하는 일련의 자원들의 신뢰성에 기초한다. 해당 자원들이 신뢰성이 낮거나 변동성이 높을수록 시간 버퍼의 길이는 길어진다.

[그림 3.8]은 시간 버퍼의 개념을 예시하였다. 시간 버퍼는 중앙에 위치한다. 시간 버퍼는 그림의 위와 아래에 그린, 옐로우, 그리고 레드 글씨를 포함한 박스에 의해 경계가 표시된 범위를 말한다. 버퍼의 왼쪽에는 선행 공정에서 버퍼 쪽으로 향해 오고 있는 작업의 플로우가 표시되어 있다. 이 작업의 플로우는 버퍼를 향해 가리키고 있는, 음영 처리된 5각형 모양의 그림으로 표현되어 있다. 구불구불한 선은 그 작업 플로우에 있어서의 변동성을 나타낸다.

그림 3.8 시간 버퍼링(time buffering)

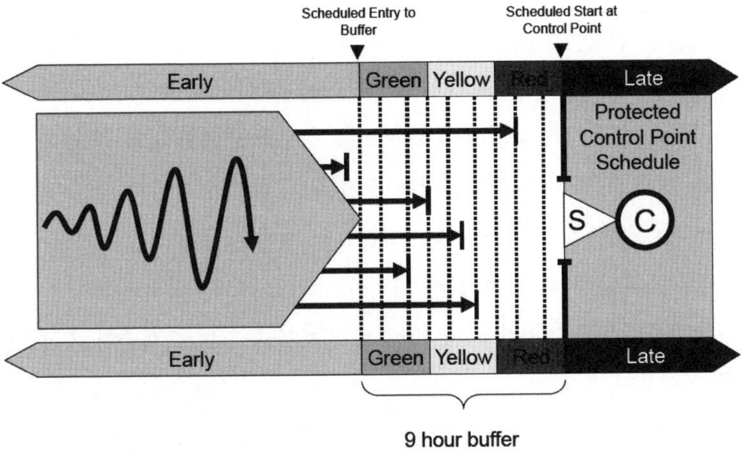

버퍼의 오른편에는 "C"라고 표시된 작은 원을 포함하고 있는 음영 처리된 박스로 표시된 컨트롤 포인트가 있다. "S"로 표시된 삼각형은 컨트롤 포인트에서의 오더에 대한 스케줄링 된 작업의 시작을 표시한다. 버퍼는 그린, 옐로우, 그리고 레드로 표시된 세 개의 존으로 나뉘어진다. 이 사례에서 총 버퍼의 길이는 9시간이다. 각 존은 각각 3시간으로 설정되었다. 버퍼를 위에서 아래로 양분하는 버퍼는 각 존의 각각의 시간을 의미한다.

9시간의 버퍼를 가지고 작업 오더들이 컨트롤 포인트에서의 그들의 스케줄링 된 시작 시간보다 9시간 전에 버퍼로 진입(버퍼 진입 스케줄)하도록 스케줄 된다. 그러나 선행 작업 플로우 안에 변동성이 존재함으로 인해 9시간 전에 정확히 버퍼로 진입하는 경우는 거의 발생하지 않는다. 가장 발생 가능한 시나리오는 버퍼의 크기가 적절하다는 가정하에 대부분의 작업 오더들이 버퍼 진입 스케줄 시간과 컨트롤 포인트에서의 스케줄링 된 시작 시간 사이에 버퍼에 도착하는 것이다. 이 내용은 [그림 3.8]에 버퍼로 진입하는 다양한 길이의 화살들을 통해서 표현되어 있다. 이것을 버퍼 침투buffer penetration라 부른다. 버퍼 침투는 작업이 버퍼 내에 있지 않고, 스케줄링 된 버퍼 진입 시간 이후의 어느 시점에서나 컨트롤 포인트가 사용 가능할 경우 발생한다. 어떤 경우에는 작업이 실제적으로 버퍼의 스케줄링 된 진입 시간 이전에 버퍼에 도착한다. 이것을 이른 진입early entry 이라고 한다. 그림에는 이른 진입의 한 예가 표시되어 있다.

이러한 버퍼 침투의 길이는 컨트롤 포인트 스케줄에 대한 위험 및 선행 자원에서의 주문 독촉 액션이 요구 되는지를 결정한다. 침투의 길이가 길면 길수록 컨트롤 포인트 스케줄에 대한 위험은 증가한다. 핵심은 침투의 길이가 컨트롤 포인트에서의 스케줄링 된 작업 시작 시점을 넘어갈 경우, 버퍼에서의 늦은 진입 late entry이 발생한다는 것이다. 늦은 침투는 컨트롤 포인트 스케줄이 손상 되었다는 것을 의미한다.

왜냐하면 이러한 버퍼들이 시스템의 전체 리드타임 방정식의 한 부분이므로, 회사는 레드 존 및 지연 존late zone에서의 버퍼 침투를 제한하는 한편, 이러한 버퍼들을 지속적으로 감소시키려는 노력을 해야만 한다. 이 책의 마지막 부분에서 우리는 이러한 침투에 관한 데이터 수집의 중요성과 스마트 메트릭스에 있어서 그것의 필수적인 역할의 중요성에 대하여 논의할 예정이다.

디맨드 드리븐 생산능력 버퍼 Demand Driven Capacity Buffers

생산능력 버퍼는 선행 작업 플로우에서의 자원들에게 변동성을 만회할 급증 surge 생산능력을 제공함으로써 컨트롤 포인트와 디커플링 포인트를 보호한다. 따라서 생산능력 버퍼는 민첩성과 유연성을 제공하는 보호용의 생산능력이다. 생산능력 버퍼는 비축재고 버퍼와 시간 버퍼가 안전하게 감소되도록 함과 동시에 서비스 수준 목표를 확보한다.

[그림 3.9]는 11 시간 기간에 걸친 자원의 부하load 요구량을 보여준다. 흑색 막대들은 부하를 전달하는 것을 의미한다. 막대의 길이가 길면 길수록 부하는 커진다. 생산능력 버퍼는 레드, 옐로우, 그리고 그린으로 계층화된 부분이다. 시간 기간 중에서 세 곳에서 나타나는 흑색 막대들은 버퍼를 침투한다. 이 막대들

그림 3.9 생산능력(capacity) 버퍼

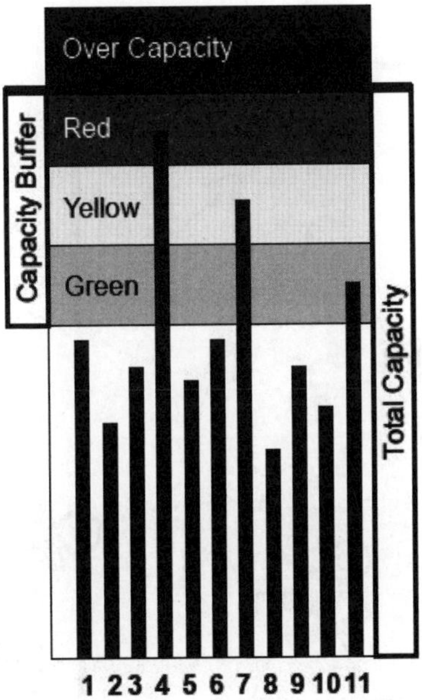

이 높이 올라갈수록 자원은 그 기간 동안 과부하 상태에 가까워진다. 지속적으로 레드 존, 또는 과부하 존에 해당하는 부하가 걸리는 자원은 사실상 신속한 대응력이 떨어지는 것이다. 그것은 생산능력 제약을 가진 자원이 되며, 컨트롤 포인트 상태, 또는 생산능력 업그레이드의 고려 대상이 되어야 한다.

이 보호용의 생산능력은 생산능력 제약을 갖지 않는 모든 자원들에 대하여 사용 가능하다. 이 보호용의 생산능력은 단위 원가를 개선하거나 특정 자원의 활용도를 높이기 위해서 사용되어서는 안 된다. 사실상 생산능력 버퍼의 전반적인 개념은 전통적인 원가계산 정책에 정면으로 배치된다. 생산능력 버퍼들은 자원들로 하여금 사용되지 않은 충분한 생산능력을 유지할 것을 요구한다. 이러한 사용되지 않은 생산능력과 관련된 투자 및 비용을 최소화할 방법을 연구하는 것

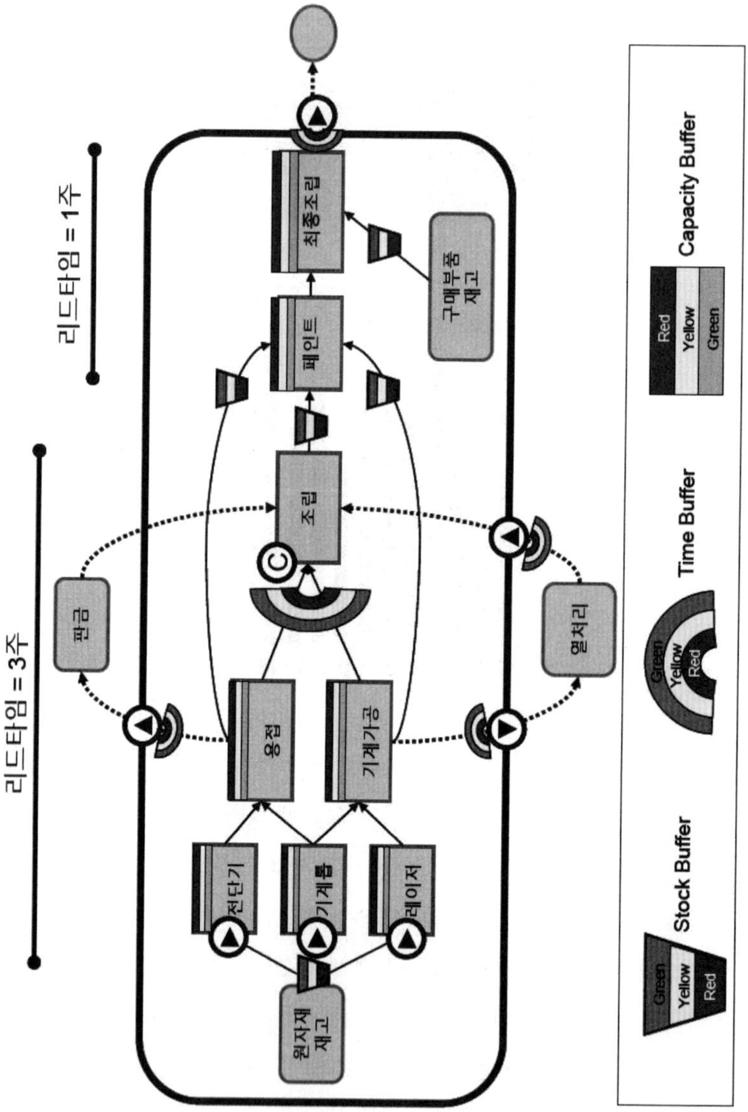

그림 3.10 완성된 디맨드 드리븐 디자인

은 완전히 타당성이 있다. 타당성이 없는 것은 자원을 불필요하게 가동함으로써 자원이 단위 원가 또는 자원의 효율을 개선하기 위하여 여분의 생산능력을 잘못 사용하도록 장려하는 것이다. 이러한 일이 발생하면 대응력은 떨어지고, 비축재고 및 시간 버퍼들은 위험에 처하게 되며, 이를 상쇄하기 위하여 이 버퍼들이 증가하게 된다. 이것은 시스템 전반에 걸친 리드타임 및 재고 수준의 증가를 초래한다. 이제 앞에서 설명한 설비 제조업체 사례로 돌아가서 완성된 설계를 살펴보자. [그림 3.10]은 그 완성된 설계를 보여준다. 버퍼들은 이제 필요한 위치에 있다. 전략적으로 보충된 버퍼들을 표시하는 버킷 아이콘은 그린, 옐로우 및 레드 계층을 가지고 있다. 방사상의 그린, 옐로우, 레드 아이콘들은 컨트롤 포인트 앞에 위치한 시간 버퍼들을 나타낸다.

컨트롤 포인트가 아닌 모든 자원들(조립공정을 제외한 모든 자원들)은 생산능력 버퍼를 가질 것이다. 이러한 생산능력 버퍼들은 자원 박스의 맨 윗부분에 계층화된 박스로 표시된다. 이러한 생산능력 버퍼들의 의미를 파악하기 위해서는 조직이 모든 장소에 대하여 생산능력에 투자할 계획을 세운다는 것이 아니라는 것을 이해하는 것이 중요하다. 생산능력 버퍼를 운영하는 것은 회사가 해당 존이 자재를 공급하는 유한 스케줄링 된 컨트롤 포인트보다 더욱 큰 생산능력을 그 존 안에 유지하도록 약속하는 것을 뜻한다.

디맨드 드리븐 모델의 조직에의 적용

Bringing the Demand Driven Model to the Organization

조직 내의 사람들은 강력한 통찰력을 가지고 있다. 단지 결과를 창출하기 위한 방향제시가 필요할 뿐이다. 작업을 수행하고, 바퀴를 굴리고, 버튼을 누르며, 스케줄을 작성 및 관리하고 혼란을 중재하는 사람들이 얼마나 쉽게 기존 개념들을 파악하는지에 대하여 저자들은 놀라움을 멈춘 적이 없다. 그것은 그들에게는 이치에 맞는다. 그들은 그저 관습의 제약에 순응하면서 그 제약과 더불어 생활하는데 익숙하게 되었을 뿐이다(단위 원가에 초점을 맞춘 메트릭스).

사람들이 그 목표를 이해하면서 시스템이 어떻게 작동되는지를 이해하고 효율적으로 의사 소통할 때 극적인 일들이 빠르게 발생할 수 있다. 한 때 인쇄 회사의 작업 현장에서 발생했던 상황이 떠오른다. 그 회사는 경쟁 위협에 처해 있었다. 제조 대응력은 극적으로 증가되어야 했다.

리드타임은 단축되어야 했고, 납기일은 더욱 더 신뢰성이 있어야 했다. 이러한 것들은 시장 점유율을 방어하기 위한 전제조건들이었을 뿐 아니라, 더욱 중요한 것은 전체 매출액에 커다란 영향을 줄 수 있는 새로운 형태의 오퍼링offering을 지원하기 위한 것이었다. 광범위한 제품들에 대한 보충 버퍼들이 회사의 공장 창고에 배치될 예정이다. 추가적으로 위탁재고가 원격의 고객 장소에 배치되고, 공장의 완제품 비축재고 버퍼에 대하여 풀pull 방식으로 보충될 예정이다.

경영층은 공장의 대응력의 증가가 이루어지지 않으면 아래와 같은 일들이 발생할 것을 우려하였다.

1. 필요한 완제품 재고량이 가용 스페이스 및 현금에 비해서 너무 커질 것이다.

2. 공장은 갑자기 판매가 증가하기 시작하면 이에 대응할 수 없을 것이다.(그들은 시장의 호응이 매우 좋을 것으로 확신하고 있었다.)

공장을 더욱 대응력 있게 하는데 있어서의 문제점은 라미네이터(코팅기계)에 있었다. 라미네이터는 수요, 선행자원들, 그리고 후행 자원들과 보조를 맞출 수가 없을 것이다. 새롭거나 추가적인 라미네이터를 갖춘 새로운 시설이 가동될 때까지는 라미네이터가 컨트롤 포인트가 될 것이다.

프런트 오피스front office에서는 유한 생산능력 스케줄링, 시간 버퍼 및 더 큰 결합 프로세스 배치의 사용, 그리고 3 교대 근무(경영층이 알기로는 돈이 많이 들고, 평판이 좋지 않고, 비효율적인)를 통해서 라미네이터의 생산능력을 가능한

그림 3.11 프린팅 회사를 위한 새로운 디자인

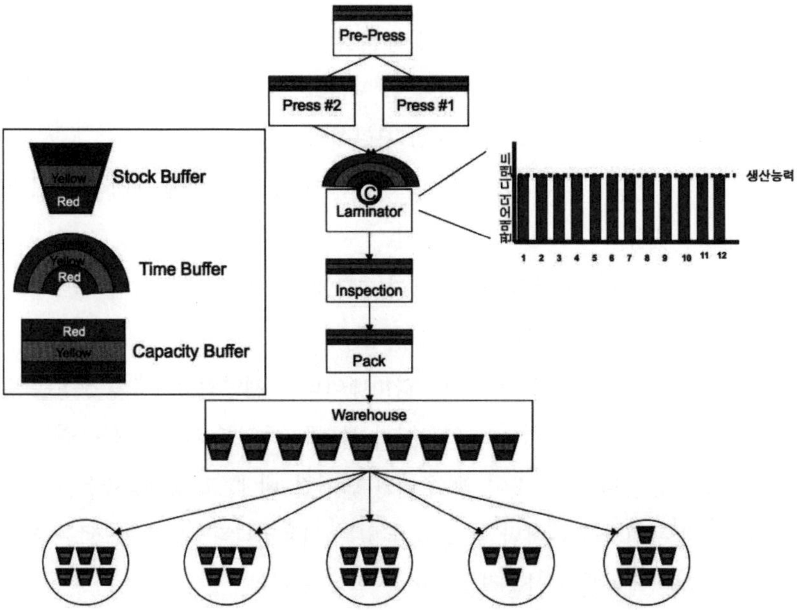

한 많이 보호할 수 있는 계획이 수립되었다. [그림 3.11]은 그들의 디맨드 드리븐 설계를 나타낸다.

상세 계획의 수립 및 이 새 시스템의 시행을 위해서 전사 회의가 소집되었다. 공장장인 커크Kirk가 변화의 필요성을 훌륭하게 설명하면서 조심스럽게 논리를 전개해 나갔다. "우리는 지금 진정한 위협에 처해 있습니다. 우리는 확신하건대 산업을 선도할 수 있는 서비스에 대한 시장 오퍼 아이디어를 갖고 있습니다. 그러나 그것은 우리가 더욱 더 대응력 있는 제조업체가 될 것을 요구합니다."

그리고는 조명이 어두워졌고, 전 직원들은 〈더 골The Goal〉의 영화 버전을 관람하였다. 조명이 다시 켜진 후 공장장은 솔루션 설계를 보여주면서 오퍼를 설명했으며, 왜 시장이 그 오퍼를 인정해야만 하는지를 설명하였다. 그리고 그는 그 오퍼를 지원하기 위하여 공장 내부에서 무엇이 변화해야 하는지를 설명하기 시

작하였고, 라미네이터를 확실히 컨트롤 포인트로 지정하였다.

"우리의 현재 능력으로는 이 오퍼를 지원하는데 어려움이 있을 것입니다. 왜냐하면 라미네이터가 따라올 수 없기 때문입니다. 우리는 지금 우리가 추가 생산능력을 가동할 때까지 변화를 해야 할 필요가 있습니다." 청중 중 한 사람이 손을 들었다. 라미네이터 작업자 중 한 사람이었다.

"네. 질문이 있군요," 공장장은 그의 리듬이 방해 받은 데에 대하여 가볍게 짜증을 내며 말했다.

"아, 네," 라미네이터 작업자는 말했다. "그래서 라미네이터를 더 빠르게 가동시킬 필요가 있다는 말씀이시지요, 그렇지요?"

"네. 제가 이전에 말한 바와 같이, 라미네이터가 제약입니다." 공장장은 답변하였다. "그것은 다른 자원들과 연관시켜 볼 때, 동일한 양의 생산능력을 전혀 가지고 있지 않습니다. 그것이 왜 우리가 단기간 내에 그 생산능력을 더 잘 관리하기 위해 무언가를 해야만 할 필요가 있는 이유입니다. 장기적으로는 우리는 더욱 많은 라미네이션 생산능력을 필요로 할 것입니다."

"이제, 제가 말했듯이 우선 기존 직원들 중에서 야간 근무를 원하는 지원자를 요청하려고 합니다. 우리는 고용할 필요가 있다는 것을 압니다…."

다시 첫 번째 질문을 했던 같은 작업자의 손이 올라간다.

"네, 또 다른 질문이 있나요?" 공장장이 물었다.

"글쎄요. 질문이라기 보다는 사실상 코멘트입니다." 작업자가 대답했다.

"오케이, 누구의 의견이라도 환영입니다. 우리는 이것이 여러분들에게 커다란 변화가 될 것이라는 것을 압니다." 공장장이 대답했다.

"감사합니다. 그리고 고맙게 생각합니다. 저는 다만 라미네이터가 지금보다 꽤 빠르게 작동될 수 있다는 것을 지적하고 싶습니다." 작업자는 말했다. 공장장은 그를 이상하다는 듯이 쳐다보았다. "그러면 그것이 어떻게 가능한가? 내가 이곳에서 근무한 2년 동안 라미네이터는 한 달에 300만장 이상을 생산하지 못했네."

"네, 그 기계는 스피드 조절 다이얼이 있습니다. 현재 그 다이얼은 '5'로 맞추어져 있습니다. 그리고 '10'까지 세팅이 가능합니다. 우리는 그 세팅을 제가 이곳에서 근무한지 10년 동안 바꿔본 적이 없습니다. 제가 세팅 다이얼에 대해서 알고 있는 유일한 이유는 몇 년 전에 벨트에 대한 작은 수리를 해야 했기 때문입니다. 그 다이얼은 숨겨져 있습니다. 저는 이전 공장장이었던 빌Bill에게 이것에 대하여 보고 드렸습니다. 아마도 우리가 점차적으로 다이얼 스피드를 증가시켜 어떤 일이 발생하는지 시도할 수 있지 않을까요?"

공장장은 눈에 띄도록 망연자실했다. "내게 보여줄 수 있나요?"

"물론이지요. 라미네이터로 가보시지요. 제가 말씀 드린 대로 찾기가 쉽지는 않습니다."

다이얼은 더 높게 세팅 되었고, 그 나머지는 역사가 되었다. 회사는 새 라미네이터를 구매하거나 새로운 시설로 이전하지 않았으며, 또 다른 근무조를 추가하지도 않았다. 그들은 새로운 제약인 인쇄 전 공정을 중심으로 새로운 스케줄링 시스템을 시행하였으며, 성공적으로 새로운 시장 오퍼를 배포하였다. 다음은 처음 2년간의 결과이다.

재고 회전 : 연간 5에서 16 회전

총 재고 : SKU Stock Keeping Unit **숫자가 3배 증가했음에도 재고는 30% 절감**

리드타임 : 16일에서 3.2일로 단축

주문 충족률 : 70%에서 98%로 증가

이 이야기의 핵심은 공장장이나 프런트 오피스를 무능하게 보이도록 하기 위한 것이 아니다. 그들은 판매를 위한 올바른 방향을 가지고 있었으며, 그들은 플로우를 생각했다. 그러나 그들은 그들의 컨설턴트들(이 책의 저자들)의 충고에 따라 하나의 결정적으로 잘못된 가정(라미네이터 작업자에 의해 순식간에 사라져버린 가정)에 의지하여 막대한 투자 약속과 변화를 막 추진하려던 참이었다. 공장장과 컨설턴트들에게 그것은 당혹스러우면서도 동시에 성취감을 주는 것이었다. 이 이야기의 핵심은 우리 조직 내의 사람들이 놀라운 지식과 통찰력을 갖고 있다는 것을 보여주는데 있다. 적절한 프레임워크, 상황, 그리고 기회가 주어진다면 그들은 짧은 시간 내에 시스템 플로우와 ROI에 거대한 영향을 미칠 수 있다. 이것이 바로 쏘트웨어 사용의 본질이다.

디맨드 드리븐 모델의 운영 및 지속

Operating and Sustaining the Demand Driven Model

디맨드 드리븐 모델을 조직과 공유함으로써 빠르고 강력한 통찰력을 얻을 수 있지만, 사람들로 하여금 그 안에서 지속하고 개선하기 위한 액션의 핵심인 새로운 설계는 그것이 발생할 수 있도록 하는 명확하고, 적절하고, 가시적인 시그널을 전달하는 메트릭스를 활용할 수 있는 우리의 능력 안에 있다. 손쉬운 해결책들이 있다. 그것들은 원가 관리와는 아무 관계가 없으며, 디커플링 포인트와 컨트롤 포인트를 통과하는 정보와 자재의 플로우에 대한 가시성을 촉진하는 것과 깊은 관계가 있다.

경영층은 시스템 상황 속에서의 플로우를 이해하지 못하는 한 ROI를 효과적으로 촉진할 수 없다. 여러분은 만일 여러분의 자원 기반과 시장 상황에서의 플로우를 이해하지 못하면 플로우를 촉진하는 메트릭스를 만들 수 없다. 우리가 이러한 주제에 대하여 적어도 피상적 수준에서나마 논의하였으므로 우리는 우리의 관심을 새로운 메트릭스의 구축 쪽으로 돌리고자 한다.

우리는 처음 3개의 장에서 다룬 개념들을 지속적으로 조금씩 개선하고 강화해야만 한다. 왜냐하면 문제가 너무나 만연하고 뿌리깊어서 지속적으로 문제가 되는 것들을 안보이게 하는 조직의 안개 봉우리(먼 해상에 층운 모양으로 끼는 짙은 안개fogbank)를 형성시키기 때문이다.

여러분은 사실상 볼 수 없는 것을 측정할 수 없으며, 정의하지 않거나, 또는 더 나쁜 경우인 불분명한 것을 볼 수 없다.

오퍼레이션즈 리서치OR: Operations Research, 시스템 사고systems thinking, 그리고 경영과학 분야에서 저명한 파이오니어인 러셀 아코프Russel Ackoff는 그의 저서인 A Little Book of f-laws - 13 Common Management Sins에서 이것을 가장 잘 표현하였다.

"그들이 원하는 것을 측정하는 방법을 모르는 관리자들은 그들이 측정 가능한 것을 원하는 것에 만족한다."[6)]

이 책의 나머지 부분에서는 뉴 노멀에서의 디맨드 드리븐 시스템을 운영하기 위한 안개 봉우리의 제거 및 조직에 대한 명확한 시그널의 전달에 관한 내용이 다루어질 것이다.

각주 ———————————————————————

1. Ptak and Smith, page 385.

2. APICS Dictionary, 12th ed.(Blackstone, 2008, page 34).

3. Ibid.

4. 냉동건조는 다양한 원재료들을 물리적인 구조를 유지하면서 건조시키는 방법이다. 재료는 먼저 냉동 된 후 진공 체임버에서 데워진다. 재료 안에 있는 수분은 고체 상태에서 액체 상태를 거치지 않고 직접 가스 상태로 통과한다.(승화: sublimation)

5. 안전재고와 전략적 비축재고 버퍼의 차이에 대한 더욱 상세한 설명을 원한다면 다음의 화이트 페이퍼를 참고하기 바람 : "보충 위치와 안전재고의 차이점(Replenishment Positions vs Safety Stock, Why are they so different?)" by Carol Ptak and Chad Smith, Demand Driven Institute, 2011.

6. Russel Ackoff and Hubbert Addison,(Triachy Press, 2006, page 4)

4 더 스마트한 메트릭스의 도입

Introducing Smarter Metrics

- 더 깊은 진리의 탐색
- 성과 차이의 정량화
- 더 스마트한 메트릭스

4 더 스마트한 메트릭스의 도입
Introducing Smarter Metrics

이 책의 처음 3장은 오늘날의 환경에 비추어 대부분의 회사들의 운영 방법의 근본적인 실패에 대한 개략적인 개요를 제공하였다. 이러한 실패들의 범위는 조직이 계획하고 측정하는 방법으로부터 문제 해결에 대한 접근방법에까지 이른다. 우리는 대안으로 논리적이고 단순하게 ROI로 직접 연결되는 플로우 중심flow-centric의 패러다임을 제안한다. 더 나아가 이 패러다임 내에서의 운영방법이 밝혀졌는데, 그것은 포지션 앤 풀position and pull이라는 방법이다. 이 운영방법을 실행에 옮기려면 조직은 반드시 디맨드 드리븐이 되기 위한 조치를 취해야 하나, 대부분의 회사와 산업에서 그것만으로는 불충분하다. 지금까지 소개된 내용은 한번 밝혀지면 모든 것을 확실하게 바꾸어버리는, 더 깊은 진리를 밝히기에는 불충분하다.

더 깊은 진리의 탐색
The Search for a Deeper Truth

오늘날의 깊은 진리는 제조업으로 하여금 로컬 자원 효율local resource efficiency이 전체 시스템 효율로 전환되며, 또한 전체 시스템 효율을 높인다는 가정하에 각 자원의 효율에 대한 보고서를 작성하도록 몰아붙인다. 예를 들면 십 분의 일 시간이 한 부분에서 절감되면 전체 시스템에 대해서 십 분의 일 시간이 절감된다는 것이다. 그 절감액은 단위 원가 절감액의 합계에 의해서 총원가 절감액으로서 정량화된다.

즉, 원가 절감액의 합계가 순익이 된다는 가정인 것이다. 이 깊은 진리는 모든 공급망의 원가 취합cost roll-up구조에 깊이 새겨져 있다. 사실상 시간 표준과 자재 소요량 정보에 의한 계획, 스케줄, 그리고 실행의 의도를 가진 제조 정보 시스템들은 외부 보고를 위한 GAAP 재무제표 제출을 만족시키기 위한 제품 원가 중심의 시스템으로 변형되었다. 회사들은 '시간경과에 따른 플로우'에의 연결을 잃어버렸고, 그것을 수학적으로 타당하지 않은 '시간경과에 따른 단위 원가'로 대체시켰다.

오늘날의 깊은 진리는 마치 제조의 제 1 법칙이 모든 이득을 더 나은 플로우 성과가 아닌 단위 원가의 최소화(푸시 앤 프로모트)로 직접 연결하는 것처럼 제조업이 운영되도록 이끈다. 이것은 모든 보고서와 성과평가지표, 그리고 전술적 계획 및 실행 액션들을 다음의 목표들로 몰아간다.

▲ 총 제품 단위 원가의 최소화
▲ 자원 활용도의 최대화
▲ 유리한 간접비, 노무비, 그리고 생산량 차이 달성을 위한 노력
▲ 전부 표준원가fully absorbed standard cost 기반으로 예상 절감을 정량화하는 기계, 노동, 그리고 재고 절감에 역점을 둔 원가 절감 활동을 착수

오늘날의 원가중심적 버전인 제 1 법칙을 적절한 플로우 중심적 버전으로 대체하려면 더 깊은 진리를 밝혀내고, 이해하고, 채택하는 것이 필요하다. 원가중심적 가정들이 새로운 환경하에서 더 이상 이치에 맞지 않는다는 사례와 증명은 매우 설득력이 있다.

지금까지 처음 3장에서 소개된 내용들은 충분히 설득력이 있지는 않다. 이 책의 나머지 부분에서는 관련된 사례와 그 효과성 및 지속가능성에 대하여 논의할 것이다. 그리고 깊은 진리를 부정하는 것은 양날의 검과 같다는 것을 잊어서는 안 된다. 좋은 소식은 새로운 정보가 막대한 이득을 허용하는, 업데이트되고 더욱 적합한 사고방식을 우리에게 제공해 준다는 사실이다. 불리한 면은 전체 조직과 인프라스트럭처, 그리고 경력들이 단위원가 최소화라는 잘못된 가정 위에 세워졌다는 것이다.

더 깊은 진리에 대한 사례는 1장에서, 자재와 정보 플로우의 스피드를 직접적으로 ROI에 연결시키는 플로슬Plossl의 제조의 제 1 법칙에 대한 논의로 시작되었다. 이 사실을 받아들인다면, 모든 보고, 평가지표, 전술적 계획, 그리고 실행 액션들이 다음과 같은 목표 달성을 위하여 수립되고 실행되어야 할 것이다.

▲ 플로우 내에 정의된 핵심 지점 사이의 공급과 수요를 동기화한다.

▲ 식별 및 플로우를 방해하는 대상의 제거에 기초한 개선 활동을 최우선으로

그림 4.1 Demand Driven Material Requirements Planning(DDMRP) 피라미드

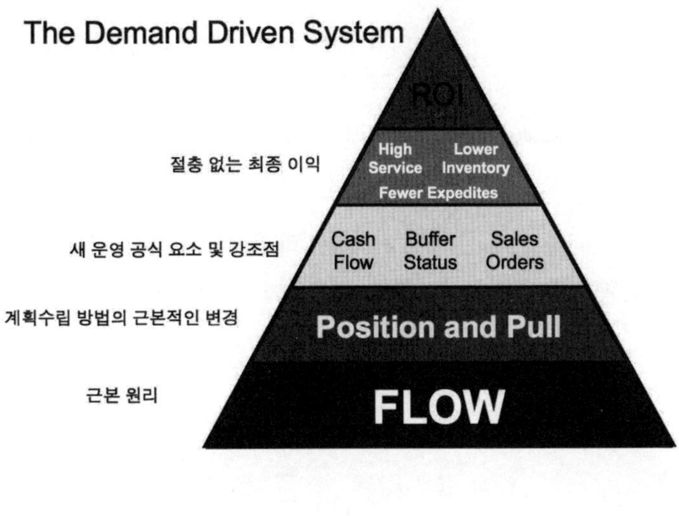

수행한다.

▲ ROI 계산식의 매출 및 원가 측면에서의 순 변화뿐 아니라, ROI 계산식의 투자 측면에서의 순변화에 의하여 상기 액션들의 결과를 정량화한다.

[그림 4.1]은 이러한 새로운 운영방식을 보여주는데, 새로운 방식의 가장 근본적인 기초는 원가가 아니라 플로우의 개념의 포용에 있다. 불행히도 단지 플로우에서 시작하는 것만으로는 충분히 깊이 들어갈 수 없다. 얼마나 더 깊이 우리는 들어가야 하는가?

성과 차이의 정량화
Quantifying the Performance Gap

변화가 왜 요구되는지에 대한 이해의 일부는 변화하지 않음으로써 어떠한 기회들이 현재 손실되고 있는지를 아는 것이다. '푸시 앤 프로모트'의 원가중심적 세계와 '포지션 앤 풀'의 플로우 중심적 세계 사이의 차이를 정량화하는 것이 가능하다. [그림 4.2]의 공식은 두 세계의 차이를 나타낸다.

그림 4.2 푸시 앤 프로모트(push and promote)와 포지션 앤 풀(position and pull) 간의 차이 공식

$$\Delta\text{Visibility} \rightarrow \Delta\text{Variability} \rightarrow \Delta\text{Flow} \rightarrow \Delta\text{Cash Velocity} \rightarrow \Delta\left(\frac{\text{Net Profit}}{\text{Investment}}\right) \rightarrow \Delta\text{ROI}$$

이 공식은 한 세계에서 다른 세계로 이동함에 있어 잠재적인 시스템 개선, 또는 저하를 정량화한다. 공식에서 사용된 용어들의 정의는 아래와 같다.

▲ 가시성visibility: 의사결정을 위한 적합한 정보

▲ 변동variation: 우리가 발생시키기로 계획한 것과 실제로 발생한 것과의

차이들의 합계

▲ 플로우flow: 시스템이 자재를 고객이 요구한 제품으로 변환하는 스피드

▲ 현금 속도Cash Velocity: 순 현금 생성 속도(매출액 - 순수 변동비) - 운영 비용, 또는 쓰루풋throughput dollars - 운영 비용

▲ 순이익/투자금액Net profit/Investment: ROI 계산식

이 공식이 플로우에서 시작하지 않고 정보를 적합하게 만드는 것에서 시작한다는 사실에 주목하라. 만일 우리가 근본적으로 적합한 정보의 생성과 사용 방법을 파악하지 못하면, 우리는 플로우에 맞추어 운영할 수 없다. 게다가, 만일 우리가 적합한 정보의 생성 및 사용으로부터 적극적으로 차단 당한다면, 사람들이 문제가 있다는 것을 이해하더라도 그들은 문제해결을 위하여 전혀 힘을 쓸 수 없을 것이다. 이렇게 해서 우리는 오늘날 대부분의 제조업체들을 괴롭히는 핵심 문제에 도달했다. 그것은 ROI 증대를 위한 적합한 정보의 생성 및 사용을 불가능하게 하는 무능력이다. 이러한 핵심 문제를 다루지 않고는 더 깊은 진리에 접근할 수 없다.

그림 4.3 더욱 깊은 진리(deeper truth)의 영역 vs 플로슬의 제 1 법칙(Plossl's first law)

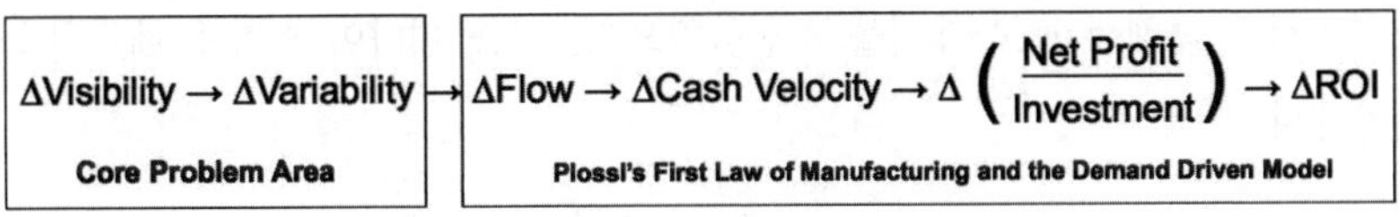

[그림 4.3]은 플로슬Plossl과 1-3장이 집중 조명한 내용과 더 깊은 진리를 위해서 탐구되어야 할 핵심 문제 영역에 대한 서술을 구분하여 보여준다. 이 책의 나머지 부분에서는 스마트 메트릭스를 식별하고 효율적으로 사용하기 위하여 핵심 문제 영역과 그 영향에 대한 심도 있는 탐구가 이루어질 것이다.

더 스마트한 메트릭스
Smarter Metrics

스마트 메트릭스는 자원들을 그들 자신들, 또는 조직의 다른 부분들과 상충되도록 배치하지 않는다. 스마트 메트릭스는 적합한 기간 내에 조직 전반에 걸친 액션을 감독하고 우선순위들을 정렬하기 위하여 적합한 정보의 가시성에 초점을 맞추며, 또한 시스템의 플로우의 스피드에 초점을 맞추고, 플로우를 가로막는 것과 그것을 제거하기 위한 액션들을 확인한다. 스마트 메트릭스는 높은 납기 준수 성과로 이어지는 시스템의 안정성과 신뢰성에 초점을 맞춘다. 스마트 메트릭스는 논쟁을 줄이고, 자원들과 자재에 대한 갈등을 제거하기 위한 가시적이고 이해하기 쉬운 시그널들을 생성한다.

스마트 메트릭스는 시스템-플로우 기반이며 단위-원가 기반이 아니다. 스마트 메트릭스는 전혀 스마트하지 않은 변동의 원천이 아니다. 다음에 열거된 사례는 그들의 성과를 공유하는데 동의한 네개의 회사 사례이다. 그들의 성과는 핵심 문제를 깨뜨리고 빠져나올 수 있고, 적합한 정보를 식별할 수 있으며, 체계적인 디맨드 드리븐 접근방법을 구현할 수 있는 전형적인 회사들의 예이다.

그들은 모두 살아남았으며, 그들의 초기 개선 성과를 발판으로 삼아 해마다 연속적인 발전을 이루었다. 그들은 호황기, 불황기, 그리고 가장 최근의 불황을 거치면서 계속해서 ROI 개선을 추진하였으며, 이를 위하여 스마트 메트릭스를 사용했다.

회사 1: 오레곤 냉동 건조 Oregon Freeze Dry

오레곤 냉동 건조Oregon Freeze Dry, Inc.(www.ofd.com)는 3개국에 걸쳐 6개의 공장을 가지고 있으며, 그 자회사인 유럽 냉동 건조European Freeze Dry는 냉동-건조 기술의 글로벌 리더로, 세계에서 가장 크고 다각적인 냉동 건조 회사이다.

◇**사업상의 도전**

- 출하 지연
- 소매 재고 품절
- 판매 기회 손실
- 높은 주문 독촉 관련 낭비: 잔업, 출하 지연, 프리미엄 운송비용

◇**성과**

사업부 A: 마운틴 하우스

매출: 20% 이상 증가

출하: 1997년 7월~10월(DDMRP 이전) 1164번의 출하

1998년 7월~10월(DDMRP 이후) 245번의 지연 출하

재고: 보유재고의 60% 감축 1697번의 출하

11번의 출하 지연

사업부 B : 재료 사업부

리드타임 : 10~12 주에서 3주로 단축

MTOMake To Order 리드타임이 60% 단축

출하: 정시 배송율이 97%에서 100% 로 증가

재고: 21% 감축

1998년도에 프로젝트를 시작한 이래 매출이 13배 성장하였으나, 추가적인 자본투자 없이 재고는 단지 2배 증가하는데 그쳤으며, 98% 이상의 정시 배송율을 달성했다.

회사 2: 제임스타운 컨테이너 컴퍼니 Jamestown Container Company

제임스타운 컨테이너 컴퍼니www.jamestowncontainer.com는 웨스턴 뉴욕 지역에 본사를 둔 대규모 포장 솔루션 회사이다. 그들은 고객주문형 박스, 플라스틱 포장재, 석판인쇄 코팅된 컨테이너, 도매 출하용 물품 등을 공급하며, 계약 포장 서비스,

그리고 제품 포장 설계 등을 제공한다.

◇사업상의 도전

제임스타운 컨테이너는 생산능력 초과, 높은 고정비용, 치열한 가격경쟁, 그리고 커져가는 마진 잠식 등으로 수렁에 빠진 산업에서 경쟁하고 있다. 제임스타운 컨테이너는 리드타임 단축과 고객 서비스 수준 향상을 통해 고객들에게 고유한 가치를 창출할 수 있는 솔루션을 찾고 있었다. 비교될 수 없는 스피드, 품질, 그리고 서비스는 그들 전략의 핵심이었다.

◇성과

- 영업이익: 300% 증가
- 재고: 40% 감축
- 리드타임: 70% 단축
- 주문 독촉: 거의 제거됨
- 재고회전율: 10에서 42로 증가

회사 3: 르터노 테크놀로지 LeTourneau Technologies, Inc.

"강력한 토공장비"라는 별명이 붙은 르터노 테크놀로지www.joyglobal.com는 최고 수준의 조직들로 구성된 글로벌 그룹으로, 온쇼어 및 오프쇼어 오일 및 가스 시추, 산림, 채광, 그리고 철강 시장을 위한 진보된 기술의 설계, 제조, 실행 및 효과적인 활용을 전문으로 하고 있다. 2011년에 르터노 테크놀로지는 조이 글로벌Joy Global에게 인수되었다. 르터노 테크놀로지 스토리는 전임 CEO였던 댄 에커만Dan Eckermann에 의해 서문에 언급되어 있다.

◇사업상의 도전

2008년도에 개최된 제약관리constraints Management 사용자 컨퍼런스 발표에서 르터노의 전략계획 및 로지스틱스 기능을 맡고 있는 중역이 다음의 분석 및 성과를 설명했다.

"MRP는 우리의 공급망 변동성과 변덕성에 직면하여 전혀 작동되지 않았습니다."

- MRP는 푸시push 방식이었고, 그들은 고객 풀customer pull 방식으로의 이동을 원했음.
- 자재 결품은 회사 전반에 걸친 연속적인 혼란을 야기시켰음.
- 만성적인 결품과 너무 많은 재고를 보유하고 있는 현상을 동시적으로 경험
- 높은 초과근무 및 주문 독촉
- 70% 정도의 정시 배송율

◇성과

2005년에 디맨드 드리븐 원칙을 실행하였다.

- 재고는 80% 증가한 반면, 매출은 6배 증가
- ROI가 4%에서 22%로 증가
- 로더loader(트랙터의 일종)의 리드타임이 절반으로 단축
- 신형 유정 굴착장비의 리드타임이 절반으로 단축
- 제강 공장 리드타임이 14주에서 4주로 단축

회사 4: 엠.씨. 길 M.C. Gill Corporation

엠.씨.길M.C. Gillwww.mcgillcorp.com은 허니콤 코어(벌집 모양으로 생긴 건설 자재), 고성능 바닥 패널, 항공기 내부 인테리어 자재, 그리고 여객기와 화물 수송기의 OEM 분야에서 전세계에서 가장 큰 제조업체 중 하나이다.

◇사업상의 도전

자재, 수리, 그리고 정비MRO: Material, Repair, and Overhaul 시장에서의 내재된 복잡성과 변덕성을 어떻게 다룰 것인가? 엠.씨. 길은 MRO 제품들의 매출증가와 동시

에 재고 투자의 최소화를 원했다. AOGairplane on ground(항공기에 고장이 발생하여 이륙할 수 없는 상태)를 겪고 있는 고객에게 당일 내에 배송할 수 있는 능력을 갖추는 것이 시장의 목표였다. 수요예측과 안전재고에만 의존한 결과 많은 재고가 발생하였으며, 만성적인 결품도 발생하였다.

◇성과

MRO 제품의 매출은 작년 대비 10% 증가하였으나, 이익률은 극적으로 높아졌다. 가장 중요한 것은 동적인 시장임에도 불구하고 그들이 100%의 당일 충족률을 성취했다는 것이다. 디맨드 드리븐 모델을 실행한 후 그들은 최소 서비스 목표 수준 이하로 떨어지는 품목들의 숫자를 빠르게 감소시켰다. 최소 전략적 비축재고 수준 이하로 떨어지는 품목의 숫자는 지속적으로 줄어들어 결품은 사실상 존재하지 않게 되었다. 재고 투자는 5% 줄었으며, 서비스 수준은 치솟았고, 주문 독촉 비용은 사라졌다.

네 회사로부터의 교훈 Lessons from the Four Companies

이 회사들은 2009~2010 불황 시기에 시장 점유율을 늘리며 강하게 부상하였다. 각 회사는 폭넓게 다른 시장, 제품 복잡도, 지리적 위치, 기술, 그리고 원가구조들을 대표한다. 그럼에도 불구하고 그들 모두가 그들의 공급망 관리에 동일한 기본적 접근방법을 적용하였고, 매우 유사한 성과들을 거두었다. 이것은 더욱 많은 회사들이 이 회사들에 의해 개척된 동일한 방법에 따라 납기 준수 성과 DDP: due date performance 및 ROI에 있어서 유사한 도약을 할 수 있다는 잠재적 가능성을 보여준다. 사실상 뉴 노멀 시대에 살아남기 위해서는 다른 대안이 없다고 저자들은 믿는다.

어떤 것이 올바른 일이라는 것을 진짜로 증명할 수 있는 유일한 방법은 그것이 시스템의 궁극적 성과 평가지표인 ROI의 개선과 연결되어 있다는 것을 입증하는 것이다. ROI의 주요 지표들이 올바른 길로 함께 나갈 때 ROI의 극적인 개선이 이루어진다. 디맨드 드리븐 전략은 ROI를 뒷받침 하는 모든 KPIkey performance indicator들이 옳은 길로 함께 갈 수 있도록 보장한다.

이것에 대한 증명은 생각하는 방법, 평가 대상, 그리고 매일 취하는 액션들을 변화시킨 회사들의 성과에서 나타난다. 그들은 [그림 4.2]의 차이 공식의 다른 쪽 측면에서 극적인 개선들과 함께 모습을 드러냈다. 이 개선들은 적합한 정보가 무엇인지를 정의할 수 있는 능력으로부터 시작되었다.

깊은 진리를 부정하기 위해 필요한 변화는 다른 환경들에서 그것이 작동된다는 것을 증명하는 것보다 많은 것을 요구한다. 왜냐하면 이 증명은 단지 그러한 환경들이 얼마나 달라야만 하는가에 대한 변명을 듣기 위한 방안에 불과하기 때문이다. 그대신 우리는 이 장의 앞부분에서 확인하였던 핵심 문제를 다루어야만 한다. 다시 강조하지만 그 핵심 문제는 ROI 증대를 위한 적합한 정보의 생성 및 사용을 불가능하게 하는 무능력이다. 5장에서는 핵심 문제의 깊이를 탐구할 예제가 사용될 것이다.

5 진리를 알아내는 방법

How Do We Know What's True?

- 과학적 방법
- 단위 원가 중심 효율 - 깊고 보편적인 진리

5 진리를 알아내는 방법

How Do We Know What's True?

플로우의 우선순위가 정렬될 수 있도록 하는 의사결정 및 액션들을 취하기 위하여 모든 영역들은 적합한 정보에 대한 동일한 정의 및 시스템 상태에 대한 동일한 관점을 갖는 것이 필요하다.

계획수립과 원가계산의 두 영역은, 핵심 문제의 중심에 있다. 오늘날 이 두 개의 영역은 의사결정에 적합한 정보를 생성 및 사용할 수 없으며, 사용되고 있는 단위원가 정보는 엄청난 갈등의 원천이 되고 있다. 이 갈등을 보여주고 있는 가상의 회사인 "노멀 회사Company Normal"의 사례를 통해서 과학적 방법이 복잡한 상황에 어떻게 적용되는지 설명된다.

기업의 궁극적 목표인 ROI를 증대하기 위해서는 적합한 정보에 대한 가시성을 증진시켜 조직에 만연한 변동성을 줄이고 플로우 속도를 증진시킴으로써 원가-중심 효율이 아닌 플로우-중심 효율을 추구하는 조직으로 발전해야 한다.

5 진리를 알아내는 방법

How Do We Know What's True?

조직의 관리자들은 매일같이 조직의 전략 계획 수립과 실행을 위한 의사결정과 필요한 액션을 취하도록 요구 받고 있다. 그들의 의사결정과 액션들은 자주 상반되며, 그들 동료의 의사결정, 액션 및 우선순위들에 의해 무효화된다. 그들은 또한 그들이 반대되는 액션을 다음 시간, 다음 날, 다음 주, 또는 다음 달에 행하는 것을 발견한다. 혼동과 항상 변하는 우선순위들의 원천을 이해하고 처리하는 것은 그 원인 및 조직에 대해 발생하는 비용의 이해로부터 시작된다.

기업활동이 일관성 있는 전략을 가지고 있다면, 조직의 모든 부서들은 계획과 실행 우선순위에 동의해야 할 것이다. 시스템의 모든 영역들이 계획수립 및 실행 과정에서 긴밀히 연결되어 있으려면 모든 영역들은 각 영역의 의사결정 및 액션들의 예측 가능한 결과를 이해해야만 한다. 플로우의 우선순위가 정렬될 수 있도록 하는 의사결정 및 액션들을 취하기 위하여 모든 영역들은 적합한 정보에 대한 동일한 정의와 시스템 상태에 대한 동일한 관점을 갖는 것이 필요하다. 그렇지 않으면 조직은 동일한 오래된 증상들에 대하여 지속적으로 논쟁할 것이며, 동일한 낮은 재무성과를 얻을 것이다. 상부에서 하부에 이르기까지 모든 관리자들이 동일한 현실상황을 제대로 인식하지 못하며 서로 동의하지 않을 때, 조직은 어떻게 무엇이 진리인지를 알 수 있는가?

조직 내부에서의 만성적이며 만연하는 갈등은 조직의 성과를 손상시킨다. 이러한 갈등은 너무나 오래되어서 환경의 주어진 일부분이 되어버렸다. 다시 말하면 사람들은 갈등에 눈이 먼 상태가 된 것이다. 이러한 만성적인 갈등들과 각각의 근본원인, 또는 가정들을 이해함으로써 사람들이 취하는 많은 잘못된 액션들이 그들이 적용하는 평가지표와 어떻게 직접적으로 연관되는지를 설명할 수 있다.

이러한 갈등들을 해결하는 프로세스를 마녀사냥 식으로 상대방을 비난하는 방법보다 한 팀으로서 해결 방안을 찾는 방법으로 전환하는 것은 원-팀 접근방법을 구현하기 위해서 매우 중요하다. 2장에서 쏘트웨어의 설치를 소개하였다. 쏘트웨어란 조직 갈등과 진동을 확인하고 해결하는데 도움을 줄 수 있도록 체계적으로 생각하고 의사 소통할 수 있는 사람들의 능력을 말한다. 서로의 의사결정과 액션들을 비판하는 대신 플로우와 재무 성과를 서서히 파괴하는 정책, 업무처리방식, 또는 지속적으로 잘못된 의사결정 및 액션들을 유발시키는 성과평가지표들을 확인하고 제거하는데 초점이 맞춰진다. 핵심 문제가 확인되면 우리는 체계적인 해결방안을 확인하기 위한 아래 질문들에 답해야 한다.

1. 성과평가지표, 업무처리방식, 그리고 정책들은 어디에서 유래되는가? 그것들의 원래 목표는 무엇이었는가? 그것들은 무엇을 보호하기 위하여 설계되었는가?
2. 위 질문에 대한 이유들이 오늘날의 뉴 노멀에 있어서 아직도 적합한가?

비록 그것들이 아직도 조직에서 일반적일지라도 많은 핵심 정책, 업무처리방식 및 성과평가지표들은 현 세계에 더 이상 적합하지 않다. 그것들은 고객 기대치, 기술, 시장구조의 변화와 과학의 획기적 발전으로 인하여 더 이상 적용되지 않는다. 1장에서는 우리가 이 효과를 확인할 수 있었던 두 개의 중요한 영역인 계획수립과 원가계산의 개요에 대하여 알아보았다. 이 두 개의 영역은 이전에 4

장에서 확인되었던 핵심 문제의 중심에 있다. 오늘날 이 두 개의 영역은 의사결정에 적합한 정보를 생성 및 사용할 수 없으며, 사용되고 있는 단위원가정보는 엄청난 갈등의 원천이 되고 있다.

이 점을 입증하기 위하여 우리는 이 갈등을 보여주고 있는 가상의(그러나 매우 현실적인) 회사 스토리를 사례로 소개하고자 한다. 이 가상의 회사의 이름은 단순히 '노멀 회사Company Normal'라고 칭한다. 이 회사의 사례를 통해서 아래의 4단계 과학적 방법이 복잡한 상황에 어떻게 적용되는지 설명할 것이다. 일반적으로 과학적 방법은 어떤 아이디어가 과학계에서 수용되기 위해서 반드시 준수되어야 하는 단계들의 순서를 기술한다. 이 방법은 새로운 정보를 허용하며 또한 기대한다. 시간의 경과에 따라 새로운 발견들은 기존의 아이디어 또는 신념들의 규범에 동화된다. 이것이 바로 과학이 발전하는 방식이다. 그러면 이 방법이 노멀 회사에 어떤 기여를 할 수 있는지 살펴보기로 하자.

과학적 방법
The Scientific Method

1. 우리는 설명되지 않은 어떤 것을 본다.
2. 우리는 설명을 만들어낸다.
3. 우리는 우리에게 사실들을 가져다 주는 실험을 통해서 설명을 테스트한다.
4. 우리는 사실들을 평가한다.
   a. 만일 사실들이 설명을 뒷받침하면 우리는 이론theory을 갖게 된다.
   b. 그렇지 않으면 우리는 2단계로 돌아가서 우리의 설명을 바꾸고 프로세스를 반복할 필요가 있다.

과학적 방법의 첫 단계는 설명되지 않은 어떤 것을 관찰하는 것이다. 우리는 노멀 회사의 월간 회의를 관찰할 수 있다. 이 회의의 참석자는 판매담당 매니저, 공장장, 회계담당 매니저, 그리고 기술담당 매니저이다.

노멀 회사의 월간회의 Monthly Meeting of "Company Normal"

판매담당 매니저는 미 출하 주문의 잔고를 검토 후, 공장장이 올바른 우선순위에 초점을 맞추지 않고 있다고 우려한다. 그는 MTSMake To Stock(비축생산) 품목에 대한 주문 지연과 낮은 고객 주문 충족률의 증거로 미루어 볼 때, 공장장이 공장을 효율적으로 관리하지 못하고 있다고 생각한다. 그들이 고객들을 위해 확보 약속을 했던 제품 재고가 품절되었으며, MTOMake To Order(주문생산) 제품들에 대한 출하지연이 발생하였다. 이에 공장장은 독립적 위치에 있는 회계담당 매니저에게 그가 공장을 효율적으로 관리하고 있다는 증명을 확인해줄 것을 요청한다.

회계담당 매니저는 공장의 모든 자원들의 가동률과 효율 점수가 90점 대 상반에 속한다는 것을 분명히 보여주는 보고서를 제출한다. 지난달에 이 공장은 품목들이 유리한 원가차이를 달성할 수 있는 생산량을 달성하였으며, 공장은 금년도 운영계획보다 나은 성과를 보이고 있다. 또한 지속적으로 효율 기준을 초과 달성하고 단위제품원가를 낮추어 제품 마진의 감소를 방지한 것은 공장장의 능력에서 기인한 것이라고 회계 담당 매니저는 지적한다. 회계담당 매니저는 판매부서의 빈번한 가격할인과 이로 인한 제품 마진 감소를 나타내는 또 다른 보고서를 작성한다.

공장장은 더 큰 생산능력이 필요하다고 지적할 기회를 포착한다. 그는 공장을 풀 가동하고 있으며, 미 출하 주문잔고와 제품 재고 품절의 증거가 뒷받침하듯이 더 이상 이러한 상태를 지속할 수 없다. 그의 초과근무 예산은 제품 재고 품절과 판매 주문의 지연을 해결하기 위한 모든 독촉처리 비용의 최대한도를 초과하였다. 회계담당 매니저는 초과근무 비용이 사상 최고치를 기록하였으며, 주문독촉 운송비용 또한 마찬가지라는 사실을 확인해 준다.

판매 담당 매니저는 공장이 정시 배송 및 리드타임 단축을 위하여 필요한 모든 조치를 취해야 한다고 말한다. 더 많은 초과근무를 시행하던지, 만일에 공장의 생산능력이 정말로 부족하다면 자본투자를 하거나 더 많은 사람을 채용할 수밖에 없는 것으로 보인다. 그는 서비스와 리드타임이 개선되지 않을 경우 고객을 잃을 위험이 존재하는 것이 사실이라고 다시 언급한다. 그들은 가격 할인에도 불구하고 서비스 이슈로 말미암아 지난 달 두 개의 거래처를 잃었다.

회계 담당 매니저는 심지어 지난 달의 기록적 이익에도 불구하고 현금 플로우가 정말로 타이트하기 때문에 회사가 자금을 대출해야만 할 것이라고 지적한다. 그리고 나서 그는 너무 높은 재고와 낮은 회전율이라는, 가장 우려하고 있는 주제로 넘어간다. 재공 재고, 반 조립품목, 그리고 완제품 재고에 투자된 자금은 모두 증가하였는데, 재고 수준을 낮추기 위해서 어떤 조치가 가능한가?

그러자 **공장장**은 공장이 운영계획 목표대로 잘 운영되고 있는데 판매는 그렇지 않다고 지적한다. 분명히 판매부서는 더욱 많은 제품을 팔아야 하는데 그들은 팔아야 할 제품을 팔지 않고 있다. 만일 매출이 증가하지 않으면 공장은 생산계획을 지속해서 달성할 수가 없다. 판매되지 않은 재고를 보관할 충분한 창고 스페이스가 없기 때문이다. 심지어 슬로우 무빙 재고를 보관하기 위하여 임대한 외부 창고조차 꽉 차있는 것이 현실이다. 그는 판매부서가 슬로우 무빙 제품들의 판매를 촉진할 것을 제안한다.

회계 담당 매니저는 눈동자를 굴리며 언급한다. "만일 재고 상태에 있는 슬로우 무빙 제품들을 할인판매 한다면 우리의 제품 마진은 더욱 줄어들 것입니다. 분명히 우리는 원가절감 프로그램을 강화해야 합니다."

판매 담당 매니저는 이미 확보된 주문이 있으며, 만일에 공장이 정시에 출하를 할 수 있었으면 매출을 올릴 수 있었고, 제품 재고 품절 및 고객의 이탈도 발생하지 않았을 것이라고 지적한다. 그는 또한 슬로우 무빙 품목들이 6개월 이상의 잠재 수요를 뜻한다고 지적한다. 왜 공장은 시장이 지금 원하는 것을 만들지 않는가?

공장장은 이 코멘트를 무시하고 새로운 설비를 설치할 공간이 없으므로 공장을 확장해야 한다고 지적한다. 아마도 확장공사는 창고 스페이스도 포함해야 할 것이다. 그들은 외부 창고의 임대료의 절감 분으로 그 비용을 충당할 수 있을 것이다.

회계 담당 매니저는 기술 담당 매니저에게 자본 자산 요청서의 작성을 요구하며 회사의 자금사정이 안 좋아서 자금회수 기간이 18개월을 초과하는 어떠한 요청서도 승인되지 않는다는 것을 상기시킨다. "현재 회사의 ROI 수치를 고려할 때, 투자효과가 매우 크지 않을 경우, 어떠한 자본지출도 승인 받지 못할 것입니다."

기술 담당 매니저는 투자 타당성 확보에는 아무 문제가 없을 것이라고 답변한다. 현행 프로세스와 같은 시간 내에 생산 배치batch 크기를 두 배로 키울 수 있는 신형 고속 믹서들을 도입하면 급격히 생산 성과가 개선되고 단위 원가도 낮출 수 있다.

그들은 모두 현재의 원가 절감 이니셔티브의 진전에 관한 다음 아젠다로 주제를 돌리며, 누가 봐도 명백한 사실을 무시하는 척한다. 어쨌든 그들은 이러한 회의를 매월 말에 개최하므로 논의에 익숙하다.

공장장은 방에서 걸어 나오면서 판매 담당 매니저에게 어떤 거래처를 잃었으며, 그 다음으로 잃을 위험에 처한 거래처가 어디인지를 묻는다. 이제 공장장이 최소한 한 명의 부사장에게, 그리고 심지어는 CEO에게 곧 질책을 받게 될 것이 분명해진다. 이제 공장장은 걱정하기 시작한다. 그는 판매 담당 매니저에게 말한다. 그가 상황을 이해하고 있으며, 공장으로 돌아가자 마자 생산준비작업set-up을 중단시키거나, 다른 작업 오더들을 젖혀 놓거나, 다른 작업으로부터 원자재를 훔쳐 와서라도 판매부서에서 요구하는 주문에 대한 작업을 빠르게 진행시킬 수 있는 조치를 취할 것이라고. 그들은 필요하다면 일요일에도 작업을 할 것이다. 판매 담당 매니저는 공장장에게 감사하고, 두 사람은 우선순위 변경을 위한 전화를 걸기 위해 서둘러 나간다.

일관성 있는 용어의 사용 Using Consistent Terminology

이 책에서의 아이디어는 핵심 신념들(깊은 진리)에 대한 도전이다. 그리고 의심의 여지없이 감정적이고 방어적이며 열정적인 논쟁들이 촉발될 것이다. 다른 사람의 판단에 의문을 제기하는 것은 뜨거운 논쟁거리가 될 수 있다. 과거의 감정적인 논쟁의 수준을 벗어나기 위해서는 추측 대신에 증거를 기반으로 한 일관성 있는 평가방법이 필요한데, 그 목적은 어떤 사람이 틀렸다는 것을 입증하기 위해서가 아니라 상충되는 행동과 그것이 모두에게 야기시키는 낭비를 중단시키기 위해서, 어떤 정책들과 메트릭스들이 변해야 하는지를 입증하기 위해서이다.

시작하기 전에 우리는 용어 정의에 대한 공통 기반이 필요하다. 사실과 이론의 차이는 무엇인가? 기존의 이론을 새로운 이론으로 대체하기 위해서는 얼마나 많은 증거들이 필요한가? 이러한 질문들에 답변하고 서로의 이해를 확실히 하기 위해서는 우리는 여러 가정들을 정당화하기 위하여 자주 사용되는 단어들을 명확히 할 필요가 있다 - 과학, 사실, 이론, 그리고 증명과 같은 단어들. 왜냐하면, 우리가 촉진하는 아이디어들은 과학에 기초하고 있기 때문에 우리는 과학에서 보편적으로 사용되는 정의들을 고수할 것이다.

과학적 사실이란 무엇인가? What Is a Scientific Fact?

과학적 사실 Scientific fact - **실제 경험 또는 관찰에 의해 알려진 진리**[1)]

사실이란 실제의, 입증할 수 있는 존재를 가지고 있는 어떤 것이다. 예를 들어, 만일 판매 담당 매니저가 공장장에게 특정한 지연 주문에 대해서 묻는다면, 공장장은 주문이 현재 완료를 위한 정확한 진척 점에 와 있고, 공장 내에서의 정확한 위치에 있으며, 정확한 날짜와 정확한 시간에 있다는 사실을 제공할 수 있다. 만일 판매 담당 매니저가 그의 관리 직원을 공장으로 보내서 제품 주문이 정말로 정확히 공장장이 언급한 완성조건으로 해당 위치에 존재한다면, 그 사실은 입증된 것이다; 그리고 그 입증은 주문이 실제로 그곳에 없는 경우에 어떠한 이득도 얻지 않는 객관적인 증인에 의해서 이루어졌다. 이 사실은 우리에게 현 상태를 말해주지만, 그것은 어떻게 현 상태에 이르게 되었는지에 대해서는 설명해주지 않는다. 다시 말하면, 사실은 비록 우리가 사실에 기초한 가정을 만들 수 있을지라도 언제 또는 어떻게 주문이 실제로 지연되었는지를 설명해주지는 않는다.

이론은 무엇인가? What Is a Theory?

이론Theory – **실제 사실의 상태를 보고하는 것으로 간주되는 잘 설정된 명제들과는 대조적으로 그 상태가 아직도 확정적이 아니며, 실험의 대상인 제안된 설명**

- **동의어: 아이디어, 개념**notion, **가설**hypothesis, **상정**postulate.
- **반의어: 관습**practice, **입증**verification, **확증**corroboration, **실증**substantiation[2)]

이론은 그 당시에 알려진 사실들을 기반으로 형성된다. 이전의 사례에서 보면, 제품 주문이 지연되기 때문에 판매부서에서 제조부서가 우선순위 관리를 잘 못한다고 가정하는 것이 타당하다.

이것은 관찰된 사실이다. 왜냐하면 주문서가 그 제품의 표준 리드타임 안에서 제출되었기 때문이다. 이것이 주문이 어떻게 지연되었는지에 대한 판매 담당 매니저의 이론이다. 그의 이론은 사실에 입각한 추측이나, 아직도 추측일 뿐이다. 그것은 이론으로 남아있을 수 있다. 그리고 그것이 틀렸다는 증거가 없는 한 심지어는 좋은 이론이 될 수도 있다. 이론은 시간 경과에 따라 추가적인 사실들과 새로운 증거에 입각해서 현저하게 수정될 수 있다.

증명은 무엇인가? What Is a Proof?

증명Proof **- 그것을 참인 것으로 확증하거나, 또는 그것의 진리에 대한 신념을 만들어 내기에 충분한 증거**[3)]

위의 사례에서 무엇이 참인가? 증명은 마음이 주장을 참인 것으로 받아들이지 않을 수 없게 하는 증거 또는 논거이다.

노멀 회사의 대화에는 과학적 방법의 사용이 없다. 논거들을 지원하기 위해서 사실들, 보고서들, 그리고 정보가 사용되었을 뿐이다. 논거들은 매우 강력하다. 왜냐하면 모두가 그들의 의사결정과 그들의 이론의 지원을 위해서 정확하고 적합한 정보를 사용하고 있다고 믿기 때문이다. 대부분의 정보는 수학 방정식의 관점에서 보면 매우 정확하나, 적합한 정보는 아닐 수 있다. 사고thought, 회계보고, 그리고 성과평가지표들은 GAAP에 의해 정의된 전부원가회계full absorption cost accounting의 수학적 모델에 기초한 효율 극대화 및 최소 원가의 경영전략에 기반을 둔 것이다. 사실 현상에 도전하는 제기된 모든 논거와 모든 질문은 이 깊은 진리가 퍼뜨린 것이다. 우리는 정보의 수학적 정확도에 대해 논쟁하려는 것이 아니라 정보의 적합성에 이의를 제기하고자 하는 것이다.

아래 사항들이 사실들이다:

1. 공장의 MTO 제품에 대한 정시 배송 성과는 매우 낮다.
2. 공장은 MTO 제품의 주문잔고를 가지고 있다.
3. MTS 제품의 재고 품절이 발생하였고, 고객 주문충족률은 매우 낮다.
4. 모든 형태의 초과 재고가 있으며, 재고 회전율은 낮다.
5. 현금 플로우가 열악하다.
6. 고객들을 잃고 있다.
7. 판매부서는 계획달성을 하지 못한다.
8. ROI가 낮다.

9. 자원 효율이 높다.

10. 제품 단위원가가 낮다.

11. 설비증설을 위한 계획을 수립 중이다.

왜 위에 열거된 사실들이 존재하는가에 대하여 제안된 이론들 중 하나는 공장이 올바른 우선순위에 초점을 맞추지 않고 있다는 것이다. 그러나 이 이론은 공장이 운영하고 있는 모든 자원들이 효율적이라는 것을 보여주는 보고서에 의해 쉽게 무시된다. 공장은 표준원가보다 낮은 원가를 달성함으로써 순 유리한 원가차이net favorable cost variance를 산출한다. 이러한 고효율로 인하여 그들은 운영계획을 작성하고 예산범위 내에서 비용을 집행한다.

결론: 공장은 효율적이고 올바른 우선순위에 초점을 맞추고 있다. 이 논거의 증거는 설사 그것이 사실들에 의하여 뒷받침되지 못하더라도 회의에 참석한 모든 사람들이 동의하지 않을 수 없도록 한다. 사실들은 우리에게 현상을 말해주지만, 그것들이 어떻게 현재의 상태로 되게 되었는지를 설명해주지는 못한다. 자명한 것은 모든 사람들이 해답이 나오지 않은 질문들이 있다는 것을 알고 있다는 사실이다. 그 질문들은 설명되지 않은 채 남아있는데, 그 이유는 팀 멤버들이 그들의 전략의 깊은 진리에 대한 도전을 말로 표현할 수 없기 때문이다.

증명의 정의는 마음이 주장을 참인 것으로 받아들이지 않을 수 없게 하는 증거 또는 논거라는 것을 기억하라. 사실들이 결론을 뒷받침하지 못하고 있는 압도적인 증거에도 불구하고 결론에 도전할 수 없는 무능력은 깊은 진리의 징후이다. 그것은 오직 더 깊은 진리에 의해서만 극복될 수 있다.

과학적 증명은 무엇인가? What Is Scientific Proof?

과학적 증명 Scientific Proof – **앞의 정의에 입각하여 설명하면, 과학적 증명은 과학적 방법의 결과로 발견된 사실들로부터 도출된 증명이다.**

노멀 회사의 사례를 과학적 증명을 사용해서 살펴보고 과학적 방법을 사용해서 조사해 보려고 한다.

1. 우리는 설명되지 않은 사실의 조합들을 관찰한다.
   ▲ 대규모의 주문잔고가 있으나 동시에 많은 초과 재고가 발생한다.
   ▲ 공장은 생산능력의 제약이 있으나 창고는 완제품 재고로 가득 차 있다.
   ▲ 공장은 계획대로 운영되고 있으나 판매는 그렇지 않다. 그러나 공장의 계획은 매출계획에 입각하여 매출계획으로부터 작성된 것이다.
   ▲ 순이익은 계획대로이나 사용 가능한 현금이 없다.
   ▲ 시장을 만족시킬 수 있는 더 효율적인 설비가 필요하다.
   ▲ 또한 우리가 생산하고 있지만 시장에서 소비되지 않는 제품들을 보관할 창고 스페이스가 더 필요하다.
2. 우리는 설명을 전개한다.
   ▲ 공장은 매출원가 크레딧Cost of Goods Sold Dollar Credit을 통한 월간 이익 창출에 초점을 맞추고 있으며, 이것은 고객 서비스 능력을 저해한다.
3. 우리는 우리에게 사실을 가져다 주는 실험에 의해서, 이 설명을 테스트한다.
   ▲ 우리는 확실한 영향, 원인, 그리고 영향의 연관성들(핵심 원인으로서의 설명과, 부진한 성과로 귀결되는 사실들에 대한)을 생성하기 위하여 엄격한 논리를 적용한다.

우리의 논리적 테스트는 파생 논리 프로세스derivative logic process를 사용한다. 파생 프로세스derivative process는 결과가 이전에 받아들여진 진술들의 필요한 결과를 보여주는 일련의 서술들(논리 또는 수학에서와 같이)이다. [그림 5.1]에 표시된 논리 다이어그램은 맨 아래에서부터 위쪽으로 전개되는데, 화살의 꼬리 부분은 'if'를 의미하며, 화살의 앞쪽 끝 부분은 'then'을 의미한다. 화살들에 걸쳐있는

그림 5.1 노멀 회사의 핵심 문제를 파악하기 위한 로직 구성도

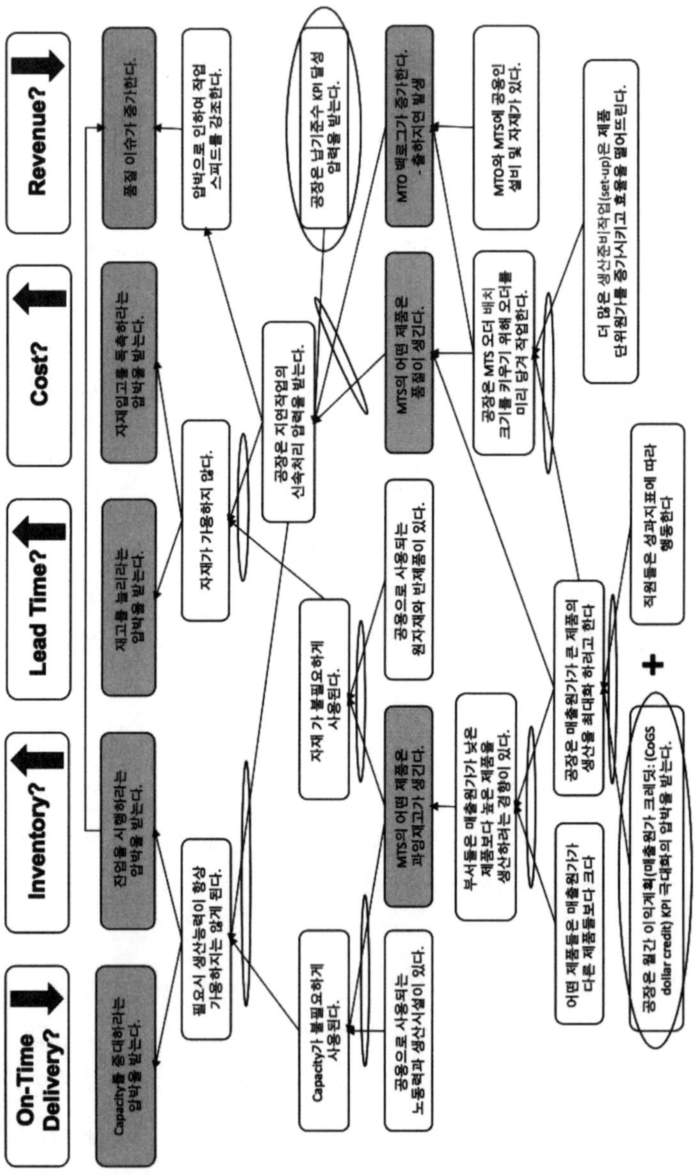

타원 모양은 논리적 'and'를 의미하며, 화살 앞쪽 끝 부분에 있는 원인으로 귀결되기 위해서는 두 가지 조건들이 반드시 존재해야 하는 것을 뜻한다. 어느 쪽이던 하나의 조건만으로는 원인을 생성시키는데 충분치 않다. [그림 5.1]의 사례는 다음과 같이 해석된다.

▲ 'if' 공장의 핵심 메트릭metric(성과측정기준)이 매출원가 크레딧Cost of Goods Sold Dollar(CoGS) Credit을 최대화하는 것이라면(공장은 생산된 모든 제품에 대하여 단위 원가가 절감된 만큼 크레딧 값Credit Value을 얻는다), 'and' 사람들이 그들의 메트릭스에 따라 행동한다면, 'then' 공장들은 매출원가가 높은 제품들(단위 원가가 높은 제품들)의 생산을 최대화하려고 한다.

▲ 'if' 공장들이 매출원가가 높은 제품들의 생산을 최대화하려고 한다면, 'and' 어떤 품목들의 매출원가가 다른 품목들보다 더욱 높다면, 'then' 부서들은 매출원가가 낮은 품목들 대신 매출원가가 높은 품목들을 우선적으로 생산하는 경향을 보인다.(예: 주문을 매출원가 기준으로 신중하게 선택)

▲ 'if' 부서들이 매출원가가 낮은 품목들 대신 매출원가가 높은 품목들을 우선적으로 생산하는 경향을 보인다면, 'then' 일부 MTSMake-To-Stock제품들의 재고 품절을 초래한다.

▲ 'if' 부서들이 매출원가가 낮은 품목들 대신 매출원가가 높은 품목들을 우선적으로 생산하는 경향을 보인다면(예: 주문을 매출원가 기준으로 신중하게 선택), 'then' 일부 MTS 제품들의 재고는 과도하게 늘어난다.

▲ 'if' 공장들이 매출원가가 높은 제품들의 생산을 최대화 하려고 한다면, 'and' 공장들이 생산완료 후 완제품 창고로 입고시킬 때 매출원가 크레딧CoGS dollar credit을 얻는다면, 'then' 공장들은 수요 시그널이 없더라도 생산해서 재고를 비축하려는 경향을 보인다. (예: 수요예측의 확장)

▲ 'if' 공장들이 매출원가가 높은 제품들의 생산을 최대화하려고 한다면, 'and' 더 많은 생산준비 작업이 제품 단위원가를 증가시키고 효율을 떨어뜨린

다면, 공장들은 MTS 주문에 대한 배치 크기를 증가시키기 위해서 고객 주문을 앞당겨서 생산한다.

▲ 'if' 공장들이 MTS 주문에 대한 배치 크기를 증가시키기 위해서 고객주문을 앞당겨서 생산한다면, 'and' 공장들이 매출원가가 높은 제품들의 생산을 최대화 하려고 한다면, 'then' 일부 MTS 제품들의 재고는 과도하게 늘어난다.

▲ 'if' 공장들이 MTS 주문에 대한 배치 크기를 증가시키기 위해서 고객주문을 앞당겨서 생산한다면, 'and' MTS와 MTO 주문이 공통의 생산설비와 자재를 사용한다면, 'then' MTO 주문 잔고는 늘어나고 출하 지연이 발생한다.

[그림 5.1]은 계획 배부율absorption rate 평가지표를 충족하기 위한 공장의 액션들을 보여준다. 다이어그램에서의 매출원가 크레딧CoGS Credit은 부정적 영향을 일으킨다(다이어그램의 중앙부에 음영 처리된 박스들). 그들은 납기일 준수 성과의 최대화라는 또 다른 KPI 달성의 압력을 받게 되고 문제의 근본적 해결보다는 임기응변식의 액션을 취할 수 밖에 없게 된다. MTS 제품에 대한 고객 납기일 및 주문 충족률의 준수를 위하여 취해진 액션들의 예측 가능한 효과는 무엇인가? 이 다이어그램은 모든 KPI들이 함께 잘못된 방향으로 가고 있다는 것을 우리에게 보여준다.

전부원가 성과평가지표 달성을 위하여 취해진 액션들은 사실상 그들의 고객서비스 성과평가지표 달성을 위하여 필요한 액션들과 싸우는 것으로 끝난다는 사실을 명확히 해준다.

중앙창고와 판매 조직은 결과가 너무 고통스러워지자 지연된 고객주문 처리 및 품절 품목의 독촉처리에 대하여 엄청난 압력을 공장에 가한다. 그러나 공장은 '예산 또는 계획' 출하 금액(또는 평균 총 이익, 또는 어떤 것이던 조직이 채택하고 있는 표준 원가-중심cost-centric 효율 평가지표)을 달성하도록 요구 받는다. 이것은 공장의 운영예산 및 배부율 계산의 기초가 되었던 원래의 판매계획이 시장의 실제 수요와 관계가 없다는 사실을 개의치 않는다. 다시 강조하지만,

[그림 5.1]의 윗부분에 있는 음영처리된 박스들은 위에 열거된 원래의 부정적 영향들에서 확인되었던 바람직하지 못한 영향 또는 증상들이다. 그들이 취한 액션들은 극복하기 힘든 부정적 결과들을 만들어내고, 비난을 면할 방법이 없으며, 그 영향은 다음과 같다.

▲ 공장은 목표 효율 및 공장 성과평가지표 달성과 그들의 고객 정시배송의 회복 사이에서 진동하는 액션들을 취할 수 밖에 없다.
▲ 판매 담당 매니저는 낮은 서비스 수준을 보상하기 위하여 가격을 할인하고 추가적인 프로모션을 실행하기 위한 액션들을 취할 수 밖에 없다.
▲ 기술 담당 매니저는 개별 배치 크기를 증가시키고 재고, 서비스 수준 및주문 독촉 비용을 더욱 악화시키는 자본투자의 타당성을 정당화할 수 밖에 없다.

원가 및 서비스 중심 행동 사이의 진동은 엄청난 자원 및 비용의 낭비를 발생시키고, 납기 준수 성과를 저해하며, 투자를 증가시킨다. 따라서 ROI는 잘못된 방향으로 갈 수 밖에 없다.

제조간접비를 모두 반영한 표준제품원가 방식에 따른 효율/가동율 기반의 메트릭스를 충족시키기 위하여 필요한 액션들과 시장에 의해서 직접 주문된 제품의 납기일을 맞추기 위한 메트릭스(디맨드 드리븐 플로우demand driven flow)를 충족시키기 위하여 필요한 액션들은 서로 경쟁하게 되며, '사실 목록fact list'에 표시된 대부분의 부정적 영향들은 서로 경쟁하는 액션들과 직접적으로 연결된다.

만일 앞의 시나리오가 친숙하게 느껴진다면, 그것은 이와 같은 회의가 세계적으로 공급망 내에서 발생하기 때문이다. 이와 동일하거나 유사한 목록은 모든 조직 내에 존재하며, 심지어 최고 수준의 조직 내에서도 존재한다. 두 개의 서로 상충되는 주 운영목표 및 이와 관련된 성과평가지표를 가지고 있는 조직은 미해결된 갈등으로 인해 고통 받는다. 2장에서 기술한 바와 같이 조직의 낭비의 원천은 미해결된 갈등이다. 만일에 대부분의 회사들이 앞에서 기술한 만성적이고 미해결된 갈등으로 고통 받고 있다면, 역으로 거의 대부분의 회사들이 엄청난 숨겨진 잠재력을 가지고 있는 것을 뜻한다.

과학적 방법으로 돌아가서 Back to the Scientific Method

4. 우리는 사실들을 평가한다.

a. 만일 사실들이 설명을 뒷받침하면, 우리는 이론theory을 갖게 된다.

b. 그렇지 않으면, 우리는 2단계로 돌아갈 필요가 있다.

사실은 가설을 지원하는 것으로 보인다. - 공장의 매출원가 크레딧CoGS Dollar Credit을 통한 월간 이익에의 초점은 고객 서비스 능력을 방해한다. 공장은 운영계획과 단위원가 목표 달성을 위한 원가중심의 효율 전략에 초점을 맞추고 있

그림 5.2 단위 원가 중심 효율전략 vs 플로우(flow) 중심 효율전략

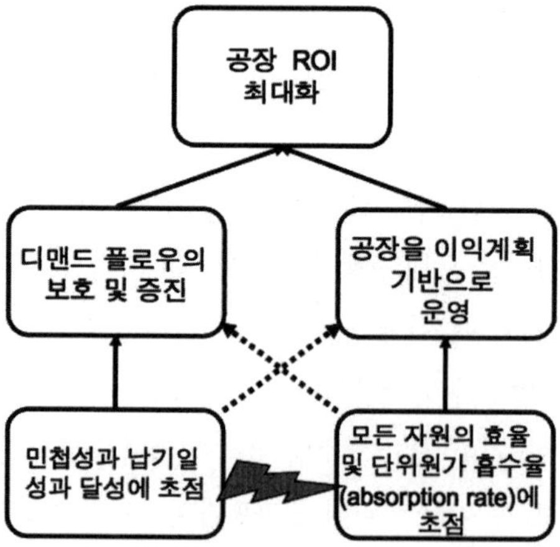

다. 정책들은 모든 자원들의 효율과 가동률을 최대화하고, 품목의 단위원가를 최소화하며, 간접비 배부율을 최대화하기 위하여 설계된다. 이러한 정책 구현을 위하여 적용된 전술은 고객 배송 및 서비스를 악화시키고, 재고투자를 끌어올리며, 초과근무 및 할증운송 비용을 증가시킬 뿐만 아니라, 추가 공장 및 설비증설에 대하여 인지된 필요성을 부채질한다. 양쪽을 다 만족시키기 위하여 서로 경쟁하는 액션들은 성과평가지표가 보호하려고 의도했던 목표달성을 손상시키며, 결과적으로 시스템 생산성 및 효율, 그리고 ROI를 저하시킨다.

[그림 5.2]에는 원가 기반의 효율 평가지표를 충족시키기 위한 액션들과 수요주도 플로우를 보호하기 위하여 필요한 액션들이 서로 상충되는 것을 보여주는 만성적인 미해결 갈등이 요약되어있다.

[그림 5.2]는 미해결 갈등이 어떻게 관리자들을 ROI 목표달성을 손상시키는, 승리 없는 타협no-win set of compromises 상황에 처하게 하는 지를 분명히 보여준다. 이것은 하나의 타협이라고 할 수 있다. 왜냐하면 결국 조직의 전반적 목표에 대

그림 5.3 단위 원가 중심 전략 충족시의 부정적 영향

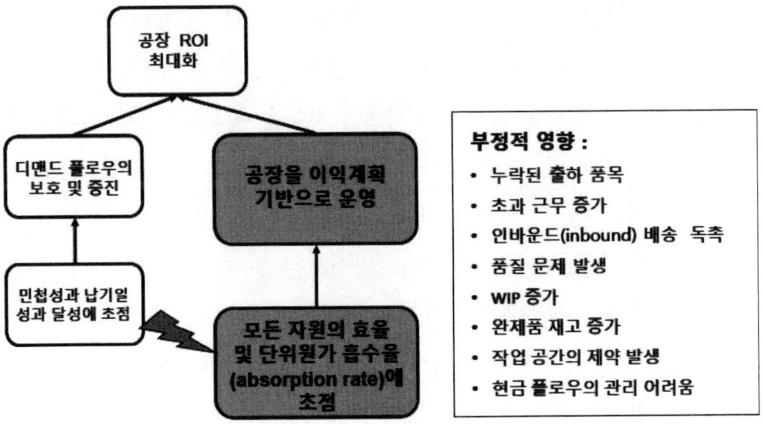

그림 5.4 플로우(flow) 중심 전략 충족시의 부정적 영향

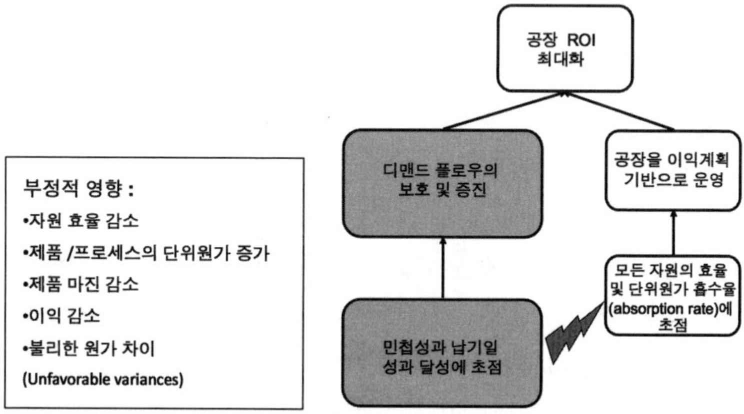

한 필요조건들 중 하나 또는 양쪽을 달성하지 못하게 되기 때문이다. 이로 인해 두 측면 사이에 지속적인 트레이드–오프trade–off인 진동영향이 발생하게 된다. [그림 5.3]과 [5.4]는 조직이 갈등의 한 측면에 집중할 때 발생하는 영향을 나타낸다.

두 세트의 증상들 사이의 진동은 전반적인 시스템 성과에 파괴적인 영향을 미치며, 2장에서 상세히 논의된 바 있다. 만일 동일한 증상들이 지속된다면, 그것은 우리가 근본 원인을 파악하고 타협과 갈등을 종식시키는데 실패했기 때문이다. 간단히 말하자면, 노멀 회사가 그 자신의 변동을 생성시켰고, 그리고는 더욱 많은 변동을 생성함으로써 그 변동에 대응하였다는 것이다. 이것이 바로 관리 변동성의 정의이다. 그들은 서로 경쟁하는 두 개의 전략적 목표를 충족시키기 위하여 그들 자신들에게 변동성을 생성시켰으며, 그 결과, ROI의 모든 주요 요소들이 잘못된 방향으로 가게 된 것이다. ROI는 투자 자본의 사용에 대한 성적표이다. 그것은 회사의 주주들에게 가치를 돌려주는 전략의 성공에 대한 유일하고 진정한 재무 성과지표이다. ROI에 대한 순 효과는 이 책에 소개된 회사들

의 개선사항들을 평가하는데 사용된 표준이다. ROI가 유일하고 진정한 재무 벤치마크라면, ROI는 전략 또는 전술의 성공을 평가하는 시작점이자 종료점이다. 따라서 ROI의 모든 기둥들을 심각하게 훼손하는 전술 및 평가지표들을 생성하는 전략에 대해서는 문제 제기가 되어야만 한다. 왜냐하면 이러한 전략은 ROI를 지속적으로 낮추기 때문이다. 갈등을 종식시키기 위한 유일한 방법은 경쟁을 끝내는 것이다. 우리는 비즈니스 룰, 정책, 작업 방법, 그리고 성과평가지표를 도출하기 위하여 하나의 주된 지시를 선택해야만 한다. 이제 우리는 플로우-중심 효율 전략이 아니면 원가-중심 효율 전략 중에서 하나를 선택해야만 한다.

단위 원가-중심 효율 - 깊고 보편적인 진리
Unit Cost-Centric Efficiency - A Deep and Universal Truth

2012년에 시애틀에서 개최된 한 관리회계사협회가 스폰서한 워크샵에서 한 참석자가 제조의 제 1 법칙이 무엇인가에 대한 질문을 받았다. 워크샵의 청중들은 재무팀장들과 재무 담당 부사장들로 구성되어 있었으며, 그들 중 90%가 제조 및 유통 회사 소속이었다. 또한 풀 기반pull-based 제조 철학의 성공 및 헌신으로 잘 알려진 두 회사 및 세 명의 회계전공 대학교수들도 워크샵에 참석하였다.

그 참석자의 답변은 "원가 효율cost efficiency"이었다. 3개월 후에 같은 질문이 아이오와 주 22개 제조회사의 운영 및 재무 팀들로 구성된 청중들에게 던져졌다. 그들은 모두 망설임 없이 "원가 효율"이라고 대답했다.

참석자들은 모두 잘 교육받았고, 스마트하며, 성공적인 사람들이었다. 그들은 깊은 경험과 직관을 가지고 있었으며, 합리적이고 논리적인 사고방식의 소유자들이었다. 왜 그들이 주장하는 바를 주장하며, 그들이 믿는 바를 믿고 있는지에 대해서 심각하고 사려 깊게 조사해 볼 필요가 있다.

그들의 가정들은 말로 표현되고, 입증되며, 논리와 증명에 의해 정중하게 반박될 필요가 있다. 그것이 바로 과학적 방법을 사용하는 것의 핵심이며, 이 책의 목적이다. 이 진리의 뿌리는 매우 깊다.

오늘날 원가-중심 효율은 명백한 제조의 제 1 법칙이며, 아래의 문구들에 깊이 새겨져 있다.

- ▲ 정책, 작업 방법 및 성과평가지표
- ▲ 경영보고 가시성을 제공하는 모든 데이터 편집 및 소프트웨어 프로그램
  - MRP 계획 및 구매
  - 운영 스케줄링
  - 전부 제품 원가 및 수익성 분석
  - 재고관리, 작업자관리, 아웃소싱 및 투자 의사결정
- ▲ 모든 원가 및 재무보고
- ▲ 모든 예산관리 및 브랜드 평가
- ▲ 모든 투자 및 작업인력 요청
- ▲ 비즈니스, 회계, 기술 및 경영관리 교육의 모든 측면

원가-중심 효율은 회사들이 비즈니스의 각 레벨과 자원에서의 로컬 개선local improvement 및 개별 전술적 이니셔티브들을 추구하도록 하며, 분간할 수 없을 정도로 모르는 사이에 작용하고 있다. 원가-중심 효율에 대해서는 전혀 의문이나 생각의 여지가 없다. 위에 열거된 모든 내용은 왜 이러한 갈등이 전술적 수준에서는 해결될 수 없으며, 개선으로 인한 이익이 지속될 수 없는지를 명확히 지적한다. 정책, 전술, 그리고 성과평가지표들의 정렬은 반드시 시스템 및 룰 레벨에서 이루어져야 한다. 그것이 앞에서 예시한 모든 갈등 다이어그램들의 핵심이다. 4장에서 언급되었듯이 우리는 깊은 진리 레벨에서 핵심문제를 안고 있다.

답변해야 할 단 하나의 중요한 질문이 있다. 만일 아래의 내용들이 사실이라면, 원가-중심 효율에 기초한 비즈니스 룰들은 오늘날의 디맨드 드리븐 세계에서도 명확한 전략적 드라이버인가?

▲ 우리는 룰들이 시스템 변동과 낭비의 주 원인이라고 명확히 확인할 수 있다.

▲ 우리는 룰들의 생성 기반인 선형 시스템 가정들이 오늘날의 복잡한 공급망 시스템들에게 적용되지 않는다는 것을 증명할 수 있다.

▲ GAAP 단위 원가 회계에 입각한 원가 행동양식에 대한 원래의 기본 가정들에는 결함이 있다.

그렇다면, 원가-중심 효율의 깊은 진리를 플로우-중심 효율의 더 깊은 진리로 대체하는 것을 고려할 시점이 다가온 것이다.

복잡성의 증가로 인하여 우리의 선형 룰들과 사고방식의 효율성은 점점 더 떨어지고 있다.

성과의 차이는 고통스러울 정도로 커져버리고 말았다. 깊은 진리를 변화시키기 위해서는 고통만으로는 충분하지 않으며, 무엇을 변화시킬 것인가와 어떤 것으로 변화시킬 것인가에 대한 이해가 요구된다. 만일 '새로운 룰들'을 모르고, 실질적으로 그것들을 적용하는 방법을 모르면, 성과 차이가 얼마나 명백하고 고통스러워지는지에 관계없이 변화는 발생할 수 없다.

▲ 가시성의 정의는 의사결정을 위한 적합한 정보이다.

▲ 변동성의 정의는 우리가 발생시키기로 계획한 것과 실제로발생한 것과의 차이들의 합계이다.

▲ 플로우는 시스템이 자재를 고객이 요구한 제품으로 변환하는 스피드이다.

그림 5.5 더 깊은 진리의 영역 vs 플로슬(Plossl)의 제 1 법칙

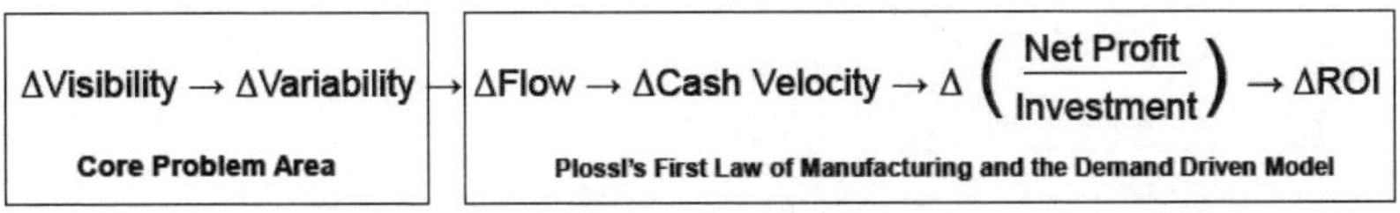

우리는 원가와 수익의 행동 룰들을 정의하는 것부터 시작해야 한다. 왜냐하면 이 룰들이 무엇이 정보를 적합하게 만드는 지를 정의하는 핵심 요소이기 때문이다.

▲ GAAP 및 경제학/관리회계는 원가와 수익이 어떻게 행동하는 지를 정의하는 서로 다른 수학 룰들을 갖고 있다.
▲ 선형 시스템과 비선형 시스템은 원가와 수익이 어떻게 행동하는 지를 정의하는 서로 다른 수학 룰들을 갖고 있다.

원가-중심 효율 룰은 GAAP 및 선형 시스템 룰들을 기반으로 하고 있으며, 플로우-중심 효율 룰들은 경제학/관리회계 및 비선형 룰들을 기반으로 한다. 우리가 스마트 메트릭스를 논의하기 전에 우리는 모든 룰들에 대한 공통 기반을 구축할 필요가 있다. 다음의 장들은 아래의 주제들에 대한 탐구를 통하여 두 개의 서로 다른 전략들을 정의하고 비교하기 위한 프레임워크를 제시할 것이다.

1. 원가-중심 효율과 플로우-중심 효율을 기본지침으로 정의하고 비교한다.
   a. 전략, 정책, 성과평가지표, 의사결정 및 액션들을 비교하고 대조한다.
   b. 시스템 정의와 그 근간을 이루는 과학을 비교하고 대조한다. 효율은 선형 시스템 룰들을 따르고, 디맨드 드리븐 플로우는 복잡 시스템complex system 룰들을 따른다.

2. 관리회계의 기원이 되는 과학과 수학의 기반은 무엇인가?
   a. 적합한 정보에 대한 룰들을 형성하는 물리학, 경제학, 및 통계학에 있어서의 수학적 원리들
   b. 복잡 시스템 행동을 설명하는 기반 과학 및 수학 모델들이 급진적으로 바뀌었기 때문에 반드시 바뀌어야 하는 낡은 가정들

c. 우리의 경제학 및 통계학 모델에 적용되는 새로운 가정들
    i. 새로운 비즈니스 룰들의 도출
    ii. 연관된 스마트 메트릭스의 도출

3. 공급망 전략의 첫 번째 법칙으로서의 플로우와 ROI의 역사 및 진화
    a. 플로우와 ROI는 어디에서 유래되었는가?
    b. 왜 플로우와 ROI는 스마트 메트릭스의 기반인가?

4. GAAP 재무회계 및 전부원가의 역사 및 목적은 무엇인가?
    a. GAAP 재무회계 및 전부원가의 도출에 사용된 수학적 원리들
    b. 그것들은 의사결정을 위한 적합한 정보에 대한 경제학적 테스트 기준을 충족하는가?
    c. 그것들을 도출하기 위하여 전부 단위원가 기반을 사용하는 조직의 모든 성과평가기준/ 보고서들을 확인한다.
    d. 왜곡의 영향을 집합적으로 정량화한다.

5. 오늘날의 공급망 시스템이 선형 시스템이 아니라 복잡적응 시스템complex adaptive system이라는 것에 대한 사례 및 증명
    a. 선형 시스템과 복잡적응 시스템 사이의 룰들과 가정들의 차이점
    b. 복잡적응 시스템의 새로운 룰들을 공급망, 디맨드 드리븐 시스템 설계, 그리고 스마트 메트릭스 목표로 이전

6. 디맨드 드리븐 성과 룰들과 스마트 메트릭스의 정의

7. 디맨드 드리븐 성과 시스템 및 스마트 메트릭스의 사례

각주 ---

1. www.dictionary.com
2. Ibid.
3. Ibid.

6 효율, 플로우, 그리고 올바른 성과 평가지표

Efficiency, Flow, and the Right Measures

- 올바른 성과 평가지표
- 원가의 정의

6 효율, 플로우, 그리고 올바른 성과 평가지표

Efficiency, Flow, and the Right Measures

원가-중심 효율은 경영계획의 달성 및 ROI 최대화를 위하여 '최상의' 개별 자원 효율 및 최소 단위-원가 성과의 계획 및 실행에 초점을 맞춘다. 낮은 단위-원가는 자연적인 결과이지만, 그것은 시스템이 측정된 기간 내에 실제로 지출한 운영비용과는 관계가 없다.

단위화된 고정원가는 모든 전술적 계획, 스케줄링, 그리고 실행 메트릭스에서 제거되어야 한다.

플로우-중심 효율은 마켓 디맨드 풀market demand pull 시그널과 ROI를 최대화 하기 위한 시스템 플로우의 속도velocity에 맞춰 모든 자원들의 우선순위를 동기화시키고 정렬한다. 높은 DDPDue Date Performance, 짧은 시장 리드타임, 그리고 최소의 투자자본들은 이로 인한 자연적인 결과이다. 이는 최소의 시스템 비용과 투자로 최대의 시장 기회를 창출하는 것과 깊은 관계가 있다.

6 효율, 플로우, 그리고 올바른 성과 평가지표

Efficiency, Flow, and the Right Measures

올바른 성과 평가지표

The "Right" Measures

"무엇이 올바른 성과 평가지표인가?" 이것은 공통적인 첫 번째 질문이다. 앞에서 언급되었듯, 주요하고 '올바른' 재무 성과지표는 ROI 성과이다. 회사는 ROI의 개선 없이는 개선을 이루었다고 주장할 수 없다. ROI는 또한 투자된 노력과 연관된 순이익의 창출에 대한 유일한 평가 기준이다. 만일 이전 회계기간에 대한 순이익이 5천만 달러라면, 이 이익을 얻기 위해 투자된 자본과 관련하여 단지 '좋을' 따름이다. 소규모의 서비스 회사에게는 행복한 날이 되겠지만, 마이크로소프트, 보잉, 또는 유니레버와 같은 회사에게는 행복한 날이 될 수 없다. 조직의 ROI는 4 또는 24 퍼센트가 될 수 있으며, 회계연도의 끝에 ROI를 측정하는 것은 그 결과를 바꿀 수 없을 것이다. 조직 구성원에 의하여 매시간, 매일 취해 지는 전술 계획, 실행 의사 결정 및 액션들은 어떠한 ROI 성과를 달성하는가를 결정한다. 또한 그들이 매일같이 행하는 자산의 사용에 따라 운전 자본 포지션과 대부분의 자본 투자 및 의사 결정이 이루어진다.

공급망 시스템에 대한 두 번째 성과 평가 지표는 납기 준수 성과DDP: Due Date

Performance이다. DDP는 수익을 직접 창출하는 요구 사항을 충족시킬 수 있는 능력에 대한 평가지표이며, MTSMake-to Stock, MTOMake-to Order 및 ETOEngineer-to Order 제품에 대한 주문 충족률을 의미한다. 다시 말하면, 그것은 직원들이 매일 취하는 액션들이며, 주문 충족률이 60 퍼센트일 지, 또는 90 퍼센트일 지를 결정한다. DDP는 ROI의 보조적인 평가지표인데, 왜냐하면 ROI의 구성 요소이기 때문이다. DDP를 점진적으로 개선 시키기 위한 순 비용이 시장으로부터 발생시킨 현금 유입량보다 커지게 되면, DDP의 개선이 더 이상 ROI를 개선하는데 유익하지 않게 된다. ROI는 어떤 일을 계속해야 할 지, 또는 어떠한 KPI를 증가시키기 위한 추가적 노력이나 투자에 초점을 맞춰야 할 지를 결정할 때 영향을 주는 수학적 테스트이다. 사실상 ROI는 의사 결정을 위한 적합한 정보의 정확한 정의이다. ROI는 KPI로 지정된 다른 모든 성과 평가 지표들에 우선한다. 왜냐하면 ROI는 일정 기간 동안의 전체 시스템의 KPI이기 때문이다. 가장 큰 ROI 기회가 존재하는 곳에 노력을 집중하라. 왜냐하면 시간과 현금은 유한하기 때문이다.

이 두 개의 성과 평가 지표들을 올바른 것으로 만드는 두 개의 핵심 기능들은 다음과 같다.

1. ROI와 DDP는 일정 기간 동안의 시스템 아웃풋, 또는 플로우에 대한 성과 평가 지표이다. ROI는 일정기간 동안의 순 현금 플로우를 나타내며, DDP는 순 현금을 창출하는 정보와 제품의 플로우를 나타낸다.

2. ROI와 DDP는 견적에서 현금 창출에 이르는 전체 시스템으로서의 회사의 성과를 반영하는 유일한 성과 평가 지표이며, 전체 시스템의 효율(즉, 플로우-중심 효율)을 평가한다.

회사들이 제품의 진정한 시장 수요 시그널 충족과 ROI 사이의 연결을 이해하고 있는 것은 명백하다. 이것은 대부분의 회사들이 높은 시장 DDP, 또는 서비스 레벨이 그들의 KPI 중 하나라고 여기는 사실에 의해 입증된다. 또한 회사들이 ROI가 회사 성과 평가를 위한 조직 목표 계층의 맨 꼭대기에 위치한다는 것을 이해하고 있다는 것도 명백하다.

그러나 ROI는 조직의 자원들이 어떤 액션들을 어떤 우선순위에 따라 취해야 하는가에 대한 전술적 의사 결정에 도움을 주기에는 너무 멀리 위치하고 있다. 대부분의 회사에서 한 로컬 관리자가 오늘 취하는 액션들과 그 액션들이 ROI에 미치는 영향을 연결하는 것은 거의 불가능하다.

이러한 이유로 회사들은 직원들의 일상 액션들에 초점을 맞추고 감독하기 위한 상당한 숫자(수백 개 이상의)의 전술적 및 로컬 성과 평가 지표들을 만들어 냈으며, 이러한 성과 평가지표들의 대부분은 확고하게 원가-중심적이다. 그 이유는 무엇일까?

회사가 원가-중심 효율 전략에 초점을 맞추고 있으면 대부분의 성과 평가 지표들은 특정 영역의 효율을 강조하게 되는데, 그것은 표준 단가 기반의 원가 절감 노력의 활용도를 의미한다. 이 연결은 타당성이 있어 보인다. 왜냐하면 전체 시스템 비용의 감소와 ROI 증가 사이에 직접적인 연관 관계가 있기 때문이다. 그리고 이것은 전체 시스템 수익과 투자가 변하지 않은 채 유지되는 한 사실이다. ROI와 원가-중심 효율의 관계는 전체 시스템 룰로부터 추정된다. 시스템은 구성요소들로 쪼개져 개별적으로 측정되며, 그리고는 이러한 측정들의 아웃풋으로서 재 컴파일 된다. 그러나 이것은 틀렸다!

왜냐하면 회사들이 전체 시스템 룰을 로컬 자원 또는 영역에 적용할 때 놓치고 있는 두 가지 중요한 현실이 존재하기 때문이다.

1. 추정은 결함이 있다. 왜냐하면 무엇이 시스템을 효율적으로 만드는가, 시스템 효율을 어떻게 최대화 하는가, 그리고 원가가 시스템내에서 어떻게 행동하는가를 정의 하는 데 적용 되는 룰들은 시스템을 구성하는 개별 링크에 대해 추정되고 적용 될 수 없기 때문이다. 플로우-중심효율 전략은 마켓 풀 비율에

따라 전체 시스템의 효율과 활용도를 최대화 시키는데 초점을 둔다.

2. 이러한 로컬, 또는 개별 원가-중심 효율 및 활용도 성과 평가 지표들은 전부 제품 원가full absorption product cost의 재무회계 GAAP 정의에 기초한다. 제품 총 마진을 보호하고 제품 단가를 최소화하기 위한 정책, 전술 및 액션들은 사실 ROI 계산식의 다른 측면의 목표 달성을 위해 필요한 전술 및 액션들과 상충된다. 그것들은 정보를 왜곡시키고 자재와 자원들의 부적절한 사용을 지시함으로써 시스템 전반의 플로우 스피드를 억제하고 차단한다. 따라서 그것들은 납기 준수 성과와 시장 기회를 잠식한다. 이전에 언급한 바와 같이 GAAP는 결코 계획, 실행 및 투자 의사결정을 위하여 사용되도록 의도된 바 없다.

앞에서 언급한 내용이 진실이라는 것을 이해하기 위한 출발점은 원가-중심 및 플로우-중심 전략들, 그로부터 도출된 정책 또는 비즈니스 룰들, 그리고 그것들의 전술적 의사 결정 및 액션들을 정의하고, 비교하며, 대조하는 것이다.

〈표 6.1〉은 원가-중심 효율 전략의 요약이다. 전략은 정책, 측정 목표, 그리고 전략 구현을 위한 전술들을 도출하는 프레임 워크를 제공한다. 전술은 정의된 시스템 목적, 액션들의 집합, 스케줄, 또는 기간, 그리고 측정 가능한 결과를 가지고 있다. 전술적 결과와 함께 보고되는 정보 피드백은 언제, 어디서, 그리고 어떻게 가장 낮은 단위 제품 원가를 보호하고 확보할 수 있는 개선 조치를 취할 수 있는지를 결정한다. 원가-중심 전략을 이해하는데 필요한 네 개의 기본적인 요점이 있다.

1. 글로벌 전략은 자원의 효율을 최대화하는 것과 GAAP에서 정의된 제품단위 원가를 최소화하는 것이다.

2. 시스템은 선형linear으로 정의되며, 원가와 수익이 어떻게 행동하는지를 표현하기 위하여 덧셈의 수학 계산식을 사용한다.

표 6.1 원가-중심 효율 전략

정렬	정의와 사례
전략	자원 효율 및 가동율의 최대화: 최소 제품 원가 및 최대 제품 총 마진의 달성을 위하여 자원 활동을 계획 및 스케줄링. 노무비 절감, 기계 가동율 향상 및 재고 절감을 최고의 우선순위로 하여 원가 절감 전술, 액션 및 이니셔티브에 초점을 맞춤 - **모든 원가 절감은 ROI를 증대시킴.**
정책 - "룰"	구매, 생산 계획, 스케줄링, 고용, 재고 관리, 판매, 아웃소싱, 수송, 전개(deployment), 엔지니어링, 연구 개발
메트릭 목표	**총 제품 이익** - 수익 및 제품 원가에 대한 이익 계획 목표 달성 **부품 및 제품 표준 원가** - 모든 자원들의 효율적인 사용 **운전 자본 금액 목표** - 운전 자본의 효율적인 사용 **원가 절감 이니셔티브** - 이익 계획 목표 달성 **제품 원가 차이 분석** - 목표 자원 효율 및 원가 절감 기회/준수
전략 구현 및 메트릭 달성을 위한 전술	최소 원가 자재 구매. 최소 생산 배치 크기를 결정하기 위한 경제적 발주량(EOQ: Economic Order Quantity). 최소 단위 배치 사이즈 달성을 위한 수요 예측 기간의 연장. 생산준비작업 횟수의 최소화. 예정된 설비 보수의 회피. 대량 판매 시 할인 가격 적용. 최적(최소 비용) 생산 자원에서의 작업 스케줄링. 자동화 및 최소 비용 작업자에 대한 투자. 직접 재료비 목표/회전율에 맞추어 구매를 제한. 고객 최소 주문 단위 시행. 트럭 만재 기준으로만 출하 또는 구매. 전부 원가 절감액 기준으로 아웃 소싱. 제품 가격 결정, 프로모션, 제품 단종, 신 제품 추가를 위하여 제품 총 이익을 사용. 전부 표준 원가 절감 액에 기초한 자본 투자 및 제거.
의사 결정 또는 액션	로컬 생산 자원 영역에서는 책임 영역 내에서의 자원 가동율과 효율을 최대화하고 원가를 최소화하기 위한 액션들을 취함. 책임 자원 영역에서의 로컬 성과 평가 지표에 미치는 영향을 기준으로 우선순위를 결정.

3. GAAP와 선형 시스템 룰들은 함께 모든 개별 자원 영역들이 그들이 관리하는 자원들로 하여금 가장 높은 원가-중심 효율을 달성할 수 있도록 정책들을 정의하고 도출한다. 이러한 정책들은 각 영역에 대한 성과 측정 및 보고 목표들을 정의하는 것 뿐만 아니라 계획과 실행을 위한 전술을 결정한다.

4. 자원 성과 측정과 보고 목표들은 의사결정, 액션 및 성과 평가에 적합한정보를 제공하기 위해 데이터 수집 지점, 데이터 세트data set, 그리고 데이터 수집

의 주기를 정의한다.

첫 번째 질문은 "무엇이 원가-중심 효율의 세계에서의 적합성과 우선순위를 결정하는가?"이다. 그 대답은 시스템 내부에서의 관점에 달려있다. 이 환경에서는 모두가 그들의 자원 영역의 가동율을 향상시킴으로써 그들이 관리하는 자원들의 효율을 증진시키려고 애쓰고 있다. 그들은 이러한 행동이 각 제품이 그들의 자원 영역을 통과하면서 할당되는 단위원가를 낮출 것이라는 것을 알고 있다. 모든 자원들은 언제나 이 목표달성을 위하여 그들의 액션들의 우선순위를 정한다. 원가-중심 효율 전략에 의해 운영되는 조직에서는 시스템 관점의 우선순위, 또는 시스템 우선순위를 결정하기 위하여 적합한 정보에 대한 동의가 이루어질 가능성이 거의 없다. 일반적으로 시스템 우선순위에 대한 동의를 얻는 것은 위기상황이 임박한 경우일 뿐이다. 부분 최적화의 관점에서는 외부에 대한 가시성이 확보되지 못하며, ROI에 영향을 미치는 각 로컬 액션들을 연결할 능력도 거의 없다. 이 환경은 우리가 노멀 회사와 거미줄 갈등 다이어그램에서 본 것처럼 상충되는 성과 평가 지표들, 액션들, 그리고 결과적으로 ROI에 부정적인 영향들에 대하여 싸우기 유리한 환경이다(그림 2.10 참조).

단일 생산 자원을 가지고 있는 매니저는 공장장과 동일한 관점을 가지고 있지 못한다. 기술 담당 매니저는 무엇이 적합한 정보인지에 대하여 스태프 엔지니어와 다른 관점을 가질 것이다. 재고담당 매니저, 판매 담당 매니저, 그리고 구매 담당 매니저는 무엇이 적합한 것인가에 대한 다른 관점을 가질 것이며, 우리는 거의 그들의 관점이 재무팀장의 관점과 다를 것이라고 보장할 수 있다. 그 이유는 무엇일까? 왜냐하면 그들은 시스템 플로우를 효율적으로 만드는 관점보다는 그들 자신의 로컬 원가-중심 효율local cost-centric efficiency 성과 평가 지표를 통해서 시스템을 조망하고 있기 때문이다. 즉 그들은 시스템을 전체로서 이해할 수 있도록 해주는 가시성을 제한하는 옹이 구멍(목재의 옹이가 빠져서 생긴 구멍)을 통해서 보고 있는 것이다. 그러나 그들 모두가 확실히 동의하고 있는 한가지 가정이 있다. 그들이 부분 효율을 높이면 높일수록, 그리고 단위 제품 원가를 낮추면 낮출수록 조직에는 더욱 큰 이익이 발생한다는 것이다. 이것은 절대적인 진리이다. 이 진리는 모든 자원의 개별 재무 측면과 그 영향의 성과 측정에 대한

표 6.2 플로우-중심 효율 전략

정렬	정의와 사례
전략	마켓 풀(market pull)에 대한 시스템 플로우를 최대화한다. 핵심 포인트 사이의 수요와 공급 시그널들을 동기화한다. 컨트롤 및 디커플링(decoupling) 포인트- **핵심 포인트를 통과하는 플로우를 방해하는 것들을 확인하고 제거한다.**
정책 - "룰"	구매, 생산계획, 스케줄링, 고용, 가격책정, 재고관리, 판매, 아웃소싱, 수송, 전개(deployment), 엔지니어링
6가지 메트릭 시스템 목표	**신뢰성(Reliability)** - 계획/스케줄/시장 기대치에 대한 일관성 있는 실행 **안정성(Stability)** - 가능한 한 작은 변동을 넘겨줌. **속력/속도(Speed/Velocity)** - 가능한 한 빨리 옳은 작업(right work)을 넘겨줌. **시스템 개선/낭비 제거(기회비용)(System Improvement/Waste Opportunity $)**-손실된 ROI 기회를 찾아내고 우선순위화 함. **전략적 공헌(Strategic Contribution)** - 적합한 요소들에 따라, 쓰루풋(throughput) 생성율과 쓰루풋 볼륨을 최대화 함. **로컬 운영비용(Local Operating Expense)** - 위에서 나열한 기회를 최소비용으로 달성
전략구현 및 메트릭 목표 달성을 위한 전술	적정 품질과 수량만큼 필요할 때 구매하고, 인위적인 배치 크기를 생성하지 않으며, 제약공정(constraint)을 활용함. 제품 수익성 결정을 위해 쓰루풋 생성율을 활용하며, 비제약공정에서의 생산준비작업은 비용이 들지 않음. 시스템 컨트롤 포인트(constraint)의 페이스와 스케줄 우선순위에 맞추어 작업 릴리즈를 제한함. 제약공정을 통과하는 플로우를 보호하기 위하여 필요한 여유 생산능력에 투자. 고객 허용시간(customer tolerance time)을 충족시키기 위하여 포지션 앤 풀(position and pull)하기 위한 전략재고에 투자. 제약공정 작업의 부하를 다른 자원으로 덜어냄. 제약 생산능력 자원의 부하를 덜어내기 위하여 아웃 소싱 추진. 변동을 흡수하고 필요한 액션과 우선순위 관리를 위하여 가시성 있는 버퍼를 사용. 쓰루풋 생성 기회 및 총 사이클 타임 단축을 위한 자본 자산 우선순위 결정
의사결정 또는 액션	가시성 있는, 실시간의 비축재고 및 시간 버퍼 상태가 우선순위를 정렬시키고, 언제, 누구에 의해서, 왜 개선조치를 취하는 결정이 내려졌는지 확인. 플로우 우선순위와 미래의 개선조치들을 방해하지 않도록 개선조치를 발생시키는 변동의 원천과 영향을 확인. 초과근무 스케줄링 시, 작업을 밀어 내거나 끌어당기고, 고객 약속 및 출하일의 우선순위 결정시에 컨트롤 포인트 생산능력 과부하 시그널 활용

강박관념을 만들어 낸다.

회사들과 매니저들은 다른 방법을 생각해내거나 심지어는 상상조차 할 수 없다. 그들의 보고서 정보와 성과 평가 지표는 모두 GAAP에 내재된 근본적인 전부 단위 원가fully absorbed unit cost에 기초해서 정보를 추적하고 요약하기 위하여 설계되었다. 그들은 모두 플로우가 중요하다는 데에 동의하나, 원가가 모든 것에 우선한다. 이것이 바로 노멀 회사가 이전 장에서 덫에 걸린 사고방식이다.

〈표 6.2〉는 플로우-중심 전략의 요약이다. 전략은 정책, 측정 목표, 그리고 전략 구현을 위한 전술들을 도출하는 프레임 워크를 제공한다. 전술은 정의된 시스템 목적, 액션들의 집합, 스케줄, 또는 기간, 그리고 측정 가능한 결과를 가지고 있다. 전술적 결과들의 피드백은 전술적 목표들을 보호하기 위해서 언제, 어디에서, 그리고 어떻게 개선 조치를 취할지를 결정한다. 실시간의 가시성 있는 피드백은 디맨드 드리븐 계획과 시장에 대한 배송 성과를 보호하기 위하여 언제, 어디서, 누가 개선 조치를 취해야만 하는지를 결정한다.

이해해야 할 세가지 기본 요점들이 있다.

1. 글로벌 전략은 마켓 풀 시그널에 따라 시스템의 플로우를 최대화하는 것이다. 이 전략으로부터 도출된 룰들은, 아래 열거된 모든 영역들을 동일한 계획과 실행 우선순위와 동기화시키는 정책들을 정의, 도출하는데 사용된다.

2. 이러한 정책들을 정의하는 것은 각 영역에 대하여 성과측정 및 보고 목표들을 정의할 뿐만 아니라 계획과 실행을 위한 전술들을 생성한다. 초점은 적합한 정보 및 제품 플로우의 가시성 및 속도의 생성에 맞춰진다.

3. 성과측정 및 보고 목표들은, 보고와 성과측정 목표들을 충족시킬 수 있는 적합한 정보의 제공을 위하여 데이터 수집 지점, 데이터 세트, 그리고 데이터 수집 주기를 정의한다.

각 전략의 룰들과 도구들은 각 전략이 의사결정과 시스템 성과 평가를 위하여 적합한 정보를 제공하는데 필요한 최소한의 정보기술을 정의한다. 전술의 적합한 시간구간을 이해하는 것은 자원들이 그들의 전술들로 하여금 전략목표 달성을 위한 액션들을 취하는 것을 가능케 하는, 적합한 정보의 정의를 변화시킨다.

현재까지의 내용을 짧게 정리하자면, 원가와 플로우는 적합한 정보, 비즈니스 룰들(정책들), 메트릭 목표들, 전술들, 그리고 액션들에 대하여 매우 다른 정의를 갖고 있다는 것이다.

▲ 원가-중심 효율은 경영계획의 달성 및 ROI 최대화를 위하여 '최상의' 개별 자원 효율 및 최소 단위-원가 성과의 계획 및 실행에 초점을 맞춘다. 낮은 단위-원가는 자연적인 결과이지만, 그것은 시스템이 측정된 기간 내에 실제로 지출한 운영비용과는 관계가 없다.

▲ 플로우-중심 효율은 마켓 디맨드 풀market demand pull 시그널과 ROI를 최대화하기 위한 시스템 플로우의 속도에 맞춰 모든 자원들의 우선순위를 동기화시키고 정렬한다. 높은 DDPDue Date Performance, 짧은 시장 리드타임, 그리고 최소의 투자자본들은 이로 인한 자연적인 결과이다. 이는 최소의 시스템 비용과 투자로 최대의 시장 기회를 창출하는 것과 깊은 관계가 있다.

이러한 두 전략들은 비즈니스 룰들, 서로 상충하거나 반대되는 전술적 의사결정, 그리고 실행 액션들과 같은 서로 다른 정책들로 이어진다. 그리고 그 중 단 하나만이 ROI 최대화를 위한 시스템의 능력 관점에서 최적일 수 있다. 그 중 하나는 시스템 ROI의 최대화 방법에 대한 잘못된 룰들과 가정들에 기초를 두고 있다. 우리는 두 개의 상반되는 전략을 가지면서 일관성 있는 계획, 실행 전술, 그리고 최적의 결과를 기대할 수는 없다.

불행하게도 이것이 서로 상충되는 목표들 사이에서 끊임없는 타협을 요구하는 의사결정의 세계에 걸쳐져 있는, 대부분의 회사들과 관리자들이 처해있는 현실이다. 5장에서 우리는 이러한 성과평가지표들이 어떻게 직접적으로 시스템 플로우에 대한 장애물의 생성과 끊임없는 사후 문제 처리firefighting로 귀결되는지를 보여주는 노멀 회사의 사례를 사용하였다.

그 결과는 장애물로 인한 독촉활동에 사용된 비용 및 투자의 증가, 생산능력의 상실, 자재의 낭비, 재고의 증가, 그리고 궁극적으로는 수익창출 기회 상실이다. 총 시스템 효율은 감소하였다.

원가의 정의
Defining Cost

플로우와 원가 메트릭스 사이의 경쟁을 끝내기 위해서는 각각의 메트릭스가 우수한 경영의사결정에 적합한 정보를 정의하기 위하여 사용하는 수학을 우선 이해해야 한다. 시발점은 적합한 정보의 정의에 대한 동의와 원가의 정의에 대한 동의이다. 주장컨대, 원가는 제조업에서 가장 많이 사용되고, 잘못 이해되며, 잘못 해석되고, 오해되는 단어이다. 관리회계는 원가의 경제적 정의를 사용하며, 그것은 원가-생산량 이익 분석의 기본이 된다. 주목할 만한 관리회계 교과서 중 하나는 의사결정을 위하여 적합한 정보를 아래와 같이 정의하였다.

모든 의사결정은 최소한 두 개의 대안 중 하나를 선택하는 것을 포함한다. 의사결정을 함에 있어서 한 대안의 원가 및 이득은 반드시 다른 대안의 원가 및 이득과 비교되어야 한다. 대안 간에 서로 다른 원가와 이득은 적합한 원가relevant cost라고 불린다. 적합한 원가와 이득을 부적합한 원가와 이득과 구분하는 것은 두 가지 이유에서 중요하다. 첫째로 부적합한 데이터를 무시함으로써 의사결정권자들은 엄청난 양의 시간과 노력을 절약할 수 있다. 둘째는 대안분석 시 틀린 의사결정이 부적절한 원가와 이득으로부터 쉽게 내려질 수 있다는 것이다. 성공적인 의사결정을 하려면 관리자들은 대안분석 시 적합한 정보와 부적합한 정보의 차이를 구분할 수 있어야 한다.[1]

위의 정의에서 언급된 원가는 원가가 적합한 시간 범위 동안 어떻게 행동하는

가에 기초를 두고 있다. 다시 말하면 맥락과 적합성에 있어서 타임프레임timeframe 이 중요해진다는 것이다.

변동원가variable cost는 생산량에 따라 증가하고 감소하는 원가이다. 다시 말하지만 이것은 변동원가의 변화는 시스템의 생산량 변화의 함수라는 것이다. 변동원가는 한 생산자원의 생산량에 결부되어 있지 않다. 따라서, 총 변동원가가 생산량(변동원가의 동인)에 따라 증가하거나 감소하는 반면, 단위 원가 기준으로는 일정하다는 것에 주목하는 것이 중요하다. 가장 단순한 사례는 원자재이다. 이러한 일대 일의 관계는 원가를 개별 제품 또는 서비스에 직접 할당하는 것을 쉽게 한다. 사실상 이것이 직접원가direct cost의 정의이다. 변동원가는 쉽고 편리하게 원가 오브젝트cost object에 대하여 추적될 수 있다. 우리의 모든 사례에서 원가 오브젝트는 제품, 또는 부품의 단위이다. 생산량 변화에 대한 변동원가 변화를 나타내는 직선 그래프는 항상 생산량의 한 단위 변화에 대한 단위 변동비 변화율에 따른 일대 일 비율의 경사를 갖는다.

[그림 6.1]은 단위 생산량에 대한 자재원가의 행동 및 일대 일 관계를 보여준다. 생산된 각 단위에 대한 자재 원가 $50은 변하지 않지만, 총 원가는 원가 동

그림 6.1 원가 생산량 이익(Cost Volume Profit) 그래프–변동원가

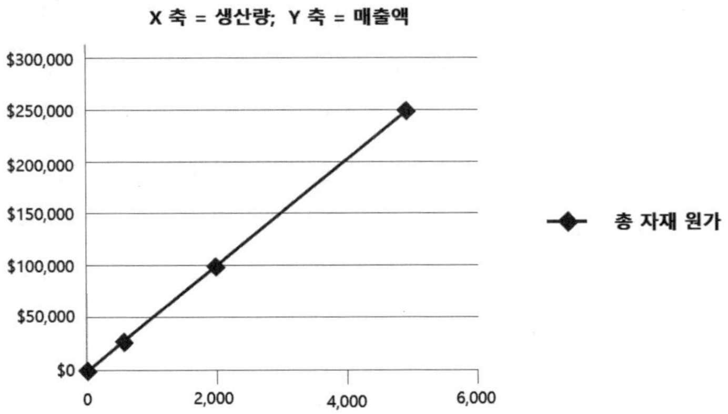

인인 생산량에 따라 증가하거나 감소한다.

고정원가fixed cost는 활동 수준에서의 변화와 관계없이 전체적으로 불변이다. 변동원가와 다르게 고정원가는 적합한 범위relevant range 내에서 변화에 영향을 받지 않는다. 적합한 범위는 변동비와 고정비에 대한 가정이 유효한 활동범위를 말하며, 시간과도 연관되어 있다. 생산량의 적합한 범위에 대한 타임프레임은 고정원가로 들어오거나 고정원가에서 빠져나가는 시간에 의해 결정된다.

적합한 범위에 대한 아이디어를 보여주는 사례는 창고로 사용될 빌딩에 대한 리스 개시부터 리스 종료까지의 타임프레임이다. 리스 종료 시간은 리스의 수명 또는 해당 공간을 다른 사람에게 전대sublet 할 수 있는 시간의 길이이다. 그 타임프레임 동안 리스에 대한 고정 원가는 얼마나 넓은 면적이 사용되었는지의 여부와 어떤 종류의 제품이 저장되었는지의 여부에 관계 없이 변하지 않는다. 리스 또는 건축을 통한 창고 스페이스 확장에 필요한 시간은 제품을 저장할 스페이스의 생산량 한도가 언제 극복되는가를 결정한다. 스페이스가 증가된 생산량을 저장할 준비가 될 때까지 생산량은 증가될 수 없다. 이것은 생산량 범위가 추가적인 창고 스페이스에 대한 고정비용의 증가 없이 고정됨을 뜻한다. 그 반대의 경우도 있다. 리스한 창고에 저장된 제품의 수량을 줄인다고 해서 고정비가 줄어드는 것은 아니다. 단지 더 낮은 비용의 창고로 이전하는 것만이 제품 저장에 대한 고정원가를 감소시킬 것이다. 고정비용은 선형이며 항상 0의 경사도를 가지므로 적합한 구간에 걸쳐 그래프로 표시하기 쉽다. 고정비용은 적합한 구간에 걸쳐 평평한 수평선으로 표시된다. 중요한 것은 고정비용은 변동비용의 직접 변동 기능에 정 반대되는 역기능을 갖는다는 것을 이해하는 것이다. 생산량의 증가 또는 감소에 관계 없이 총 고정원가는 변하지 않는다. 그러나 생산량의 변화에 따라 단위원가는 증가하거나 감소하는데, 그 이유는 고정비용을 각 단위에 배부하기 때문이다.

[그림 6.2]는 생산량 변화에 따른 고정원가의 행동을 보여준다.

생산량의 증가 또는 감소에 관계없이 전체 원가에는 변화가 없다. 한 달의 시

그림 6.2 원가 생산량 이익(Cost Volume Profit) 그래프–고정원가

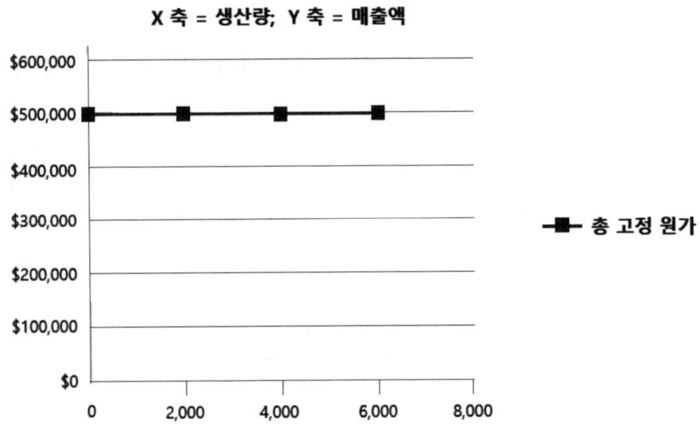

간 구간과 6,000개의 생산량 한계 내에서의 수량이 증가하거나 감소하더라도 생산에 대한 총 노무비와 간접비는 불변이다.

현재의 고정원가 투자에 대한 생산량 한계는 생산량의 증가를 위한 투자의 증가, 또는 투자 감축 및 비용과 생산량의 감소에 필요한 타임 프레임에 의해서 결정된다. 적합한 범위는 원가 행동과 생산량 상한선이 변경될 수 없는 타임 프레임을 정의한다. 어느 한 달에 걸쳐 공장은 현실적으로 생산량 상한선을 변경시키기 위해 인원을 추가 또는 감축할 수 없고, 또한 자본투자를 추가할 수 없다. 모든 제조간접비에 대한 총비용은 6,000개의 생산량 한도 내에서 감소 또는 증가 여부에 관계 없이 일정하다. [그림 6.3]은 앞에서 정의된 6,000개의 적합한 범위에 대하여 변동 및 고정원가에 대한 공장의 총 비용을 나타낸 그래프이다. 총원가에 대한 관계를 나타내기 위하여 변동원가가 y축과 만나는 점은 0이 아니라 $500,000의 고정원가 투자에서 시작한다. 첫 번째 제품 단위를 생산하기 위하여는 고정비 투자가 우선 이루어져야 한다. 변동원가 선의 경사도는 [그림 6.1]에서의 변동원가 선의 경사도와 동일하다. 총 단위 원가는 고정원가를 포

함하기 때문에, 그래프 상에서 각 생산량 지점마다 다르게 된다. 총 단위원가는 과거 원가를 표시할 경우, 또는 특정 생산량 및 제품 믹스 계획에 대한 예산 예측의 경우에 한해서 정확하다. 적합한 범위의 정의는 총 고정원가 비용을 감소시키는 의사결정이 적합한 범위 타임 프레임 내에서는 이루어질 수 없다는 것이다.

그림 6.3 원가 생산량 이익(Cost Volume Profit) 그래프–총원가

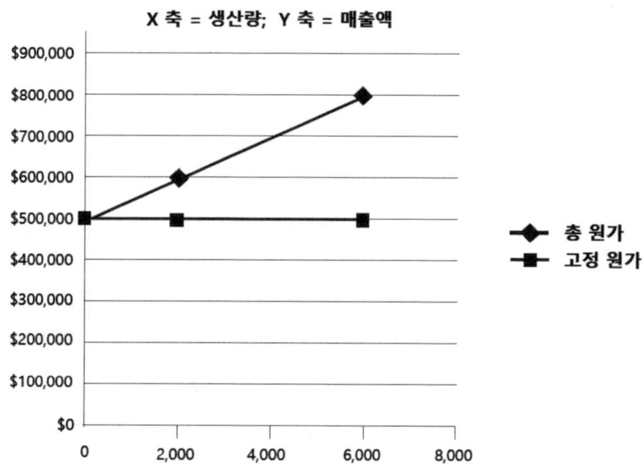

단위화된 고정원가unitized fixed costs는 생산량 선의 한 점에서만 타당하며, GAAP 재무보고서에 표시된 대로 과거의 성과를 정확히 나타낸다. 따라서 특정 생산량 수준에서의 단위화 된 고정원가는 모든 다른 생산량 수준에서는 틀린 숫자가 된다. 단위화 된 고정원가는 적합한 시간범위 안에서 어떠한 원가 동인cost driver과도 관계가 없다. 단위화 된 고정원가는 시간 구간에 걸쳐 고정된 값을 가지며 생산량에 의해 제어된다.

CVPcost-volume-profit(원가–생산량–이익) 분석은 생산량의 변동이 수익(매출), 비용(원가), 그리고 순이익에 미치는 영향을 연구하기 위하여 관리경제학 및 관

리회계에서 사용되는 방법이다. 의사결정에 적합하기 위해서 CVP는 반드시 여러 가정들을 만들어야 한다. CVP 분석은 가격, 변동원가, 그리고 고정원가에 대하여 앞에서 언급한 미분방정식을 사용하는 것과 그것들을 경제 그래프에 표시하는 것을 포함한다. CVP 분석은 사업관리자들이 단기 경제적 의사결정을 내리는데 유용하다(예: 원가 가정의 적합한 범위 내의 의사결정). 그래프에서의 손익분기점은 발생된 매출액이 판매된 제품과 관련된 총 고정원가 비용과 변동비용을 상쇄하는 점을 보여준다. 손익 분기점을 지나게 되면 추가적으로 판매되는 매 단위 제품마다 순이익을 발생시킨다. 단위제품에 대한 판매가격과 변동원가의 차이는 순이익으로 이어지며, 또한 단위당 쓰루풋throughput으로 알려져 있는 단위 제품 공헌이익contribution margin으로 정의된다. 단위당 공헌 이익 산출을 위한 수학 공식은 다음과 같다.

단위당 판매가격 - 단위당 변동비 = 단위당 공헌 이익

CVP는 생산량 변화에 따른 순이익과 손익분기점의 관계를 그래픽으로 나타내는 의사결정 도구이다. CVP는 제품 판매가격과 제품 믹스 변경에 관련된 서로 다른 가정들을 변경시킴으로써 제품 손익 분기점과 순이익에 대한 변경을 모델링 하는데 사용될 수 있다. CVP 분석은 특정 제품 믹스, 단위당 판매가격, 그리고 변동 단위원가 하에서의 손익분기점을 결정한다. 이익과 손익분기점에 대한 영향을 이해하기 위하여 제품 믹스 가정들을 변경시키는 것은 CVP의 중요한 용도이다.

고정원가는 앞에서 언급한 인풋들의 변화에 따라 변화하지 않으므로 CVP 분석에 부적합하다. [그림 6.4]는 아래의 인풋을 기초로 한 CVP 그래프를 보여준다.

그림 6.4 원가 생산량 이익(Cost Volume Profit) 그래프–손익 분기

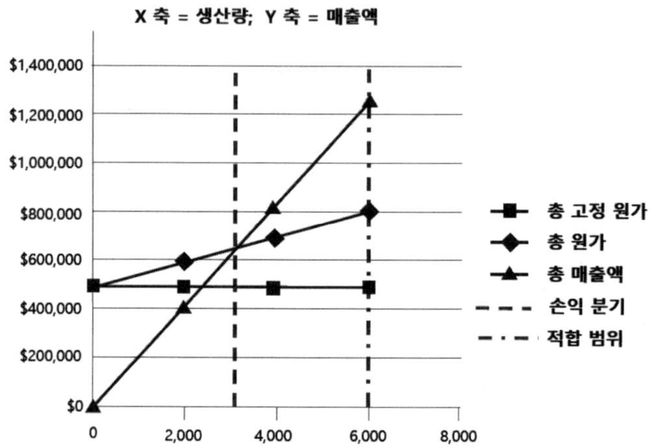

▲ 총 공장 비용: $50(변동원가), $500,000(고정원가)

▲ 생산량 적합범위: 6,000개

▲ 단위당 판매가: $210

▲ 공헌이익: $160

▲ 손익분기점 수량: 3,125

총 수익 선이 총 원가 선을 만나는 점이 손익분기점이다. 손익분기 생산량을 초과하게 되면, 판매된 매 추가단위에 대한 $160의 공헌이익이 이익금액이 된다. 판매가격의 증가/감소 또는 변동원가의 증가/감소와 같은 선의 경사도의 변화는 손익분기점을 바꾸게 된다.

〈표 6.3〉은 단위화 된 고정원가가 어떻게 행동하며, 왜 그것이 인위적인 숫자인지를 보여준다. 어떠한 활동 동인activity driver도 단위원가를 타당성 있게 만들지 못한다. 왜냐하면, 활동 동인은 적합한 시간 범위 내에서 어떠한 생산량과도 관련이 없기 때문이다. 단위화 된 고정원가는 항상 생산량 축에서의 한 점에서만

표 6.3 생산량 증가에 따른 단위 변동원가와 단위 고정원가의 변화 비교

총 생산량	단위 변동원가	총 변동원가	총 고정원가	단위 고정원가
1	$50	$50	$500,000	$500,000
2,000	$50	$100,000	$500,000	$250
3,125	$50	$156,250	$500,000	$160
4,000	$50	$200,000	$500,000	$125
6,000	$50	$300,000	$500,000	$83

맞는다.(즉 생산량이 증가할수록 단위화 된 고정원가는 감소한다.)

단위화 된 고정원가는 과거를 100% 정확하게 묘사하는데, 그 이유는 과거에 대해서는 평균 단위원가와 생산량을 산출한 수량과 제품 믹스가 알려져 있기 때문이다. 단위화 된 고정원가는 단기의 전술적 의사결정을 하는데 부적합하다. 왜냐하면 적합한 기간 동안 총 고정원가 비용을 변경시키는 단기 액션이 존재하지 않기 때문이다. 어떠한 계획 및 실행 액션이 취해지더라도 최소 고정원가 비용은 거의 $500,000이 될 것이다.

단위 원가의 최소화라는 단일 목적을 위해서 취해진 전술적 액션은 ROI 계산식에서 원가 측면에 대한 어떤 긍정적 효과도 가져오지 못한다. 만일 취해진 액션이 플로우를 방해하면 그것은 ROI 계산식의 수익 및 운영비용 원가 측면에 대하여 부정적인 결과를 가져올 뿐 아니라 ROI 계산식의 다른 측면에 있는 투자자본에 대하여도 부정적인 영향을 가져올 것이다.

관리회계 교과서들은 의사결정을 위한 단위화 된 고정원가에 관하여 반복되는 경고로 가득 차 있다. 아래의 내용은 그 중 몇 가지 예이다.

때때로 고정원가를 평균 단위 기반으로 표현하는 것이 필요하다. 예를 들면, 우리는 고정원가와 변동원가를 포함한 외부용도의 재무제표에서의 사용을 위하여 단위 제품 원가가 어떻게 계산되는 지를 알아보았다. ***그러나 일반적으로 우리는 내부 회계보고서에서 고정원가를 단위당 평균 기반으로 표현하는 것을 경고한다.*** *왜냐하면, 이렇게 함으로써 고정원가가 변동원가와 유사하며, 총 고정원가가 활동 수준의 변동에 따라 실*

제로 변동되는 것 같은 잘못된 인상을 주기 때문이다. 내부 보고와 의사결정 상황에서의 혼동을 피하기 위하여 고정원가는 단위 기준 보다는 전체 금액 기준으로 표현되어야한다.[2]

적합한 범위는 그 범위 내에서 변동 및 고정원가에 대한 가정이 타당성 있는 활동 범위이다. 고정원가는 단위 기준으로 표현될 경우 혼동을 야기시킨다. 왜냐하면, 단위당 평균 고정원가는 활동의 변화에 역 비례하여 증가 및 감소하기 때문이다.[3]

공급망에 있어서의 모든 자본 인프라의 적합한 범위는(대부분의 경우 직접 노무비를 포함) 제품 생산계획, 스케줄링, 그리고 실행 사이클 타임보다 크다. 오늘날의 세계에 있어서 조직의 거의 대부분의 비용은 최소한 한 분기(3개월)에 대해서 고정비용이다. 만일 이것이 사실이라면, 제품 또는 프로젝트에 대한 단위 제품원가, 또는 단위원가 효율 성과 평가지표, 전술 계획, 스케줄링 및 실행 의사결정에 대하여 적합한 정보로서 타당성이 있는 경우는 존재할 수 없다. 모든 단위 고정원가 및 단위 고정원가를 포함한 효율 메트릭스는 부적합하며, 잘못된 의사결정으로 이어질 수 있다.

〈표 6.4〉는 계획, 스케줄링, 실행, 그리고 계획대비 실행의 측정을 위한 서로 다른 시간 구간들을 보여준다. 이 표의 요점은 계획 프로세스가 전략적 연간 재무계획으로부터 시작해서 분기 및 월 단위 버킷으로 전개되는 것을 보여주는 것이다. 충분히 긴 타임 프레임을 고려해 보면, 모든 비용은 변동비이다. 의사결정을 위하여 적합한 타임 프레임은 원가와 수익 행동을 결정하며, 어떠한 정보가 적합하고 어떤 것이 부적합한지를 정의한다. 부적합한 정보는 항상 무시되어야 한다. 분명히 통상적인 전술적 계획, 스케줄링, 그리고 실행 공급망 사이클 타임(3개월 이내)에 걸쳐 진정한 직접 변동원가(자재비, 외주비, 직접 근로자의 잔업비용 등)는 제품 및 프로젝트 계획, 스케줄링 및 실행 의사결정을 위하여 유일한 적합한 정보이다. 전술적 계획, 스케줄링 및 실행 수준에서 적합한 시간 범위는

표 6.4 전략 및 전술 시간 구간(time horizon)은 각기 다른 원가 행동양식의 적합한 시간 범위를 결정한다.

전략적 또는 전술적 시간구간	계획 (plan)	스케줄 (schedule)	실행 (Execute)	계획 대비 실행 측정 주기
전략적	년(Annually)			년(Annually)
전략적 및 전술적	분기(Quarterly)			분기(Quarterly)
전술적	월(Monthly)	월(Monthly)		월(Monthly)
전술적	주(Weekly)	주(Weekly)		주(Weekly)
전술적		일(Daily)	일(Daily)	일(Daily)
전술적			시간 (Hourly)	시간(Hourly)

충분히 짧기 때문에 연간 재무계획에서의 거의 모든 고정 비용은 부적합한 정보이다. 따라서 고정비용은 전술적 계획 및 실행 의사결정에서 제외되어야 한다. *고정비용은 모든 자원의 성과 평가지표로부터 제외되어야 한다.*

단위화된 고정원가는 모든 전술적 계획, 스케줄링, 그리고 실행 메트릭스에서 제거되어야 한다. 원가중심 효율 전략cost centric efficiency strategy과 플로우 중심 효율 전략flow centric efficiency strategy의 가장 중요한 차이는 다음과 같다.

원가 전략은 계획, 스케줄링 및 실행을 위한 적합한 정보를 결정하기 위하여 단위 원가정보를 연간 전략 타임 프레임으로부터 추정하여 전술적 타임프레임에 적용한다. 플로우 전략은 단지 전술적 타임 프레임에 의해서 결정된 적합한 원가 및 수익만을 사용하여 마켓 풀market pull 시그널에 따라 계획하고 스케줄링하며 실행한다. 두 가지 전략을 모두 실행에 옮기려는 시도는 노멀 회사의 딜레마를 초래하였으며, 부적합한 정보와 서로 상충되는 메트릭스는 고객 배송과 재무 성과에 손상을 가져왔다.

각주 ———————————————————

1. Noreen, Eric, PeterBrewer, and Ray Garrison, 관리자를 위한 관리회계(Managerial Accounting for Managers), McGraw-Hill Irwin, 2008, page 500.

2. Ibid, page 127.

3. Ibid, page 53.

7 기존 회계시스템의 성과측정 문제점

Our Current Accounting Measuring Mess

- 이유 1: ERP/MRP II의 확산
- 이유 2: 프론트 오피스와 제조부문간의 괴리 증가
- 이유 3: 관리회계의 쇠퇴
- 사일로 사고

7 기존 회계시스템의 성과측정 문제점

Our Current Accounting Measuring Mess

적합한 정보와 경영 의사결정권자에게 제공되는 정보와의 간격은 점점 커지고 있고, 세가지 이유로 더욱 널리 퍼지게 되었다

이유 1: ERP/MRP II의 확산

이유 2: 프로트 오피스와 제조부문간의 괴리 증가

이유 3: 관리회계의 쇠퇴

적합한 정보에 있어서 간격은 다음의 두 가지 이유에서 더욱 심각하다.

간격의 설명 1: 복잡성의 증가

간격의 설명 2: 선형에서 비 선형 시스템으로의 전환

로지스틱스, 엔지니어링, 회계학, 마케팅, 그리고 경영 운영관리와 같은 응용과학은 실질적 적용을 위하여 지나치게 단순화된다. 목적 달성을 위해 충분한 것으로 정의되는 실질적 적용은 주요한 획기적 발전이 발생하여 자연과학의 근원이 되는 원칙들과 수학을 변화시키기 전까지 작동된다. 이것이 모든 응용과학들이 현재 겪고 있는 간격이다.

기차는 역을 출발했지만 응용과학은 그 기차에 탑승하지 않았다. 사실상 공급망 관리는 연료조절판에 GAAP와 잘못 적용된 수학을 탑재한 채 잘못된 길을 달려가는 다른 기차에 탑승하고 있다.

7 기존 회계시스템의 성과측정 문제점

Our Current Accounting Measuring Mess

분명한 질문은 "어떻게 우리의 회계 시스템이 엉망진창인 것을 측정하게 되었는가?"이며, 이에 대한 답은 아래와 같다.

1. 우리는 우리 회계 도구 세트를 혼동상태로 만들었다(재무회계 대 관리회계).

2. 시스템 이론의 기초과학 분야에 있어서 선형 시스템으로서의 공급망 정의를 부인하는 중대한 변화가 있었다.

그러면 우선 회계 도구의 혼동에 대하여 알아보도록 하자. 적합한 정보 및 적합한 타임 프레임을 정의하는 포인트와 원가와 수익 행동을 나타내는 그래프들은 GAAP 원가계산이 경제학과 관리회계에서 정의한 원가와 호환적으로 사용될 수 없음을 명확히 보여준다. 재무회계와 관리회계는 같은 역사, 룰, 수학 모델, 또는 목적을 갖고 있지 않다. 그들은 별개의 BOKBody of Knowledge이며, 학계에서 그렇게 인식되고 있다. 관리회계는 혁신을 기반으로 탄생하였으며, 경제학과 행동과학을 그 응용과학에 대한 기초로 사용한다. 플로우와 관리회계를 지배하는 원칙들은 같은 역사를 갖고 있으며, 다음 장의 주제이다. 그들은 같이 발전하였으며, 관리회계와 시스템 플로우 사이에는 갈등이 없다. 사실상, 그들의 발전과 그들 각각의 적용방법에 대한 뒤이은 이해는 반복적으로 진행되어 왔다. 그들은 설립자/창안자 들을 위한 업계의 지배력을 확보하였다.

다음의 내용은 재무회계와 관리회계의 주요 차이점에 대한 요약이다.

관리회계는 조직 내에서 조직의 운영을 지휘하고 컨트롤하는 관리자들에게 정보를 제공하는 것이 주요 관심사이다. 반면에 재무회계는 주주, 채권자, 그리고 조직 외부에 있는 다른 사람들에게 정보를 제공하는 것이 주요 관심사이다. 관리회계는 조직 경영에 필요한 중요한 데이터를 제공한다. 재무회계는 외부 사람들이 회사의 과거 재무 성과를 판단하는데 사용되는 중요한 데이터를 제공한다. 관리회계 담당자는 다양한 보고서들을 작성한다. 어떤 보고서들은 관리자와 사업본부가 얼마나 좋은 성과를 달성했는가에 대한 것이다(실제 결과를 계획 또는 표준과 비교).

어떤 보고서들은 주문현황, 주문잔고, 생산능력 가동률, 그리고 매출액과 같은 핵심지표들에 대한 적시의 빈번한 업데이트를 제공한다. 다른 분석 보고서들도 제품 라인의 수익성의 감소와 같은 특정 문제들에 대한 조사가 필요할 때 작성된다. 그리고 다른 보고서들은 비즈니스 상황 또는 기회의 개발을 분석한다. 이와는 대조적으로, 재무회계는 일반회계원칙GAAP: Generally Accepted Accounting Principles에 따라 명확히 규정된 연차 및 분기 재무제표를 생성하는데 목적이 있다.[1]

재무회계는 증권거래위원회SEC: Securities and Exchange Commission로 알려진 규제기관의 지침을 준수하고, 이 기관에 의해 통제 받는 것을 전제로 탄생하였다. SEC는 연차 및 분기 재무제표들에 관하여 상장기업 및 금융시장을 회사들에 의한 사기성의 그릇된 설명으로부터 보호할 의도를 가진 입법에 의하여 출범하였다. 다음은 SEC 조직인 FASBFinancial Accounting Standards Board(재무회계 표준위원회)의 공식 웹사이트로부터 발췌한 것이다.

SEC는 1934년의 증권거래소법Securities Exchange Act에 입각하여 상장기업에 대한 재무

회계 및 보고 표준들을 확립할 법적 권위를 가진다. 그러나, 위원회의 정책은 그 역사를 통해서 볼 때, 이 기능에 대하여 민간부문이 공익에 대한 책임을 구현할 능력을 입증할 수 있는 한도까지 민간부문에 의존하여 왔다. FASB는 1973년 이래 민간 회사들의 재무보고서 작성의 기준이 되는 재무회계 표준을 확립하는데 있어 민간부문에 대한 지정된 기관의 역할을 해왔다. 이러한 표준들은 공식적으로 SECFinancial Reporting Release NO.1, Section 101, and reaffirmed in its April 2003 PolicyStatement와 미국 공인회계사 협회American Institute of Certified Public Accountants Rule 203, Rules of Professional Conduct, as amended May 1973 and May 1979에 의해 권위 있는 것으로 공인된다. 이러한 표준들은 경제가 효율적으로 작동하기 위하여 중요하다. 왜냐하면 자원의 할당에 대한 의사결정들이 신뢰할 수 있고, 정확하며, 이해할 수 있는 재무 정보에 매우 많이 의존하기 때문이다.[2]

이 책을 집필하고 있던 중에 FASB의 일곱 명으로 구성된 운영이사회가 결성되었는데, 상장기업회계의 경력을 가지고 있는 전직 산업체 CFO, 상장기업회계의 경력을 가지고 있는 두 명의 월 스트리트 기업의 중역, 두 명의 전직 상장기업회계 법인파트너, 그리고 역시 상장기업회계의 경력을 가지고 있는 법정감사로 구성되었다. 요점은 그들 모두가 GAAP 및 감사 표준들의 전문가라는 것이다.

GAAP의 룰들은 상장기업들의 보호와 다양한 산업의 이익을 보호하기 위한 산업체 로비에 의한 법률의 혼합물을 기반으로 만들어졌으며, 위원회 프로세스에 의하여 공표된다.

플로우의 중요성 및 제조와 공급망 운영 관리를 위한 지속적이고 적절한 수학 원칙들의 적용은 이 목적과 전혀 상관이 없다. GAAP의 룰들은 과거의 활동들을 요약하고 과거의 특정 일자에 대한 정확한 정적static 가치를 제시하기 위한 데이터 포인트의 분류, 범주화, 그리고 그루핑grouping에 관한 것들이다. 그 목적은 일반적인 산업체에서 동일한 룰을 사용하여 모든 회사들의 자산들에 관한 정보의 표시를 확보하기 위한 것이다. 이를 위한 목표는 회사의 시간 기간 및 회사간의 공정하고 지속적인 재무제표의 비교를 확보하기 위한 것이다. 감사 받은 재무제표들은 컴파일 시 GAAP 룰들을 준수하였다면, 공정하게 작성된 것으로 평가 받는다.

재무 감사의 목적은 재무제표의 작성이 GAAP 룰들에 따라 이루어졌는가를 입증하고 인증하는 것이다. GAAP에서 사용되는 수학 룰들은 가산적이며, 과거의 시간 기간 동안의 회사의 실제 원가와 수익 행동을 모델링 하기 위한 것이다. 이 룰들은 미래의 성과 또는 잠재력에 대한 어떠한 진술도 추론하지 않으며, 미래의 의사결정을 위한 적합한 정보를 제공하는데 사용될 의도를 갖고 있지도 않다. GAAP에 기초하여 감사 받은 재무제표들은 미국에만 국한되지 않는다. 그들은 현재 전세계적인 재무보고 요구사항이며, 다양한 기관 또는 조직들에 의해서 통제되고 있다. 예를 들면, “공산주의의 몰락 이후 러시아에서의 회계방법은 서양에서 사용되는 회계방법과의 더욱 밀접한 합의를 위해 변화하였다. 그 결과 중 하나가 전부원가absorption costing의 채택이다.”[3]

재무회계는 명백한 목적을 가지고 있으며, AICPAAmerican Institute of CPA(미국 공인회계사협회), FASBFinancial Accounting Standards Board (재무회계 표준위원회), 또는 SECSecurities and Exchange Commission(증권거래위원회)를 경시하고자 하는 것이 우리의 의도가 아니다. 재무회계는 필요하며 주주들과 금융시장을 위한 매우 중요한 목적에 기여하고 있다. 우리의 목적은 단지 제조와 공급망 운영에 있어서의 의사결정을 위하여 GAAP룰들, 보고서, 그리고 성과평가지표들을 사용할 경우, 원하는 결과를 얻지 못할 것이라는 것을 지적하는 것이다. GAAP에서 사용되는 수학은 종속적 이벤트 경제 시스템 관리를 위한 과학의 수학적 원칙들을 반영하지 못한다. 재무회계와 전부 제품 원가회계fully absorbed product cost accounting의 전체 목적은 과거의 원가를 설명하고 회사의 과거 성과에 대한 한 시점에서의 스냅샷snapshot을 공정하게 보여주는 것이다. 그러나, 의사결정에 적합한 미래의 타임프레임에 걸친 산출물을 예측하는데 적합한 정보를 활용해야만 현재의 사람과 자원들을 관리할 수 있다.

원가회계와 재무회계의 전체 목적은 GAAP를 준수하는 방식으로 회사의 과거 성과를 보고하는 것이라는 것을 명심하라. 재무회계는 한 회사의 과거 성과를 다른 회사의 과거 성과와 비교할 수 있도록 하거나, 같은 회사의 한 과거 시간 기간을 다른 과거의 시간 기간과 비교할 수 있도록 하게 하는 공통 룰들의 집합을 제공하기 위하여 존재한다. 전부원가회계full absorption accounting는 손익계산서 상의 재고 및 매출원가 가치 평가를 위한, 완전히 배부된 단위원가를 생성하기 위하여 모든 제조 비용이 재고 및 제품에 할당되는 것을 요구한다.

GAAP(또는 이에 상응하는 지역 회계원칙)을 준수하는 것은 전세계 대부분의 지역에서의 비즈니스 수행의 기본적 요구사항이다. 그러나 회사들은 그 것을 의사결정을 위해서 사용하도록 요구 받지는 않는다. 사실상 관리회계는 의사결정을 위하여 전부원가를 사용하는 것을 추천하지 않는다. 자재의 왜곡의 발생이 거의 확실하기 때문이다. 가정들이 재무회계와 관리회계 사이에 어떻게 다르고, 왜 뒤죽박죽이 되었는지를 이해하는 것이 중요하다. 2장의 노멀 회사의 사례에서 알 수 있듯 의사결정을 위하여 GAAP 기준의 단위화된 원가 정보가 사용될 경우, 그 결과를 예상할 수 있다. 그러나 그것은 회사의 경영층이 원했거나 의도했던 결과가 아니다. 적합한 정보가 무엇인가와 경영 의사결정권자에게 적합한 정보로서 제공되는 것과의 간격은 점점 커지고 있다. 둘 사이의 혼동과 간격은 1970년대에 주목할 만큼 커지기 시작했다. 그리고 그것은 더욱 더 널리 퍼지고 극심하게 되었다. 원가가 정말로 어떻게 행동하는지(6장에서의 변동 및 고정원가 행동의 경제적 정의)를 확실히 이해한다면 고정원가가 GAAP 재무회계에서의 완전배부full absorption에서 설명된 것처럼 행동하지 않는다는 것이 명확해진다. 이것은 새로운 뉴스가 아니다. 1980년대 말 이후 회계학계 안팎의 많은 비즈니스 전문가들과 학자들이 이 주제 및 GAAP 재무회계의 부정적 결과에 대하여 연구 및 기고를 해왔다. 새로운 사실은 핵심 문제영역에 더욱 많은 부정적 결과가 존재한다는 인식이다. 해결방안은 회계 관점에서 단순히 시계를 1960년대로 되돌리는 것이 아니다. 두 회계 관점 사이의 간격은 세가지 이유로 더욱 널리 퍼지게 되었다. 그 심각성에 대한 이유는 각각 이 장의 끝 부분에서 다루어질 것이다.

이유 1: ERP/MRP II의 확산
The Proliferation of ERP/MRP II

첫 번째는 더욱 많은 제조 및 유통 회사들이 ERP와 MRP II 정보기술 플랫폼들을 구매하고 실행하게 되었기 때문이다. 1975년에는 단지 700개의 회사들만이 MRP 시스템을 보유하고 있었다.[4] 오늘날에는 아주 작은 제조업체 및 유통업체에서도 ERP(MRP II가 내장된) 패키지들을 사용하는 것이 일반화 되어 있다.

자재소요량계획MRP의 적용은 1970년대에 시작되었다. 1980년대 초반까지 MRP II를 사용하는 회사들은 월말 재무제표 작성을 빠르게 하기 위해 자동원가 롤업automated costing roll-up 구조를 받아들였다. 이 기술의 약속들 중 하나는 수작업으로 정보를 편집하는 중간관리 직위를 제거하는 것이었다. 표준원가 롤업 시스템은 빨랐고, 정확했으며(계산 오류가 없음), 월말 마감 스피드의 증진과 더불어 회계 분석가 직위를 제거하였다. 제조공정표, 품목, 그리고 제품구조 정보들은 모두 자동 전부원가 회계를 지원하도록 편성되었다. 제조관리를 위하여 표준 제조공정 시간 및 사용량 입력(측정단위 및 투입자재의 원가)을 캡쳐하도록 원래 설계된 제조 시스템은 이제 GAAP를 위한 원가계산 시스템에 주로 초점을 맞추게 되었다.

원가 롤업의 목적은 제품구조의 낮은 레벨에서 구매되고 제조된 품목(원자재, 중간제조품, 조립품목)의 원가를 제품구조의 맨 위에 위치한 품목인 최종 제품에 포함시키는 것이다. 모든 낮은 계층의 원가는 BOMBill of Material 구조의 다음 상위 레벨에 위치한 하나의 품목번호에 롤업된다. 이 품목번호는 마치 구매품목인 것처럼 하위 레벨 품목의 완전히 배부된 원가를 반영한다. 원가 구성요소들은 자재비, 노무비, 간접비, 외주비, 운송비, 관세 및 생산준비작업 비용들을 포함한다. 그러나 오늘날 다계층 제품구조를 지원하는 어떤 종류의 ERP 시스템들은 또한 GAAP 목적을 위해서 롤업 되어서는 안 되는 원가(예를 들면 매출원가)들을 포함하는 기능을 갖추고 있다. 이 추가 기능은 활동기준원가activity based costing 옹호자들의 주장이 반영된 것이며, 엔지니어링, 연구개발비용, 판매관리비용과 같은 비용들을 포함한다. 제품 원가 계획을 위하여 커스토마이징 하는 시점에, 지정된 원가계산 결과의 롤업 여부를 각각의 원가 구성요소에 대하여 정의할 수 있다. 이것은 사실상 원가 왜곡 가능성을 증가시킨다.

MRP II가 출현하기 이전에는 적합한 변동원가 정보가 사용 가능하였다. 한 예로 80년대 초반에 이 책의 공동 저자인 데브라 스미스Debra Smith는 클로락스 사Clorox Company의 한 사업부문의 재무 담당 임원이었다. 그들은 세가지 뚜렷한 원가계산 기능들을 가지고 있었다. 첫 번째는 원가회계 매니저였는데, 그의 임무는 외부 재무보고 요구사항을 지원하기 위하여 필요한 제품 원가 정보를 확보하는 것이었다. 그들은 표준원가 차이 계정을 조정하였으며, 공인 회계감사와 소통하였다. 두 번째는 일반 회계 매니저였는데, 그의 임무는 총계정원장, 외상매입금, 외상매출금을 관리하고, 마찬가지로 공인 감사법인과 소통하였다. 세 번째는 분석 및 컨트롤 매니저였는데, 그는 생산, 판매, 마케팅 부문에 적합한 정보를 제공하는 것을 책임지고 있었다. 그의 모든 분석들은 각 제품 카테고리의 공헌이익(판매가격에서 노무비를 제외한 진정한 변동비를 뺀 것), 또는 쓰루풋 달러throughput dollars에 기초하였다. 각 개별 제품에 대한 생산량, 판매가격(프로모션 및 정가 믹스), 그리고 변동비에 대하여 계획 대비 실적치의 차이 및 제품 믹스 차이를 기반으로 하여 당기순이익과 현금 플로우의 계획 대비 실적의 차이를 규명하는 것이 그의 임무였다. 마케팅과 판매부서는 이 정보를 이용하여 제품 트렌드를 예측하고, 프로모션을 계획하며, 판매 직원과 유통업체간의 의사소통을 하였다. 예산과 실적치 사이의 모든 고정 원가 차이는 각 항목으로서 평가되었다. 그 당시 공장들은 고도로 자동화되어 있었으므로 직접 노무비는 고정원가에 포함되었다. 내부 마케팅, 또는 투자 의사결정을 위하여 어떠한 단위화 된 고정원가도 사용되지 않았으며, 공장 스케줄링, 계획 및 실행 성과 평가지표로도 고려되지 않았다.

모든 관리 회계사들은 어디로 사라진 것일까? 그들은 원가 회계사로 변신했던지 아니면 모두 자리에서 물러났다. 생산기술의 획기적 발전은 제조에 있어서 직접 노동인력을 현저히 감소시켰으며, 그대신 간접 노동인력 및 자본 투자(간접비)는 직접 노동인력을 대체하였다. 누군가가 기술을 활용하고 관리해야 하게 된 것이다. 원가절감 기회를 위해 초점이 간접 노동인력으로 이동하였다. ERP와 MRP 시스템들은 원가 롤업을 자동화 할 수 있고, 데이터 편집의 회계업무를 제거하며, 보고서를 신속히 작성하고, 간접 노동인력을 줄일 수 있는 능력으로 인하여 어느 정도 팔려나갔다. 물론, IT(정보기술) 부서(간접 노동인력)가 어느 때보다 커진 것은 아이러니이다. 모든 신규 ERP 시스템 적용이 재무 모듈과 원가계산 시스템부터 시작되는 데는 그 이유가 있다. 그들은 신 시스템에서 재무제표들을 생성하기 전에는 구 시스템을 사용정지 시킬 수 없다. GAAP는 공정한 보고를 위해서 일관성을 요구한다는 사실을 명심하라. 따라서 낡은 나쁜 습관들은 새로운 나쁜 습관들이 된다. 대부분의 회사들은 재무제표 생성을 위한 원가시스템의 빠른 가동을 위하여 그들의 제조 시스템의 구축에 대하여 타협한다. 제조공정표와 표준 시간 및 자재 입력자료의 정확성뿐 아니라 출력의 선택들도 자주 타협되어 제조 시스템이 계획, 구매, 스케줄링 등 원래의 설계목적을 달성하는 것을 만족스럽지 못하게 한다. 더욱 나쁜 것은 시스템이 제공하는 '원가 정보'가 계획 및 실행에 부적합하다는 것이다. 의사결정에 있어서 부적합한 정보를 포함하는 것은 차선의 해결책으로 이어지며, 많은 경우에 있어서 해로운 의사결정/액션으로 이어진다. 1장의 그래프 [그림 1.1]은 계획을 보강하기 위하여 회사들이 즉석adhoc 시스템(주로 스프레드시트)의 사용에 의존하는 범위를 입증한다.

문제는 ROI를 최대화하기 위한 전략, 정책, 성과평가지표, 그리고 실행 액션들에 대한 의견 충돌 보다 더 크다. 비록 회사가 변화를 원하더라도 부적합하지만 '정확한' 데이터의 바다로부터 필요한 적합한 정보를 추출할 수 있는 회사의 능력이 기본적으로 결여되어 있다.

ERP/MRP 소프트웨어가 원가 데이터를 수집하고 롤업하도록 프로그래밍된 방식, 또는 회사들이 그들의 MRP II 원가계산 모듈을 정의하고 적용한 방식이 적합한 정보에의 접근을 방해하고 있다.

이유 2: 프론트 오피스와 제조부문간의 괴리 증가
The Growing Distance between the Front Office and Operations

지난 15년간의 트렌드는 많은 제조업체들에 대한 차입형 병합leveraged consolidation, 즉 복합기업의 형성conglomeration이다. 그 결과는 최고경영층 구조가 점점 더 제조 플로우와 공급망 물류로부터 떠나게 되었다는 것이다.

경영층은 통찰력보다는 그들의 ERP 시스템이 생성한 재무보고 정보에 더욱 더 의존하게 되었다. "숫자들이 무엇을 의미하는가?" 컴퓨터가 생성한 원가 및 차이 분석 보고서는 경영 환경의 이해, 성과 분석, 그리고 월간 업무 방향 수정의 가이드를 위하여 유일하며 신뢰성 있는 정확한 정보의 원천으로 여겨지고 있다. 그것은 이해하기 쉽다. 왜냐하면 경영층이 반드시 '월 스트리트'에 답변해야 하기 때문이며, 최소한 정기 계획(보통 분기 단위)에 대한 그들의 재무성과에 대하여 평가를 할 수 있기 때문이다.

이것은 경영초점이 운전자본 비율에 집중되도록 하며, 그들의 분기와 연차 수익 및 이익 계획 목표 달성에 대한 압력을 증가시킨다.

이유 3: 관리회계의 쇠퇴
The Fading Away of Management Accounting

업계와 학계에서 관리회계를 경시하고 역으로 새로운 재무회계 기법을 강조하는 트렌드는 혼동을 더욱 증가시켰다. 적합한 정보 요건 충족 및 제공에 대한 모호한 수학적 타당성과 상관없이 이 트렌드는 증가하였다. 원가 동인cost driver에 상관없이 고정원가를 배부하려는 어떠한 방법도 임의적일 뿐이며, 자주 모호한 정보와 모호한 결론으로 귀결된다. 그것은 복잡하며, 지저분하고, 원가와 수익이 어떻게 행동하는가에 대한 수학법칙을 위반한다. 관리회계와 원가회계를 모호하게 하는 트렌드는 1990년대 초반부터 중반까지 명백해졌으며, 계속 증가하는 것처럼 보인다. 다양한 이유로 관리회계는 구식이며 시대에 뒤진 것으로 인식되게 되었다. 이것은 사실이지만 틀린 이유로 인해서이다. 관리회계는 모든 다른 응용과학과 더불어 업데이트될 필요가 있다(상세한 내용은 다음 섹션에서 소개). 적합한 정보를 제공하는 것은 가용한 정보의 스피드와 양으로 인해 오늘날 더욱 크리티컬하다. 관리회계는 적합하며, 디맨드 드리븐 전략 및 스마트 메트릭스에 있어서 강력한 역할을 한다. 원가회계와 재무제표 분석에 대한 지지로 인하여 핵심적인 관리회계 개념을 경시하는 트렌드는 재무원가회계와 관리회계 사이의 매우 다른 역할 및 용도에 대한 오해의 원인이 된다. 의사결정을 위한 전부원가회계와 차이분석의 사용에 대한 관리 회계 교과서들의 반복적인 경고 및 제품 의사결정을 위하여 할당된 고정원가에 의존하는 위험에도 불구하고 회사들은 재무회계의 틀 안에 갇혀 버린다. 경영대학원에서는 관리회계에서 요구되는 교과과정이 한 분기로 줄어들었으며, 또는 '원가관리'라는 교과서에 합병되거나 대체되었다. 저자들은 이 용어 및 타이틀이 다음과 같은 두 가지 이유로 혼동을 야기하는 것을 발견하였다.

첫째, '원가관리'라는 타이틀은 학생들로 하여금 '원가'가 관리될 수 있으며, 고정원가를 단위화하기 위하여 선택된 임의적인 '동인driver'들이 로컬 자원local resource, 또는 별개의 프로세스 수준에서의 액션에 의해서 관리될 수 있다는 믿음으로 잘못 이끌 수 있다. 관리자들은 자본투자 의사결정을 하며, 일단 투자결정이 이루어지면 해당 비용은 매몰된다sunk. 일단 투자된 비용은 자산을 어떻게 활용하는가에 관련된 의사결정에 의해서 되돌려질 수 없다. 관리자들은 사람과 자원들을 관리하는 것이지 원가를 관리하는 것이 아니다. 원가는 설명 될 뿐이다. 이것이 바로 재무회계의 전체 요점이다. 돈은 어떤 것에 대하여 사용되거나 아닐 뿐이다. 그리고는 정확한 총계정원장의 계정으로 분류된다. 그것은 발생하였거나 그렇지 않았거나 둘 중의 하나이다. 아무리 많이 후회되더라도 과거의 이벤트를 관리할 수는 없다.

둘째로, 관리회계와 원가회계 커리큘럼을 결합하는 트렌드는 아주 다른 목적과 정보의 사용자들을 가지는, 근본적으로 다른 BOKbody of knowledge 사이의 경계를 모호하게 만들었다. '원가관리'라는 분야, 또는 BOK는 존재하지 않는다. 서로 다른 목적을 위한 서로 다른 도구라기 보다는, 상대적 선택인 원가계산 옵션의 잡동사니로 표현한다고 해서 관리회계와 원가회계가 하나가 될 수는 없다. 적합한 정보에 있어서의 간격은 다음의 두 가지 이유로 더욱 심각하다.

간격의 설명 1: 복잡성의 증가 Gap Explanation 1: An Increase in Complexity

1장에서 설명하였듯이, 현대의 공급망에서의 극적인 복잡성의 증가는 오늘날의 자재 및 유통관리 및 계획도구들에 대한 최첨단 기술과 애플리케이션의 결점을 악화시켰다. 문제와 해결방안에 대한 요약이 1장과 2장에서 설명되었다. 문제와 해결방안에 대한 심도 있는 이해를 돕기 위한 디맨드 드리븐 MRP가 올리키의 자재소요량계획Orlicky's Material Requirements Planning(Ptak and Smith, McGraw-Hill, 2011)의 3판에 포함되어 있다. MRP와 마찬가지로 관리회계는 오늘날의 복잡한 공급망에 있어서 더욱 더 크리티컬하며, DDMRP에서 보여진 것과 유사한 룰들의 업데이트가 필요하다.

간격의 설명 2: 선형에서 비선형 시스템으로의 전환 The Shift from Linear to Nonlinear Systems

자연과학에 있어서의 획기적 발전은 과학이 복잡 시스템complex systems의 행동을 지배하는 법칙들을 이해하고 설명하며, 모델링하는 방법을 근본적으로 바꾸어 놓았다. 공급망이 갈수록 더 복잡해짐에 따라 선형 시스템을 관리하기 위한 현재의 사고와 도구들과 더욱 확고한 접근방법들 사이의 간격은 갈수록 명확해지고 있다. 이 깊은 변화의 사고와 수학은 응용과학에 있어 타당성 있고, 필요한 것으로 인식되기 시작하였다. 경제학, 운영관리, 회계학, 그리고 모든 다른 경영학 커리큘럼과 이를 기반으로 한 현재의 룰들은 복잡 시스템을 이해하고 다룰 때, 아직도 악명 높은 중세에 머무르고 있다. 요약하면, 응용과학의 기본 룰들은 변하였지만 응용과학 그 자체는 변하지 않았다.

복잡 시스템을 지배하는 룰들로 이해되고 받아들여지는 것과 공급망을 관리하기 위하여 현재 교육 및 적용되고 있는 룰들 사이에는 심각한 간격이 있다. 앞에서 언급한 바와 같이 현재 경제학과 통계학에서 적용되고 있고, 대학원의 교과과정으로 교육되고 있는 원가 및 수익 행동 룰들은 부적절하고 근본적인 결함이 있다. 이것은 당연히 현재 상태에 투자하고 있는 모두에게 있어서 삼키기 힘든 알약이다. 우리는 자연과학이 뉴턴 물리학의 설명되지 않은 변칙과 설명되지 않은 균열로부터 양자 역학, 혼돈 이론, 그리고 복잡 시스템 이론을 주류로 받아들이는 것으로의 전환을 이해하고 통합하는데 반세기 이상에 걸쳐 어려움을 겪었다는 사실을 기억해야 한다. 그 간격은 존재하지 않았던 것으로 가장하기에는 너무 커졌으며, 주류 과학이 그 전환을 이루어 냈다. 이 전환은 뉴턴 과학이 태동시킨 획기적 발전에 의한 산업혁명 기간 동안 경험했던 것 보다 훨씬 극적이다. 오늘날 가능한 생산성 향상은 복잡 시스템과 플로우를 지배하는 과학 및 룰들을 기꺼이 포용하려는 사람들에게 마찬가지로 충격적이다.

최근에 들어서야(2000년 이후) 복잡 시스템 이론에 대한 심각한 경영 연구와 기고가 활발해지기 시작하였다. 이러한 복잡 적응 시스템complex adaptive systems에 대한 새로운 초점의 한 사례가 물류와 로지스틱스 관리의 국제 저널International Journal of Physical Distribution & Logistics Management에 의해 2008에 출간된 논문이다. 저자인 위시스크Wycisk, 매켈비Mckelvey, 그리고 후 아이스만Hu Eismann은 이 논문에서

79개 이상의 참고 문헌을 인용하였다. 논문의 서두에서뿐 아니라 요약에서 이러한 복잡 시스템으로의 전환이 확인된다. 공급망은 복잡 시스템이며, 사실상 복잡 적응 시스템이라는 것이 점점 더 받아들여지고 있다. 이 논문에는 모든 비즈니스 리더, 관리자, 그리고 학자들이 반드시 이해해야 할 세가지 주요 초점이 있는데, 그 이유는 그것들이 응용과학의 가장 근본이 되는 것을 바꾸는 '게임 체인저'이기 때문이다.

1. 로지스틱스 시스템으로서의 공급망의 이해는 오랜 시간 동안 선형 구조로부터 복잡 시스템으로 진화해 왔다.
2. 복잡성 과학complexity science은 채찍효과bullwhip effect와 같이 잘 알려진 로지스틱스의 극단적 이벤트들의 현상을 설명하기 위해서 파레토 분포Pareto distribution를 사용한다.
3. 공급망이 복잡 적응 시스템CAS이라는 증거가 점점 커지고 있으며, 그것은 공급망을 가장 잘 관리하는데 필요한 모든 가정들을 바꾸어 놓고 있다.

복잡 적응 시스템 룰들은 디맨드 드리븐 전략demand driven strategy 및 스마트 메트릭스의 과학적 기초이다. 이 내용들은 10장과 11장에서 깊이 있게 다루어질 것이다.

사일로 사고
Silo Thinking

우리는 상호의존의 세계에서 살고 있다. 과학은 복잡성의 역할을 이해하고 시스템의 근원적 질서를 설명하는데 있어 획기적인 발전을 이루어냈으며, 이러한 발전은 현재에도 지속되고 있다. 우리가 세계를 연구할 때, 인위적인 경계가 생성되었는데, 이것은 공급망 관리의 접근방법에 있어서도 마찬가지이다. 분리시키는 것은 어떠한 주제를 연구하거나, 가르치거나, 관리하거나 측정하는 것을 더욱 용이하게 한다. 그러나 이 경우 우리는 한 종류의 지식이 다른 종류의 지식과 어떻게 연관되는지에 대한 근본적인 이해를 상실하게 된다. 내재된 상호연관성의 상실과 더불어 자연과학으로부터 실질적 적용, 즉 응용과학으로의 전환 시 왜곡이 발생하게 되는 것이다.

로지스틱스, 엔지니어링, 회계학, 마케팅, 그리고 경영 운영관리와 같은 응용과학은 실질적 적용을 위하여 지나치게 단순화된다. 목적 달성을 위해 충분한 것으로 정의되는 실질적 적용은 주요한 획기적 발전이 발생하여 자연과학의 근원이 되는 원칙들과 수학을 변화시키기 전까지 작동된다. 이것이 모든 응용과학들이 현재 겪고 있는 간격이다.

기차는 역을 출발했지만 응용과학은 그 기차에 탑승하지 않았다. 사실상 공급망관리는 연료조절판throttle에 GAAP와 잘못 적용된 수학을 탑재한 채 잘못된 길을 달려가는 다른 기차에 탑승하고 있다. 과학의 세계에 있어 핵심은 수학이다. 세계 최초 과학자들 중 한 사람인 갈릴레오 갈릴레이Galileo Galilei는 500여 년 전에 이것을 잘 표현했다.

우주는 우리의 시선 앞에 끊임없이 존재하는 웅장한 책이다. 그러나 그 책은사람이 우선 언어를 이해하는 것을 배우고, 그 언어가 기록되어진 문자를 해독하지 못하면 이해될 수 없다. 그 책은 수학이라는 언어로 쓰여졌다.[5]

과학 지식분야의 계층이 [그림 7.1]에 표시되어 있다. 그림의 맨 아래에는 상위 계층의 모든 것들에 대한 원천과 토대인 수학이 위치하고 있다. 수학적 지식은 우리가 그림의 윗부분으로 이동할 때, 각각의 연속적인 분야의 지식영역에서 어떠한 일이 발생하는 지를 서술할 수 있도록 도와주는 도구이다. 응용과학을 파생시키기 위하여 사용되는 수학적 원칙들은 엄격성과 타당성에 있어서 확신의 근거이다. 수학적 토대의 지주에 대한 고수는 그 목적에 대한 도구의 적합성을

그림 7.1 과학 지식 분야의 계층 구조

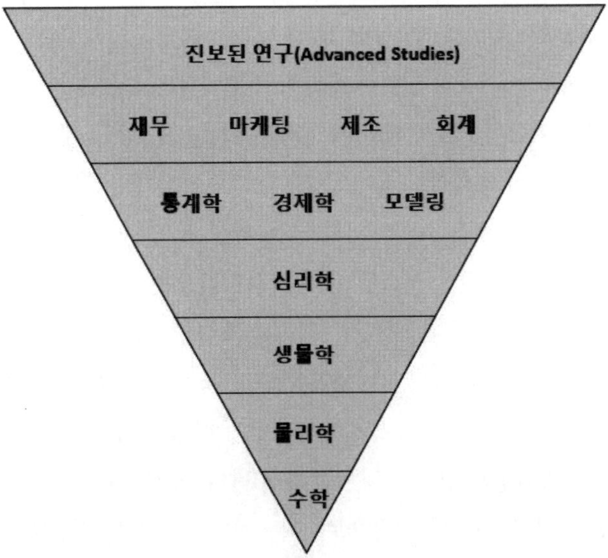

결정한다. 피라미드의 각 계층은 진정으로 과학적이며 그 가정과 결론들이 타당하기 위해서 그 계층의 아래에 위치하고 있는 각각의 과학과 조화를 이루어야 한다. 기초과학의 근본적인 변화는 위 계층의 근본적인 변화의 필요성을 의미한다. 그림 7.1은 재무회계에 도달하기 전까지는 완벽하게 이치에 맞는다. 재무회계 원칙들이 파생되었고, 아직도 파생되고 있는 원칙들은 과학의 기초가 없다. 재무회계의 적용을 위한 룰들과 수학은 의회에서 입법되고 SEC에 의해서 감독되며, 상장기업회계 및 투자은행 분야의 사람들로 구성된 위원회에 의해서 작성된 부과 규정들이다.

모든 응용과학은 현재 기초과학의 변화와 그 영향을 이해하느라 고심하고 있다. 경제학과 관리회계의 기본 개념들은 오늘날 아직도 타당하나, 21세기의 트렌드에 맞춰나갈 필요가 있다. 응용과학은 아직도 새로운 기차를 기다리며 기차역에 서 있다.

깊은 진리에의 도전은 현상을 흔들어 놓는다 Challenging a Deep Truth by Definition Shakes Up the Status Quo

복잡성 과학complexity science의 발견은 수학과 자연과학의 근본을 변화시켰다. 복잡성 과학은 지식 피라미드의 수학과 자연과학 위에 있는 모든 계층이 심사숙고하고 그에 따라 적절히 변화할 것을 요구하며, 그렇지 않을 경우 부적합성의 위험을 감수해야 한다. 이것은 대학에서의 모든 파생 및 응용과학이 반드시 근본적으로 복잡 시스템과 비선형 시스템 수학을 포함하도록 도전하고 룰과 원칙을 수정해야 함을 뜻한다. 경영자, 관리자, 그리고 조직들은 그들의 공급망을 관리하고 측정하는 방법을 변화시키기 위하여 반드시 도전하고 그들의 생각을 바꾸어야 한다. 오늘날의 공급망은 1860년의 공급망이 현대적 경영 프랙티스가 태동했던 1920년대의 공급망과 달랐던 것처럼 1970년의 공급망과 다르다.

플로우-중심 효율을 시스템 전략으로 삼는 것의 타당성을 입증하고, ROI를 주 시스템 평가지표로 삼는 것의 타당성을 입증하는 가장 좋은 방법은 그것의 본질과 역사, 그리고 진화를 이해하는 것이다. 이를 위해서는 과학과 경영의 연결의 역사를 두 개의 별개의 시기로 나누어야 한다.

이 두 개의 시기는 적합한 정보의 취득을 위하여 관리회계를 탄생시키고 강조했던 첫 번째 시기(1890 -1980)와 GAAP 원가회계를 강조했던 두 번째 시기(1980 -2013)이다. 8장에서는 이 두 시기에 대하여 상세히 논의될 것이다.

각주

1. Ibid, page 2.
2. http://www.fasb.org/facts/
3. Enthoven, Adolf J.H., Russia's Accounting Moves West, Strategic Finance, July 1999, pp. 32–37.
4. Orlicky, Joseph, Material Requirements Planning, The New Way of Life in Production and Inventory Management, New York: McGraw–Hill, 1975, Preface, page ix.
5. Machamer, Peter, The Cambridge Companion to Galileo,(Cambridge, U.K.; Cambridge University Press, 1998): page 64.

8 전략으로서의 플로우와 ROI의 진화

The Evolution of Flow and ROI as Strategy

- 제품 원가계산의 탄생
- 분권 경영의 탄생
- 촉매 - 앤드루 카네기
- 도매 유통과 대형 소매업체의 출현
- 복합기업과 관리회계의 탄생
- 자동화의 발전과 숙련공의 몰락
- 포드 vs GM - 적합성의 교훈
- GM은 어떻게 포드를 능가하였는가?
- 푸시와 프로모트의 탄생
- ROI 관리의 시스템화
- GAAP에 대한 강조와 초점 없는 개선 및 아웃소싱의 출현

8 전략으로서의 플로우와 ROI의 진화

The Evolution of Flow and ROI as Strategy

기업들이 80년대 초반에 MRP II를 광범위하게 채택함으로써 모든 제조원가를 제품 구조에 있어서 하나의 최상위층 품목번호에 대해 자동으로 롤업roll up 할 수 있게 됨에 따라 완전히 배부된 단위원가fully absorbed unit cost로 잘못된 의사결정을 조직의 모든 계층에서 부적절하게 사용되게 되었다. 원가-중심 효율cost-centric efficiency 사고는 회사의 외주 의사결정 및 로컬 원가local cost efficiency 효율 개선 액션과 프로젝트의 핵심부에 자리잡고 있다.

회사들은 공급망의 원리와 관련하여 선형 및 뉴턴 관점을 믿기 때문이다. 직접 노무비를 줄이기 위한 1920년대부터 오늘에 이르기까지의 노력들은 성공적이었다. 제품 원가의 비율로 경비 투자액 대비 노무비의 비율은 21세기로의 진입 이후에 완전히 뒤바뀌었다.

오늘날 터치 타임 노무비touch time labor(부가가치를 창출하는 실제 작업시간에 대한 노무비)의 평균은 제품 사이클 타임product cycle time의 7% 보다 작은데, 이것은 부품과 제품이 작업을 위하여 93%의 시간 동안 대기한다는 뜻이다. 또한 대부분의 제조업체에서 직접 노무비가 차지하는 비율은 전체 제품원가의 10% 미만이다. 공급망에 있어서의 기회는 노동 또는 기계 생산성 향상이 아니라 플로우를 방해하는 '대기시간'을 제거하는 데 초점을 맞추는 것이다.

8 전략으로서의 플로우와 ROI의 진화

The Evolution of Flow and ROI as Strategy

지난 30년간 공급망이 경험했던 극적인 진화에 필적하는 근본적인 경영의 변화가 20세기의 처음 30년 동안 목격되었다. 뉴턴 이론에 의해 정의된 물리학, 통계학, 그리고 수학의 법칙들은 기술, 경영 생산성, 그리고 운송분야에 있어서 엄청나고 획기적인 발전을 가져왔다. 그 법칙들은 오늘날까지도 적용되고 있는 새로운 경영방법과 성과 평가지표들의 발명을 필요하게 만들었다. 플로우와 ROI는 이 경영혁신 시기에 파생되고 완성되었다. 의사결정을 위하여 적합한 정보는 모든 발명의 어머니인 필요에 의하여 생겨났다. 이해해야 할 중요한 점은 관리회계의 진화가 항상 경쟁우위 확보를 위한 기회의 결과였다는 사실이다. 관리회계는 1800년대 이전에는 목격한 바 없는 진화하는 형태의 비즈니스를 컨트롤하고 측정할 필요에 의해서 추진된 일련의 혁신으로부터 진화하였다. 이러한 새로운 형태의 비즈니스는 뉴턴 과학을 사용한 기술과 자동화의 획기적 발전에 의해 가능해졌다. 관리회계는 경제학 이론으로부터 파생되지 않았다. 관리회계는 원가와 수익의 행동을 이해하고, 사람과 자원을 관리하며, 자본투자 및 정책 의사결정을 내리는 데 도움이 되는 성과평가지표들과 보고서들을 만들어낸, 여러 명의 선구자들의 필요에 의한 점진적 발명품이었다. 모든 경우에 있어서 그들이 이해와 극복을 원했던 경쟁적 필요가 존재하였었다. 그들의 방법들은 자본의 각축장에 있어서 사용자들을 산업체의 최고 수준으로 끌어올림으로써 그 진가를 입증했다. 각각의 선구자들은 이전의 비즈니스 모델을 제한했던 한계를 뛰어넘는 해결방안을 창조하기 위해서 그들 시대의 사고에서 탈피해야만 했다.

이러한 산업계 거인들의 혁신은 최초로 뉴턴의 과학 방법론을 경영관리에 적용하였던 프레드릭 윈슬로우 테일러Frederick Winslow Taylor의 혁신에 필적하였다. 그는 과학적 관리의 아버지였으며, 거의 틀림없이 역사상 가장 잘못 알려지고 제대로 인정받지 못한 선구자중 한 사람이었다. 제조에 대한 그의 영향력은 오늘날에도 찾아볼 수 있다. 테일러는 숙련된 노동자의 희소성이 그의 시대의 모든 산업체의 산출율을 제약한다고 이해하였으며, 그 제약을 깨뜨리는 일을 착수하였다.

이러한 거인들의 행적, 그들의 아이디어, 그리고 방법들은 1900년대의 30년 동안 서로 충돌하였으며, 현대 관리회계, 계획, 스케줄링, 산업공학, 그리고 로지스틱스의 기초가 되었다. 이러한 충돌은 물리적 플로우physical flow의 거인이었던 헨리 포드Henry Ford가 적합한 정보의 거인이었던 F. 도널슨 브라운F. Donaldson Brown을 만난 신생 자동차 산업에서 발생하였다. 그들의 대결은 미국의 산업을 완전히 바꾸어 놓았다.

헨리 포드는 생산 플로우를 가로막았던 물리적 제약들을 제거하고 활용하는 방법을 이해하였다. 그는 시스템의 효율이 유일하게 가장 중요한 효율이라고 이해하였다. 그는 물리적 플로우율the rate of physical flow을 방해했던 물리적 제약 및 사고방식의 제약을 파악했으며, 그것들을 제거하였다. 도널슨 브라운은 모든 비즈니스의 전반적 목표가 이익창출을 위하여 자산을 가능한 한 효과적으로 사용하는 것이라는 것을 깨달았다. 그는 최초로 원가관리와 자산관리의 결합인 듀퐁DuPont ROI 공식과 재무비율 분석기법을 발명하였다. 그는 포드Ford와 경쟁하기 위하여 혁신적 파이낸싱과 시장세분화 기법을 이용, 자동차 시장을 세분화하기 위하여 CVPCost Volume Profit(원가 생산량 이익) 분석을 사용하였다. 그의 ROI 공식과 비율은 오늘날 까지도 표준으로 사용되고 있다.

제품 원가계산의 탄생
The Birth of Product Costing

1810년 이전에는 기업들의 크기는 작았고, 종업원들의 숫자는 적었으며, 간접비 투자도 적었다. 단순한 제품을 조립하는데 필요한 시간과 더불어 구매된 자재의 시장가격은 제품의 가격을 결정하기에 충분하였다. 인풋은 아웃풋과 같았으며, 의사결정을 위해 필요한 모든 것은 가시적이었다. 공급망은 서로 물리적으로 가까운 위치에 있는 가족 소유의 기업들 집단의 경향을 가지고 있었다. 그들은 각각 한가지 일을 잘하는데 초점을 맞추었다. 작은 규모의 가족 기업들은 느슨하게 그룹을 이루었으며, 대부분 서로간에 독립적이었다.

1814년 무렵에는 영국에서 시작된 산업혁명이 미국의 동해안으로까지 이동하였으며, 단일 제품의 대량생산이 표준이 되었으나 인풋은 아직도 아웃풋과 대등하였다. 섬유산업은 자주 인용되는 사례이다. 빗질하고, 방적하고, 소재를 재봉해서 천으로 만드는 가내공업으로 표현되는 작은 규모의 가족소유 기업들 대신 원면raw cotton이 공장의 한쪽 끝으로 투입되면 전문 분야별로 구성된 작업자들의 그룹이 원면을 가공하여 천으로 만들어 냈다. 이러한 환경은 관리회계의 첫 번째 단계였다. 이러한 초창기 섬유공장이 매우 훌륭한 회계 시스템을 개발하였고, 직접제조원가와 간접제조원가를 별도로 추적관리하였다는 것을 역사는 보여준다.

직접 제품원가(제품에 대해 직접적이며 쉽게 추적될 수 있는 원가)는 간접원가(직접원가를 제외한 모든 원가)와 별개로 기록되었다. 작업자들의 임금은 제품 생산수량에 따라 지급되었다. 비효율적인 작업자들의 임금은 효율적인 작업자들보다 적게 지급되었으며, 직접노무비가 0인 제품은 없었다. 한 필의 직물의 가격을 결정하기 위해서는 인도된 원면으로부터 배송된 한 필의 직물에 이르기까지의 원가를 이해해야 했다. 그들은 사용된 면, 작업시간, 그리고 일반 간접비의 효율을 주의 깊게 기록했다. 이렇게 해서 노동과 원자재 사용량에 적용된 제품 원가계산 및 효율이 탄생하였다. 변동비는 제품에 할당되었고, 고정비는 월별 손익계산서의 작성을 위하여 발생한 달에 할당되었다.

매출액 – 변동 제품원가
= 공헌이익 – 모든 간접비용
= 순 이익

분권 경영의 탄생
The Birth of Decentralized Management

1869년, 리랜드 스탠포드Leland Stanford가 태평양과 대서양을 연결하는 기념비적인 마지막 대못을 박음으로써 철도회사는 산업계의 더욱 커다란 거인이 되었다. 그들은 또한 이전에는 볼 수 없었던 조직 계층구조의 도전에 직면하였다. 관리자를 관리하는 관리자들뿐 아니라 지역적 분산은 엄청나게 증가하였고, 사무처리 건수는 많았으나 커뮤니케이션 기술은 상대적으로 원시적이었다. 루이스빌과 내슈빌 철도Louisville & Nashville Railroad의 수석 부사장이었던 알버트 핑크Albert Fink는 톤-마일당 비용cost per ton-mile(1톤의 자재를 1마일 옮기는데 드는 비용)이라고 불리는 계산방법에 의해서 운영비용을 추적함으로써 이 문제를 풀었다.

이와 더불어 조직들은 전체 재무 성과에 대한 각 영역의 영향을 이해하고 관리자들의 성과를 평가하기 위하여 매출액 대비 운영비용의 비율 공식을 사용하였다. 또한 원가차이를 분석하고 그 원인을 규명하기 위하여 표준원가 및 수익으로부터의 차이가 사용되었다.[1]

촉매 - 앤드루 카네기
An Accelerant - Andrew Carnegie

앤드루 카네기는 섬유산업에서 바빈 보이bobbin boy(방직공장에서 실이 감기는 물레가락을 조작하는 노동자)로 시작하여 철도회사의 경영진으로 이동하였고, 두 산업에서 터득한 지식을 강철 생산에 적용하였다. 그는 원가의 연구와 원가 단위 별 아웃풋을 완전히 새로운 수준으로 끌어올렸다. 카네기 철강회사Carnegie Steel의 모든 부서는 각각의 철강 주문이 그들의 생산구역을 지날 때 마다 각 주문에 대한 노무비와 자재비에 대하여 보고하였다. 개별원가계산Job costing의 아이디어가 탄생한 것이다. 카네기는 개인적으로 그의 부서장들에게 원가 변동의 이유에 대하여 질문을 던졌다. 원자재의 품질과 믹스를 체크하고, 프로세스와 제품의 개선을 평가하며, 계약금액을 결정하기 위하여 원가에 대한 차트들이 검토되었다. 카네기의 경영기법은 재료비 차이분석을 체계적으로 정리하였으며, 그것을 일반적인 사업경영기법으로 확립하였다.

이 시점에서 원가회계로 알려진 관리회계는 철저히 원가측정에 초점을 맞추었다.[2]

19세기에 있어서 철강산업은 작업방법을 결정하였던 숙련공들에 의하여 컨트롤되었다. 작업조장foreman들이 있었다 하더라도, 그 숫자는 매우 적었다. 카네기는 그 이전의 어떠한 사업가도 접해본 적이 없는 기술과 효율에 매료되었다. 그는 이익을 자본구조 자동화 프로세스에 재투자하여 숙련공의 제약을 깨뜨리고, 맨-아워man-hour당 생산성을 크게 증가시켰으며, 노동자들과 그들의 필요한 스킬 세트skill set들을 감소시켰다. 숙련공의 지식을 기계로 이전시키는 것이 가속화되었다. 원가절감 및 경쟁사 대비 저가판매를 추구하기 위한 그의 끊임 없는 노력은 그의 제강공장을 세계에서 가장 현대적이며, 전 산업에 있어서의 모델로 만들었다. 카네기는 이러한 생산성 향상과 원가회계 방법론을 사용하여 자본 개선, 생산성 향상, 가격 인하, 그리고 경쟁사 인수 등의 성과를 올렸다. 그는 섬유산업에서의 경험과 영국의 철강산업에 대한 관찰을 토대로 수직적 통합에 상당한 투자를 하였다. 카네기와 그의 파트너였던 헨리 클레이 프릭Henry Clay Frick은 탄광, 용광로, 제강공장들 및 이들을 연결하기 위한 철도와 선박들에 대하여도 광대한 소유권을 지배하였다. 프릭과 카네기는 시스템 플로우와 효율의 중요성을 이해하였다. 그들은 가격인하와 소비촉진을 위한 공급과 스피드 플로우를 컨트롤하기 위해 그들의 공급망을 수직적으로 연결하는 것을 시도하였다.

카네기는 그 자신을 단지 철강맨일 뿐이라고 표현하였다. 방대한 크기와 기술에도 불구하고(그 시대와 비교하였을 때) 철강은 매우 적은 제품들과 변형 제품들만을 가지고 있었다. 철강산업은 진정으로 원자재 시장이었다. 카네기는 생산성 향상과 강철 가격결정을 위하여 핵심지표율인 시간당 톤에 전적으로 의존했다. 그것은 산업표준이 되었으며, 오늘날 아직도 철강에 대한 표준이다. 카네기의 관심사는 거의 전적으로 기본원가prime costs(직접 노무비와 직접 재료비)였다. 그와 그의 동료들은 간접비와 감가상각비에는 거의 관심을 두지 않은 것으로 보인다. 카네기는 보수, 정비 및 갱신 비용을 운영비용에 부과하는 대체 회계replacement accounting에 의존했다. 따라서 카네기는 그의 공장과 설비에 투자된 자본을 결정하는 특정한 방법을 갖고 있지 않았다. 철도에서와 마찬가지로 그는 운영비용 비율(매출액 대비 운영비용)의 관점에서 성과를 평가했으며, 발행된 주식의 장부 가치의 관점에서 이익을 평가했다.[3)]

시간당 원가 계산된 아웃풋의 형태가 대부분의 제조업에 있어서 근본적인 평가지표라고 말하는 것이 안전할지 모른다. 그러나 그 평가지표 및 적용방법은 다음과 같은 세가지 이유로 현대의 복잡한 공급망 세계에서는 매우 다른 결과를 가져온다. 관련 내용들은 이전 장에서 설명되었다.

1. 글로벌한 잉여 생산능력

2. 서로 다른 제품들 및 그들과 연관된 SKUStock Keeping Unit들의 확산

3. 시간당 원가 아웃풋 계산에 고정비용을 포함

프로세스가 표준시간, 표준 화학 '레시피recipe', 그리고 원자재 투입으로부터 벗어난 상태에서 산출물을 만들어 낼 때 초점을 맞추기 위한 방법뿐 아니라, 투자자본 또는 프로세스의 변경으로부터 얻은 생산성 향상에 대한 측정이 얼마나 잘 이루어졌는가에 대한 가치는 매우 중요하다. 이것들이 아직도 유효하게 사용되고 있는 차이분석variance analysis이다. 카네기 시대에는 간접비, 또는 간접비 계정을 톤당 단위화된 원가로 할당하려는 시도가 없었으며, 철강은 매우 적은 제품 SKU를 가지는 원자재였다.

도매 유통과 대형 소매업체의 출현
The Rise of Wholesale Distribution and Large-Scale Retail

"상품을 기차로 이동시킬 수 있는 능력은 대기업들로 하여금 미국 대중들이 소비할 수 있는 엄청난 양의 상품들을 개발하고 생산하는 것을 가능하게 하였다. 이것은 도매업체와 소매업체라는 새로운 형태의 비즈니스의 출현으로 이어졌다. 한 소스로부터의 구매를 위한 많은 다양한 품목들의 가용성 확보와 더불어, 도매업체와 소매업체들은 유통, 배송 및 외상거래 서비스를 포함한 다른 중요한 서비스들을 제공하였다."[4]

업계의 관리자들과 회계사들은 '재고의 이동'이라는 매우 중요한 아이디어에 초점을 맞추는 것을 배우게 되었다. 대형 매장의 성공은 재고 회전율에 달려 있었다. 상품을 소규모 지역 상점보다 빠르게 판매함으로써 대형 도매업체들과 소매업체들은 가격을 낮추면서도 엄청난 이익을 구현할 수 있었다. 이 시점 까지만 해도 미국의 대규모 기업은 거의 전적으로 원가에만 초점을 맞추고 있었다. 19세기 말, 도매업체들과 소매업들은 관리회계라는 새로운 개념을 도입하였다. 회사들은 관리자들이 자산(이 경우 재고)을 사용하는 방법을 컨트롤하고 평가함

으로써 많은 돈을 벌 수 있었다. 1870년에 마샬 필드Marshall Field와 다른 대형 소매업체들은 큰 관심을 가지고 그들 조직 전반의 재고회전율을 모니터링 하기 시작했다.[5] 이것은 오늘날 제조업, 유통업, 그리고 소매업에서 일반적으로 사용되고 있는 자산(또는 자본)관리가 현대적 기법으로 발전하는 중요한 단계였다. 이러한 대형 소매업체들은 조직이 돈을 벌어들이는 비율이 평방 피트 단위당 공헌이익율에 달려있다는 것을 깨달았다. 부서들은 그들의 제약이었던 진열공간 면적 당 재고 회전율에 입각하여 매장 면적을 더 받거나 덜 받거나 했다.

복합기업과 관리회계의 탄생
The Birth of Conglomerates and Management Accounting

듀퐁DuPont 가문은 최초로 여러 다른 형태의 사업들을 하나의 기업 우산 및 관리구조 하에 통합하였으며, 미국 전역에 걸쳐 흩어져 있었다. 각 사업본부는 그들의 성장과 번영을 위하여 모니터링, 집중, 그리고 자본을 필요로 하였다. 그들은 그들이 가진 희소자원이 시간과 자본이라는 것을 빠르게 인식하였다. 그들은 그들의 시간과 자본을 어디에 투자해야 하는지에 대한 트레이드-오프 의사결정 방법을 이해할 필요가 있었다. 이전에는 효율과 재고회전율에 대한 모든 비율들이 운영과 같은 방식으로 사용되었다. 그러나 그것들은 서로 다른 사업본부들을 비교하는 목적으로는 사실상 무의미했다.

현대 관리회계 및 적합한 의사결정의 아버지인 F. 도널슨 브라운F. Donaldson Brown은 전기공학자 출신으로서 회계사로 직업을 바꾸었다. 그는 모든 사업의 전반적인 목적은 돈을 벌기 위하여 자산들을 가능한 한 효과적으로 사용하는 것이라고 인식하였다.

순이익만을 비교하는 것은 불충분했으며, 투자자본 대비 순이익의 비율이 반드시 있어야 했다. 비록 투자이익률의 아이디어가 20세기 초반에 새로운 것은 아니었지만, 브라운은 ROI를 포괄적인 성과 평가 시스템으로 전환시켰다. 그는 가격이 불변일 경우, 수량이 증가하면 ROI가 증가하고, 수량이 감소하면 ROI가 감소한다는 것을 최초로 지적하였다. 그는 원가–생산량–이익CVP: Cost–Volume–Profit 분석을 창안했던 것이다.

그림 8.1 도널슨 브라운(F. Donaldson Brown)이 개발한 듀퐁 ROI 공식

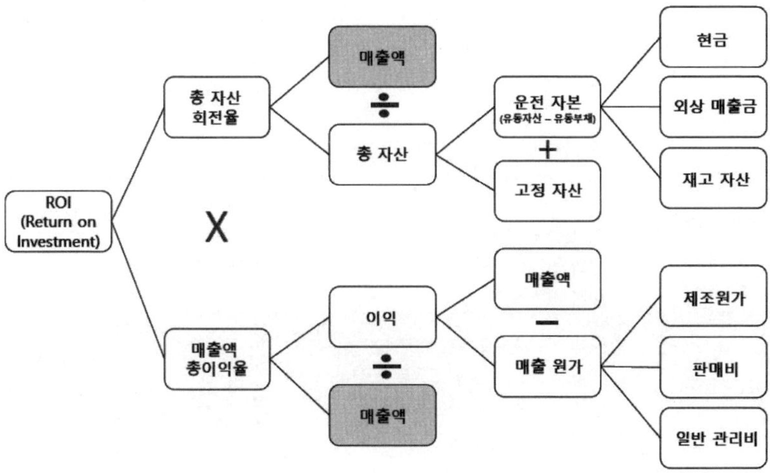

이러한 도구들로 인하여 듀퐁 일가는 놀라운 성공을 거두게 되었다. 피에르 듀퐁Pierre DuPont과 F. 도널슨은 어려움을 겪고 있었던 자동차 제조업체였던 GMGeneral Motors을 구원하러 갔을 때 이 기술을 함께 가져갔다. [그림 8.1]에 표시된 듀퐁 ROI 공식은 기업경영에 대변혁을 일으켰다. 그것은 관리회계의 토대이며, 오늘날에도 절대적으로 적합하다.[6]

만일 [그림 8.1]이 친밀하게 느껴진다면, 그것은 당연하다. 이 공식은 오늘날 널리 사용되고 있으며, 브라운이 그것을 사용했을 때와 마찬가지로 오늘날에도 적합하다. 브라운에 의해서 개발되었고 듀퐁, 그리고 나중에 GM에서 성공적으로 사용되었던 당시의 공식은 단위화된 고정원가가 아니라 단지 변동비만을 포

표 8.1 관리회계의 역사

개발	혁신	경쟁우위
섬유산업, 1814	제품원가계산 및 효율이 노동과 원자재 사용량에 적용됨. 변동비용이 제품에 할당되고, 고정비용은 월별 손익계산서 작성을 위하여 발생한 기간(월)에 할당됨.	공장 환경 하에서 다른 사람들에 의해 이루어지는 작업의 계획, 컨트롤 및 평가를 위한 보고 시스템
철도산업, 1860년대	계층구조에서의 관리자들의 성과평가를 위한 경쟁력 있는 정보를 제공하기 위한 수익대비 운영비용의 비율 개발	성과 평가지표들이 책임을 위임하고 먼 위치에서도 사업을 컨트롤 및 평가하기 위하여 사용될 수 있고, 회사들이 지역적으로 더 멀리 퍼져나갈 수 있게 함.
철강산업, 1880년대	개별원가(job costing) 및 차이분석(variance analysis)의 아이디어가 탄생함. 각 철강 주문에 대한 자재와 노동의 수량과 원가가 각 생산구역을 통과할 때마다 기록됨.	카네기는 생산성 향상과 그의 원가회계방법론을 이용하여 자본개선, 생산성 향상, 가격인하, 그리고 경쟁사의 퇴출 또는 인수합병을 달성함.
철강산업, 1890년대	프로세스와 제품들을 평가하고 계약금액을 결정하기 위해, 사용된 품질과 원자재 믹스를 체크하기 위하여 원가 차트들이 검토되었음.	원가회계가 밀실에서 제조현장으로 이동하였으며, 프로세스 컨트롤과 직접적인 개선을 도모하기 위하여 표준에 대한 인풋 차이를 평가하는데 사용되었음.
도매업체와 소매업체, 1870년대	매스 머천다이징(mass merchandising)의 성공은 재고회전율에 의존하였음.	관리자들의 자산 컨트롤 및 평가방법에 의해서 돈을 버는 데에 처음으로 초점을 맞춤.
듀퐁, 1903	[그림 8.1]의 듀퐁 ROI 공식은 다양한 형태의 사업과 지리적 분산에 걸쳐 어디에 시간과 자본을 투자할 것인지에 대한 트레이트-오프 의사결정방법을 이해하기 위한 프레임워크를 제공하였음. 변동 예산, 원가-생산량-이익 분석, 그리고 자산 비율. 재무, 자본, 그리고 원가의 3가지 유형의 회계를 결합하고 통합하였음.	이익 극대화와 성과 평가를 위한 가장 효과적인 자산의 사용을 감독하기 위하여 설계된 종합적인 성과관리 시스템. 가격결정, 변동원가, 그리고 투자의 사결정이 이익에 미치는 영향을 이해하기 위한 트레이드-오프 의사결정 능력. 생산에 맞추기 위한 인풋의 컨트롤을 위한 변동예산이 사용되었으며, 기대 시장수요와 연결되었다. 가격, 단위 원가, 그리고 수익률은 모두 수요에 의해 허용된 생산량과 밀접하게 연관되었음.

함한 매출원가Cost of Goods Sold: COGS로 구성되었다. 이 거인들은 모두 플로우율rate of flow이 직접적으로 그들의 이익과 성장을 결정하였다는 것을 이해하였던 것이다. 그 플로우의 효율은 비율, 스피드, 그리고 시장 수요를 충족시키는 인풋들의 사용에 의하여 결정되었다. 다시 말하면, 그들은 만일 순 현금 창출률, 즉 ROI에 의하여 측정되는 전체 시스템 효율의 최대화에 초점을 맞출 경우, 플로우와 효율이 서로 상충되지 않는다는 것을 알고 있었다. 전부원가계산absorption costing과 변동원가계산variable costing 사이의 갈등은 존재하지 않았다. GAAP 회계도 아직 존재하지 않았으며, GAAP 회계가 운영 의사결정에 개입하는 상황도 아직 존재하지 않았던 것이다. 〈표 8.1〉은 관리회계의 진화, 관리회계가 창조한 혁신, 그리고 관리회계가 제공한 경쟁우위에 대한 요약이다.

자동화의 발전과 숙련공의 몰락
Automation and the Death of the Craftsman

작업의 분업화로부터 얻어진 생산성 향상의 진화, 사람으로부터 기계로의 지식 이전, 그리고 계획과 스케줄링의 실행으로부터의 분리는 21세기의 처음 25년 동안 성취되었다. 세계는 극적으로 변화하였고, 전혀 새로운 경영 방법을 요구하게 되었다. 과학적 관리의 아버지인 프레드릭 윈슬로우 테일러Frederick Winslow Taylor는 뉴턴 과학을 비즈니스에 적용하는데 가장 영향력이 큰 사람이었다. 산업공학에 있어서의 그의 혁신들, 특히 시간 동작 연구는 그의 방법을 채택한 회사들의 생산성 향상에 극적인 개선을 가져왔으며, 그 방법론들은 전세계적으로 받아들여졌다. 테일러의 과학적 관리의 주요 요소들은 오늘날에도 찾아볼 수 있다. 만일 그가 현대적 공장들과 광범위하게 표준화되고 자동화된 작업들을 목격한다면 아마도 충격을 받을 것이다.

테일러는 과학적 관리 접근방법의 요소들을 "관리 메커니즘의 상세 요소들"이라고 언급했다. 테일러는 다음의 내용들을 개발했으며, 옹호하였다.

1. 모든 태스크task에 대한 시간 표준
2. 작업도구들의 표준화
3. 작업 방법들의 표준화
4. 표준 작업 지시서
5. 현대적 제품 원가계산 시스템 – 변동원가 혹은 생산
6. 별도의 계획 기능 – 표준 제품 공정표의 시행
7. 예외 관리 원칙(차이 분석 – 개선의 필요가 있는 '표준을 벗어난' 영역에 초점)
8. 표준 시간에 대한 생산실적에 기초한 성공적인 수행결과에 대한 커다란보너스 지급
9. 노동자들이 중요한 투자자이므로 생산성 향상에 따른 분배원칙에 따라 생산실적에 대한 임금 지불

항목 1부터 7까지는 미국에서 널리 채택되었으나, 8과 9는 특히 1900년대 초에 그렇지 않았다. 이에 대한 예외는 헨리 포드였는데, 그는 그의 종업원들의 임금을 배로 늘렸을 뿐 아니라, 보상 패키지에 이익 분배제를 추가하였다. 통상적으로 노동자들은 생산성 증가에 대한 어떠한 이익 분배도 받지 못하였다. 사실상 노동력이 생산성 향상에 더욱 적게 공헌함에 따라 임금은 더욱 낮아졌다. 그 원인은 테일러의 연구 탓으로 돌려졌다. 테일러와 그의 연구는 가혹하며, 비민주적이고, 억압적이며, 미국 노동자들의 '영혼을 빼앗는' 것으로 분류되었다.

비록 독특한 이론이나 학파로서의 과학적 관리가 1930년대까지는 선호되지 않았으나, 그의 대부분의 요소들은 오늘날 산업공학, 계획, 스케줄링, 그리고 관리의 중요한 부분을 차지한다. 테일러의 지나친 단순화 접근방법은 열등한 작업방법을 대체하는 것에 집중되었다. 그가 선도했던 프로세스는 스킬 세트를 설비에 집어넣게 되었고, 그 결과 작업인력의 스킬은 떨어지게 되었다. 기업들은 지속적으로 노동력과 고임금 환경에서 벗어나는 방법의 설계를 강조하게 되었다.

그 결과는 대량 자동화였다. 그의 초기 연구는 산업공학이 숙련공으로부터 생산 도구들에게 지식을 이전하는 노력에 초점을 맞추었으며, 그로 인한 생산성 향상은 매우 컸다.

프레드릭 테일러의 과학적 관리 원칙의 채택은 업계의 작업환경을 완전히 바꾸었으며, 그것은 주요한 변화였다. 기술 또는 시장에서의 어떠한 주요한 변화도 '낡은' 적합한 정보와 전략을 '부적합한' 것으로 만들어 버린다. 그러한 변화가 발생할 때, 이전에 성공적인 액션 및 전술들은 더 이상 예상된 결과를 가져오지 못한다. 시스템 제약constraint이 바뀌면 적합한 정보가 바뀌게 되며, 기존의 정책들, 전술들, 그리고 그것들이 기초를 두고 있는 실행 메트릭스는 지속적으로 결과를 이끌어내기 위하여 반드시 바뀌어야 한다. 그러나 전체 시스템 성과평가지표로서의 ROI 공식의 유효성은 변하지 않는다. 브라운의 ROI 공식, 변동원가계산, 그리고 원가-생산량-이익CVP 분석은 GM의 생존과 성공에 있어서의 그 역할을 이해함으로써 가장 잘 평가 받을 수 있다. 플로우의 창시자인 포드가 자동차 산업의 지배권을 놓고 관리회계의 창시자인 브라운과 대결을 펼쳤을 때, 적합한 정보가 승리를 거두었으며 현대적 관리회계가 탄생하였다.

포드 vs GM - 적합성의 교훈
Ford versus General Motors - A Lesson of Relevancy

동기화 플로우의 대가인 헨리 포드와 적합한 정보의 대가인 F. 도널슨은 1916년까지 서로 전면전을 벌이고 있었다. 1910년부터 1927년까지 17년 동안, 그들의 두 회사들은 향후 60년을 위한 사업과 공급망 관리의 방향을 설정하고 있었다. 비록 포드가 조립 라인을 발명하지는 않았지만, 그는 그것을 완성시켰다. 포드는 또한 작업이 숙련공의 기술이 필요 없는 작은 표준 업무 단위로 쪼개져야 한다는 테일러의 관점을 공유했다. 비록 포드는 자신이 테일러로부터 영향 받지 않았다고 주장하였지만, 그가 테일러의 아이디어를 가져온 바로 그 산업은 모두 테일러의 방법을 채택하였다. 위의 모든 것들은 포드의 생각과 현대적 조립라인의 완성의 추진에 영향을 미쳤다.

포드 이전까지 자동차 산업은 공예가craftsman 산업이었다. 숙련공에 의해 생산되고, 독일 기술에 기초한 자동차들은 품질의 관점에서 건드릴 수 없었으며, 최상류층이 아니면 소유할 수 없었다. 한 팀의 숙련공들이 그야말로 한 방에서 수작업으로 자동차를 만들었다. 〈표 8.2〉는 미국 자동차 산업의 진화에 대한 요약으로, 현대적 생산 및 관리회계의 역사를 기술하고 있다.

표 8.2 미국 자동차 산업의 탄생과 포드의 초창기 성공

1899 미국 제조업 센서스(조사)는 최초로 자동차 산업에 대한 통계를 기록하였음. 30여 개의 제조업체들이 약 2,500여 대의 자동차를 생산하였으며, 자동차 산업은 미국 경제에서 제품 가치 기준으로 150위를 차지했음.
1900 1900년 말까지 미국에는 13,824대의 자동차가 운행되고 있었고, 그 해에 전 세계적으로 10,000대 이하의 자동차가 생산되었음.
1901 랜섬 올즈모빌(Ransom Olds)이 디트로이트에 첫 번째 자동차 공장의 가동을 시작했고, 425대의 자동차를 생산했음.
1902 최소한 50개의 신생 기업이 미국에서 자동차 제조를 시작했음.
1903 헨리 포드가 미시건주 디트로이트(Detroit, Michigan)에 포드 자동차 회사(Ford Motor Company)를 설립하였으며, 12명의 작업자가 250 평방 피트의 공장에서 자동차를 조립했음.
1904 – 미국이 프랑스를 제치고 세계 최대 자동차 생산국이 되었음. – 윌리엄 듀랜트(William Durant)가 미시건주의 플린트(Flint, Michigan)에 위치한, 파산한 뷰익 자동차 회사(Buick Motor Company)를 인수하였음.

1905 – 가격 비교: 브러쉬 자동차(Brush: 포드사의 모델 T 출시 전까지 저가 자동차 시장을 장악했던 회사): $800; 포드 모델 K: $2,800; 양질의 말: $150~$300 – 미국은 25,000대의 자동차를 생산
1907 미국은 43,000 대의 자동차를 생산
1908 – 뷰익 자동차 회사는 9,000대의 승용차를 판매한 세계 최대의 승용차 제조 회사였음. – 듀랜트가 GM(General Motors)를 설립하였으며, 회사는 뷰익(Buick), 캐딜락(Cadillac), 그리고 올즈모빌(Oldsmobile)의 결합을 기초로 세워졌음. – GM의 순이익은 $2,900만이었음. – 1904년과 1908년 사이에 최소한 240개의 회사들이 자동차 생산을 위하여 미국에 설립되었음. – 포드사의 첫 번째 모델이 $825의 가격으로 출시되었고, 포드는 10,000대를 판매했음.
1909 – 듀랜트는 기업 인수에 의한 성장에 주력했고, 25,000대의 승용차와 트럭을 판매했음. 듀랜트는 기업 인수와 성장을 위한 자본조달을 위해서 판매 확장에 의존했음. – 듀랜트는 포드를 신뢰하지 않았음. 포드는 20,000대의 자동차를 판매하였으며, 모델 T에 집중하기 위하여 고가 모델의 생산을 중단했음.
1910 – 미국에서 458,500대의 자동차가 등록되었음. 자동차 산업은 제품의 가치 기준으로 21위에 오름. – 포드는 320,523대의 모델 T를 판매했고, 하이랜드 파크 공장(Highland Park Plant)을 가동했으며, 더 많은 수량의 생산과 스피드 플로우를 지원하기 위한 개선된 형태의 전문화된 기계의 개발에 초점을 맞춘 기계 부서(tool department)를 설립했음. 부품 생산을 위한 새로운 전문화 된 기계들은 가능한 한 조립 라인에 가까운 곳에서 부품을 생산하기 위하여 생산부품의 종류에 따라 전략적으로 배치되었음. – 윌리즈-오버랜드(Willy's-Overland) 자동차 회사는 18,200대의 자동차를 생산했으며, 포드에 이어 2위를 차지했음. – 포드에 대한 GM의 판매 손실은 현금 부족을 야기시켰고, 듀랜트는 회장직에서 물러나야만 했음. 은행 컨소시엄이 $1,300만의 현금을 조달 – GM에서 방출된 듀랜트는 루이 시보레(Lois Chevrolet)와 공동으로 듀퐁의 자금 지원을 받아 시보레 자동차 회사(Chevrolet Motor Company)를 설립하였음. – 듀퐁의 지원과 시보레의 성공으로 듀랜트는 GM 주식을 사들이기 시작했음.
1911 – 도로를 주행하는 자동차 5대중 1대 이상이 포드 차종(22%)

1912
- 포드는 모든 핵심 제조 프로세스들을 사내로 가져와 수직 통합의 방대한 작업을 시작하여 포드의 생산방식을 모든 핵심 부품들에 대하여 적용함으로써 엄청난 생산성 향상을 이룩했음.
- 1912년과 1914년 사이에 포드는 $1,450만을 투자하였는데, 그 중 단지 $35만 만이 섀시 공장의 조립 라인에 투자되었으며, 지속적인 컨베이어 벨트들은 부품과 자재들을 조립 구역으로 이동시켜 주었음.
- 하이랜드 파크 공장의 생산량은 섀시 조립 라인 없이 월간 26,000대였으며, 연간 300,000대의 모델 T가 생산되었음.
- 출시 4년 후에, 모델 T의 숫자는, 미국의 도로를 주행하는 모든 승용차들의 4분의 3에 달했음.

1913
- 포드는 움직이는 조립라인들을 서브어셈블리(subassembly), 마그네토(자동차 엔진 점화장치에 쓰이는 부품), 모터 및 트랜스미션들을 조립하기 위하여 사용했음. 서브어셈블리의 생산시간은 75%까지 떨어졌고, 서브어셈블리 생산 대수는 빠르게 섀시 조립작업자들을 앞서게 되었음.
- 로프와 윈들라스(windlass: 무거운 물건 이동을 위한 기구)가 섀시를 최종 조립라인까지 끌어당기기 위하여 설치되었으며, 그해 말까지 섀시 조립시간은 12.5 시간에서 2.7 시간으로 줄어들었음.
- 포드의 작업인력 관리의 어려움은 심각해졌음. 포드는 조립라인 작업인력의 이직률이 300%에 달했으며, 노동조합 결성의 움직임이 있었음.

1914
- 1월 5일: 포드 자동차 회사는 일일 9시간 작업 기준 일당 $2.40로부터 일일 8시간 작업시간 기준 일당 $5로의 급격한 임금인상과 더불어 이익공유제(profit sharing)의 시행을 발표하였음.
- 포드는 섀시를 공장 전반에 걸쳐 끌어당기기 위한 연속적인 체인을 설치하였음. 최종 조립을 위한 이동 라인은 마지막 자동화였음. 왜냐하면, 부품의 생산과 이동에 있어서의 병목현상이 해결될 때까지는 그것이 의미가 없었기 때문이었음.
- 포드의 지속적인 프로세스 개선 노력의 결과, 모델 T를 위한 이동 조립라인을 지원하기 위한 15,000개의 별도 기계들이 설치되었음.
- 모델 T의 가격은 $500 이하로 떨어졌으며, 연간 매출대수는 248,000대로 증가하였음. 이 숫자는 다른 미국 자동차 제조업체들의 모든 판매대수를 합친 것보다 큰 것이었음.

출처 : the history of American TECHNOLOGY – The Automobile Industry:
http://web.bryant.edu/~ehu/h364/materials/cars/cars%20_10.htm

포드의 성공에 있어서 매우 중요한 점은 수직통합 및 그 방법들을 핵심 부품들과 품목들의 생산에 적용한 것이다. 1912년과 1914년 사이에 사내 생산시설에 투자된 $1,450만의 비용은 조립라인의 스피드와 플로우를 탄생시켰다. 포드는 매우 높은 수준의 수직통합을 도입하지 않으면 안되었는데, 그 이유는 그의 요구사항이 그가 요구했던 수량과 엄격한 품질기준에 맞추어 공급할 수 있는 공급업체의 능력을 훨씬 앞서갔기 때문이다. 제조의 집중화는 필요한 단계였다. 1913년까지 집중화가 성공적으로 달성되자 핵심 문제는 수백만 개 부품들의 제조보다는 조립라인이 되어버렸다.

높은 수준의 통합은 또한 현저하게 낮은 재고수준을 가능하게 하였는데, 그 이유는 포드가 단위-원가 관점에서 그의 기계공장machine shop과 금형공장tool room 효율에 초점을 맞추지 않았기 때문이다. 포드의 공장에서는 단위화된 고정원가에 기반을 둔 경제적 발주량EOQ: Economic Order Quantity, 또는 인위적인 배치batch 크기가 적용되지 않았다. 포드는 시스템 플로우와 공헌이익 창출 속도에 초점을 맞추었다. 포드는 조립라인이 효율적으로 흘러가도록 하기 위해 정확한 품목 및 정확한 수량기반의 시스템 플로우, 즉 시스템 효율에 초점을 맞추었던 것이다.

이동 조립라인은 1908년 Model T 출시 이후에 계속 진행되어 왔던 공장 및 가공기계process machinery의 지속적인 개선 정책을 완성시켰다. 포드는 서브어셈블리 라인으로의 플로우에 초점을 맞추었으며, 그 후에는 섀시 조립라인으로의 플로우에 초점을 맞추었고, 그리고 나서야 섀시 조립라인의 자동화에 초점을 맞추었다. 포드는 산출률이 조립라인 프로세스의 가장 느린 태스크task에 의하여 결정된다는 사실을 깨달았다. 시스템의 전체 효율은 가장 느린 태스크 타임task time에 의해 결정되었고, 그것은 이동조립라인의 스피드를 좌우하였다. 최종 조립라인에서의 생산지연은 전체 공급망의 생산지연을 초래할 것이며, 조립라인의 생산성 증가뿐 아니라 수직통합에 투자된 모든 자본의 생산성 향상을 원상태로 되돌릴 것이었다. 조립공들에 대한 두 배의 임금인상은 제품 스피드, 플로우, 그리고 수익창출 기회의 향상에 의하여 상쇄되었다.

따라서, 포드는 이타적인 행동을 한 것이 아니었다. 그는 그의 조립라인을 지식근로자들로 채우는 것이 그의 투자자본의 이익률을 높인다는 것을 깨달았다. 이동조립라인의 도입의 결과로 얻어진 엄청난 생산성 향상으로 인하여 포드는 8시간 작업 기준의 $5 일당체계를 확립할 수 있었다. 이동조립라인으로의 전환은 평균임금을 두 배 이상으로 끌어올렸으며, 포드는 그렇게 함으로써 그 자신의 작업자들을 포함하여 모두가 구매할 수 있는 모델 T 시장을 구축하는데 자신이 도움을 줄 수 있다는 것을 명확히 이해하였다. 더욱 중요한 것은 그가 당시의 노동자들의 동요로부터 포드 사를 보호할 수 있었다는 사실이다.

포드는 그의 조립라인이 풀 가동될 뿐 아니라 작업자가 완전충원 상태를 유지해야 한다는 것을 깨달았다. 그는 최소원가에 초점을 맞추지 않았으며, 플로우와 수익 창출 기회에 초점을 맞추었다. 그는 최소의 운전자본 투자에 의한 시스템 플로우의 최대화에 초점을 맞춤으로써 최소 원가를 달성하였다. 포드는 공급망의 제 1 법칙으로서의 플로우에 완전히 초점을 맞추었으며, 이로 인해 성공하였다. "증가된 현금창출율throughput은 포드로 하여금 그의 제품의 가격을 경쟁사의 절반이 될 때까지 낮출 수 있게 하였으며, 비숙련 작업자에게 미국 내에서 가장 높은 임금을 지불할 수 있게 하였고, 그리고도 존 D. 록펠러, 또는 앤드루 카네기 보다 많은 개인 재산을 가질 수 있게 하였다."[7]

포드는 경쟁우위를 완성하기 위하여 이 모델을 추진하였다. 1924년에는 2년 연속으로 거의 200만 대의 차량을 생산하였다. 전세계 승용차들의 절반 이상이 모델 T였다. 3년 뒤 포드는 모델 T 공장의 문을 닫았고, 10만 명이 일자리를 잃었으며, 향후 80년 동안 GM이 지속적으로 시장 선두 자리를 차지하였다. 무슨 일이 있었던 것일까?

GM은 어떻게 포드를 능가하였는가?
How Did GM Beat Ford?

GM은 가격이나 엔지니어링의 탁월성에 있어서 포드를 능가할 수 없었다. 포드는 이미 규모의 경제와 수직통합전략에 힘입어 가격경쟁우위를 확보해놓은 상태였다. 이 전략은 포드 사의 재고회전율을 급등시켰다. 포드 사는 대기시간이 없었으며, 부품재고의 정체가 없어 부품들은 생산되는 대로 필요에 따라 라인으로 즉각 이송되었다. 포드는 수직통합과 조립라인에의 부품공급을 확보하기 위하여 중앙집중의 계획 및 로지스틱스 모델을 사용하였다. 포드의 활동 및 변동원가측정 모델, 표준화(부품, 프로세스, 제품), 그리고 작업 플로우workflow의 변경을 위한 전기 모터의 사용은 플로우의 동기화를 가능하게 했다. 라인에 인접하여 부품생산을 배치함으로써 원자재를 포함하여 자동차 생산을 위해서 필요한 모든 것들을 조립라인이 끌어당길 수 있는 스피드에 맞추어 사용 가능하게 되었다. 그는 진정으로 플로우의 달인이었다.

1914년 포드가 그 다음해(1915년)의 판매량이 30만 대를 초과할 경우에 모든 모델 T 구매자에게 리베이트를 제공한다는 제안을 하였을 때 그는 그가 생산량 증가에 의존하고 있다는 것을 깨달았다. 포드는 생산량 증가에 따른 단위원가 절감부분을 이익 구현 이후에 고객들에게 되돌려주었다.

수직통합에 대한 자본투자 외에도 조직에게는 방대한 숫자의 활동 및 종업원의 조정이 요구되었다. 포드는 거대한 관료제도를 탄생시켰으며, 이로 인한 보상은 포드의 지속적인 모델 T의 가격 인하를 가능하게 한 거대한 규모의 경제였다. 그의 전략은 가격 하락에 따라 포드 사의 제품을 구매할 여력이 생긴 새로운 시장 층과 최초 구매자들을 창출하는 것이었다. 불리한 면은 이 전략이 무제한의 최초 구매자 집단이 지속적으로 작동되는 것을 요구한다는 것이었다. 1919년까지는 포드의 정면 가격경쟁이 헛된 것이라는 것이 명확해졌으며, 포드의 생각에 허점이 있었다는 것 역시 명확해졌다. 그는 결코 그의 전략의 종료점을 발견하지 못하였다. 그는 제약이 변화하고, 고객의 구매력과 제한된 생산능력이 더 이상 시장점유율을 결정하지 못하게 되었을 때를 대비한 변화전략을 확보하는 데 실패하였다. 그는 시장변화를 측정하고 감지하는 능력을 갖추지 못했다.

포드는 선형-종속linear-dependent 이벤트 시스템의 작동원리를 깨달았기 때문에 명백한 플로우의 달인이었다.

1. 가장 느린 태스크는 종속 이벤트 체인의 스피드를 지배한다.
2. 활동을 이러한 태스크에 동기화시키는 것은 시스템 속력과 속도(속력에 방향성을 추가한 개념)를 창출한다.

그는 조지 플로슬George Plossl이 70년 뒤에 표현한 제조의 제 1 법칙(1장 참조)을 깨달았다: 모든 이득ROI은 자재와 정보의 플로우의 스피드에 직접적으로 연관된다.

포드는 오로지 가격기반으로만 경쟁하였으며, 플로우는 낮은 가격을 가능하게 하였다. 시장이 다른 모든 것보다 가격만을 선호하였다면 포드는 승리했을 것이다. 포드가 추구한 것은 일용품-시장 전략이었다. 시장은 1919년과 GM 자동차에 대한 파이낸싱을 제공하기 위한 GMAC의 설립 이전에는 일용품 시장으로서 행동하였다.

GM은 파이낸싱과 마케팅의 혁신을 통한 시장변화를 가능하게 함으로써 포드를 능가하게 되었다. 고객님의 현금이 모두 사용되지 않는 것을 원하세요? 문제 없습니다! 다양성과 선택을 원하세요? 문제 없습니다! 그들의 성공은 엔지니어 출신의 회계사인 F. 도널슨 브라운에 의해서 개척된, 의사결정을 위한 적합한 정보 시스템 덕분이었다.

1919년까지 GM은 포드와 경쟁하는 모든 다른 자동차 제조업체와 같은 문제를 안고 있었다. 그들은 그들의 적당한 규모의 경제를 유지할 수조차 없었으며, 과다 재고로 허우적대야 했다. 1919년에 도입된 GM의 파이낸싱 프로그램은 듀퐁

사의 지원으로 가능해졌으며, GM이 이전에는 한번에 소량의 자동차 구매만이 가능했던 딜러들에게 최초로 자동차들을 제공할 수 있도록 허용했다. 두 번째로, 그들은 포드 사의 $350 가격에 맞출 필요 없이 새로운 고객층에 접근할 수 있게 되었다. 새로운 파이낸싱 프로그램은 비록 올바른 방향이기는 하였지만 아직도 GM을 계속해서 부양하기 위해서는 듀퐁의 $2,500만 현금 투입을 필요로 했다. 듀퐁의 1920년 경영 리스트럭처링은 브라운을 GM으로 보내고 알프레드 P. 슬론Alfred P. Sloan을 포드 격퇴 전략 수립 책임자로 임명했다. 브라운의 첫 번째 단계는 재고를 컨트롤하는 것과 과다생산을 중지하는 것이었다. 공장의 생산 스케줄은 예측된 수요의 비율에 따라 스케줄링 된 구매자재, 노동력, 설비에 대한 엄격한 월간 예산에 따라 작성되었다. 그는 이것을 그가 듀퐁 사에서 개발한 변동예산수립 기법을 사용해서 성취하였다. 도널슨 브라운은 플로우를 수요에 맞추었던 것이다.

그 당시에는 분명하지 않았지만 파이낸싱 프로그램은 포드의 대항실패와 더불어 이미 필연적인 추세가 되었다. 포드의 가격할인의 다음 라운드를 위한 타깃 시장이었던 바로 그 고객들이 이미 GM 자동차의 최초 구매자들로 바뀌고 있었다. 모델 T의 가격이 1924년에 $300 이하로, 그리고 1926년에 $200로 떨어질 무렵, GM은 이미 최초 구매자 시장 층을 침투했고, 스타일과 시장 가격 분할에 의한 브랜드 차별화로 대표되는 2단계 시장전략을 잘 완성해 가고 있었다. 스타일 전략은 또한 포드가 파악하지 못한 두 번째 시장변화인 중고차 시장을 다루었다. GMACGM Acceptance Corporation(1919년에 설립된 금융회사)와 파이낸싱 혁신은 또 다시 도널슨의 아이디어의 결과물이었다.

포드가 모델 T의 품질, 엔지니어링, 그리고 기능들을 계속적으로 개선하였지만 그는 자동차의 외형에는 거의 시간을 쓰지 않았다. 모델 T의 설계변경은 기능에 기반을 둔 것이었으며, 스타일에 기반을 둔 것이 아니었다. 검정색은 가장 빨리 마르는 페인트였으며, 다른 컬러는 단지 비용과 시간을 추가시킬 뿐이었는데, 이것은 최상의 가치를 가진 차를 제공한다는 포드의 목표와는 정반대 방향으로 진행된 것이었다. 1923년 시보레Chevrolet를 위한 혁신적인 공냉식 엔진에 대한 지속적인 비용지출과 엔지니어링의 지연은 시보레 브랜드의 이익을 심각하게 잠식하고 있었다. 슬론은 신차 개발이 그들의 대량생산형 시보레에 고가의 수작업 럭셔리 카의 외관을 추가하는데 초점을 맞추는 것으로 방향을 바꾸어 진행되도록 지시하였다. 새로운 외관의 시보레의 판매호조는 슬론으로 하여금 엔지니어링을 선도하는 것이 필요한 것이 아니라 단지 고객들에게 더 나은 외관과 더 많은 다양성을 제공하는 것이 필요하다는 것을 확신시켰다.[8]

푸시와 프로모트의 탄생
The Birth of Push and Promote

1923년 시보레의 성공을 기반으로 GM의 부품공유를 위한 다섯 개 브랜드가 재설계되었다. 그 결과로 대량생산을 가능케 한 규모의 경제가 증가하였고, 이에 따라 생산원가는 절감되었다. 여기에서의 핵심은 GM이 그들의 자원이 아니라 시장을 분할해야 한다는 것을 깨달았다는 것이다. 서로 다른 모델과 브랜드는 트랜스미션과 브레이크와 같은 기계부품들을 공유하였으며, 자동차의 구조적인 기초를 이루는 차체들body shells도 공유하였다. 모든 GM의 자동차 모델들은 서로 다른 크기의 세가지 차체를 토대로 제조되었다. 동일한 차체는 각 모델 별로 고유한 펜더, 전조등, 후미등, 그리고 크롬 외장과 같은 표면적인 특성들을 가미함으로써 다른 외관을 가지게 되었다. 포드의 기본사양인 검정색 승용차는 GM의 밝은 컬러의 차량 모델들의 출현으로 빛을 잃게 되었다.

1924년까지 GM의 모든 사업본부들은 각 사업본부를 위하여 작성된 연간 수요예측에 의해서 서로 강하게 연결되었다. 이러한 사업본부 지표division indices는 자재구매와 배송 스케줄, 필요한 자본설비, 그리고 채용할 작업자뿐만 아니라 예상 ROI 비율과 각 제품에 대하여 책정될 가격까지도 포함하였다. 가격, 단위원가, 그리고 수익률은 수요에 의해 허용된 생산량과 밀접하게 연관되었다. 이러한 사업본부 지표를 작성함에 있어서 참모진들은 국민소득의 크기, 사업주기 및 정상적인 계절주기들을 계산하였다.[9] 1926년까지 GM의 전략은 말 그대로 모델 T를 시장에서 몰아내었다.

1927년까지 중고차 시장은 최초 구매자들에 대한 경쟁적 위협이 되기에 충분할 정도로 성장하였다. GM은 1927년과 1930년 사이에 650,000대의 중고차들을 사들여 폐기처리 하였으며, 슬론Sloan으로 하여금 연간 모델 변경을 도입하도록 촉구하였다. 모델 변경은 물론, 기술의 진보가 아니라 미적 관점에 의존하였다. 매년 모든 GM 자동차들의 차체 스타일은 소비자들에게 새로움과 진보된 외관을 제공하며, 새 차를 구매할 여력이 있는 사람들과 중고차에 머물러야 하는 사람들과의 차별화를 위하여 조금씩 변경되었다. 그러나, 눈부신 새로운 외관 밑에 있는 차체와 기계부품들은 종종 수십 년간 변하지 않았다. 파이낸싱과 자동차 스타일에 초점을 맞춘 GM의 전략은 1927년에 포드의 매출을 앞서는 원동력이 되었으며, 그 해에 포드의 모델 T는 매출의 급강하로 인하여 생산 중단되고 말았다.

GM은 가격, 특성, 스타일에 기초하여 시장을 분할하기 위하여 다섯 개의 독립적인 브랜드를 이용하였다. 이것은 브라운이 원가-생산량-이익 분석과 새로운 변동예산 기법을 깨달았기에 가능하였는데, 이 기법들은 경영진이 생산량 변동에 따른 구조를 이해할 수 있도록 하였다. 이것은 그들이 경쟁력 있고 수익성 있는 가격을 제시할 수 있도록 하였고, 서로 다른 투자들에 의해 창출된 수익에 대한 투자를 판단할 수 있는 능력을 제공하였다. 원가-생산량-이익CVP: Cost-Volume-Profit분석은 GM의 경영 도구 세트에 있어서 필수적인 부분이 되었다. 실제 성과 대비 목표 ROI의 아이디어 및 개선 조치를 취하기 위하여 이어지는 차이분석은 GM의 성공에 있어서 필수적이었다. GM은 고정비를 회수하고 난 후에 각 브랜드의 목표 이익과 ROI를 지속적으로 유지하는데 필요한 기준소매가격을 확립할 수 있게 되었다. 이러한 관리회계 혁신은 GM이 지배적인 자동차 제조업체로 부상할 수 있게 하였고, 포드에 대한 지배력을 80년간 유지할 수 있게 하였다.

브라운의 관리회계 도구 세트와 그의 ROI 계산식 및 비율은 원가와 차이분석 기법과 마찬가지로 변동원가 및 CVP 분석에 기초하였다는 사실은 매우 중요하다. 단위화된 고정원가는 그들의 의사결정에 결코 개입하지 않았으며, GAAP회계는 아직 존재하지 않았다.

포드는 틀리지 않았다. 그러나, 그의 생산성 향상이 가용 수요를 초과하였을 때와 그의 지속적인 투자 초점과 전략이 긍정적인 투자수익ROI의 생성을 멈추게 했을 때, 이를 지적할 수 있는 시스템을 그가 갖고 있지 않았다는 점은 거론될 수 있다. 포드를 공평한 관점에서 볼 때, 잉여 생산능력은 이전에는 불가능했던 것이었다. 대부분의 진정으로 뛰어난 혁신가와 같이 포드는 세상이 작동되는 방법에 대한 그의 이전의 성공적인 경험에 갇혀버렸던 것이다. 그는 지속적으로 그의 조직을 진화시킬 방법론을 확보하지 못하였다. 그의 전략이 더 이상 효과적이 아니라는 수많은 징후에도 불구하고 포드는 오직 가격만이 계속해서 시장에서의 경쟁우위를 지켜줄 것이라는 신념을 가지고 지속적으로 규모의 경제와 생산성 향상에 의존하였다. 포드는 힘들게 교훈을 얻었다: 플로우는 시장이 흘러가고 있는 것을 원할 경우에만 중요하다.

1927년까지 소비자들은 GM의 중고차들을 구매하였으며, GM의 멋진 신형 자동차의 구매를 위하여 신형 모델 T의 두 배까지의 가격을 지불하였다. 포드는 생산성에 있어서 수확체감의 법칙을 쫓고 있었다. 모델 T 시장은 포화상태였으나 그의 경영구조는 그의 엄청난 성공이 태동했던 바로 그 시장 상황의 실제 변화를 주목하지 않고 지속적인 생산성 향상에만 계속해서 초점을 맞추었다. 사실상 포드는 그가 만들어낸 구조의 본질과 한계가치 감소의 전략적 경로에 머묾으로써 스스로 패배한 것이라고 말할 수 있다. 포드가 1904년 진로를 결정할 때, 그의 목표는 일반인이 구매 가능한 자동차를 생산하는 것이었다. 포드의 목표는 1919년까지 달성되었으며, 포드의 전략이 더 이상 효과적이지 않다는 확실한 증거가 있었다. 그것은 그가 지속적으로 가격을 낮추지 않아서가 아니라 사람들이 구매할 수 있고 원했던 것이 변했기 때문이다. 자동차 판매를 좌우하는 제약은 더 이상 자동차의 원가가 아니었으며, 성공을 가져다 주는 것은 생산성 향상이 아니었다. 포드는 플로우의 중요성을 깨달았지만 시장에서 일어나는 변화를 감지하는데 실패하였다. 그의 시장과의 분리는 플로우를 좋은 ROI 성과와 분리시켰다. 〈표 8.3〉은 그 당시 포드와 GM의 의사결정과 전략들에 대한 요약이다.

표 8.3 포드의 GM과의 전쟁

1915 – 포드 회사는 판매량이 300,000대를 초과시, 모든 모델 T 구매자들에 대한 리베이트 지불을 공표하였으며, 연말에 포드 회사는 308,313명의 모델 T 구매자들에게 $1,500만 이상의 수표를 발송하였음. – 듀랜트와 듀퐁, 그리고 시보레 회사가 GM의 과반수 이상의 주식을 확보하여 GM을 인수함.
1916 – 알프레드 P. 슬론이 '하이야트 롤러 베어링' 회사를 GM에게 매각하고 부품 제조 자회사인 '연합 모터스(United Motors)'의 사장으로서 GM에 합류함. – 미국의 연간 자동차 생산량이 백만 대를 초과하였음. 그 절반은 포드 모델 T 였음. 소형차는 $345에 판매되었으며, 투어링 모델(touring model: 장거리 여행용)은 $360에 판매되었음.
1919 – GM은 포드의 생산방식을 모방하였으나 자동화와 생산성 향상과 보조를 맞추어줄 시장을 필요로 하였음. GMAC(General Motors Acceptance Corporation)가 설립되어 딜러 재고 및 GM 자동차의 소비자 구매에 대한 자금조달을 시작함. – 손쉬운 월 단위 할부제도가 포드보다 GM 자동차의 판매를 촉진함. – 포드는 할부제도가 도덕적으로 문제가 있다고 믿고 1930년까지 포드 차의 구매를 지원해주는 신용프로그램의 제안을 거절함. 그 대신 그는 자동차를 최초구매자들이 더욱 싼 가격에 구매할 수 있도록 하는데 초점을 맞춤.
1920 – 연간 미국 자동차 생산량이 230만 대에 육박함. 전세계 자동차 생산량은 240만 대를 살짝 밑돌았음. – 듀퐁 임원들이 아직도 고전하고 있던 GM에 $2,500만의 추가 자금을 투자하며 피에르 듀퐁이 회장이 됨.
1921 – 듀랜트가 GM에서 해고되고 슬론이 부사장으로 승진하여 포드사의 시장지배를 깨부술 전략 수립 임무를 부여받음. – F. 도널슨 브라운이 GM의 피에르 듀퐁과 슬론에 합류하여 재무담당 부사장이 됨. 그는 그의 분산 관리회계 원칙과 ROI 공식, 변동 예산, 그리고 CVP 분석을 GM의 다섯 개 승용차 사업본부에 도입함. – 슬론과 브라운은 빠르게 포드와의 가격경쟁을 배제하고 스타일과 다양성의 전략을 정착시킴. – 포드의 미국 시장 점유율은 61%였으며, GM의 시장점유율은 12%였음.

1922

– 알프레드 P. 슬론의 리더쉽과 브라운의 운영관리 및 재무 모델의 도움으로 GM은 457,000대의 자동차를 판매하여 $6,100만의 이익을 달성함.

– GM 경영진은 시보레 라인을 전임 포드 직원이었던 윌리엄 크누드센(William Knudsen)에게 위임함. 크누드센은 조립라인 생산과 더불어 9년이나 된 기술을 기반으로 새로운 차체 스타일과 듀퐁의 화려한 페인트를 이용하여 고전하던 시보레를 포드 모델 T와 경쟁할 수 있도록 바꿈.

– 듀랜트 모터스는 포드 모델 T와 경쟁하기 위하여 '스타(Star)'를 $348에 출시함. 헨리 포드는 듀랜트의 가격보다 저가로 판매하면서 경쟁차를 시장에서 몰아냈으며, 정면의 가격 경쟁은 헛된 것임을 입증함.

1923

– 브라운은 듀퐁이 GM 투자의 컨트롤을 유지할 수 있도록 허용하는 파이낸싱 메커니즘을 개발함.

– GM은 800,000대의 차량을 판매하여 $8,000만의 이익을 얻음.

– 슬론은 대량생산된 자동차에 공예생산(craft-built)의 세련된 외관을 지닌 럭셔리 카의 이미지를 제공하는데 초점을 맞추어 지연되었던 혁신적인 공냉식 엔진의 기술 개발을 지시함.

– 새로운 외관의 시보레 판매의 호조는 더 많은 다양성과 함께 더 나은 외관의 차량을 고객에게 제공하는 전략이 엔지니어링에 있어서 포드와 경쟁하는 것보다 탁월한 전략이라는 것을 슬론에게 인식시킴.

– 미국에서 구매된 370만 대의 승용차들 중 절반 이상이 신용대출로 이루어짐.

– 108개의 미국기업이 자동차를 제조했으며, 그 중 10개의 기업이 연간 생산량의 90%를 차지함.

– 포드의 시장점유율은 생산된 승용차의 51%를 조금 초과함.

– 1,300만 대의 승용차가 미국의 도로에서 운행됨.

1924

– 소매가격이 $290인 포드의 모델 T 생산량이 2년 연속으로 200만 대에 접근함. 전세계 승용차의 절반 이상이 포드의 모델 T였음.

– 브라운은 GM의 집행위원회의 멤버로 임명되었으며, 슬론과 밀접한 관계를 유지하면서 그가 듀퐁에서 개발한 원가회계 기법들을 더욱 발전시킴.

– GM은 80만 대 이상의 차량을 판매하였으며, GM의 최저가 모델인 시보레는 $525에 판매되었고, 최저가의 고품질 차량으로 광고되었음.

– 한편, '풀 옵션을 갖춘' 포드의 가격은 $360에 불과했음.

1925

– 포드 모델 T 로드스터의 가격은 $260으로 떨어졌으며, 포드는 모델 T를 판매하는 10,000개의 미국 내 딜러를 보유하였음.

– 시보레의 판매대수는 34만 1,281대로 치솟으며, 이 수량은 시보레가 생산할 수 있는 최대 수량이었음.

1926

- 미국 내에서, 43개의 회사들이 자동차를 제조함.
- 미국의 자동차 생산량은 400만 대에 달함.
- GM은 오크랜드(Oakland)의 브랜드 명을 바꾼 폰티악(Pontiac) 브랜드를 출범시킴.
- 1926 폰티악 모델은 $825의 낮은 가격에 월등한 럭셔리와 성능을 제공하였으며, 엄청난 판매의 성공을 거둠. 12개월 내에 76,742대의 차량이 생산됨. 이 모델은 그 해 미국의 13번째로 많이 팔린 승용차가 됨.
- GM의 아트 앤 컬러(Art and Color) 부문이 할리 J. 얼(Harley J. Earl)의 지도 아래 탄생하였으며, 그것은 모든 자동차 회사를 통틀어서 자동차의 '스타일링(styling)'만을 전담하는 최초의 부서였음. 이 부서의 활동은 각 GM 사업부문에 디자인 정체성(design identity)을 제공하게 되며, 그것은 포드 및 중고차 시장이라는 두 개의 경쟁 위협에 대한 해답을 제공함.
- 십 년 전에는 존재하지 않았던 자동차 신용판매가 산업표준으로 정착하게 됨. 할부구매가 모든 신차 판매의 3분의 2 이상을 차지함. 자동차의 주도로 가전제품과 같은 고가 소비재의 신용구매가 미국인들의 생활방식으로 자리잡게 됨.
- 시보레와의 더욱 치열해지는 경쟁에 직면하여 자동 시동기를 장착한 포드의 신형 모델 T는 단 $350에 판매됨. 포드는 현상유지를 위해 분투함. 포드는 외관을 변경한 1926 모델 T가 '완전히 새로운' 차라고 주장하였으나 사실상, 철저한 구식의 디자인은 거의 망가진 상태였음.

1927

자동차 제조업체들에게는 안 좋은 한 해였음. 사실상, 지난 20년 동안의 기록적인 시장 성장은 끝나버림. 시장은 중고차 교환 시장으로 바뀌었음. 트레이드-인(trade-in: 신품 대금의 일부로 판매자가 인수하는 물품) 및 중고차 시장이 자동차 판매에 있어서 점증적으로 중요한 역할을 하게 되었음.

- 이 해는 포드 모델 T 생산의 마지막 해가 됨. 판매량은 1926년 수준의 3분의 1 로 떨어짐.
- $200 부근의 가격에도 불구하고 포드는 판매를 유지할 수 없었으며, 이 무렵 소비자들은 신형 모델 T를 구매하기 보다 3~4년 정도 된 중고차를 선호하였는데, 그 이유는 중고차가 더 많은 특성(features)과 함께 더 나은 가치를 제공한다고 생각하였기 때문임. 포드가 모델 T의 생산을 중단할 때까지 1,545만 8,781대를 판매하였음. 모델 T의 판매 대수를 능가할 유일한 승용차는 폭스바겐의 비틀(Beetle)임.
- 미국에는 2,000만 대 이상의 자동차들이 운행되었으며, 이로 인해 자동차 산업은 제품가치에 있어서 선도적인 산업부문으로 도약하였음. 자동차는 제품 수출액 기준으로 3위를 차지하였음.
- 매 4.5명 당 1대의 자동차가 등록되었으며, 미국 가정의 55%가 승용차를 소유하였음.
- 미국의 신차 최초구매자 시장은 포화상태에 도달하였음. 처음으로 대체 차량 매출액이 최초 차량 구매자와 기업용 차량 구매자에 대한 차량 매출액 합계를 초월하였음.
- 훌륭한 상태의 중고차량은 모델 T와 거의 같은 가격에 판매되었으며, 멋있는 외관의 시보레는 $200 이상의 가격으로 판매되었음.
- 모델 T의 생산 종료는 십만 명의 작업자들의 실직을 의미하였음. 포드는 모델 T 생산을 종료하고 신모델 A 생산을 위한 설계와 생산설비 변환에 착수하였음.
- 1927년과 1930년 사이에 시보레는 신차 시장을 활성화시키기 위하여 65만대의 중고차를 구매하여 폐차시켰음.
- GM은 경쟁사에 대한 차별화 및 중고차 시장과의 경쟁우위 확보를 위하여 연간 모델변경 제도(annual model change)를 도입하였음.
- 최초로 GM의 매출액은 포드를 추월하였으며, 향후 80년간 지속됨.

1928

- GMAC는 400만 번 째 판매계약서에 서명함.

ROI 관리의 시스템화

Systemizing the Management of ROI

첫째로 공예생산craft production으로부터 대량생산으로의 전환이 완성되었다. 이로 인해 규모와 범위의 경제에 기초한 시장이 창출되었으며, 기능 전문화 및 상세한 분업에 기초한 거대조직들이 태동하였다. 고정비용, 특히 공장, 설비 및 생산라인 조직에 대한 투자비용을 대량의 산출물에 분배함으로써 규모의 경제가 달성되었으며, 단위원가가 절감되었다. 범위의 경제는 분업을 활용함으로써 달성되었다. 성과 및 직접적인 전술을 측정하고, 전략과 경영성과를 평가하기 위한 공인된 정보 및 회계시스템의 개발은 기업을 조직화하고 컨트롤할 수 있는 능력을 제공하였다. 생산시간표준, 자재표준, 차이분석, 운영비용 비율, 변동예산flexible budgeting, 그리고 CVP(원가-생산량-이익) 분석 기법이 개발되고 모든 사업 전반에 걸쳐 널리 채택되었다. 관리회계 및 산업공학은 뚜렷한 관리원칙으로 자리잡았으며, 오늘날 모든 재무보고, 스케줄링 및 계획수립 기능의 프레임워크를 제공한다.

1930년대에 이르러 포드의 표준화된 일용제품 및 그의 직접 계획 및 컨트롤 시스템은 GM에서의 마케팅 및 조직 혁신에 의하여 쇠퇴하게 되었다. 포드의 물류시스템은 그의 경쟁사들에 의하여 모방되었으나 투자와 개선의 초점은 생산성 향상 또는 심지어 제품개선이 아니었다. 이러한 혁신들은 복수 제품, 또는 복수사업본부 형태M-form의 조직 구조로 유명한 알프레드 P. 슬론에 의하여 시행되었는데, 복수사업본부 형태란 각 운영 사업본부가 별개의 제품 시장을 담당하는 것을 말한다.

슬론이 1920년대 초반에 GM을 인수하였을 때 회사는 승용차 및 승용차 부품 회사들의 느슨한 연합에 불과하였다. 슬론은 자동차 회사들을 재정립하여 시보레에서 캐딜락까지 5개 제품 범위를 만들어냈으며, 철저히 분권적인 관리 통제 구조를 확립하였다. 아이러니컬하게도 GM은 각각의 운영 사업본부 내에서 포드, 또는 다른 대량 생산 제조업체처럼 조직구조를 갖추고 운영되었다. 이 시스템에서는 조립공들이 부품과 마찬가지로 상호교환이 가능하였다. 대량 생산 시스템은 활동들이 최대한 단순화 되어 상부로부터 컨트롤 되고, 엔지니어링 및 관리 기능들이 스태프 전문가들에게 이양되며, 판단의 실행은 관리 계층에 의해서 이루어진다는 가정에 기초하였다.

GM의 운영 사업본부들, 즉 5개의 자동차 사업본부들, 부품을 생산하는 사업본부들, 그리고 냉장고, 에어컨, 기관차들을 생산하는 사업본부들은 작은 기업 본사의 숫자들에 의하여 전적으로 관리되었으며, GM의 CFOChief Financial Officer인 도널슨 브라운에 의하여 고안된 듀퐁 재무관리 시스템을 사용하였다. 이 시스템하에서 각 사업본부는 별도의 회계장부를 유지하였으며, 각각의 관리자는 ROAReturn On Asset 목표달성 여부에 따라 평가 받았다. 만일 숫자들이 사업성과가 안 좋은 것이라는 것을 나타낼 경우, 사업본부 관리자가 교체될 시점이라는 것을 의미하였다. 지속적으로 좋은 숫자를 달성한 사업본부 관리자들은 승진하였으며, 최종에는 본사로 영전하였다.

GM의 5개 자동차 사업본부와 부품을 제조하는 사업본부 피셔 바디Fisher Body, 또는 델코-레미Delco-Remy와의 단기 협력체계는 구매자-판매자 관계에 의해서 달성되었으며, 장기 협력체계는 미국에서 사용되었고, 브라운에 의해서 고안된 최초의 현대적 자본 예산수립 시스템인 '변동원가 기반의 변동예산 수립 시스템flexible budgeting based on variable costing'에 의해서 달성되었다.

이 접근방법을 지원하는 룰들은 전 세계의 모든 주요 기업들에서 확고하게 적용되고 있으며, 듀퐁 ROI는 오늘날까지 사용되고 있다. 사실상 그것은 분석가들과 상장기업 회계법인에서 사용되는 모든 현대적 재무 비율 분석의 기초이다. 불행하게도 브라운의 듀퐁 공식의 원가 요소들은 1934년에 SECSecurities and Exchange Commission(증권거래위원회)의 설립에 관한 법률이 제정되고, GAAP가 탄생할 때 첨부될 운명에 처했다. 7장에서 설명된 바와 같이 SEC로 알려진 규제기관 및 AICPAAmerican Institute of CPA(미국 공인회계사협회)는 브라운의 ROI 공식의 변경에 대한 책임을 진다. SEC는 연차 및 분기 재무제표들의 보고에 관하여 상장기업 및 금융시장을 회사들에 의한 사기성의 그릇된 설명fraudulent misrepresentation으로부터 보호할 의도를 가진 입법에 의하여 출범하였다. GAAP가 탄생하였으며, 제품원가는 외부 재무보고를 위하여 변동원가와 고정원가로 정의되었다. 비록 회사의 내부 경영정보를 왜곡할 의도가 없었고, 현재에도 없더라도 왜곡은 시간 경과에 따라 발생해 왔다.

회사들이 시간 및 자재 표준과 더불어 테일러의 제품 작업공정표를 채택하였을 때, 그 초점은 인풋으로서의 시간과 사용량에 있었다. '실제 대 표준' 차이는 프로세스 편차를 이해하고 개선에 초점을 맞추기 위하여 예외 기반으로 검토되었다. 원가계산 시스템은 제품과 직접 연관된 변동원가를 캡처하기 위한 목적을 가지고 있었다. 시간 표준과 작업공정표는 또한 계획, 구매, 그리고 자원 스케줄링을 위하여 필요한 정보를 제공하기 위하여 사용되었다. 대량생산으로의 전환과 정보기술의 부족은 중간관리층이 거래를 기록하고 회계기록을 유지 관리하는 업무 부하를 증가시켰다. 중간관리층의 비용을 줄이기 위한 압력의 증가와 초기 컴퓨팅 파워의 한계로 인하여 관리회계 정보는 재무회계정보에 자리를 내주고 레이더로부터 거의 사라지는 시점에 도달하게 되었다. 외부 보고 규정 및 세금 코드를 지원하기 위하여 GAAP 전부원가계산absorption costing을 준수할 필요성은 브라운의 ROI 공식, 변동예산 및 CVP 분석을 지원하기 위한 변동 제품원가계산의 우선순위를 압도하였던 것이다. 따라서, 오늘날 대부분의 회사들은 현금플로우의 변화에 기초한 의사결정에 적합한 정보와 경영의사결정을 위하여 사용되는 제품원가정보의 차이를 구분할 수 없다. 만일 포드와 브라운이 회사를 경영하는데 적용되었던 룰들이 의사결정을 위하여 적합한 정보를 정의하는 데 사용된 유일한 룰들이라면 회사들은 오늘날 형편이 좋을 것이다. 그들의 룰들은 앞에서 설명된 경제적 CVP 모델들 및 플로우 중심적 효율전략과 일치하는 변동원가와 고정원가 행동에 기초를 두었다. 10장에서 우리는 이러한 동일한 원칙들을 비선형 시스템을 위한 복잡 시스템 이론 룰들로 업데이트 할 것이다. 그것들은 오늘날의 복잡한 공급망 환경들에 적합한 룰들이며, 스마트 메트릭스의 기초를 이루고 관리회계에 있어서 21세기 변혁의 초석이다.

GAAP에 대한 강조와 초점 없는 개선 및 아웃소싱의 출현

The Emphasis on GAAP and the Rise of Unfocused Improvement and Outsourcing

앞서 7장에서 논의한 바와 같이 변동원가계산 정보에 결정타를 날리게 된 것은 기업들이 80년대 초반에 MRP II를 광범위하게 채택함으로써 모든 제조원가를 제품구조에 있어서 하나의 최상위 층 품목번호에 대해 자동으로 롤업roll up 할 수 있게 된 것이었다. 불행히도 그 품목번호는 완전히 배부된 단위원가fully absorbed unit cost이며, 기껏해야 차선일 뿐 더러 최악의 경우에는 재앙을 초래하는 의사결정을 내리기 위하여 조직의 모든 계층에서 부적절하게 사용되고 있다.

원가-중심 효율cost-centric efficiency의 깊은 진리는 회사의 외주 의사결정 및 로컬 원가local cost efficiency 효율 개선 액션과 프로젝트의 핵심부에 자리잡고 있다. 회사들은 세계에 대한 선형 및 뉴턴 관점을 믿는다. 모든 효율 증진은 시스템 생산성으로 변환된다. 왜냐하면 뉴턴 수학은 가산적이기 때문이다. 가산적인 수학은 오직 독립적이거나 단일 이벤트 시스템인 경우에만 작동된다. 어느 한 자원에서의 효율증진은 시스템 스피드의 증가로 변환되나 아웃풋의 비율(가장 느린 단위에 의해서 결정됨), 또는 제품생산에 있어서 진정한 변동원가를 변화시키지는 못한다. 로컬 효율local efficiency의 최대화는 시스템 효율을 최대화시키지 못한다. 카네기, 듀퐁, 포드, 그리고 브라운은 모두 이것을 깨달았다. 고정비용을 단위원가에 배분하는 것은 그들의 패러다임에 결코 존재하지 않았다. 인위적으로 재고를 쌓아놓는 것에 대한 장려금은 없었다. 그들은 견고하게 플로우-중심 효율과 ROI에 초점을 맞추었다.

불행히도 회사들은 그들이 GAAP 표준 전부 단위원가standard absorption unit cost가 현금 플로우의 진정한 표현이라고 믿는 것처럼 행동한다. 할당된 표준 고정 원가 비율standard fixed cost rate은 세계에 대한 뉴턴 관점과 더불어 관리자로 하여금 회사 내 어느 곳에서이던지 모든 자원에 대해 절약된 분 단위 시간every resource minute이 회사의 원가 절감과 동일한 것이라고 믿게 한다. GAAP 단위원가는, 배치 크기 의사결정을 위한 원가 개선 기회 및 원가절감, 개선 이니셔티브, 그리고 자본 취득 타당성 등을 평가하는데 사용되고 있다. 실제로 절감된 원가는 지출되거나 창출된 현금과는 관계가 없으며, 보고된 수량만큼의 ROI 향상으로 이어지지도 않는다. 원가절감은 심하게 과장되어 있다. 오늘날 1,000%가 넘는 간접비 배부율burden rate을 가지고 운영하는 공장을 찾아내는 것은 이상한 일이 아니다.[10] 초점이 맞지 않는 기계, 또는 노동 효율은 의미가 없으며, 심지어 비생산적이다. 그것들은 GAAP 전부 단위 원가계산absorption unit costing을 사용함으로써 완전히 과장 표현된 것이다. 고정원가의 감소는 어느 하나의 자원 구역에서의 시간 절감에 의해서 발생하지 않는다. 총 고정원가비용은 단위 고정원가가 무엇을 하던지에 관계없이 변하지 않는다.

직접노무비를 줄이기 위한 1920년대부터 오늘에 이르기까지의 노력들은 믿을 수 없을 만큼 성공적이었다. 제품 원가의 퍼센트로서 경비 투자액 대비 노무비의 비율은 21세기로의 진입 이후에 완전히 뒤바뀌었다. 오늘날 터치 타임 노무비touch time labor(부가가치를 창출하는 실제 작업시간에 대한 노무비)의 평균은 제품 사이클 타임의 7%보다 작은데, 이것은 부품과 제품이 작업을 위하여 93%의 시간 동안 대기한다는 뜻이다. 또한 대부분의 제조업체에서 직접 노무비가 차지하는 비율은 전체 제품원가의 10% 미만이다. ***공급망에 있어서의 기회는 노동 또는 기계 생산성 향상이 아니라 플로우를 방해하는 '대기시간'을 제거하는데 초점을 맞추는 것이다.***

각주

1. http://blog.richmond.edu/acct305s11/files/2011/01/history-of-mgmt-accounting.pdf
2. Ibid.
3. Chandler Jr., Alfred D., The Visible Hand: The Managerial Revolution in American Business, Harvard University Press, 1977, page 268.
4. http://blog.richmond.edu/acct305s11/files/2011/01/history-of-mgmt-accounting.pdf
5. Ibid.
6. Davis, T.C., How the Du Pont Organization Appraises Its Performance, in AMA Financial Management Series No.94.(American Management Association, New York, 1950), page 7.
7. Chandler Jr., Alfred D., The Visible Hand: The Managerial Revolution in American Business, Harvard University Press, 1977, page 280.
8. Tough Guys and Pretty Boys: The Cultural Antagonisms of Engineering and Aesthetics in Automotive History, by David Gartman, http://www.autolife.umd.umich.edu/Design/Gartman/D_Casestudy/D_Casestudy3.htm
9. Chandler Jr., Alfred D., The Visible Hand: The Managerial Revolution in American Business, Harvard University Press, 1977, page 460.
10. Miller, Jeffery G., and Thomas E. Vollman, "The Hidden Factory," Harvard Business Review, September 1985.

9 사례 연구 – 보잉 드림라이너

The Boeing Dreamliner

• 보잉 드림라이너

9 사례 연구 – 보잉 드림라이너
The Boeing Dreamliner

보잉사는 원가 중심 효율성으로 개선 활동 및 프로젝트를 운영하게 했다.

1. 오늘날 부품과 제품은 생산 시간의 93%를 대기시간으로 소비한다. 전체 잠재 터치 타임touch time의 작은 비중을 차지하는 어느 한 자원에서의 10% 속도 증가는 시스템 플로우와 속도 면에서 미소한 증가일 뿐이다.
2. 시스템이 복잡할수록 문제 해결을 위한 선형적 뉴턴 방법은 더 빠르게 통제력을 잃게 된다. 품질과 신뢰성의 측면에서 프로젝트와 제품 결과를 점점 예측할 수 없게 하고 시장 리드타임market lead time을 길어지게 하여 전체 원가를 증가시킨다.
3. 기업은 GAAP 표준 전부단위원가absorption unit cost가 현금 플로우cash flow를 정말로 반영하는 것을 믿는 것처럼 행동한다. 할당된 표준 고정 원가율standard fixed dollar cost rate은 뉴턴적 세계관과 더불어 관리자들로 하여금 모든 절약된 자원 분saved resource minute이 기업의 원가 절감액으로 계산된다고 믿거나 믿는 것처럼 행동하게 한다. 배치 크기 결정, 개선 계획 및 자산 획득 정당화를 위한 원가 개선 기회 및 비용 절약을 추산하는 데 GAAP 단위 원가를 사용한다.

로컬 효율성 극대화가 시스템 효율성을 극대화하지는 않는다는 사실을 카네기, 듀퐁, 포드, 브라운은 모두 이해하고 있었다. 고정 비용을 단위화 하는 것은 결코 그들의 패러다임에 포함되어 있지 않았다. 그들은 모두 플로우 중심 효율성flow-centric efficiency과 ROI에 확고하게 중점을 두었다

9 사례 연구 - 보잉 드림라이너
The Boeing Dreamliner

기업은 원가뿐만 아니라, 전체 시스템을 위한 투자수익률ROI 기회 관점에서 모든 의사결정을 고려해 볼 필요가 있다. 수익 체감점point of diminishing returns을 지나 마이너스 수익 영역으로 접어들면서 기업은 노동력 감축에 주력하여 왔다. 가장 해가 되는 일반회계원칙GAAP 오용 중 하나는 아웃소싱 결정을 위해 전부 원가 계산full absorption unit costing을 이용하는 것이다. 잘못된 아웃소싱 결정은 단위화된 노무비와 간접비용을 아웃소싱 부품 매입 가격과 비교하면서 시작된다. 제품을 아웃소싱 할 때 제품원가에 할당된 노무비, 또는 간접비용이 실제로 줄어들지 않는다면, 실제 비용 절감은 없다.

'아주' 값싼 노동력을 가진 개발도상국들은 숙련된 노동력에서 기술로 지식이 이전 가능하게 됨에 따라서 탄생된 오프쇼링offshoring(해외업무위탁) 기회를 활용하기 위하여 최신 기술과 기반시설에 투자를 해왔다. 이것이 전세계적으로 글로벌 공급망을 아주 복잡하게 했을 뿐만 아니라 글로벌 과잉공급과 초과 생산능력을 야기했다.

이러한 지식의 기술로의 이전이 오프쇼링을 가능하게 했다. 그러나 기업에서는 오프쇼링이 매력적이고 '수익성 있는' 것으로 나타나는 적합한 원가정보에 대한 결함 있는 가정을 가지고 있었고, 그것이 오프쇼링으로 가는 아주 잘못된 결정으로 이끌었다. 오프쇼링으로 가는 몇 가지 아주 중요한 이유가 있다. 그러한 이유는 전략적 기여와 밀접한 관련이 있으며 비용절감과는 무관하다. 회사가 올바른 오프쇼링 결정을 하기 위한 적합한 정보를 이해하지 못한 사례들이 실증적으로 입증되었으며, 이러한 사례들이 본서가 집필되고 있을 때 계속 대서특필되었다.

아웃소싱과 오프쇼링의 가장 큰 아이러니는 아웃소싱과 오프쇼링을 할수록 공급망에서 대기시간이 길어진다는 것이다. 더 길어진 리드 타임에 대응하기 위해서는 짧은 고객 허용 시간customer's tolerance time과 제품을 필요로 하는 지점까지 끌어오는 데 걸리는 상품의 주문 · 생산 · 출하 · 선적에 이르기까지의 훨씬 더 긴 시간 사이의 갭을 완충하기 위한 재고에 더 많은 투자가 필요하다. 이렇게 증가되는 '투자'는 오프쇼링 결정을 위한 적합한 정보로 전혀 고려되지 않았다. 대개 고정비용은 변하지 않고 남아있는 있는 상태로(동일 고정비로 더 작은 량의 작업이 이루어진), 남아있는 제품들에 모든 간접비가 흡수된다. 결과적으로 직접 생산하는 것보다 가격이 낮기 때문에 더 많은 상품을 아웃소싱 하게 된다. 궁극적으로 기업의 설계 및 생산 능력은 사라진다. 여러 방면에서 이러한 방식의 계산에 의해서 많은 제조업들이 미국과 유럽을 떠났다.

기업들은 그들의 공급망에 대한 통제력을 잃어가는 부정적 영향을 깨닫고 있다. 제조를 아웃소싱 하는 경향은 하향 추세이며, 5년 전과 비교할 때 미국에서는 실제 감소를 보이고 있다. 2013년 DVV Media Group GmBHwww.bvl.de가 발표한 최근 연구(물류와 공급망 관리 트랜드 및 전략 – 글로벌 복잡성 시대의 시장 경쟁력 우위를 위한)에 따르면, "제조를 위한 아웃소싱 활동이 이전에는 강조되어 왔으나, 미국에서는 감소하고 있다. 현재 미국은 물류 활동의 30% 이하를, 독일은 39%, 중국은 50%를 아웃소싱 하고 있다. 아웃소싱이 증가하지 않는 이유중의 하나는 아웃소싱 공급자의 성과에 대한 불만족일 수 있다." 사례는 무수히 많으나 이 책을 집필하는 시점에서 보잉 드림라이너가 대서특필 되어 많은 주목을 끌고 있었다. 보잉 사례는 비용 중심 효율성 룰과 복잡 시스템 룰 기반으로 관리되는 복잡한 공급망에 대한 최고 경영진의 이해 부족에 대하여 많은 교훈을 준다.

보잉 드림라이너
The Boeing Dreamliner

2007년 7월 8일, 보잉사는 워싱턴주 에버렛시의 한 격납고에서 수천의 군중 앞에 드림라이너를 선보였다. 이 비행기의 설계 특성은 고도의 저연비 복합소재 외장, 강력한 엔진, 획기적인 기내 인테리어이다. 보잉사는 이미 677건의 사전 예약주문을 받았고, 이로써 드림라이너는 첫 인도 이전 500건 주문을 돌파한 최초의 상용 비행기가 되었다. 이 무렵 보잉사에 의하면 2007년 9월까지 첫 드림라이너가 비행을 시작할 것이고 2008년 5월에 새 기체로 첫 탑승객을 수송할 것이라고 했다. 그로부터 일이 아주 빠르게 진행되었다.

2013년 3월 집필진이 본서를 마감하고 있을 즈음, 보잉사가 인도한 50대의 드림라이너 제트기가 자연 연소하는 배터리 팩 문제로 이륙하지 못하고 있었으며, 빠른 해결책의 조짐이 없어 보였다. 2013년 1월 16일, FAA(미 연방항공관리국)는 미국 전 항공사에 드림라이너의 이륙을 금지했다. 일본, 인도, 그리고 유럽의 항공 당국도 뒤이어 신속하게 자체 이륙 금지 명령을 내렸다. 보잉사는 드림라이너를 계속해서 조립하고 있었으나 그 기체를 인도할 수는 없었다. 고객이 원한다 하더라도 기체를 이륙시킬 수가 없었다. 기체를 수용할 공간이 점점 부족해졌다. 항공사들은 보잉사에 인도 지연 패널티, 비행 일정 취소에 따른 손해, 그리고 기존 드림라이너 비행기의 수익 손실을 배상할 것을 줄지어 요구했다. 현재의 시나리오는 긴 시간이 걸리더라도, 항공 가치를 재입증 하기 위하여 FAA로부터의 재인증 과정을 거치는 것이었다.

설상가상으로 2012년 7월에 보잉사 최고 경영진은 엔지니어들에게서 신뢰와 존경을 다시 회복했던 BCABoeing Commercial Airplanes(보잉 상용 비행기) CEO 짐 알바Jim Albaugh를 교체했다. 그는 드림라이너를 구할 수 있다는 신뢰를 받고 있기도 했으나, 최고 경영진과 의견이 보다 부합하는 레이 코너Ray Conner로 교체 되었다. 이것은 BCA 리더십이 짐 알바 이전의 전략과 전술로 회귀함을 강력하게 시사했다. 엔지니어들의 도움이 심각하게 필요할 시점에 회사에서는 SPEEASociety of Professional Engineering Employees in Aerospace(미 항공전문기술노동자협회) 조합원의 파업 발의 투표에 직면하고 있었다. 알바가 통솔하던 8개월 전에는 이러한 상황은 생각할 수조차 없는 일이었다.

그 다음 6개월 뒤 결과에 관계없이 사람들은 보잉사의 뛰어난 재능을 가진 사람들이 드림라이너를 부활시킬 것이라고 아주 굳게 믿고 있었다. 질문은 “드림라이너가 구원될 것인가?”가 아니라 “보잉사의 최고 경영진과 나머지 업계가 이 사례에서 무엇을 배울 것인가?”이다.

드림라이너에서 입증되었듯이 보잉사는 이전 장에서 충분히 기술되었던 전통적인 원가중심사고cost-centric deep truth에 갇혀 있었던 것 같다. 보잉은 더 이상 ‘보잉’이 아니었기 때문에, 보잉사 임원들은 드림라이너를 위하여 보잉사 기존 비행기의 성공적인 론칭과는 다른 극적인 출발을 선택했다. 이 전략적 변화는 해리 스톤사이퍼Harry Stonecipher와 필 콘딧Phil Condit이 새로운 보잉사를 이끌게 되었던 1997년 맥도넬 더글러스McDonnell Douglas 사와의 합병까지 거슬러 갈 수 있다. 아이러니하게도 스톤사이퍼는 물리학을 전공했으며, 콘딧은 사람들 말에 의하면 천부적인 엔지니어였다. 드림라이너는 그들의 유산이었고, 합병 이후 기업 문화 충돌의 핵심이 되었던 비용 중심 효율 전략으로의 변화에 대한 전반적인 책임도 그들에게 있었다.

다음은 제임스 스로위키James Surowiecki의 기사 “드림라이너를 위한 진혼곡?”(2013년 2월 4일자 The New Yorker지)에서 발췌한 것이다.

드림라이너는 그 혁신적인 디자인으로 유명하게 될 것으로 기대되었으나, 그 대신 비행기가 어떻게 잘못 제작될 수 있는지에 대한 구체적인 실례가 되었다.

원인을 이해하기 위해서는 보잉사가 맥도넬 더글러스사를 합병한 1997년으로 거슬러 가야 한다. 기술적인 면에서 보면 보잉사는 맥도넬 더글러스사를 사들였다. 틸 그룹Teal Group의 유명한 산업 분석가인 리차드 어불라피아Rechard Aboulafia는 다음과 같이 기술했다. "사실 이것은 맥도넬 더글러스사가 보잉사를 보잉사의 돈으로 취득한 것이다. 맥도넬 더글러스 임원은 새 합병회사에서 주요 인물이 되었고, 위험 회피와 비용 절감에 집착하는 맥도넬 더글러스의 문화가 신제품에 과감하게 투자하는 보잉의 전통적인 약속commitment을 약화시켰다. 합병 후 엔지니어와 재무부서 및 영업부서들 사이에서 회사의 미래에 대한 커다란 논쟁이 있었다." 드림라이너의 옹호자들은 전통적인 방법보다 값싸고 빠른 전략인 아웃소싱을 택했다. 그리고 보잉사는 단지 제조 품목만을 아웃소싱한 것이 아니라 비행기 전체 섹션의 설계, 엔지니어링 및 제조를 50개의 전략적 파트너에게 넘겼다. 보잉사 자체는 비행기의 40% 이하를 제조하는데 그쳤다. 이 전략은 제조의 재발명으로 유명했다. 이것은 보잉사가 비용을 절약할 수 있음을 의미하기에 재무부서는 이를 환영했지만, 반면 엔지니어들에게는 커다란 골치거리였다.

보잉사와 맥도넬 더글러스사는 천생연분인 듯 보였다. 보잉사는 강력한 상업용 항공 프로그램을 가졌으나 우주 및 방위 산업측면에서 보다 취약했다. 맥도넬 더글러스사는 강력한 우주 및 방위 프로그램을 가지고 있었지만 상업적 측면에서는 급속히 부적합해지고 있었다. 맥도넬 더글러스 경영진은 그들이 상업용 비행기 산업에 복귀하기 위해서 개발에만 300억 달러를 투자해야 할 것이라고 추산했다.[1)]

합병 후 몇 년 뒤 콘딧이 전략을 이끌고 스톤사이퍼가 운영에 집중한 보잉사는 경영진과 노조와의 관계가 극적으로 악화되었고, 새로운 비행기 프로그램에 대한 어떠한 투자도 없었다. 2000년에는 SPEEA(미 항공전문기술 노동자협회)와 함께 아웃소싱을 주요 이슈 중 하나로 하여 치열한 파업이 절정에 달하였다. SPEEA는 대략 23,000명의 보잉 고용자를 대표하며 전통적으로 그 자체를 보잉사 사업에 충성심 있는 중요한 이해당사자로 간주했다. 보잉사의 가족적인 문화를 파괴하고 사업을 이끌어 가겠다는 스톤사이퍼의 거침없는 결정은 잘 받아들여지지 않았다.

게다가 스톤사이퍼의 원가 절감 활동에 대한 강력한 지원은 결함이 있다고 널리 믿어지고 있었고, 실제로 회사가 질적으로나 전반적인 시스템 효율측면에서 잘못된 방향으로 가도록 한 책임이 있었다. 스톤사이퍼의 퇴장으로 회사는 7E7기(2005년 787기로 변경되기 전까지의 원래의 명칭)로 인해 더 발전할 것이며 프로그램의 감독 및 관리가 여전히 보잉사 내부에 남아있을 것이라는 희망이 있었다.

스톤사이퍼는 2002년 6월에 은퇴했고, 대부분의 노동자뿐만 아니라 산업 분석가, 노조는 회사가 상업용 비행기 분야의 리더로 복귀할 것이라고 믿었다. 스톤사이퍼는 수익, 주주 및 최종이익에만 집중하여 보잉을 위대하게 만들었던 것(707기, 747기 그리고 777기의 개발과 같은 엄청난 재정적 투자를 두려워하지 않는 회사였던 보잉)을 느슨하게 보게 되었다고 널리 비판을 받았다.

에어버스Airbus가 점점 거대해 지는 동안 "보잉은 정체되었다." 보잉은 90년대에 기술과 제조 효율성 모두에서 에어버스에 뒤쳐지고 있었으며, 대담한 에어버스를 따라 잡을 수 있는 전략을 구상하지 못했다. 한때 세계 제조업계에서 불가사의였던 보잉이 이제는 비행기를 만드는데 에어버스보다 10%~20%의 비용이 더 들었다. 시장점유율은 1996년에는 거의 70%에 달하였으나 2003년에는 대략 50% 수준으로 놀랍도록 줄어들게 되었다.[2]

스톤사이퍼의 은퇴 이후, 보잉사 고위 경영진은 그들의 회사를 회복시키기 위해 일치 단결 했다. 2003년 3월 9일 시애틀 타임즈지Seattle Times에 게재된 한 기사에 의하면 보잉사는 '작업'의 '근원'에 대해 의견이 분분했다. 7E7기 제조에서 얼마나 많은 작업을 아웃소싱할 것인지에 대한 우려는 시애틀에서의 실직 보다 훨씬 더 관심거리였다. 스톤사이퍼는 은퇴했지만 그의 유산은 여전히 많이 남아 있었고, 엔지니어링 경영진은 계속해서 그들의 우려에 대해 의사소통 하느라 고심했다. 놀랍게도 그것은 존 하트스미스 박사Dr. John Hart-Smith의 연구였는데, 그는 시애틀 타임즈지에 대서특필된 보잉사의 고위 기술자였다. 보잉사 컨퍼런스에서 발표된 그의 아웃소싱에 대한 2001년 논문은 보잉사 내에서 아주 널리 읽히고 결국 시애틀 타임즈의 주목을 끌게 되었다. 그 기사가 신문에 게재되었을 때, 7E7기 관리 통제에 관한 몸부림은 공개적이 되었다.

논란을 불러 일으키는 내부 논문은, 지나친 아웃소싱이 회사 수익 및 핵심지적 자산의 손실, 그리고 장기적인 생존능력의 저하로 이어질 수 있다고 경고한다. 무엇보다 가장 중요한 이슈는 사내 작업의 대부분을 아웃소싱에 주로 의존한다면 회사가 계속해서 운영될 수 있는가 하는 것이다. 저자인존 하트스미스John Hart-Smith는 캘리포니아 남부의 팬톰 웍스Phantom Works 연구부서의 고위 기술 선임 연구원이자 보잉의 가장 뛰어난 엔지니어 중 한 명이었다. 보잉사의 임원들은 하트스미스의 논문에 직접 공식적으로 대응하지 않았으나, 회사의 아웃소싱 전략을 논의하는 데는 동의했다. 그들은 "보잉사가 전세계의 파트너로부터 최고의 기술을 결집했다."라고 주장하였다. 유럽 라이벌사인 에어버스와 끊임없는 경쟁에 직면해 있었기 때문에 보잉은 보다 효율적으로 비행기를 제조할 수 밖에 없는 상황이었다. 이는 공급업체가 더 복잡한 부품을 만들어야 한다는 것을 의미했다.

그러나 하트스미스는 비록 아웃소싱이 어떤 환경에서는 의미가 있다 할지라도 보잉사의 아웃소싱에 대한 의존은 지나치다고 주장했다. "부가가치 있는 작업 모두를 아웃소싱하는 것은 모든 수익을 아웃소싱하는 것과 같고, 보잉사는 그 정책을 바꾸어야 한다."고 그의 논문은 결론을 맺었다.

실명을 밝히지 말아 달라고 요구한 한 고위 프로그램 매니저에 따르면 그의 주장은 회사 내에서 엄청난 반향을 불러일으켰으나, 월 스트리트에서는 대부분 무시되었다. 도이치 뱅크Deutsche Bank의 분석가 크리스 메크레이Chris Mecray는 하트스미스의 논문을 '과장된 불평'에 불과하다고 했다.

하트 스미스의 맥도넬 더글러스 유산은 그의 논문에 결정적인 것이어서 더글러스 DC-10기를 아웃소싱 비행기 제조의 극치로서 반복적으로 인용했다. DC-10기 제조에서 하도급 업체의 과도한 이용은 상용 비행기 단위 수익의 대부분과 새로운 제트기에 대한 자금조달력을 잠식했다고 하트스미스는 주장한다. 보잉과 합병할 무렵, 맥도넬 더글러스는 군용 비행기 제조를 선호하여 상용 비행기 사업에서 거의 물러나 있었다. 하트스미스는 그의 논문 세부사항에 대해 논의하는 것을 허락 받지 못했다. 보잉사는 그에게 그의 논문 배경과 관련된 이메일 질문에 대해서만 서신 답변하는 것을 허용했다.

"나의 동기는 단지 더글러스에 닥친 것과 같은 운명을 겪고 있는 보잉사를 구하려는 것이었다. 나는 너무 많은 같은 정책이 옹호되는 것을 보고 매우 걱정하게 되었다."[3]

하트스미스의 논문은 결코 큰 소리의 불평이 아니었다. 그의 배경은 드림라이너 프로그램에서의 과도한 아웃소싱에 반대하는 논쟁에 극도로 관련되어 있었다. 1997년 합병 이전 하트스미스는 맥도넬 더글러스에서 29년 일했다. 하트스미스의 비평은 회사의 재무 부서와 최고 경영진이 원가 중심 효율 전략과 재무제표 정보의 깊은 진실과 연결된 결함 있는 가정하에서 일하고 있다는 점을 지적했다.

하트스미스의 논문은 논리적으로 견고할 뿐만 아니라 매우 적합한 경험을 근거로 하고 있었다. 부적합한 원가, 정보, 성과 지표가 사용되었을 때 예측 가능한 부정적 영향을 명시한 것이다. 그의 배경과 경험이 헨리 포드Henry Ford와 F. 도널슨 브라운F. Donaldson Brown과 똑같은 결론을 내리는 것은 당연했다. 우리는 하트스미스 논문을 읽고 본서와 관련하여 6개의 키 포인트로 요약했다.

1. 기업의 고정 비용 범위를 넘어서서 선택적 아웃소싱이 영업 활동의 보조 수단으로 사용되는 것은 모든 관련 부서에 이롭다. 그것은 그렇게 하지 않으면 얻을 수 없는 추가 판매 및 공헌 이익contribution margin을 얻기 위한 추가 비용이

다. 이것은 제약의 부하를 덜어내는 것으로 알려져 있다.

2. 원가를 절감하는 도구로써 아웃소싱은 아주 일반적인 결함이 있다. 부품 원가 비교에서 단위화된 고정 간접비에 부적합한 정보를 포함하게 되는 잘못된 원가 회계 관행 때문이다. 이러한 '원가'는 줄어들지 않을 것이며, '절감금액'도 왜곡되고 과장된 것이다.

3. 만약 RONAreturn on net assets(순자산 수익률, ROI의 또 다른 버전)를 높이려는 전략으로 숙련 기술과 기계류 모두에서 고정 간접비를 없애서 순자산 투자를 감소시킨다면, 회사는 미래에 이러한 희소 숙련 기술과 기계류를 필요로 하는 신제품을 출시하려고 할 때 경쟁조차 할 수 없는 위험에 처하게 될 것이다. 앞서 기술했듯이 이것은 1990년대 중반에 맥도넬 더글러스 상업용 비행기 부서가 처한 상황과 동일했다. 그 때 스톤사이퍼는 보잉사와 합병할 수 밖에 없었다. 신제품에 대한 주기적인 투자 필요성에 대한 이 평가는 7E7기에 대한 2003년의 투자 결정이 보잉사가 여전히 상업용 비행기 시장에서 경쟁력을 가질 수 있는 결정적인 원인이었다고 한 리차드 어불라피아Richard Aboulafia의 분석과 해설에 의해 입증되었다.

4. 재고 및 플로우를 보호 하고, 동기화 하고, 가속화 하기 위해서 추가적으로 투자되는 업무 및 재고로 인한 전반적인 원가 상승을 무시하는 것은 리스크 관점뿐 아니라 원가 관점에서도 평가되어야 한다. 카네기와 포드는 이러한 관점을 이해했었고, 그것이 그들이 수직적 통합vertical integration(일련의 생산 공정에 있는 기업간의 통합)과 인소싱 전략을 추구했던 이유이다. 그들은 공급망에 대한 통제를 잃고 싶지 않았고, 비용과 궁극적으로는 그들의 시장에 대한 통제를 위험하게 하고 싶지도 않았다. 이러한 추가 업무는 사소한 것이 아니며, 새 비행기 프로그램의 경우에는 엄청나다.

a. 아웃소싱이 채택된다면, 주요 반조립품이 최종 조립과 맞지 않아서 다시 생산하거나 재설계해야 함으로써 비용과 사이클 타임이 엄청나게 증가되는 상황을 피해야 한다는 것을 염두에 두고 세부 부품 및 하위 조립품을 설계하는 것이 매우 중요하다.

b. 이를 위해서는 기획단계에서 상당한 추가 선행 노력이 요구되며, 주 계약업체는 현장 품질 관리, 공급자 관리, 기술 지원을 제공해야만 한다.

c. 사외off-site 생산은 전체 걸리는 시간과 운송비를 증가시킨다. 시간의 변동성을 보상하기 위해 주 계약업체는 조립라인의 혼란을 방지하기 위한 모든 하위 조립품과 부품에 추가적으로 재고를 투자해야 한다. 재고는 신뢰할 수 있는 시간 내에 자재를 보충할 수 있어서 조립을 보호할 수 있는 크기만큼 확보되어야 한다. 보충 사이클 타임이 길어질수록 재고는 더 많이 준비되어 있어야 한다. 하트스미스는 "재고 비용은 최종 조립까지의 기간만이 아니라 설치(누가 설치하든 상관없이)와 최종 제품 판매 사이의 기간으로 누적된다. 업무를 단지 공급업체로 이전시킴으로써 동일한 절감을 얻은 것은 시스템 효율의 증진이 아니다!"라고 언급했다. 즉 공급망에서의 시간 연장으로 투자되는 총 비용은 결국은 최종 소비자에게로 흘러 나가게 될 것이다. 제품의 최종 원가가 증가하게 된다.

5. 정의상 리스크를 분담하는 파트너는 최종 조립에서 그들의 부품이 사용될 때까지 제품 프로그램에 대한 투자를 만회하지 못한다. 시간을 잘 맞추고 사양대로 이행한 공급업체도 공급망의 다른 부분이 제대로 작동하지 않는다면 같이 벌을 받게 된다. 하트스미스는 그의 논문에서 이것을 지적했다: "주 계약업체는 가장 숙련되지 못한 그 하부 공급업체의 생산능력을 결코 초과할 수 없다." 그리고 리스크 분담 파트너십에 있어서 나머지 공급망 파트너들도 마찬가지다. 제품이 시장에 흘러 들어가는 것보다도 빨리 그들의 투자를 만회할 수는 없을 것이다. 이것은 물리적인 법칙이며, 플로슬Plossl의 제조의 제 1 법칙

일 뿐만 아니라 제약 이론Theory of Constraints 기본 원리이다.

6. RONA(순자산 수익률)는 모든 기준에서 훌륭한 목표이다. 그러나 이것이 성과 측정기준으로 변환되었을 때는 파괴적인 영향력으로 나타난다. 여기서 하트스미스가 논의하고 있는 것은 5개의 주요 목표, 즉 판매, 원가, 품질, 납기준수성과, 그리고 투자(재고와 자본)와 투자수익률ROI의 상호의존성에 대하여 본서의 초기 장에서 언급한 것과 정확히 일치한다. 그 목표들은 서로 고립되어 움직이지 않으며, RONA를 높이기 위해 로컬 수준에서의 전술적 의사결정을 시도하는 것은 절충된 전술적 의사결정 및 액션으로 귀결되고, 그 결과 RONA와 ROI로 평가 받는 전체 시스템에 해로운 영향을 끼친다.

2001년 논문에서 하트스미스는 보잉이 그 전략적 파트너 아웃소싱 정책을 신제품 7E7기 프로그램에도 적용할 때 나타나게 될 여러 가지 결과를 예견했다.

1. 최종 조립에서 부품들이 서로 맞지 않을 수 있다.
2. 공급망에 대한 통제력을 잃게 되고, 공급업체가 직면한 문제를 해결하기 위해 엔지니어와 기술 전문가를 현장으로 보내야 할 것이다.
3. 전략적 파트너들에게 연구 및 자본 비용을 지불함으로써 그들을 인수하거나 긴급 구제함으로써 프로그램을 구조해야만 할 것이다.
4. 생산 사이클 타임 뿐만 아니라 비행기의 총 원가가 엄청나게 증가할 것이다.
5. 모든 인증 테스트가 완료되어 인증될 때까지는 제품을 재설계하고 재작업해야 할 것이다.

2003년 12월, 스톤사이퍼는 콘딧의 강제 사임 후 은퇴로부터의 복귀를 요청받아 보잉의 실권을 다시 장악했다. 보잉 7E7기(드림라이너)와 747-8기를 동시에 출시한다는 마케팅 과대광고와 강력한 제안에도 불구하고 콘딧은 그렇게 하지 않았다. 이사회는 그 해 말까지 7E7 제트기를 개발할 것인지에 대한 결정을 내려야 했다. 7E7기는 보잉의 십 년만의 첫 신제품이 될 예정이었다. 그 결정은 보잉사가 상업용 비행기 시장에 전념한다는 것을 의미했다. "이것은 정말 중요한 순간이다. 7E7기 투자 실패는 보잉사의 비행기 사업의 종말을 의미할 수 있다." 라고 어불라피아가 말했다.[4)]

2004년 1월, 이사회는 드림라이너로 명명한 7E7기를 승인했다. 동시에 보잉사는 제임스 벨James Bell을 상임 CFO(재무담당임원)으로 임명하였다. 벨은 전임자 마이크 시어스Mike Sears가 2~3개월 전 파면된 이후 CFO를 대행해왔다. 엔지니어 배경을 가진 시어스와 달리 벨은 31년의 기업 재무분야 경력을 가진 수치계산에 능한 사람이었다. 그 당시 BCA의 CEO 멀리Mullaley와 함께 그들은 위원회와 재정부서의 구미에 보다 영합하도록 '50개의 전략적 아웃소싱 파트너'에게 7E7 개발 비용 리스크를 분산시키는 계획을 수립했다. 이 전략은 똑 같은 맥도넬 더글러스 전략 및 접근방법이 아니라 대신 제조업의 재발명으로 납득되었다. 스톤사이퍼는 전략으로서의 원가절감에 전적으로 집중했다. 그가 운영권을 장악했던 1998년과 2001년 사이 그는 가차없는 원가 절감 계획, 그리고 매우 비판적이고 거침없는 접근 방법으로 인해 일반 직원들과 노조로부터 대체로 인기를 얻지 못했다. 스톤사이퍼는 보잉의 지속적인 글로벌 아웃소싱을 방어했다. 2004년 8월 2일 시애틀 타임즈 인터뷰에서 스톤사이퍼는 보잉사의 전망, 세계적 경쟁, 국내 일자리 그리고 '전략'을 논의함에 있어 매우 명료하게 입장을 밝혔다.

우리는 계속해서 원가를 절감할 것이다. 계획이 있는데, 상업 비행기 CEO 알랜 멀리 Allan Mul lalley와 그의 팀은 아주 멋진 것을 개발 중이다. 순조롭게 진행 중에 있고, 완료하는 순간 만사 형통할 것이다. 이것은 자산을 화폐화 하는 것이 아니다. 고용을 줄이는 것도 아니다. 제품의 원가를 줄이는 것이다. 이렇게 일을 할수록 우리는 하드웨어에서 엄청난 원가 절감을 하게 된다. 그것이 우리가 원하는 것이다.[5)]

보잉의 중역들은 787기 개발에 필요한 자산 투자와 리스크를 '전략적 파트너'인 공급업체 50곳으로 광범위하게 분산하면 RONA를 최대화 할 것이라는 단순한 믿음으로 드림라이너 아웃소싱 전술을 지시했다. 그들은 787기 개발사업을 별개의 독립적인 50개의 서로 다른 개별 소규모 프로젝트로 축소하면 보다 쉽게 관리할 수 있고, 따라서 개발 속도도 더 빨라질 것이라고 믿었다. 공급업체의 준비를 구조화함으로써 개발 비용이 프로그램 존속 기간에 걸쳐 만회될 수 있다는 그러한 이유로 보잉은 초기 총 연구개발 투자비를 60억 달러 이하로 생각했다.

그들은 그러한 접근의 결함을 설명하려고 한 많은 자사 엔지니어링 전문가들과 외부 공급망 전문가들을 무시했던 것으로 보인다. 그들은 제조뿐만 아니라 엔지니어링을 아웃소싱 하는 그들의 결정과 관련된 리스크를 전적으로 무시했다. 그들은 투자한 자본의 리스크를 분산시키는 '새로운 전략'으로 금융계로부터 축하와 찬사를 받았다. 성공에 대한 기대감은 결국 RONA로 측정될 것이나 시장은 그들에게 즉각적으로 보상했다. 〈표 9.1〉은 드림라이너의 진척상황 타임라인(또는 진척의 부재)을 나타낸다. 목표는 2008년까지 비행 인증을 받는 것이었고, 보잉사가 투자비용이 60억 달러 이하가 소요될 것이라고 믿었음을 기억하라.

2010년 2월, 보잉사는 2009년 재무제표를 발표했는데, 2009년 재무제표 연말 조정으로 787기용 자본화된 R&D 재고/프로그램 계정에서 27억 달러를 상각했다. 연차 보고서에서 첫 6기의 드림라이너 중 3기가 재설계로 인하여 회수 불가능했으므로 상각으로 처리했다.

2011년 1월, 보잉사는 7번째 드림라이너의 지연과 일정 변경을 발표한다. 이 사태는 드림라이너에 초점을 둔 많은 신문기사들을 유발하였고, BCA CEO 짐 알바는 아웃소싱에 대한 결정을 재검토하고 조정하고 있다는 것을 최초로 공개 시인하게 되었다. 당연히 하트스미스 박사와 그의 오리지날 백서가 다시 검토되기 시작하였고, 수 많은 기사가 그의 2001년 이후 보고서를 인용했다. 2011년 2월 현재, 그는 예언자로서 노스트라다무스 보다 더 나은 업적을 쌓으며 대성공

표 9.1 드림라이너 타임라인(2003년 1월 ~2011년 1월)

2003년 1월	신형 비행기를 디자인하기 위해 실무팀 구성
2003년 1월 15일	160여 개 국가 출신의 50만명이 투표한 결과, 비행기를 드림라이너로 명명했다고 공표
2003년 12월 16일	이사회 개발 최종승인 발표. 항공사 주문 접수 시작
2004년 6월 26일	일본의 ANA(All Nippon Airway) 항공이 50기를 주문함으로써 787기의 론칭 고객이 됨.
2004년 12월	2004년 말 56건의 주문 접수. 목표는 200건
2005년 12월	총 288건의 주문 접수
2006년 6월	워싱턴 주 에버렛의 자사 공장에서 조립 시작
2007년 6월	첫 비행기를 조립하던 엔지니어가 앞 조종석 구획(nose-and-cockpit section)과 그 뒤쪽 동체 구획(fuselage section)사이에서 0.3인치 갭을 발견
2007년 7월 8일	드림라이너 15,000명 군중 앞에 퍼레이드로 전세계에 첫선을 보임(비행기는 행사를 위해 텅빈 껍데기만 공수한 것으로 드러났다.).
2007년 9월	볼트 부족과 비행 제어 소프트웨어 문제 등의 많은 생산 지연을 처음으로 발표
2008년	그 해 4차례 더 지연 발표. 지연사유: 기계 제작 기술자들의 57일 파업, 잘못 설치된 잠금 장치 문제, 회사 글로벌 공급망의 문제 '787기 프로그램의 재난'을 강조하기 위해 SPEEA가 미디어 전술을 채택하고 회사를 좀먹는 아웃소싱 문제를 부각시킴(출처: 2011년 6월 10일 시애틀 공항 힐턴 리더십 컨퍼런스, 레이 고포스(Ray Goforth), SPEEA 위원회 논평, 연설 전문은 www.speea.org에서 참조 가능).
2009년 6월	787기 59건의 주문 취소
2009년 7월	787기 프레임의 큰 부분을 책임지고 있었고, 계속적으로 부품 부족과 지연을 일으킨 공급업체 보우트 항공산업(Vought Aircraft Industries)로부터 2개 공장을 인수하는데 약 10억 달러 사용
2009년 6월 23일	공급망을 탓으로 또 다른 지연 발표

2009년 12월 15일	787기 워싱턴 에버렛 보잉 공장 근처 페인 필드(Paine Field)에서 첫 번째 시험 비행
2010년 2월	2009년 재무제표 연말 조정으로 787기용 재고/프로그램 계정의 자본화된 R&D에서 27억 달러 상각(write-off). 연차 보고서 당, 첫 6기의 드림라이너 중 3기가 리엔지니어링으로 구제 불가능하기 때문에 상각 결정
2010년 11월 9일	시험 비행 중 전기 제어판 화재 발생으로 787기 전력 공급 중단. 테스트 비행 6주 연기됨.
2011년 1월	BCA(Boeing Commercial Airplanes) CEO 짐 알바가 시애틀 대학에서 787 드림라이너 3년 지연의 재앙에서 배운 교훈과 글로벌 아웃소싱 전략에 대해 논평. 알바가 매우 솔직하게 언급한 교훈: 보잉의 비용을 절감할 의도로 행해진 787기 글로벌 아웃소싱 전략은 완전히 역효과를 냄. "주요 기술 개발을 가까운 국내에서 진행한 경우보다 훨씬 더 많은 비용이 들었다."라고 언급 보잉사는 신형 제트기 개발 비용을 분산하기 위해서 영입한 파트너 업체를 보상하거나 지원하거나 사들여야 했고, 이제는 지연에 따른 추가 비용으로 타격을 받고 있다. 보잉이 길을 잃은 원인은 RONA(순자산 수익률)라고 불리는 재무성과 지표 때문이라고 알바는 언급했다. 알바는 "우리는 아웃소싱을 지나치게 너무 많이 했다. 우리는 더 신중한 수준으로 되돌려 놓아야 한다."고 인터뷰에서 말했다. '보잉사는 전통적으로 사내에서 했던 작업의 대부분을 유지해야 한다'라고 했던 하트스미스의 주장을 인용하면서도 알바는 그렇게까지 하는 것은 주저했다. "작업의 대부분을 사내에서 해야 한다는 의미는 아니다. 우리는 여전히 세계적으로 가용한 최고의 기술과 생산능력을 이용할 필요가 있다고 믿는다."(출처: "보잉 787기 문제에 대한 '선견지명있는' 경고", 2012년 2월 5일자 시애틀 타임즈, 비즈니스 담당자)

출처: 다른 출처가 인용되지 않는 출처는 모두 보잉사의 787 드림라이너 타임라인, 2013년 1월 25일자 연합통신(Associated Press)

을 거두고 있었다. 시애틀 타임즈 기자들이 "보잉 787기 문제에 대한 '선견지명' 있는 경고"(2012년 2월 5일자) 기사를 작성하기 위해 하트스미스 박사와 짐 알바 모두를 인터뷰했다. 하트스미스는 2008년 보잉사에서 은퇴했다. "구조 엔지니어가 어디서 그러한 전문지식을 얻게 되었는가?"라는 질문에, 하트스미스는 "그건 상식이다."라고 답했다. 〈표 9.2〉는 드림라이너 진척상황의 파란만장한

표 9.2 드림라이너 타임라인(2011년 2월 ~2013년 2월)

2011년 2월	20억 달러 이상 예산 초과(120%) 및 3년 지연. 언론인, 항공우주 분석가, 그리고 보잉사 고객이 공통으로 제기하는 3 가지 질문과 그에 대한 피터 코핸(Peter Cohan)의 답변: 1. 보잉사는 드림라이너 부품을 타국 업체에 확실히 지나치게 아웃소싱한 것 아닌가? 2. 787기 아웃소싱 문제는 계속 될 것인가? 3. 이 사태가 항공사, 고객, 그리고 보잉 투자자에게 의미하는 바는 무엇인가? 이 질문에 대한 간단한 답변: 그렇다, 아마도, 그리고 말하기는 너무 이르다. (출처: "보잉 드림라이너의 지연, 지나친 아웃소싱" 2011년 1월 21일 자 데일리 파이낸스지, 피너코헨, http://www.dailyfinace.com/2011/01/21/boeing-dreamliner-delays-outsourcing-goes-too-far/)
2011년 6월	SPEEA의 상임이사 레이 고포스(Ray Goforth) 2008년 협상 전술에 극적인 변화를 발표하고 구속력 있는 이원 중재를 채택할 것을 제안. 보잉사 경영진이 행한 관리방식의 변화를 다음과 같이 요약함. "그때는 그때고, 지금은 2008년이 아니라 2012년이다. 2008년 이후 지금까지 회사에서 많은 것이 변해왔다. 보잉사는 엔지니어링 우수성으로의 회귀를 수용했다. 회사는 아웃소싱 실수를 인정했고, 그 중 많은 부분을 적극적으로 되돌리고 있다. 회사는 원래 SPEEA 지원 하에 시작된 혼란을 경험 삼아 문제를 초기에 표면화하는 문화를 육성하기 시작했다. BCA 대표 알바(문제를 파악하는 조기 경보 시스템으로서 경영진이 노조를 이용할 수 있다고 인정한 인물)는 새로운 경영스타일을 도입했다." (출처: 2011년 6월 10일, 시애틀 공항 힐턴, 리더십 컨퍼런스, 레이 고포스 – 1.jpg, SPEEA 위원회 논평. 연설의 전문은 www.speea.org에서 참조)
2011년 8월 26일	FAA(미연방항공국)와 유럽항공안전청(European Aviation Safety Agency) 승객 운송 인가
2011년 9월 25일	일본 ANA에서 첫 번째 787기 인수
2011년 10월 26일	3년 반 지연, 첫 유료 승객 비행기에 탑승. ANA 4-4 전세기 도쿄에서 홍콩까지 비행
2012년 7월	7월 28일 시험 운행 중 787기 엔진에서 잔해 추락, 캐롤라이나 남부 찰스톤 국제 공항 잔디 화재 촉발 보잉사 최고 경영진 엔지니어 출신 CEO 알바(Albaugh)를 비 엔지니어 출신 CEO 레이 코너(Ray Conner)로 교체. 알바는 BCA를 호전시켜 다시 일으켜 세울 것이라는 신뢰를 받았던 인물

2013년 1월 7일	보스턴 로간 국제 공항 착륙 후 일본항공(Japan Airlines) 787기 배터리 팩에 화재. 승객은 이미 하선 완료하였으나 소방관 소화작업 40분 소요
2013년 1월 11일	고위 교통당국이 안전하다고 주장하였으나 FAA 전체 비행기 검토 착수
2013년 1월 16일	파일럿이 배터리 문제와 타는 냄새 감지 후 ANA 787기 비상 착륙. ANA와 일본항공은 전체 드림라이너 선단 이륙 금지 조치
2013년 1월 16일	FAA 모든 미국 항공사 787기 이륙 금지. 뒤이어 일본, 인도, 유럽 항공 당국도 자체 이륙금지
2013년 2월	2월 8일, SPEEA와 보잉사는 합의점을 차지 못함. 엔지니어와 기술자 파업을 피하려는 막판 시도에서 보잉 CEO 레이 코너(알바의 후임)는 모든 SPEEA 구성원에게 서한을 보내서 회사의 제안을 수락할 것을 요청. 코너는 파업 투표가 있는 주에 보낸 메일을 보내 모든 SPEEA 구성원이 일선에서 필요로 하는 시점에 파업을 피할 수 있기를 바랐다. 그는 지금은 팀으로 뭉쳐 회사의 미래를 위해 일할 때라고 서한을 보냈다. "파업을 통해서 누구도 승리하지 못한다. 보잉사와 직원들이 곤란을 겪는 동안 보잉의 사람들과 제품을 신뢰하는 고객에게도 영향이 갈 것이다. 단기간 다소의 고통이 있을지라도 장기적인 경쟁력을 보호하는 것이 중요하다."라고 했다. SPEEA 중역 레이 고포스는 그 서한이 노조원들에게 잘 받아들여지지 않았다고 말했다. "보잉사는 직원들에게 회사가 어려운 상황에 처해 있다는 것을 이용하여 그저 끔찍한 제안을 받아 들이고 787기가 다시 비행할 수 있도록 도와달라고 하였다." 고포스는 코너가 이렇게 늦게 서야 관여한 것이 이상하다고 말했다. "그는 이 협상에서 역할을 하지 못했다…." (출처: Sullivan, Chris, "보잉사, 작업자들에게 직접 SPEEA 노조건 호소" 2013년 2월 8일자 MyNorthwest.com

이야기를 보여준다.

2013년 1월 16일 드림라이너 이륙금지로 당연히 언론인과 산업 분석가들이 드림라이너의 과거와 미래를 앞다투어 다루고 787기 프로그램 운영과 공급망 아웃소싱을 다시 화두로 떠올렸다.

지난 18년에 걸쳐 산업 분석가들과 비즈니스 분야 언론인들의 기사와 비평에서 지속적이며 반복적으로 언급된 이름은 리차드 어불라피아Richard Aboulafia였다. 그의 비평과 통찰은 옳은 것으로 받들어 졌다. 그의 뉴스레터는 신랄하지만 수치와 설득력 있는 전략 평가가 균형을 이루었다. 그는 오랜 경력을 가진 존경 받는 항공우주 산업 분석가이고, TV 뉴스와 라디오 프로그램뿐 아니라 비즈니스 및 뉴스 출판업계에서도 항공 산업 분야 권위자로서 자주 인용되고 있다.

다음은 어불라피아의 2013년 1월 뉴스레터에 실린 보잉 드림라이너에 대한 뛰어난 요약이다. http://www.richardaboulafia.com/shownote.asp?id=373를 참조하라.

나는 변화를 좋아하지 않는다. 그러나 이따금 나의 오랜 믿음을 재검토해야만 한다. 다음이 그러한 순간 중의 하나다. 우주항공 산업 분석가로서의 25년 경력 동안 보잉사는 에어버스 보다 훨씬 경쟁력이 있는 것으로 보였다. 나의 일은 산업 및 재무 분야 고객에게 예측 및 권고를 제공하는 것이고, 보잉사는 거의 언제나 더 좋은 실적을 안겨 주었다. 별볼일 없는 유럽 옹호자들이 나를(마치 문화적, 국가적 편견을 가진 것처럼) 안티 에어버스Anti-Airbus라고 비난할 때, 나는 단지 수치(예;재무 수익 및 산업 파트너 혜택)를 가지고 논하자고 제안했었다. 그들은 혼돈스러운 불안한 표정(이 업계의 많은 사람들이 시장 경제를 잘 이해하지 못함을 확인시켜 주는)을 지으며 의기 소침해 했다. 다음 25년 동안도 이러한 일상이 계속될 것이라고 기대했다. 그런데 시대가 변했다. 최근 한 고객이 나에게 신경 쓰이는 수치를 보여주었다. 1월 25일 현재, EADSEuropean Aeronautic Defense and Space Company(유럽항공방위우주산업) 주식이 137%, 즉 2000년 7월 상장된 이후 연간 7.1% 수익을 냈다. 동기간 보잉사는 117%, 즉 연간 6.4% 수익을 냈다. 물론 이 동향은 아주 최근의 것이다. 보잉사 주식은 787기 문제로 영향을 받아 왔고 이것은 미국 주식의 평균인 (배당금 포함) 약 1%의 총 수익률 보다 현저히 낮은 성과이다. 한편 EADS는 주식 가격이 올라서 전달에는 약 20% 상승하고, 2012년 초 이후로 36% 상승했다. 그러한 가파른 상승세가 나타나기 전에는 보잉사 주식은 EADS의 주식보다 계속 훨씬 실적이 좋았다. 실적 저조와 실적 초과는 분명 시작일과 종료일에 따라 다르다.

EADS의 주가는 전년도의 심각한 자체 역풍과의 다툼에도 불구하고 상승하였으나 매

출과 수익 측면에서는 보잉을 전반적으로 밑돌았다. 에어버스가 12% 상승한 반면 보잉 제트 여객기 생산량은 2011년을 거쳐 2012년 47% 가치 상승했다. 보잉의 이윤 폭은 EADS보다 훨씬 높았다. 777기와 787기로 보잉은 보다 훌륭한 양대 제품라인을 갖춘 반면 에어버스는 A380 제약에 갇혀 있다. EADS/에어버스는 여전히 심각한 거버넌스 및 소유권 문제가 있다. EADS는 보잉보다도 더 심각한 국내시장 방위비 삭감을 겪었다. 또한 F-15기의 계속되는 장기 흥행과 유로화이터Eurofighter캠페인의 실패가 증명했듯이 방위 수출 시장에서 보잉보다 심각하게 저조했다. 그러나 주가와 투자자 수익 측면에서는 보잉이 훨씬 좋은 성과를 거두었어야 함에도 불구하고 EADS 보다 뒤졌다.이러한 단절을 어떻게 설명해야 하는가? 하나의 이론이 있다. 제트기 사업은 양분되어 있고, 다른 어떤 제조업보다도 빠르게 성장하고 있다. 투자자들은 거기에 한몫 하기를 원한다. 그리고 보잉사가 그들을 겁먹게 하기 시작했다. 보잉사의 주가는 787기 문제로 단순 정체 상태가 아니라 호된 손실을 보았다. 반대로 에어버스/EADS는 어떤 프로그램 문제도 없이 탄탄한 제트기 시장에서 이익을 보고 있다. 다시 말하면, 에어버스 전략이 특별히 좋은 것이 아니라, 오히려 보잉사의 전략과 실행에 문제가 있기 때문이다.지난 여름, 보잉사의 최고 경영진은 BCA를 회복시켜 다시 발전시킬 엔지니어 출신 CEO를 해고했다. 대신 비엔지니어 출신 CEO로 교체했다. 그리고 나서 경영진은 엔지니어 노조와 대결 상태에 돌입했다(부분적으로 노조의 잘못도 있지만, 경영진은 당장 이 전쟁에 몰입할 여유가 없었다). 그 당시 시카고(본사)는 그 유망한 777X를 다음 10년까지 연기했고, 고객의 시각으로 보면 끝없는 연기와 마찬가지였다. 이러한 동향은 사내 엔지니어링을 경시하고 개발 업무의 많은 부분을 산업 파트너에게 맡기는 787기 개발 모델을 기반으로 한 것이었다.

787기가 위기에서 벗어나 보이고 777X가 다음 10년으로 연기되어 시카고는 엔지니어들에게 요구할 것이 많지 않다고 생각한 것 같았다. 그때 그 망할 787 배터리 문제가 발생했다. 맙소사. 시애틀에서 불만에 가득 찬 노조로 대표되고, 비엔지니어 출신 경영 집단에 보고해야 하는 엔지니어들은 그문제로 초과 근무를 해 왔으나 수 주일이 지나도 아무도 해결책에 근접하지 못한 것 같았다. 이 글을 작성하고 있을 무렵 가능성

이 큰 결론은(재인증이 필요하기 때문에) 6주~9주의 이륙 금지이다. 이 무시무시한 드림라이너 상황은 물론 단지 이번 달 보잉사의 4분기 경영실적 공시에 대한 배경일 뿐이다. 787기 낭패는 다음을 제외하고는 논의되지 않았다. (a)조사가 계속 되고 있어서 논의할 수 없으며, (b)배터리 시스 개선을 위한 조치 또는 그 비행기 설계의 다른 측면에서의 불확실성에도 불구하고 787기 생산은 전속력으로 계속 진행 중이다. 제작 중인 비행기들에 대하여 미래에 주요한 개조작업이 필요하지 않을까 하는 것이 엔지니어들이 걱정하는 것이었다. 한편, 공시 자료에서는 787기가 왜 이렇게 악화되었는지, 또는 바로 잡기 위해서 회사내부에서 무엇을 해야 하는지에 대한 뉘우침이나 성찰이 없었다(다시 한번, 787기 프로그램에 대한 분석이 언론인들에게 넘어갔다). 대신에 몇 가지 인상적인 판매 및 수익에 대한 수치를 강조했다. 그것은 기계공을 파면하고 트랙터 관리를 볼리비아로 아웃소싱 했다는 것은 언급도 하지 않은 채 풍작을 자랑하면서, 고객에게 만약 다음 해의 수확물을 인도해 주지못하면 벌금을 내겠다고 약속하는 농부의 모습과 같았다.

경영진의 교체, 노조와의 타협, 제품 론칭 결정, 디자인 아웃소싱 조치에서 보았듯 시카고(본사)는 엔지니어링을 순자산 수익률RONA과 같은 재무 및 시장 관련 고려사항 보다 훨씬 뒤에 있는 부차적인 고려사항이라고 여겼다. 그러나 엔지니어링을 경시한 이 전략은 회사의 재무 실적에 악영향을 미치기 시작했다. 적어도 경쟁사 대비 자기자본 수익률equities returns 관점에서는 그러하다. 확실히 투자자들은 787기 우환과 관련된 높은 보상비 때문에 불안해할 것이다. 그러나, 투자자들이 심각한 위기에 대처하기 위한 회사의 선제적 대응의 미흡으로 인해 겁먹을 수도 있다. 심지어 787기가 서비스를 재개할 때 조차 더 큰 어려움이 닥칠 수 있다. 보잉사가 1998년-2003년의 힘들었던 시절로 되돌아 갈 가능성 또한 존재한다. 그 당시 보잉사는 신제품 개발에 거의 투자할 수 없었다.

다시 말하면, 보잉사의 문제는 단지 엔지니어가 회계담당에게 밀려난 것이 아니라는 것이며, 회계담당이 회사를 운영하는 방법을 재고해야 한다는 것이었다.

변화가 있을 때까지 투자자들은 계속해서 그들의 관심을 에어버스의 장점 쪽으로 돌릴 것이다. 특히 에어버스가 계속 신제품 개발 투자를 강조한다면 말이다.

보잉 드림라이너는 그 어떤 것보다 현 공급망 관리 전략과 전술을 바꾸어야 한다. 안타깝게도 이미 2000년 초반부터 내부 및 외부 전문가 모두 그것을 예상할 수 있었고 반복적으로 예견 했었다. 문제의 근원은 회계 중심의 사고방식에 대한 어불라피아의 평가방식과 그러한 사고방식이 어디에서부터 시작되었는가 하는 것과 밀접하게 연관되어 있다.

1996년 맥도넬 더글러스사 합병과 보잉사 다각화를 위해 기업 인수 합병 전략에 집중했던 필 콘딧과 해리 스톤사이퍼의 영향력이 효율성과 최소원가 전략을 강력한 지배적 위치에 포진시켰다. 그것이 회사의 문화와 정신에 파고들었다. 보잉사에 있어서 계획 대비 큰 차이가 발생하는 것은 낯선 일이 아니지만, 차이분석variance analysis의 요점은 회사에 문제가 있으니 수정이 필요하다는 것을 지적하는 것이다.

대형의 공격적인 프로젝트는 변동을 수반한다. 보잉사가 따랐던 아웃소싱 트렌드는 복잡한 공급망을 관리하기 위하여 원가 중심 효율성 전략을 사용한 필수불가결한 결과 중의 하나였을 뿐이다. 그 전략은 스톤사이퍼가 맥도넬 더글러스에서 따름으로 인해서 손실을 겪었던 전략이다. 이 전략은 1995년 콘딧 지휘 하에 처음 실시되었고, 스톤사이퍼 지휘 하에서는 보다 전면적으로 운영되게 되었다. 드림라이너는 최악의 상황이었고, 보잉사의 현 딜레마는 모든 기업들에게 주의해야 하는 3 가지 주요 교훈을 준다.

교훈 1: 공급망을 불필요하게 복잡하게 만든 것 Creating Unnecessary Supply Chain Complexity

거대 조직에서 많은 고위간부들이 그들이 관리하고 있는 공급망의 실제, 프로젝트의 기술적 현실, 출시하려는 제품에 대하여 제대로 이해하지 못하고 있다.

드림라이너의 기술의 복잡성의 증가와 더불어 보잉사는 아웃소싱 분량을 30

퍼센트(747기는 5퍼센트)로 늘렸을 뿐만 아니라, 공급망의 단계를 복잡하게 만든 것이 혼란을 가중시켜서 그들이 공급망을 관리하고 동기화시키는 것이 불가능하게 되었다. 그들은 공급망에 대한 사전 대응관리, 가시성 관리 방법도 가지고 있지 않았다. 드림라이너 1호기 조립 시도가 있었던 2007년을 시작으로 사후 대응 모드를 취해야 했다. 주요 컴포넌트를 맞추기까지 2호기, 3호기, 4호기도 마찬가지였다. 프로그램을 위험에서 구해내기 위하여 수백 명의 내부 전문가를 공급업체 현장으로 급파하고, 실적이 저조한 공급업체를 사들이고, 재설계를 반복하는 등 필요한 일을 할 때마다 비용은 통제할 수 없이 급격히 증가했다.

그림 9.1 보잉사 공급망 형태 변화

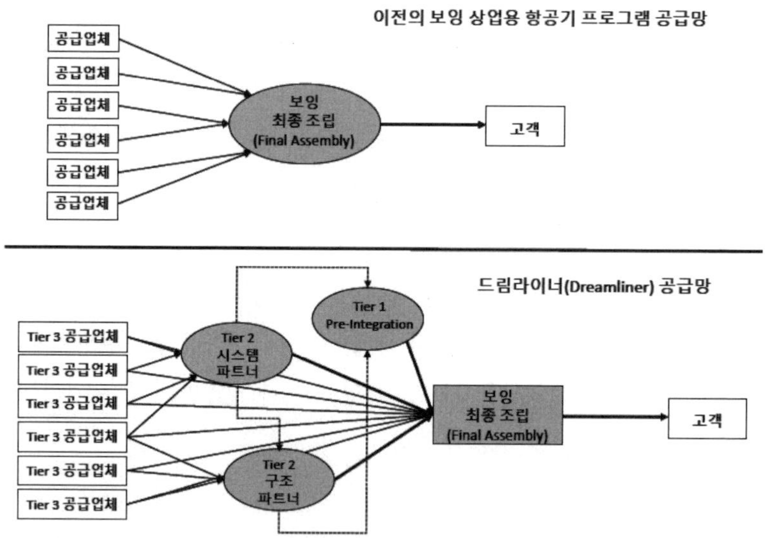

[그림 9.1]은 UCLA 경영대학 크리스토퍼 탕과 조슈아 짐머만이 발표한 논문에 표현된 787기의공급망 구조 변화(이전 상용 비행기 프로그램 공급망과 드림라이너 공급망)를 재 묘사한 것이다.

787기 개발 시기를 6년에서 4년으로 앞당기고 개발비를 100억 달러에서 60억 달러로 줄이기 위해 보잉사는 비행기 제조산업에는 새로운 비전통적인 공급망을 사용하여 드림라이너를 개발 및 생산하기로 했다. 787기의 공급망이 개발비의 재무적 리스크를 공급업체에 분산시켜서 제조 및 조립 비용을 낮출 것으로 예상했다. [그림 9.1] 상단 그림과 같이 수천 개의 공급업체가 생산한 부품과 하부시스템을 조립하는 전통적인 주 제조업체로서의 역할을 보잉사가 했던 737기 공급망과는 달리, 787기 공급망은 보잉사가 약 50개의 계층1tier-1 전략적 파트너와 파트너십을 발전시키는 계층적 구조tiered structure로 구성 되었다. 이러한 전략적 파트너 업체들이 '통합업체integrators'로서 계층2tier-2 공급업체에서 생산된 부품과 하부시스템을 그림 9.1. 하단 그림과 같이 조립한다. [그림 9.1]에 묘사된 787기 공급망은 도요타의 공급망과 유사하다. 그 공급망으로 토요타는 보다 짧은 개발 사이클 타임으로 신차를 개발할 수 있었다.[6]

결과적으로 보잉은 공급, 프로세스, 관리, 작업자, 궁극적으로는 마켓에까지 증가된 리스크에 대한 이해나 평가 없이 787기 공급망의 복잡성을 엄청나게 증대 시켰다. 게다가 보잉사는 그러한 극적인 변화를 수행할 수 있는 전문지식, 가시성, 또는 공급망 관리 도구와 구조가 없었다고 결론 내렸다. 리스크 평가 및 완화 전략 부재와 선제 공급망 관리 가시성 부재로 인해 보잉사가 일련의 반응적(사후) 대응을 할 수 밖에 없었던 것이 결국 공급망 전반에 걸쳐 전방 및 후방의 도미노식 지연으로 나타났다. 연구는 2009년에 진행되었고, 성공적인 첫 인도는 2년 후에 이루어졌다. 다음 발췌문은 탕과 짐머만 논문의 결론이다.

주 공급업체를 선정함에 있어, 선정된 공급업체가 필요한 생산능력과 성공을 위해 전념할 수 있는지 확인하여 성실하게 수행을 할 수 있는지를 평가하는 것 이외에, 공급업체가 정확한 정보를 적시에 교환할 수 있는 강한 의지가 있는지를 고려해야만 한다. 새 프로젝트를 관리할 때 정보통신에 과도하게 의존하면 아주 위험하다. 훨씬 상류 또는 하류에 있는 파트너에 의해서 야기된 리스크를 완화하기 위해서는 기업들은 전체

공급망에 대한 완벽한 가시성을 확보하려고 노력해야 한다. 공급망에 대한 완벽한 가시성은 기업이 보다 신속하게 교정 조치를 취하는 능력을 향상시켜 공급망 혼란의 부정적 영향을 훨씬 감소시킬 수 있다. 공급망 혼란의 부정적 영향을 완화 시키는 시기적절한 대응의 중요성에 대한 논의는 소디Sodhi와 탕Tang(2009b)을 참조하라.

보잉사는 본질적으로 복잡한 일을 10배 더 복잡하게 만들었다. 게다가 공급망은 더 복잡하게 만들었지만 공급망의 종속성으로 발생되는 예측 가능한 상황 변동을 차단하기 위한 디커플링decoupling, 완충dampening, 피드백 메커니즘은 사용하지 않은 것 같다. 디커플링, 완충, 피드백 메커니즘 없이 종속성과 연결성이 증가하여 문자 그대로 채찍 효과bullwhip effect의 완벽한 환경을 조성했다. 적합한 정보와 자재의 플로우 속도는 매우 느렸다.

보잉사 경영진의 사고방식, 사업 룰, 그리고 정보 시스템 도구 모두가 업무 수행에 완벽하게 부적절했다. 오늘날 업계의 99%가 그러한 것처럼 그들은 낡은 과학에 근거했고, 복잡하지 않은 것이 거의 없었다. 리스크와 복잡성 모두를 제어하고 관리하려는 그들의 뉴턴적 접근은 공급망을 독립적인 이벤트로 분리하고 각 부분을 관리하고 제어 하는 것이었다. 마치 그것들이 최종적으로 꼭 들어맞을 필요가 없는 것처럼 말이다. 이 시점에서는 그것이 제대도 되지 않았고 되지 않고 있다고 말하는 것은 절제된 표현이었다. 지난 20년 동안 기업의 복잡성은 증가했지만 그 사고방식과 도구는 갈수록 실패를 거듭하고 있다. 그들은 문제와 리스크를 그들의 공급업체로 밀어내는 방법을 모색해 왔다. 이러한 경향은 수직적 통합과는 거리가 멀었다.

수직 공급망 통합vertical supply chain integration은 시스템을 보다 초기에 제어하도록 할 뿐만 아니라 애프터 마켓 서비스 부품 업계에 엄청난 이윤 잠재성을 가져올 수 있게 한다. 그 부품사업을 관리하고 서비스하는 회사의 능력에 따라 시장과 이윤의 몇 배를 얻기도 하고 잃기도 한다. 이것이 핵심이다. 비행기 프로그램에서 이윤 마진의 중요한 부분은 그러한 부품에 달려 있다는 것을 하트스미스 박사가 그의 논문에서 지적한 것이다. 10년 이상 수명을 가진 장비의 평균적인 부품들은 10년 수명을 다하고 나면 다시 원래의 판매가를 지불하게 될 것이다. 비행기의 실용 수명은 20년이다. 법으로 규정된 유지보수와 FAA로부터 승인 받은 공급업체에서만 부품을 매입해야 한다는 것은 상용 비행기 산업의 예비 부품 사업이 금광이라는 것을 의미한다.

교훈 2: 프로그램 회계를 하는 업계는 조심해야 한다. Industries with Program Accounting Should Beware

항공우주 산업 일반회계원칙GAAP 주요 산물인 프로그램 회계Program Accounting을 이용한다면 모든 레벨에서 적합한 정보를 얻어내는 것은 보다 힘들다. 프로그램 회계는 제품 라인 구축을 위하여 아주 큰 R&D 투자와 자본소요가 필요한 회사를 위해서만 사용된다.

직접 노무비에 대한 비율로 지출되는 간접비와 간접 노무비가 아주 크기 때문에 원가 삭감과 엔지니어링을 아웃소싱하여 간접 노무비를 줄이려는 노력에 집중하도록 잘못 유도함으로써 비용을 절약하여 RONA(순자산 수익률)를 높이려 한다. 프로그램 회계는 더욱 강력한 GAAP 전부원가계산의 한 버전일 뿐이다. 비용 중심 효율성 전략에 의한 공급망 설계로의 전환은 진척상황과 프로그램의 RONA 상태를 판단하는 능력을 흐리게 하고 왜곡시켰다.

프로그램 회계의 문제는 첫 번째 비행기 선적 후까지 순자산 수익이 크고 계획대로 잘 되고 있다고 가정하게 된다는 것이다. 회사가 프로그램 기간program life 동안 각 비행기에 소요되는 자본화된 간접비와 R&D비용을 알게 되는 것은 그 시점이다. 787기는 매우 고가의 비행기가 되었고 "아직 끝난 것이 아니다." 재무제표를 목적으로 하는 프로그램 회계는 보잉과 같은 회사에서 재무제표 제시용으로 유효한 방법이며 매칭matching(역자 주; 외화자금의 플로우, 즉 자금의 유입과 유출을 통화별, 만기별로 일치시킴으로써 자금 플로우의 불일치에서 발생할 수 있는 환차손 위험을 원천적으로 제거하는 환리스크 관리기법)으로 알려진 핵심적인 GAAP 원리에 근거해 있다.

이것은 회사가 대규모 자본과 또는 R&D 비용을 투자하여 첫 번째 선적 가능한 제품을 생산하고, 이후 프로그램 기간에 걸쳐 선적될 모든 제품에 투자비를 분산시킬 수 있게 한다. 그러기 위해서 기업은 제품 수명과 그 기간 동안에 선적될 제품의 수를 추산해야 한다.

보잉사는 프로그램이 진행되는 남은 년도뿐만 아니라 비행기 숫자에서도 훨씬 초과하는 실제 판매 실적을 올렸다(예: 보잉 737기). 이것은 비행기 프로그램에 있어 계획한 자금 회수와 수익을 계속 능가하고 있다는 것을 의미하기 때문에 매우 좋은 일이다. 또한 프로그램 회계에서만 보여지는 아주 이상한 변칙인 마이너스 재고negative inventory를 야기하기도 한다. 비행기 수가 원래 프로그램 기간을 초과할 때 프로그램 회계는 매출원가 만큼 비용이 드는 각각의, 그리고 모든 비행기에 계속 표준 전부원가 간접비standard full absorption overhead cost를 할당한다.

그래서 비록 전체 투자비용이 회수되고 자본화된 프로그램 종자돈의 재고 잔고inventory balance가 완전히 할당되어 0달러가 되었다 하더라도 매번 판매된 추가 비행기에 대하여 프로그램 재고 대차대조표 계정의 대변에 기록 되고, 해당금액이 매출원가 차변에 기록된다. 그리하여 마이너스 값의 프로그램 재고 대차대조표계정 잔고가 된다. 물론 이것은 만기가 된 프로그램의 순수익과 현금 유동성을 극적으로 축소하고 787 드림라이너와 같은 시작 프로그램의 순수익과 현금 유동성을 과장한다. 그러나 비행기 프로그램 기간 동안 예상 개발비를 분산하고 판매가 일어나는 시기에 각 비행기 비용을 판매 수익에 맞추도록 설계된 GAAP 매칭 원리에는 아주 잘 맞는다.

모든 프로그램 재고자산은 대차대조표상 단일 수치로 나타내기 때문에 외부 분석가나 투자자는 단일 비행기 프로그램과 관련된 비용을 알 수 없다. 프로그램 기간을 초과한 모든 프로그램 마이너스 재고 잔고는 새 프로그램과 기간이 남은 기존 프로그램에 대해 상쇄 된다. 이것이 블랙 홀이다. 드림라이너에 실제로 사용한 비용은 120억 달러~180억 달러 사이로 공개 추산되었다. 보잉사 경영진이 혁신적인 공급망 리스크 분산 방법을 월스트리트에 납득시킬 때 원래 추산했던 60억 달러와는 완전히 다르다.

마지막으로 주목할 것은 첫 3기의 드림라이너 비용을 자본화하기 보다 비용처리하는 결정은 실제 선택한 것이 아니라는 것이다. 보잉사의 회계감사 기관인 딜로이트Deloitte가, 차액이 크고(원 예상 개발비의 약 절반) 드문 경우였기 때문에 상각으로 요청했다고 확신한다. 최종조립에서 완벽하지 않았기 때문에 이 첫 3기의 드림라이너는 판매할 수 없었다. 테스트 후 추가되는 재설계와 재제조 과정 때문에 판매로는 구제할 수 없다고 판단했다. 이것은 2001년 논문에서 하트스미스 박사가 지적했던 바로 그 결과이다. 2010년 연차보고서와 재무제표에서 보잉사는 2009년 상각을 참고하고 추가적인 기술적 또는 공급망 문제가 발생한다면 추가 상각이 2011년에 필요할 수도 있다고 했다. 27억 달러는 프로그램 비용초과로 생각할 수 없으나 비용처리 되었다. 2013년 6월 현재 보잉사는 여전히 드림라이너의 총 비용을 알지 못하고 있다.

보잉사의 경영진은 어떤 일이 발생했으며, 어떤 일이 잘 되지 않고 있는지에 대한 현실을 인정하기를 거부했던 것처럼 보인다. 아니면 단지 개별 부품과 공급업체 문제점에만 초점을 맞춘 나머지 그들이 총 4 기의 비행기 비용 상각처리 및 프로그램의 수년간 지연을 막을 수 없는 상태가 될 때까지 시스템적인 문제를 결코 파악하지 못했다. 어느 쪽이든 그것은 상급 경영진 또는 그들이 선택했던 전략에 잘 반영되지 않았다.

교훈 3: 조직의 인적 자본을 이해하고 소중히 하라 Understand and Value Your Organization's Human Capital

자산 이윤을 최대화 하는 방법은 내버려 두더라도 최고 경영진이 모든 자산의 의미와 가치를 이해하지 못한다면 그 이해 당사자들과 주주들의 신뢰를 상실하게 된다. 보잉사의 중역은 그들의 인력의 가치와 재능 그리고 보잉사의 과거와 미래의 성공에서 그 인력이 차지하는 비중을 무시한 듯 하다.

보잉사의 선임 기술진인 하트스미스 박사는 보잉사 아웃소싱에 대한 내부 논문에서 제약기반 원칙constraint-based principles과 연결된 플로우 동기화, 적합한 원가, 이득정보에 대하여 브라운과 포드의 정의를 사용했다. 하트스미스의 논문은 전체를 읽어볼 만한 가치가 있으며 인터넷에서 이용 가능하다. 그 논문을 설명하는 언론기사가 전후 맥락과 분리하여 간략히 줄여져 있기는 하지만 그 논문이 13년 동안 주목 받아 온 것은 그럴만한 충분한 가치가 있기 때문이다. 그가 옳았고 논란의 여지가 없다. 내부 전문가에 의해 그렇게 잘 정리되고 구체화된 예견을, 결론을 테스트하는 데 필요한 시일에 걸쳐, 따르고 비교할 기회는 거의 없을 것이다. 그리고 그 논문과 논문의 저자는 보잉사 경영진에게 최초부터 활용 가능 했었다. 이 지식이 활용되었다면 787기 프로그램을 보다 나은 쪽으로 극적으로 변화시킬 수도 있었을 것이다.

기업이 그 직원의 가치를 이해하지 못하거나 자산으로 인식하지 못할 때, 그 전체 조직으로부터 어떻게 수익을 창출할 수 있는지를 모른다. 필자가 경험했던 거의 모든 조직에서 기업 인력들의 집적된 지식과 직관은 가장 가치 있는 자산 중 하나이다. 인적 자산을 소모품으로 취급하는 것은 형편없는 비즈니스 의사결정이다. 특히 '지식 집약적인' 인적 자산의 경우는 더욱 그러하다.

뉴 노멀New Normal 시대 인적 자산은 산업혁명 이전만큼이나 중요해졌다. 10장은 복잡 적응 시스템complex adaptive system인 공급망 관리에서 인적 자본의 중요성을 설명할 것이다.

저자들의 기록
Authors' Note

태평양 북서쪽에 살고 있는 저자들은 발효 중인 비공개 계약, 직접 연락 및 접촉 등으로 보잉사에 대한 관심이 매우 높다. 우리의 과거 업무 배경, 전문지식 분야, 연락과 접촉을 통하여 하트스미스 박사의 논문에 접근할 수 있는 자격도 있다. 보잉사는 프로그램 회계를 만들었다. 특히 데브라 스미스는 그의 공공 회계 경력 첫해에 보잉사 회계와 상용 비행기 부서를 담당한 Touche Ross(현 Deloitte Touche)의 감사 요원으로 있었기 때문에 보잉사와 프로그램 회계에 매우 친숙하다. 퓌제 사운드 대학교University of Puget Sound와 워싱턴 대학교University of Washington 교수로 재직하는 동안, 그녀는 보잉사 고문단에 있었고 보잉사 중역으로 재직했다. 노린Noreen 박사와 데브라 스미스Debra Smith가 경영협회Institute of Management의 연구계열사인 IMA 응용연구재단IMA Foundation for Applied Research으로부터 보조금을 받았을 때 IMA는 밥 밀러Bob Miller를 보조금 핸들러grand handler로 배정했고 그는 그 프로젝트 내내 우리와 일했다. 1993년 밥 밀러는 IMA 재단의 프로젝트 위원회의 의장이자 보잉사의 기업 회계담당자였다. 1998년 스미스는 모든 비행기 프로그램(727, 737, 747, 757, 767 그리고 777)의 회계담당자가 비용과 의사결정 시스템을 평가하는데 도움을 주도록 1일 워크샵을 진행하도록 요청 받았다. 그들은 워크샵을 받았고 스톤사이퍼가 BCA를 그녀가 제안하고 있는 것과는 반대로 가고 있다는 것을 명백하게 깨닫게 되었다. 보잉사 엔지니어들, 간부들, 운영 간부들은 계속 워크샵과 컨퍼런스에 참석했고 제약기반 사고방식constraint-based thinking은 인기가 있었고, 주요 견인력을 얻지는 못했지만 상부 경영진에게 반복적으로 제안되었다.

2000년 파업 전, 우리는 그 당시 SPEEA의 상임이사인 찰스 보퍼딩Charles Bofferding과 계약했다. 아웃소싱을 증가시키는 전략의 위험성과 비용 삭감에 집중한 아웃소싱 및 현 프로세스 개선 계획의 일환인 비용절약의 오류를 밝히는 법에 대해 최고 경영진과 더 나은 의사소통을 하도록 도움이 되기를 희망하면서 말이다. 이 모든 것은 전술과 로컬 성과 측정기준local performance metrics의 기초로 전부 원가 계산financial absorption costing을 사용했기 때문이라는 것이 하트스미스 박사의 논문에 간단 명료하게 설명되어 있다. 보잉사를 잘 알고 있을 뿐만 아니라 관리회계, 제약 경영 원칙constraints management principles 및 공급망에 대한 우리의 전문 지식을 근거로 보잉사 엔지니어링 및 운영 부문 고위 관리자들이 우리를 그에게 추천했다. 파업을 피하고 아웃소싱 문제의 리스크와 평가에 대한 이성적인 대화가 이루어지리라는 희망이 있었다. 하트스미스 논문으로 증명되었듯 이 분야에 내부 전문지식이 없었던 것은 아니었으나 그들은 외부 '전문가'가 도움이 되기를 바랬다. 그러나 불행하게도 이에 대한 건설적인 대화를 할 기회가 없었다. 열차는 정거장을 떠났고 우리는 탑승하기 못했고 보잉의 전문가들도 마찬가지였다. 보잉사는 논리도 없고 현실의 결과를 깊이 부정하는 내부인에 의한 매직 사고방식magical thinking 경영이라고 칭하는 시대에 접어 들었다.

원가 중심 효율성 맹신이 회사의 아웃소싱 결정과 로컬 원가 효율성 중심의 개선 활동 및 프로젝트를 운영하게 한 핵심이다.

1. 기업과 그 관리자들은 선형적linear, 뉴턴적 세계관을 믿는다. 뉴턴 수학은 가산적이기 때문에 어떤 식으로든 효율성 증대는 시스템 생산생의 증대로 해석한다. 가산적 수학은 독립적이거나 싱글 이벤트 시스템에만 작동한다. 어떠한 자원에서라도 얻어진 효율을 전체 시스템 속도의 증대로 해석하지만, 이것은 (가장 속도가 느린 단위에 의해 결정되는) 쓰루풋 비율이나 어떤 제품을 생산하는데 들어가는 실 변동 원가truly variable cost를 변화시키지 않는다.
오늘날 부품과 제품은 생산 시간의 93%를 대기시간으로 소비한다. 전체 잠재 터치 타임의 작은 퍼센트를 차지하는 어느 한 자원에서의 10% 속도 증가는 시스템 플로우와 속도 면에서 미소한 증가일 뿐이다.

2. 기업들은 문제 해결을 위해서 환원주의적 접근방법reductionist approach인 선형적 뉴턴 방법을 신뢰한다. 통제하는 가장 좋은 방법은 모든 것을 독립된 각각으로 나누어서 각 부분을 최적으로 관리하는 것이다. 시스템이 복잡할수록 이 방법은 더 빠르게 통제력을 잃게 된다. 품질과 신뢰성의 측면에서 프로젝트와 제품 결과를 점점 예측할 수 없게 하고 시장 리드타임을 길어지게 하여 전체 원가를 증가시킨다.

3. 기업은 GAAP 표준 전부단위원가absorption unit cost가 현금 플로우를 정말로 반영하는 것을 믿는 것처럼 행동한다. 할당된 표준고정 원가율standard fixed dollar cost rate은 뉴턴적 세계관과 더불어관리자들로 하여금 모든 절약된 자원 분saved resource minute이 기업의 원가 절감액으로 계산된다고 믿거나 믿는 것처럼 행동하게 한다. 배치batch 크기 결정, 개선 계획 및 자산 획득 정당화를 위한 원가 개선 기회 및 비용 절약을 추산하는데 GAAP 단위 원가를 사용한다. 실제로 절감된 '원가'는 투여되거나 창출되는 현금과 아무 관계가 없었고 보고된 규모의 ROI를 낳지도 않는다. 원가절감은 전반적으로 과장되어 있다. 오늘날 1000% 이상의 제조간접비 배부율burden rate로 공장을 가동하는 경우도 많이 있다.(출처: Miller, Jeffrey G., and Thomas E Vollman, "숨겨진 공장", Harvard Business Review, September 1985.)

로컬 효율성 극대화가 시스템 효율성을 극대화하지는 않는다. 카네기, 듀퐁, 포드, 브라운은 모두 이것을 이해하고 있었다. 고정 비용을 단위화 하는 것은 결코 그들의 패러다임에 포함되어 있지 않았다. 그들은 플로우 중심 효율성flow-centric efficiency과 ROI에 확고하게 중점을 두었다.

각주 ————————————————————

1. Callahan, Patricia, "그래서 왜 해리 스톤사이퍼는 그가 보잉사를 변화시킬 수 있다고 생각하는가?", 2004, Chicago Tribune Company, LLC.

2. Holmes, Stanley, "보잉: 정말로 무슨 일이 발생했는가", Business Week, December 14, 2003.

3. Gates, Dominic, "보잉사 일의 '근원'에 대하여 논란이 분분하다", Seattle Times Aerospace reporter, March 9, 2003.

4. Holmes, Stanley, "보잉사: 실제 무슨 일이 일어났는가", Business Week, December 14, 2003.

5. Gates, Dominic, and David Bowermaster, "직설적인 보잉 CEO가 회사 전망을 낙관하다", Seattle Times, August 2, 2004.

6. Tang, Christopher S., and Joshua D. Zimmerman, "신제품 개발 및 공급망 리스크 관리: 보잉 787기 사례", Supply Chain Forum: An International Journal, Vol. 10, No. 2, 2009, page 77.

10 복잡성 과학과 공급망

Complexity Science and Supply Chains

- 뉴턴 방식
- 뉴턴을 초월하라는 압력
- 복잡성
- 카오스와 복잡성 이론의 성숙
- 복잡 적응 시스템으로서의 공급망
- 복잡성 이론을 넘어선 움직임 - 복잡 적응 시스템
- 복잡 적응 시스템 사례 - 노멀 회사
- 복잡 적응 시스템의 참조 사례
- 비선형 시스템에서의 연결과 상호작용
- CAS와 디맨드 드리븐 운영 모델
- 요약
- 결론

10 복잡성 과학과 공급망

Complexity Science and Supply Chains

채찍효과의 새로운 원인으로서 '실행과 투자 결정을 유도하는 부적합한 정보irrelevant information의 사용으로 자초한 변동'이 있다. 이것은 수요예측 실수와 마찬가지로 심각하며, '잘못된 평가지표the bad measures'이다. 이 두 가지 문제가 성공적으로 처리되어야 채찍효과는 해결될 수 있다.

예측 수요 그리고 비용 중심 효율성 전략과 그 정책, 전술, 보고 및 평가지표를 사용함으로써 발생하는 변동은 일관성 있는 플로우 시그널을 비동기화desynchronize 하고, 상충되는 액션을 유도하며, 전체 시스템을 불안정하게 한다.

적합한 정보에 대한 가시성이 높아지면, 변동은 적어지거나 제거되고, 플로우 속도가 빨라지며, ROI 기회가 높아진다. 반대로 적합한 정보에 대한 가시성이 떨어지면 변동 증가를 보상하기 위해 재고, 노동 또는 자본 지출은 증가해야 한다. 그렇지 않으면 속도와 아웃풋 량이 하락하며, ROI 향상 기회는 낮아진다.

복잡 적응 시스템 룰과 결합한 제약 기반 관리 원칙constraint-based management principles은 디맨드 드리븐demand driven 전략, 정책, 전술, 평가지표를 정의하는 토대이며, 자연과학 세계가 돌아가는 방법을 반영한다. 현실 모델과 현실 그 자체 사이에 왜곡이 클수록 우리가 기대한 결과와 실제 얻는 결과 사이의 차이가 커진다. 어떤 시스템이나 공급망에서도 첫 단계는 항상 링크 및 결합과 시스템의 원인과 결과를 매핑하는 것이다.

10 복잡성 과학과 공급망

Complexity Science and Supply Chains

앞 장에서 현대의 공급망을 규정하는 환경과 상황의 극적인 전환을 다루었다. 이러한 이해는 선형 구조linear structure에서 복잡 시스템complex system으로, 그리고 가장 최근에는 복잡 적응 시스템CAS: complex adaptive system으로서의 로지스틱 시스템에 대한 확실한 사례로 발전했다. 이러한 변화는 우주에 대한 자연과학의 관점 전환의 결과이며, 그 내용은 단순한 뉴턴 또는 선형 패러다임으로부터 우주 자연 질서를 이해하는 중요한 초석의 한 부분으로 카오스 이론chaos theory, 복잡성 이론complexity theory, 복잡 적응 시스템 이론complex adaptive system theory, 또는 비선형nonlinear 패러다임의 추가를 수용하는 것으로의 전환이다. 아직 초창기이기는 하나 이러한 이론들은 지난 수십 년 동안 주류과학에서 받아들여졌고, 최근에 들어서야 경제학과 공급망 관리와 같은 사회 및 응용과학에 대한 뜨겁고 적용 가능한 이슈가 되었다.

복잡 적응 시스템의 새로운 룰이 비즈니스와 공급망 관리에 끼치는 영향에 대한 이해는 적합한 정보를 찾아내기 위한 대상과 위치를 정의하기 위한 프레임워크를 제공한다. 자연과학 및 자연과학의 복잡한 공급망 행동complex supply chain behavior에 대한 더욱 타당한 통계 모델에 대한 연결이 핵심이다. 새로운 룰은 관리자들이 다음 사항을 이해할 수 있는 확고한 프레임워크를 제공한다.

▲ 시스템은 어떻게 행동하는가
▲ 무엇을 왜 측정해야 하는가
▲ 언제 액션을 취하고 어떤 결과를 예측해야 하는가
▲ 예상한 결과를 어디에서 확인해야 하는가

위 사항들은 시스템 플로우에 기초한 공급망을 관리하기 위하여 적합한 정보를 얻기 위해 모두 필요하다. 플로우 중심flow-centric 전략에 맞춘 전술, 보고 및 평가지표는 지속적으로 적응하고 그 결과들을 개선할 수 있도록 사람들의 힘을 분출 시킨다.

이 장의 목적은 다음과 같다.

1. 공급망과 채찍효과를 설명하고 관리하기 위해 복잡성의 타당성 및 위치, 그리고 복잡 적응 시스템 과학을 확인한다.
2. 현 뉴턴 과학 룰들과 그 룰들이 어떻게 비용 중심 효율성 전략, 전술, 평가지표, 그리고 오늘날 공급망에서 공통적인 정보 보고서를 도출하기 위하여 사용되었는지를 더 잘 설명한다.
3. 복잡 적응 시스템CAS의 법칙들과 행동에 기초한 새로운 룰을 설명한다.
4. 오늘날 공급망을 관리하는 플로우 중심 효율성 전략, 정책, 전술, 평가지표 그리고 정보 보고서가 도출된 CAS 룰과의 연관을 설명한다.

관리자들은 그들이 21세기에 접어들기 전까지는 그들이 관리하는 시스템을 이해하고 개선할 수 있는 희망이 거의 없었다. 그것은 총 싸움에 칼을 가져가는 것과 같다. 머레이 겔만Murray Gell-Mann으로부터의 다음 인용은 복잡 시스템과 그것을 지배하는 '법칙들'을 이해할 수 있는 맥락을 제공한다. 그는 1969년 노벨 물리학상 수상자이며 복잡성 과학complexity science을 연구하는 산타페 연구소Santa Fe Institute의 저명한 최고연구위원이자 공동 창립자이다.

"오늘날 인류를 나머지 생물권과 연결시키는 관계 네트워크는 너무 복잡해서 모든 측면이 모든 다른 측면에 놀라울 정도로 영향을 미친다. 조잡하게 진행된다 하더라도 누군가는 전체 시스템을 연구해야만 한다. 복잡한 비선형 시스템에 대한 부분 연구를 합치는 것으로는 전체 행동을 잘 알 수 없기 때문이다."[1)]

뉴턴 방식
The Newtonian Way

세계는 우리가 생각하거나 배웠던 방식으로 작동하지 않는다. '구 과학Old science'이 여전히 현실에 대한 일반적 시각을 지배하고 있다. 과학혁명은 아이작 뉴턴경의 미적분학 개발과 고전역학법칙과 함께 17세기에 시작되었다. 그 후 과학자들은 자연을 아주 다른 관점에서 보았다. 뉴턴 물리학으로 인해 과학자들이 처음으로 물체의 역학을 1차 방정식으로 표현할 수 있었다. 17세기 후반부터 20세기 초까지 아이작 뉴턴이 발견한 운동의 법칙과 선형 및 기계학 원리는 과학의 해석을 지배하고 서구 세계의 모든 측면으로 스며들었다. 이 현실관은 교육 시스템, 문화, 언어, 조직 및 관리 관행에 완전히 침투해서 당연시 되었다. 그 결과 상호의존과 상호연결은 점점 더 중요하지 않은 것으로 여겨졌으며, 근본적으로 무시되었다.

대부분의 사람들은 그들이 생각하고, 이야기하고, 행동할 때 소위 역학적 현실관과 뉴턴의 4가지 황금 법칙을 사용하고 있다는 것을 의식조차 하지 못하고 있다. 이 현실관은 다음을 가정한다.

1. 질서Order: 언제 어디서든 원인은 알려진 결과를 낳는다. 원인이 있어서 결과가 발생한다.(원인과 결과)

2. 환원론Reductionism: 우리는 사물들을 그들의 구성요소들이나 부분들로 축소하고, 그 부분들을 검토함으로써 무슨 일이 일어났는지 이해할 수 있다. 숨겨

진 놀라움은 없다. 전체는 부분의 합이고, 더도 덜도 없다. 작은 변화는 작은 결과를 낳고 큰 변화는 큰 결과를 낳는다.

3. 예측 가능성Predictability: 우주는 질서가 있고, 자연 법칙을 따르며, 믿 을 수 없을 만큼 복잡한 기계와 같이 작동한다. 전체 행동global behavior이 일단 정의되면 이벤트의 미래 과정은 모델에 적합한 인풋들을 적용하여 예측할 수 있다. 인풋은 항상 아웃풋과 같다. 이 모델은 최적화 될 수 있다.

4. 결정론Determinism: 프로세스들은 질서정연하고 예측 가능한 길을 따라 흘러서 분명한 시작과 합리적인 끝이 있다. 과거가 미래와 모든 것을 전적으로 결정한다는 믿음은 미리 결정될 것이며, 예정된 것이다 - 우연은 없고no chance, 선택의 여지도 없으며no choice, 그리고 불확실성도 없다no uncertainty.[2)]

뉴턴의 4 가지 법칙은 오늘날 공급망을 관리하는 비용 중심 효율성 전략의 토대가 된 3가지 일반적인 믿음에 대한 원인을 제공한다.

1. 사람을 관리하는 최고의 방법은 조직을 기능으로 나누고 분명한 구조로 조직화하는 것이다. 그러고 나서 특정 기능에 대한 명확한 지시로 그 행동을 통제한다. 이것이 프레드릭 테일러Frederick Taylor의 작업방식과 포드Ford의 관료주의 모델이다.

2. 작업이 각 단위에서 최대한 효율적으로 낭비를 최소화 하고 간소화 할 때 최선의 결과인 최소 시간으로 최고의 아웃풋을 낳는다. 린 머신Lean-machine 전략은 어떤 시스템 아웃풋도 최적화 시킬 것이다.

3. 모든 원가구조cost structure는 선형적이며, 가산적이고 제산적이며, 시간 증가에 대하여 선형적, 가산적, 제산적으로 직접 연관시킬 수 있다. 1 페니 절약은 1 페니 소득이다 - 어디서든, 언제든, 그 리고 GAAP 단위 원가는 실제 페니다. 모든 원가절감의 합은 순익이 될 것이다. 조직의 모든 기능이 최고의 평균치까지 수행한다면 시스템은 최고의 평균치까지 수행할 것이다. 모든 평균 최

우수 시간average best times의 합계는 평균 시스템의 최우수 시간과 같다.

상기 어느 것도 비선형 시스템에서는 진실이 아니다. 그 모든 믿음들은 믿고 따르는 복잡한 조직들에 대해 의도되지 않은 부정적 결과를 가져오게 한다.

뉴턴을 초월하라는 압력
The Push Beyond Newton

초창기에도 보편적 질서 패러다임에서는 어려움과 변칙들이 남아 있었다. 아이작 뉴턴과 크리스티안 호이겐스Christian Huygens는 빛의 속성에 대해 의견이 일치하지 않았다. 파동인가? 아니면 입자인가? 이제 우리는 빛의 속성이 둘 모두라는 것을 알고 있으나 이러한 어려움들은 표면 아래에서 여전히 점잖게 남아 있다.[3] 학계와 대학교에서 핵심 원칙들에 대하여 도전하는 것은 용납될 수 없었다. 사실상 그러한 도전은 경력에 종지부를 찍는 일이었다. 그들은 신흥 기본 법칙의 새로운 물결에 의해 해결될 수 있는 종종 중요하지 않은 변칙으로 대충 설명되었다. 그러나 20세기 초 무렵에 이르러 그들은 더 이상 무시될 수 없었다.

당대 최고권위의 물리학자이며 수학자였던 앙리 푸앵카레Henri Poincare : 1854-1912는 그 시대의 과학적 신념에 대해 반대의 목소리를 낸 첫 주자 중의 한 사람이었다. 그는 카오스 이론을 약 70년 앞당기는 아이디어를 제기했다Coveney and Highfield, 1996: 169. 후에 아인슈타인1879-1955의 상대성 이론, 닐스 보어Niels Bohr: 1885-1962의 양자역학, 에르빈 슈뢰딩거Erwin Schrodinger: 1887-1961의 양자 측정 문제, 베르너 하이젠베르크Werner Heisenberg: 1901-1976의 불확정성 원리, 그리고 폴 디랙Paul A. M. Dirac: 1902-1984의 양자장 이론quantum field theory에 대한 업적 등은 수 세기 동안 지배적이었던 뉴턴 학설의 한계를 초월하는데 결정적인 역할을 했다.

모두 노벨상 수상자인 이 과학자들은 궁극적으로 많은 다른 과학 분야에 있어서의 태도를 변화시켰던 프로세스에 불을 댕겼으나 그것은 힘든 싸움이었다. 업계에서 새로운 사고와 방법의 채택을 막고 있는 동일한 타성이 과학계도 마찬가지로 막았다. 대부분의 사람들은 깊이 뿌리박은 신념에 도전하고 재고하는 것을 좋아하지 않는다. 그 이유는 이러한 도전이 어떻게 우리가 우리 자신을 성공적이고 논리적인 것으로 정의하는가와 궁극적으로는 우리의 가치에 대한 위협이 되기 때문이다.

복잡성

Complexity

우리가 이미 알고 있는 것을 사용해서 논리적으로 타당한 것을 더욱 높은 수준의 이해와 성과 달성을 위한 발사대launching platform로 활용할 수 있는 방법을 찾아낸다면 어떨까? 직관적으로 대부분의 관리자는 뭔가 '잘못 되고' 있거나 뭔가 '좀 더' 있다는 것을 알지만, 잘못된 것에 대한 분명한 언어 표현과 '좀 더'에 대한 분명한 경로가 없다. 그러나, 복잡 시스템에 대한 이해와 응용은 두 가지 경로를 다 제공할 수 있다. 새로운 복잡성 과학은 1961년 에드워드 로렌츠Edward Lorenz의 발견으로 과학계에서 진척되기 시작한 카오스 이론으로부터 발전하였다. 에드워드 로렌츠는 매사추세츠 공과 대학MIT의 수학자이자 기상학자였다.

50년 전 어느 한 겨울날, MIT에서 온화한 성품의 기상학 교수인 에드워드 로렌츠 이학박사는 날씨 패턴을 시뮬레이트하는 컴퓨터 프로그램에 어떤 숫자들을 입력한 후 컴퓨터가 계산하는 동안 커피를 가지러 사무실을 나갔다. 그가 돌아 왔을 때, 그는 과학의 방향을 변화시키게 될 결과를 알아차렸다.
컴퓨터 모델은 온도, 풍속과 같은 것을 나타내는 12개 변수에 기초했고, 그 값은 시간 경과에 따라 선의 오름과 내림으로 그래프에 나타난다. 이 날 로렌츠는 그가 먼저 했던 시뮬레이션을 반복했는데 0.506127에서 0.506로 한 변수를 반올림했다. 놀랍게도 사소한 변경으로 2달간의 시뮬레이트한 날씨의 전체 패턴에 극적인 변화를 가져왔다.

뜻밖의 결과로 로렌츠는 자연 법칙에 대한 강력한 통찰에 이르렀다 - 작은 변화는 큰 결과를 낳을 수 있다. 이 아이디어는 '나비 효과butterfly effect'로 알려지게 되었다. 나비 날개의 펄럭임은 궁극적으로 토네이도를 일으킬 수 있다. 그리고 '최초 조건에 대한 민감한 의존성'으로 알려진 나비 효과는 심오하고 필연적 결과를 낳는다. 미래를 예측하는 것은 거의 불가능할 수 있다. 그러나 그의 통찰은 카오스 이론의 기반 원리가 되었고 1970년대와 1980년대 동안 기상학, 지리학, 생물학 같은 다양한 분야로 급속히 퍼져 나갔다.

많은 연구자들이 1980년대까지 인정한 것처럼 로렌츠의 업적 또한 자연에 대한 고전적 이해에 도전했다. 아이작 뉴턴이 1687년 발표했던 법칙은 분명하게 예측 가능한 기계적 시스템을 제시했다 - 시계처럼 정확히 움직이는 우주.

예측불가능성은 뉴턴과 라플라스Laplace의 우주에서는 하는 일이 없다. 한때 로렌츠가 서술한 것처럼, 결정론적 귀결deterministic sequence에서는 "오로지 한 가지만이 다음에 발생할 수 있다." 초기 조건이 모든 미래의 이벤트를 결정한다. 그러나 로렌츠 자신의 결정론적 방정식은 완벽한 지식에 대한 꿈이 현실에서 얼마나 쉽게 침몰하는지를 보여주었다. 그의 시뮬레이션에서 사소한 변화가 확장을 통해 너무 많은 것을 나타내어, 인간의 측정에 내재한 부정확성은 완전히 틀린 예측으로 확대될 수 있었다.[4]

로렌츠의 발견은 커다란 질문으로 이어졌다. 왜 일련의 완벽한 결정론적 방정식들deterministic equations이 이러한 행동을 나타내는가? 어찌되었건 과학자들은 작은 최초의 동요agitations가 행동에서 작은 변화를 낳는다는 것을 배워왔다. 그러나 이것은 날씨 모델에서는 분명히 적용되지 않았다. 해답은 방정식의 본질에 있다. 그것은 비선형적nonlinear 방정식이었다. 비선형 시스템과 수학은 카오스 이론의 핵심이며 종종 환상적으로 복잡하고 혼돈스러운 행동을 나타낸다.

요약하면, 카오스는 복잡 시스템에서 발견되는 세 가지 중요한 원리를 구현한다.

1. 비선형성 Nonlinearity – 복잡 시스템은 선형적 연결이 아니라 망 연결web connections로 가장 잘 기술되고 있다. 복잡 시스템은 그 자신에 대하여 상호작용을 하면서 원호를 그리며 움직이고loop, 피드백 한다. 동적 상호작용dynamic interactions에서 기인하는 복잡성의 정도는 엄청난 수준에 도달할 수 있다. 동적 상호작용은 높은 상호의존성, 비선형 상호작용, 짧은 범위 상호작용, 그리고 긍정적 및 부정적 상호작용 피드백 루프feedback loops로 설명할 수 있다.[5)]

2. 초기 조건에 대한 극도의 민감성 – 대부분 짧은 타임 프레임에서 많이 발생하는 작은 초기 이벤트의 영향은 극단적 이벤트가 될 수도 있는 심각한 비선형적 결과를 낳을 수 있다. 이것을 존 홀랜드John Hollands는 다음과 같이 말한다. – "'작고 값싼 인풋small inexpensive inputs', 또는 '지렛대 포인트 현상lever point phenomena'; 나의 나비 이벤트my butterfly events"[6)]

3. 원인과 결과는 비례하지 않는다. – 10센트 비용의 부품이 1만 달러 부품만큼 빠르게 조립라인을 멈출 수 있다.

카오스와 복잡성 이론의 성숙
Chaos and Complexity Theory Maturation

1984년에 산타페 연구소SFI가 머레이 겔만Murray Gell-Mann을 포함한 저명한 과학자 집단에 의해 설립되었다. 10명의 설립자 중 8명은 로스알라모스 국립연구소Los Alamos National Laboratory의 과학자였다. 연구소를 구상하면서 과학자들은 학문분야와 정부기관 과학예산의 전통적인 규율상의 경계disciplinary boundary 밖에서 이론적 연구를 수행하는 포럼을 추구했다. SFI의 본래 사명은 복잡성 이론, 또는 간단하게 복잡 시스템이라 불리는 새로운 학제간 연구의 개념을 전파하는 것이었다. 이 새로운 노력은 학문분야의 통합을 통해 과학에서 증가하고 있는 전문화에 대한 대안을 제공하려는 의도였다. 이 의도는 과학과 학문에 퍼져 있는 '환원주의' 사고를 극복하고 카오스 이론이 암시하는 우주의 기저 질서에 대한 '새로운 룰'발견에 몰입하려는 것이었다. 유전 알고리즘과 적응연산adaptive computation의 선구자인 존 홀랜드는 그 당시 복잡성 과학에 대하여 "이 시점에서 우리는 추측하면서 길을 찾아 더듬어 나아가고 있다. 우리 대부분은 과학이 거기에 있다고 생각한다."라고 말했다.[7]

1990년대 SFI에 소속된 (여러 노벨상 수상자를 포함한) 한 과학자 집단이 "카오스 연구에는 별 의미가 없다. 너무 혼란스럽다. 컴퓨터의 도움을 받아서 뭔가를 확실하게 알아낼 수 있는 복잡성에 대해서 연구하자."라고 결정했으며, 그들은 해냈다 - 복잡 적응 시스템CAS을 발견해낸 것이다. 날씨와 같은 비적응 복잡시스템nonadaptive complex systems과 달리 복잡 적응 시스템은 정보를 내면화하고 배우고, 그리고 환경 변화에 적응할 때 행동을 수정하고 발전시키는 능력이 있다. 이 시점 이후로 복잡성 과학은 비상했다.

복잡성 과학은 구조 및 질서와 관계 있으며, 특히 사회 조직, 배아 성장, 진화 패턴, 생태계, 영리 및 비영리 조직과 기술-경제 환경에서의 상호작용과 같은 살아 있는 시스템에서 그러하다. SFI의 연구 과학자이며 설립자 중 한 사람인 크리스토퍼 랭턴Christopher Langton박사로부터의 다음 인용은 뉴턴의 질서 있는 우주와 카오스 이론의 총체적 무작위성total randomness 사이의 적합한 어딘가로 복잡성 이론에 대한 시야를 넓히는 데 도움을 준다.

> *'복잡성complexity'은 한 쪽 끝의 질서와 다른 쪽 끝의 혼돈chaos 사이의 중간을 나타낸다. 그리하여 복잡성은 때때로 혼돈의 가장자리edge of chaos라고도 한다. 질서를 얼음으로 생각하고 혼돈을 수증기라고 생각한다면 복잡성은 액체인 물에 해당한다.*[8]

고정된 고체인 얼음과 달리 물은 패턴, 움직임 및 플로우가 있으며, 기체 분자의 무작위 움직임과 달리 기록할 수 있다.

복잡 적응 시스템으로서의 공급망
Supply Chains as Complex Adaptive Systems

공급망에 대한 관점에 있어 선형 시스템에서 복잡 적응 시스템CAS으로의 변화가 주류 경제 연구로 착실하게 발전하고 있다는 사실은 2008년의 한 논문이 증명한다. 그 논문은 물류 및 로지스틱스의 국제 저널International Journal of Physical Distribution & Logistics Management에 게재되었다. 저자 위시스크Wycisk, 매켈비McKelvey, 그리고 후 아이스만Hu Eismann은 논문에 79개의 참조 문헌을 사용했다. 그들의 도입부뿐만 아니라 개요는 '변화'가 이미 여기 있다고 확인시켜 준다. 공급망은 진실로 복잡 적응 시스템이다.

이 논문의 주요 포인트는 다음과 같다.

1. '나비 지렛대butterfly levers'가 작은 최초의 이벤트라서, 만일 확인되어 막을 수 있다면 부정적인 커다란 결과를 미연에 막을 수 있다는 아이디어. 반대로 사소한 트리거triggers도 긍정적인 커다란 결과를 낳을 수 있다.

2. 나비 효과를 채찍 효과와 동일시하는 것은 3장에서 기술한 공급망과 관련이 있다. "앞서 지적한 바와 같이 CAS 나비 효과는 이미 물류 시스템에서 관찰되었고 채찍효과로 명명되었으며, 수요예측 기반 유통 경로에서 전형적으로 관찰된다. 나비 효과처럼 채찍효과는 사소한 최초 변화(발주량에 있어서의 고객 수요)가 동적(비선형) 프로세스를 통해 공급 네트워크를 따라 혼란스럽고 심각한 이벤트로 귀결될 수 있다는 것을 설명한다. 공급 네트워크의 요소 간의 강한 상호의존성 때문에 채찍 효과는 인간 시스템(물류관리)에서 일어난다, '지능적인' 행위자들은 액션과 행동의 의식적인 결정을 통해 그것을 악화시킬 수 있다."[9]

1장에서 채찍 효과의 주요 원인을 기술하였는데, 그것들은 자재소요량계획MRP

과 유통소요량 계획DRP에서의 수요 예측 업데이트이다. 채찍 효과에는 또 다른 원인이 있다고 생각되는데, 그 영향이 수요 예측의 사용에 이어 두 번째를 차지하는 비용 중심 효율성 전략의 일반적 사용이다. 이 전략으로 공급망의 하부 시스템 정책, 전술, 보고서 정보, 평가지표를 결정하기 때문이다. 자초한 부정적 변동은 공급망 전후로 급증하여 커다란 부정적 변동의 원인이 된다.

복잡성 속의 단순성 The Simplicity in Complexity

새로운 이론인 복잡성 이론은 올바른 룰을 따른다면 복잡성 관리를 '단순'하게 만든다 – 본서를 집필하기 위해 연구하는 동안 지난 8년 사이 나타난 저술과 연구의 양에 흥분하고 놀랐는데, 그것들은 복잡성 이론을 경제학, 공급망, 그리고 물류 관리에 적용한 것들이었다.

공급망을 물류 시스템으로 이해하는 극적인 변화가 있었다. 선형적 구조에서 복잡 시스템 및 가장 최근의 복잡 적응 시스템으로 기술되고 있는 물류 시스템으로 발전한 것이다. 이 변화는 자연과학의 변화를 따라 잡은 응용 과학의 결과인데, 그 변화는 뉴턴주의 혹은 기계적 및 선형적 패러다임으로부터 우주 자연 질서를 이해하는 중요한 부분으로 복잡성 이론과 복잡 적응 이론을 포함하게 된 것으로의 변화이다.

뉴턴 이론과 함께 복잡성 이론의 수용은 최종적으로 응용과학으로 이어졌으며, 새로운 연구와 학술지 발표가 빈번하게 일어나고 있다. 새로운 포커스와 연구는 복잡 시스템 통계 모델에서 돌파구를 마련하는 탄탄한 토대를 제공하여 관리 회계 룰을 바꾸고 적합한 정보를 다시 한 번 제공한다. 복잡성 이론은 제약 기반 경영 접근방법constraint-based management approaches을 입증하고 CAS는 디맨드 드리븐 접근방법과 스마트 메트릭스의 토대가 된다. 이것이 새 비즈니스 룰, 도구 및 평가지표를 개발하기 위해 디맨드 드리븐 전략을 사용하는 회사가 ROI, DDPDue Date Performance, 그리고 시장 점유율에서 극적인 수익을 획득하고 있는 이유이다. CAS는 응용과학과 관리 회계가 기다려 온 '새로운 기차'이다. 새로운 발견이 뉴턴을 부정하지 않는다는 것을 지적하고 싶다. 그들이 밝힌 것은 우주를 설명하기에는 뉴턴 이론만으로는 불충분하다는 것이다, 모든 현상이 질서정연하고, 환원적이고 예측할 수 있거나 결정적인 것은 아니라는 것이다. 그들은 배울 것이 더 많다는 것을 인정하는 기초를 마련했으며, 카오스 이론, 복잡성 이론, 그리고 복잡 적응 이론이 빠르게 나타났다. 이 이론들은 독립적이고 종속적인 비선형 시스템을 모두 설명하고 모델화하는 기회를 제공한다.

복잡 시스템의 이해 Understanding Complex Systems

오늘날의 공급망은 더 이상 사슬chains로 보이지 않는다. 복잡한 거미줄로 보이며 많은 수의 제조업체들의 노드nodes, 운송 회사, 유통업체로 구성되어 되어있다. 정보와 자재는 비선형적 방법으로 루프loop 플로우를 반복한다. 이는 조직이 하부시스템간 연결, 정보(시그널), 에너지, 자재의 플로우를 관리하고자 하는 시스템 범위까지 매핑해야 한다는 것을 의미한다.

시스템 관점system view은 우리가 보다 일반적인 환원주의 과학 패러다임을 보완하고 추가하도록 한다, 그 패러다임은 한 번에 하나에 집중하고 나머지 모든 것은 배제한다. 하나를 매우 자세하게 보면 중요한 정보를 알 수있다. 그러나, 시스템 관점을 고려하지 못하면, 뜻하지 않은 부정적 결과를겪을 위험에 빠지게 된다.[10)]

적절한 사례는 2장의 예, 9장의 드림라이너 사례연구, 5장의 '노멀 회사Company Normal' 이야기, 그리고 8장의 시스템 관점에 시장을 포함하지 않은 포드사의 실패이다.

무엇이 시스템을 복잡하게 하는가? What Makes a System Complex?

시스템 부문들 사이의 상호작용 패턴이 새로운 수준의 질서를 생성할 때 시스템은 복잡하다. 그리고 이 새로운 질서는 공간 또는 시간에서의 원인과 결과 사이의 시스템적 거리 또는 지연으로 귀결된다.[11)]

표 10. 1 뉴턴 이론과 복잡성 이론의 차이점

시스템 특성	뉴턴적 선형	복잡성 비선형
시스템을 이해하는 방법	선형 시스템은 개별 부분을 연구하며 그 전체는 부분의 합이다.	비선형 시스템은 부분의 종속성과 상호연결을 매핑(mapping)한다.
시스템 예측가능성	선형 시스템 상태는 안정적이고 예측 가능하다.	비선형 시스템 상태는 동적이고 예측은 불가능하다.
시스템 아웃풋 행동	선형 시스템의 아웃풋은 인풋에 비례한다.	비선형 시스템의 아웃풋은 몇 개의 주요 포인트에 좌우된다. – 상기 기술한(홀랜드) 지렛대 포인트 현상(lever point phenomena)
시스템의 수학적 모델	가우스 통계 모델 (정규 분포 곡선)–평균의 합이 시스템 예측 모델이고 통계 분포의 꼬리들(tails)은 변칙으로 무시할 수 있다.	파레티안(Paretian) 통계 모델 – 분포의 꼬리들(tails)은 비선형 시스템을 모델화하고 예측하는 적합한 정보를 포함한다. 꼬리들은 비선형 시스템 아웃풋을 관리하는 소수의 중요 포인트와 적합한 정보를 밝힌다. – 지렛대 포인트 현상(lever point phenomena)
시스템 아웃풋 최대화	선형 시스템은 최적화 할 수 있다.	비선형 시스템은 최적화 할 수 없으나 계속 발전한다.

오늘날의 글로벌 공급망이 여기에 꼭 들어맞으며, 앞에서 언급한 내용은 채찍효과와 그 효과에 대한 회사의 관리 시도들을 설명한다. 시스템이 복잡할수록 원인과 결과 사이의 거리가 더 멀어지며, 추적하기도 어려워진다. 또한 시스템은 동적인데, 이는 서로 상호작용하고 상태와 상태 사이를 이동하기 때문에 시간이 경과하면서 발생한다는 의미이다. 시스템은 상호 연관되어있기 때문에 시스템 내에서 조치를 취할 때 전체의 연결과 상호연관성을 이해해야 시스템은 이해 가능한 반응을 얻을 것이다. 노멀 회사의 결과–원인–결과 이야기effect–cause–effect story를 도표화하는 포인트의 하나는 기존 한 상태에서 다음 시스템 상태로 조직을 움직이는 다른 시그널과 상호작용을 표시하는 것이다. 시스템 상호연결이 이해된다면, 시그널은 예측 가능한 긍정적인 결과와 부정적인 결과를 가져온

다. 이러한 이유로 첫 단계는 3장에서 기술한 디맨드 드리븐 운영 모델의 생성인 것이다.

복잡 시스템은 비선형적이다 Complex Systems are Nonlinear

복잡 시스템은 비선형적이므로 단순히 부분들을 별도로 분석하여서는 전체 행동의 예측이 불가능하다. 이것은 조립된 부품들이 미리 정해진 방법으로함께 작동하여 예측 가능한 기능을 제공하는 선형linear 또는 기계적 시스템과는 완전히 대조적이다. 항공기나 다른 기계는 비록 그렇게 보일지라도 복잡 시스템이 아니다. 이것이 새로운 수준의 질서가 항공기나 기계에서 발생하지 않는 이유이다. 그것은 목적과 외부로부터 설계된 물리학에 의해 제한된다. 그것은 변하고 학습, 적응 및 진화하며 고차원의 성과를 창출할 수가 없다. 날 수는 있으나 결코 잠수함이 될 수는 없다. 그 원래 설계로 정해진 한계를 초월하여 진화할 수 없는 것이다. 추락으로부터 회복하거나 회복하지 못할 수도 있으나 스피드, 충돌 거리, 탄도trajectory에 관련하여 뉴턴 물리학에 종속적이다. 물리 법칙의 한계를 넘어 움직이거나 진화하거나 변화할 수 없다.

복잡성 이론을 넘어선 움직임 - 복잡 적응 시스템
The Move beyond Complexity Theory – Complex Adaptive Systems (CASs)

복잡성 이론은 제약기반 경영원칙constraint-based management principles의 토대였다. 요소들을 한정시키는 것은 현실적이나, 그 원칙은 전략적 컨트롤 및 디커플링 포인트 배치에서 고려해야 하는 요소들의 하나일 뿐이다. 복잡 적응 시스템을 관리하는 것은 제약의 확인과 활용을 초월한다. 그것은 모든 복잡 적응 시스템이 배우고, 자율 규제하고, 적응하고 변화하도록 유도하는 우주의 기저 질서를 가리킨다. CAS 행동의 특성은 독자적인 생각을 가진 비선형 시스템의 관리법을 이해하는 출발점이다.

〈표 10.2〉는 비선형 시스템 행동을 설명하는 CAS의 중요한 특성을 요약한 것이다. 스마트 피드백 메트릭스는 사람이나 시스템이 어떤 행동을 취할 것인지에 대한 CAS 법칙과 시스템의 아웃풋을 지배하는 물리적 요소에 대한 CAS 법칙을 보완하고 사용하도록 설계된다. 다음 섹션에서 각 특성, 행동 및 그것을 공급망 행동으로 해석하는 법을 설명한다. 그것들은 정책, 전술, 보고, 메트릭스 및 정보기술 도구를 설계할 때를 이해하고 고려하기 위해 중요하다. 우리는 CAS 행동 특성을 확인하고 각 CAS 과학 용어를 연결하기 위해 참조 환경으로 5장 노멀 회사의 예를 사용할 것이다. 다음의 행동 특성은 존 H 홀랜드의 저서 시그널과 경계 – 복잡 적응 시스템을 위한 빌딩 블록Signals and Boundaries – Building Blocks for Complex Adaptive Systems이 출처이다The MIT Press, 2012.

경계 Boundaries

때때로 우리는 시스템 부분 사이의 연결을 보는 것으로만 시스템을 볼 수 있다. 경계가 공급망의 어디에 있는지 우리가 알 수 있도록 하는 분명한 물리적 막physical membrane은 없다. 아래의 내용은 이에 대한 사례이다.

자동차, 대형트럭, 비행기, 중장비의 브레이크 시스템용 부품 작업을 하는 응용 마찰장치(브레이크) 사업본부의 제조공장 내의 기계가공센터에는 선반lathe이 있다. 이 사업본부는 새로운 차량 제조업체와 이미 서비스 중인 각기 다른 차량운행업체에 기존 차량용 교체 품목을 공급하고 전세계 각기 다른 산업에 공급한다. 생산하는 어떤 품목은 비축생산make-to-stock이고, 다른 품목은 주문생산make-to-order이다. 선반 작업을 필요로 하는 수요 시그널은 공급망에서 수 많은 글로벌 특정 시장으로부터 올 수 있으나, 선반 작업은 시그널의 플로우가 옳은 자재, 공작기계, 공급과 지시 세트instruction set를 일을 시작하라는 시그널과 함께 선반 오퍼레이터에게 전달해야만 시작될 수 있다.

요점은 경계는 절대적인 것이 아니라는 것이다. 모든 것이 연결되어 있기 때

표 10.2 비선형 시스템 행동을 설명하는 복잡 적응 시스템 특성 요약

CAS 특성	정의와 보기(examples)
경계(Boundaries)	모든 "시스템" 경계는 그 하부 시스템인 계층 적응 행위자(hierarchies adaptive agents)에 의해 정의되고 시그널은 행동과 그 행동 사이의 상호작용을 야기한다. CAS에는 '진정한 경계'가 없다. 항상 더 큰 전체의 부분이기 때문이다. 디맨드 드리븐 설계(Demand Driven Design)과정은 적응 행위자(adaptive agents)의 행위 능력의 한계점에서 경계를 만든다.
일관성 (Coherence)	모든 CAS는 그 목적을 더 큰 시스템의 목적에 맞춰 정렬하기 위해 하부 시스템에 의존한다. 그 상부 시스템을 위험하게 하는 방식으로 행동하는 하부 시스템은 '일관성'이 없다. 일관성 결여는 그 시스템을 '가장자리(edge)'로 몰아서 '혼돈(chaos)'에 빠뜨릴 수 있다.
혼돈의 가장자리 (The Edge of Chaos)	모든 CAS는 안정적인 평형점(equilibrium points)과 완전한 무작위성 혼란(randomness chaos)사이의 전이 존(transition zone)에서 작동한다. 그 존(zones)은 '학습'되었고 시스템의 적응 행위자가 인지한 '시그널'에 의해 야기된다.
자기 조직화(Self-Organization), 혁신 및 떠오름 (Emergence)	모든 CAS는 '떠오르는 속성(emergent properties)'을 가진다. 문제가 보이기 시작하고 인지할 수 있는 시그널을 보내고 있어 새로운 조치가 필요할 때, 적응 행위자는 문제를 해결하기 위해 자기 조직화한다. 시간 경과에 따른 학습을 통해 새로운 상호작용이 시스템을 보다 고위 질서로 떠오르게 하고, 시스템 혁신이 '떠오른다'.
시그널(Signals)	모든 CAS는 그 하부시스템 속에서 그 경계의 하부시스템과 의사소통하기 위해 정의된 시그널을 사용한다. 시그널, 그 트리거(triggers)와 지시 세트(instruction sets)를 결정함에 있어 시스템 일관성과 시그널 조정(signal alignment)은 주요 고려사항이다.
적응 행위자 (Adaptive Agents)	모든 CAS는 그들이 받은 시그널을 잡아내고 이해하고 판정하는 적응 행위자에 의존적이다. 그들은 적응성이 있다. 왜냐하면 액션을 유발하기 위한 'if…then' 행동의 조건에 그들의 시그널 세트를 추가할 새로운 패턴을 배우고 인식할 수 있기 때문이다.
시그널 강도 (signal Strength)	모든 CAS는 적응 행위자에 의존해서 같은 시간 단계(time step)나 자원(resource)를 두고 두 시그널 행동이 경쟁할 때를 인식하고, 시스템 골(goal)에 일치하도록 시그널의 강도를 감지하여 우선순위를 결정한다. 시그널 강도는 시스템의 일관성이 기반으로 되어야 한다.
자율 균형 피드백 루프 (Self-Balancing Feedback Loops)	모든 CAS 적응 행위자는 피드백 루프에 의존해서 시그널 지시 세트를 작동시키고 시그널 강도와 우선순위를 결정하기 위해 그 하부 시스템의 상태를 판단한다. 적응 행위자는 피드백 루프를 이용해서 시그널의 접수, 해석 및 전달을 위하여 적합한 정보를 제공한다.
탄성(Resilience)과 강성(Rigidity)	탄성은 시스템이 무작위나 자초한 변동(self-imposed variation)을 겪을 때 시스템이 얼마나 잘 안정상태로 회복할 수 있느냐 하는 것이다. 강성은 탄성의 반대이다. 시스템이 경직되어 있다면(rigid) 시스템은 연약하고 보다 더 쉽게 혼돈에 빠질 수 있다.

문에 하나가 한 시스템의 절대적인 부분이고 그 밖의 것은 그 시스템의 부분이 절대 아니라고 말할 수 있는 구분이 없다. 그러나 우리는 시스템 플로우, 시그널 포인트, 하부 시스템과 우리가 운영중인 시스템 사이의 경계를 간단하고 실질적으로 매핑할 수 있다.

일관성 Coherence

복잡 적응 시스템의 성공은 모든 부분들의 일관성에 달려 있다. 하부 시스템의 목적은 일관성을 위해 더 큰 시스템의 목적과 동일선상에 있어야 한다. 그러한 정렬이 없다면, 하부 시스템은 그것이 종속해 있는 더 큰 시스템을 위험에 빠뜨리는 방식으로 행동한다. 일관성은 시그널 세트, 트리거, 액션 우선순위를 결정함에 있어 선두에 있어야 한다. 일관성을 지키기 위해 적응 행위자는 시그널 세트가 그 행동을 지시하는 적합한 정보를 담고 있는지 확인해야 하며, 더 큰 시스템의 목표와 어긋나지 않는지도 확인해야 한다.

혼돈의 가장자리 The Edge of Chaos

그러나 상충되는 목표를 가진 이들 적응 행위자adaptive agents는 그 자체 하부 시스템의 목표를 제한하고 절충해야 함을 의미할 때 조차도 연합해서 함께 일한다. 그 이유는 상투적 문구인 "정치는 속 마음을 모르는 동료를 만든다politics makes strange bedfellows"가 설명한다. 적응 행위자 사이의 협동적 절충으로 회사는 상호 합의된 경계에서 진동한다oscillate. 행위자들은 혼돈의 가장자리를 넘으면 시스템과 그들 모두를 위험에 빠뜨리게 된다는 것을 공동으로 인정하기 때문이다. 혼돈의 경계를 넘으면 관리자들이 알고 있듯이 관리할 수 없고 살아 남을 수도 없는 변화가 일어날 것이다.

공급망에서 관리자들의 서로 협력하면서도 자기 제한적self-limiting 행동은 다음 세 가지 중요한 결론을 도출한다.

1. 하부시스템 시그널 세트, 평가지표, 그리고 목적은 그것들을 작동하는 시스템의 목표에 대한 일관성이 결여된다.

2. 차선의 시스템 성능suboptimal system performance이 보장되고, 진동 영향oscillation effect과 그로 인해 발생하며 이전 장에서 설명된 부정적 자초한 변동negative self-imposed variation의 주요 근원이다.

3. 혁신은 종종 억압된다. 시스템은 하나의 차선suboptimal 시스템 상태로부터 다른 차선 시스템 상태로 이동하면서 진동 패턴oscillating pattern을 유지하며, 이것을 유일하게 안전한 운영 방법으로 인식한다. 이 안전하나 최적과는 거리가 있는 존은 피드백 루프feedback loop를 형성하는 기존의 룰, 도구, 정보 및 평가지표로 시스템을 관리하는 방법에 대한 적응 행위자 지식의 한계와 들어 맞는다. 혁신자들은 벌 받거나 일반적으로 좌절하게 된다. 그들이 이 안전 존을 위협하기 때문이다.

자기 조직화와 떠오름 Self-Organization and Emergence

복잡 적응 시스템은 그 조직을 겨냥하는 외부의 힘 없이 자기 조직화한다. 순수하게 시스템 부분 간의 상호작용을 통하여 보다 복잡한 패턴이 떠오른다. 모든 CAS가 시스템이 자기 조직화할 때 자연스럽게 발생하는 떠오르는 속성emergent properties을 가진다는 개념은 적합한 정보 제공의 중요성을 이해할 수 있는 열쇠이다. 떠오름이라는 용어는 새로운 수준의 일관성 있는 질서coherent order의 자연적 발생을 의미한다. 떠오름과 자기 조직화는 손을 맞잡고 있다. 문제가 부각되어 해결될 필요가 있다고 인식하면 사람들은 그 문제를 둘러싸고 자기 조직화한다. 적합한 정보에 기초한 가시적이고 일관성 있는 시그널 제공은 하부시스템 목표를 그 시스템 목표와 조율하도록 한다.

일관성은 시스템이 계속해서 발전하여 더 상위 단계의 성과로 떠오르도록 한다. 원가 행동cost behavior과 플로우 룰이 그 소속 시스템 룰의 행동양식과 맞아야만 일관성이 존재할 수 있다. 적응 행위자는 시스템이 혼돈에 빠지지 않도록 조치를 취하는데 필요한 다른 자원과 연합한다. 조직이 이 행동을 이용하고 계속 발전하기 위해 시그널 세트는 시스템 목표와 부합하도록 가시적이며, 실시간의 적합한 정보에 근거해야 한다.

사람들은 문제를 해결하기 위해 자기 조직화self-organize를 한다. 관찰된 문제가 시스템의 목표와 어긋나는 시그널이나 조치의 결과이면 돈과 에너지를 아무리 많이 투입해도 문제는 결코 해결되지 않을 것이다. 그것은 한 증상으로, 일관성 핵심 문제coherence core problem의 결과일 뿐이다. 시스템이 반복 및 경쟁하는 궤도 수정 사이에서 진동할 때 그들은 반복적으로 동일한 문제를 해결하고 또 해결한다. 시스템에 부과된 이 일관성 없는 시그널이나 조치는 복잡 적응 시스템이 학습하고 발전하는 것을 방해한다. 이러한 시스템 속에서 사람들은 이 행동을 정상적이고 예상된 것으로 보게 된다. 이것이 세상이 돌아가는 원리에 대한 그들의 패러다임의 부분이 되며, 그들의 깊은 진리deep truth이다.

떠오름과 혁신 Emergence and Innovation

적응 시스템 행위자의 자기 규제self-regulating 피드백 루프와 시그널 세트는 극단으로 치달으려는 시스템의 경향을 통제하며 시스템을 혼돈 속에 빠뜨리지 않고 그 가장자리에서 억제하도록 촉진한다. 그 하부 시스템의 경계 밖에 있는 시스템과의 상호작용으로부터 학습하고 적응하기 위해서 행위자agent는 이 공간을 이용한다. 시간이 플로우에 따라 학습을 통해 새로운 수준의 질서가 상호작용으로부터 떠올라서 그 다음 상위 수준의 시스템 질서를 제공한다. 다시 한번 이것이 떠오름이다. 모든 복잡 적응 시스템은 떠오르는 속성이 있다. 복잡 적응 시스템은 혼돈의 가장자리까지 밀어붙이며, 학습하고 진화하거나 쇠퇴한다.

존 홀랜드는 이것을 다음과 같이 잘 표현했다.

혁신은 복잡 적응의 일반적인 특성이다. 평형상태는 드물고 일시적이다. 재조합 recombination에 의한 적응은 모든 레벨에서 계속적인 과정이다. 새로운 종류의 행위자가

발생할 때 마다 일시적 지역적 평형상태를 깨뜨리는 수많은 새로운 상호작용의 가능성이 있다. 이 새로운 상호작용은 더 나아간 상호작용과 적응을 가능하게 한다. 행위자들이 적응 메커니즘을 포함시키고, 시스템은 계속 혁신하기 때문이다. 즉, 변화 메커니즘은 주로 개척exploitation이라기 보다 탐구exploration의 메커니즘이다.[12)]

대량 생산의 혁신을 가능하게 한, 숙련된 장인으로부터 정밀 기계와 도구로의 작업 지식 이동의 떠오름은 한 본보기이다. 공급망은 보다 큰 시스템과의 상호작용을 통해 보다 고차원의 질서로 계속 적응하면서 떠오르고 있다. 테일러Taylor의 업적에 대한 포드의 혁신은 공급망을 복잡한 제품을 대량 생산하는 능력을 갖춘 더 높은 수준의 질서로 이끌었다. 포드의 업적에 대한 도널슨 브라운Donaldson Brown과 슬론Sloan의 혁신은 공급망을 시장을 분할하는 복잡 제품의 확산(제네럴 모터스라는 새로운 행위자agent에 의한 금융과 마케팅 혁신을 포함)이라는 다음 차원의 질서로 이끌었다. 새로운 종류의 행위자의 출현을 감지하지도 적응하지도 못한 포드의 실패는 그의 모든 이전 혁신에도 불구하고 T형 자동차Model T공장의 폐쇄로 끝났다. 오늘날 복잡하게 연결되어 있는 글로벌 경제에는 새로운 행위자들이 부족하지 않다.

자율 균형 피드백 루프는 안정성을 유지한다 Self-Balancing Feedback Loops Maintain Stability

비선형 시스템에서 피드백 루프는 사물들이 순환적으로 서로에게 영향을 끼칠 때 발생한다. 예를 들어 자동온도조절기를 생각해 보라. 균형을 이루는 피드백은 시스템이 자기 규제하도록 하여 시스템이 극단적이 되는 경향을 억제한다. 적응 행위자들은 혼돈의 가장자리를 넘지 않도록 학습했다. 아마도 그들은 "거기 있었고, 그것을 했다." 균형을 이루는 피드백 시그널에 가시성을 부여하면 복잡 시스템이 행동을 변화시키고 변화하는 상황에 보다 능숙하게 적응하도록 촉진시킬 수 있다. 피드백 루프는 자주 지연되어 피드백을 추적하기 어려워진다.

피드백이 지연되면 될수록 진동oscillation과 낭비는 더 많아진다.

탄성과 강성 Resilience and Rigidity

탄성resilience은 시스템 경계 내에서 평형상태를 유지하면서 시스템이 장애에 반응 하도록 한다. 공급망에서 탄성은 시스템이 무작위나 자초한 변동self-imposed variation을 겪고 있을 때 시스템이 얼마나 잘 안정 상태로 복귀할 수 있는가 하는 것이다. 탄성은 피드백 루프에 반응하고 평형상태를 조절하는 하부시스템의 능력으로부터 생긴다. 자원이 보다 유연할수록 적응능력과 패턴을 수리할 수 있는 능력이 좋아진다. 적응 능력과 옵션/액션의 다양성, 또는 융통성이 시스템이 얼마나 빨리 회복하거나 개선될지를 결정한다. 이것이 중요하지 않은 자원noncritical resources의 보호적인 생산능력 버퍼protective capacity buffers를 아주 가치 있게 만든다. 문제 발생 영역을 회복시키고 순환시키기 위해 자원이 유연하면 할수록 시스템은 보다 탄력적으로 변한다. 반대로 하부시스템이 목표에 대한 일치를 잃는다면, 이 유연성은 공급망을 통해 변동을 생성하고 전달하는 진동효과를 가속화시킨다.

헨리 포드Henry Ford의 이야기로부터 얻는 주요한 교훈의 하나는 그가 그의 물류 시스템을 극도로 효율적이지만, 너무 경직되고 편협하게 초점을 맞춘 관료주의로 만들었다는 것이다. 그는 시장을 그의 시그널 경계signal boundary에 포함시키지 않아서 시장과 소비자의 분명한 변화를 놓쳤다. 그는 생산한 차를 마케팅하고 판매하는 그의 능력에 대한 금융과 중고차 시장의 상호연결성과 중요성을 놓쳤다. 그는 소비자의 가치관과 경쟁사의 반응 변화를 무시했다. 시장에 대한 그의 협소한 정의 때문에 그는 시장 기회를 놓쳤다 – 자원을 분할하지 않고 시장을 분할할 기회 포함(제네럴 모터스가 개발하고 활용한 전략).

탄성의 반대는 강성rigidity이다. 시스템이 경직되면 손상 받기 쉽다. 한 예로 오늘날 상품을 이동시키는 린 유통 시스템lean distribution systems이 있다. 이 시스템은 매우 효율적일 수 있으나 또한 쉽게 손상 받는다. 만약 이 시스템이 무너진다면 대부분 도시의 식품 선반은 수일 만에 텅 비어 버릴 것이다. 린 시스템에 너무 편중하는 것은 공급망에 뜻하지 않은 일이 발생했을 때 쉽게 회복할 수 없는 불안정한 시스템을 만들 수 있다.

복잡 적응 시스템 사례 - 노멀 회사
A Complex Adaptive System example – Company Normal

노멀 회사는 공급망 환경에 있어서의 적응 행위자, 시그널, 시그널의 강도, 혼돈의 가장자리, 자기 조직화 및 떠오름을 확인하기 위한 우리의 참조 환경reference environment이다. 공장 장은 그의 하부시스템을 책임지는 적응 행위자adaptive agent이며 그가 관리하는 적응 행위자들은 수요 및 공급 계획자, 생산 스케줄러, 생산 자원 관리자 및 재고 관리자이다. 시그널은 구매주문서, 작업 지시서, 재고 현황, 자원 스케줄, 자원 하중, 발송 목록 및 독촉처리 목록이다. 제조는 노멀 회사 시스템 내부에서 상호작용하며 시그널을 주고 받는 다른 하부 시스템뿐만 아니라 금융, 판매, 엔지니어링, 품질분야의 적응 행위자들과 상호작용한다. 이 관리자들은 특정 타임 프레임에 상호작용하는데, 그 시점은 월별 및 분기별 검토 회의를 위한 재무 보고 평가 기간에 촉발된다. 그들은 또한 언제든 상호작용하며 시스템 피드백 루프는 관리자 중 하나가 더 이상 무시할 수 없는 경고를 발한다. 예를 들어 주요 거래선 상실은 시스템 상태의 한 예이며, 공장 관리자에게 중요한 정보이다. 그 정보는 그가 더 학습하고 적응할 것을 요구한다 - 타당하다면 그의 지시 세트instruction set를 변화시킬 것도 요구할 것이다. 5장 노멀 회사 이야기에서 판매 관리자와 공장 관리자 사이의 즉흥적인 대화는 이 관점을 보여준다.

사무실을 나가면서 공장 관리자는 판매 관리자에게 어떤 고객을 잃었는지, 그리고 다음에는 어느 고객을 잃을 것 같은지를 질문한다. 이제 공장 관리자에게는 조만간 부사

장, 그리고 CEO로부터도 비난 받을 것이 분명해진다. 이제 그는 걱정을 시작한다. 그는 판매 관리자에게 상황을 이해했고, 다음과 같은 조치를 취하겠다고 말한다. 그가 공장으로 복귀하면 비록 그가 생산준비작업을 바꾸고, 다른 주문은 밀어두고, 다른 일에서 원자재를 강탈해서라도 그 주문에 대한 압박감을 높일 것이다. 그들은 필요하다면 일요일 마다 일할 것이다. 판매 관리자는 그에게 감사인사를 하고 그 둘은 서둘러 나가서 전화로 우선순위를 변경한다.

공장 관리자가 시그널 강도와 지시 세트를 변경하는 트리거 포인트trigger point은 혼돈의 가장자리에 대한 그의 인식에 달려 있다. 납기 준수 성과가 충분하지 않다는 그의 지적은 추적된 DDP나 계산된 비축 서비스 수준stocking service level 퍼센티지가 아니라 직접적인 시장 시그널이다. 이 새 정보는 공장 관리자의 위협수준에 대한 인식을 고취시키고 판매 관리자의 우려라는 시그널 강도를 높여서 전술적 변화를 요청한다. 공장 관리자는 정보를 처리하고 조치를 결정하고 새로운 지시 세트를 내보내서 우선순위와 액션을 변경한다. 그것은 공급망을 통해 퍼져나갈 것이다. 그가 시작한 액션과 우선사항은 다음달 회의를 위한 시스템 상태를 형성한다. 그가 그의 하부시스템의 주요 성과 목표를 기꺼이 자기 제한self-limit 한다는 사실은 시장 서비스가 너무 하락했다는 것을 암시한다. - 그는 이제 타협해야 한다. 이 인식은 그가 시그널 강도 우선순위를 그 자신의 주요 목표에서 판매 주요 목표와 그 지시 세트에 집중하도록 변경시킨다.

이 시점에서 그들은 단지 더 좋은 방법이 없을 뿐이다. 과거에는 그들을 혼돈에서 벗어날 수 있게 하고, 공장장의 자리를 유지할 수 있도록 하기에 충분히 잘 운영되었다. 또한 그들의 경쟁이 반드시 잘되어야 한다는 것도 아니다. 시장은 그들이 혁신하거나 소멸하도록 강요하지 않았다. 노멀 회사는 위에 나열한 복잡적응 시스템의 행동 특성에 딱 맞아 떨어진다.

복잡 적응 시스템의 참조 사례

Reference Examples for Complex Adaptive Systems

모든 공급망에서 적응 행위자들adaptive agents은 그들이 근무하는 하부 시스템과 그 부분인 시스템의 항공 관제사인 것처럼 행동해야 한다. 항공관제시스템은 복잡 적응 시스템의 좋은 예이다. 적응 행위자는 하부 시스템이 시스템 목표에 부합하도록 -항공기의 안전한 정시 서비스- 플로우를 관리하는 기능을 한다. 일을 성공적으로 수행하기 위해 그들은 영공 경계airspace boundary에서 동적인 교통 상황에 대하여 시각적 및 청각적 업데이트를 계속 해야 한다. 그들은 필요할 때 변경 지시뿐만 아니라 경고를 받고 보낸다. 모든 비행기는 예정된 출발 시간, 여정 및 예정된 착륙 시간이 있다. 출발과 도착은 질서 있는 플로우를 고려하여 출발 및 도착 활주로가 그들을 처리할 수 있는 비율로 조심스럽게 시차를 둔다.

높은 교통 부하로 공항은 착륙 시차를 둔 비행기 스케줄뿐만 아니라 올바른 순서로 이륙하도록 지상 대기와 간격에 대하여 비행기의 전략적 버퍼strategic butter를 둔다. 비행기가 충분히 부정적인 변동을 겪고 있다면, 착륙 시그널을 기다리면서 지정된 착륙 대기 선회 비행 경로holding pattern내에 비행기 대기열a queue of airplanes이 있을 것이다. 이 버퍼는 시스템 상태에 근거하여 조심스럽게 크기가 부여되고, 관리되고 통제된다. 관제사는 현 시스템 상태에 적합한 지시에 근거하여 비행기와 공항과 시그널을 주고 받는다. 도착지 공항이 충분히 부정적인 변동을 겪고 있어서 도착지 공항의 착륙 대기 선회 비행 경로에서 비행기 과부하 버퍼를 발생시킨다면 출발을 막거나 지연시키는 결정은 종종 일어난다.

관제사는 파일럿과 언제 어디서 그들의 경계가 만나는지 직접 의사 소통한다. 한 영공 경계에서 다음 영공 경계로 일관적인 시그널 전달을 확인하기 위해서이다. 관제사는 비행기의 예정 도착에 근거하여 시그널 강도 정의에 따라 착륙하고 이륙하는 우선순위를 결정한다. 이 예정 도착은 비행기와 승무원이 다음 예정 출발을 할 수 있는지, 그리고 항공 교통 전체 시스템이 일관성 유지할 수 있는지에 대해서 직접적으로 영향을 미친다. 비상 상태의 비행기는 비상 수준과 종류에 근거하여 스케줄 우선순위의 앞쪽으로 시그널 강도를 올리고 착륙 대기열 앞쪽으로 신속하게 배치된다. 이것은 시그널이 안전성이라는 시스템 목표와 일관성을 유지함을 의미한다. 비행기는 공항 지연 시간과 사용 가능한 연료량에 근거하여 경로가 재설정된다. 그 시그널 세트는 '정의된 시스템 상태'와 관련된 트리거를 포함한다. 그 내용은 행동 해야 하는 시점, 취해야 할 가능한 조치에 대한 지시 세트, 시스템 상태의 피드백 루프가 트리거 포인트의 발생을 측정 및 인식할 때 시그널을 보내야 하는 자원 목록 등이다. 실제 시스템 상태와 적응 행위자에게 보이는 시야 및 조치를 취하는 그 능력 사이의 시간 차이는 변동과 위험을 증가시킨다. 시스템 시그널은 가능한 한 실시간을 유지한다.

CAS는 시스템 목표 일관성 유지를 위해 접수된 시그널을 가로채고, 이해하고, 전달하는, 적응행위자의 능력에 의존한다. 그들은 적응성이 있는데, 그 이유는 그들이 패턴 변화를 학습하고 인식할 수 있으며, 전달할 새로운 조치/메시지 개발을 필요로 하는 가능한 새로운 동적 시스템 상태를 포함하기 위하여 그들의 'if ... then' 연결의 조건부 진술에 추가할 수 있기 때문이다. 적응 행위자의 임무는 시스템을 목표에 부합하도록 유지하는 것이다. 시그널 세트의 룰에 결함이 있다면 취해진 조치는 예측 및 기대한 새로운 시스템 상태를 생성하지 못 할 것이다. 이로 인해 시스템에 차질, 지연, 혼란이 발생하여 추가적 조치나 교정 조치 세트sets of action to correct가 필요하게 된다. 적응 행위자가 시스템의 상호작용과 행동을 지배하는 룰에 대하여 빨리 학습하고 결함 가정assumption을 변화시킬수록 시스템은 성공적일 것이다. 시스템은 더 고차원의 질서로 발전하고 부상한다.

자연과 인간 시스템에서 쇠락과 갑작스런 소멸은 적응 행위자와 그 시그널 세트가 더 큰 시스템과의 일관성에서 너무 멀어졌을 때 일어나는 결과이다. 이를 인식하고 적응 행위자는 협력하고 상호 자기 제한self-limit 해서 그 자체와 시스템이 혼돈의 가장자리에서 안전하도록 유지한다.

노멀 회사에서 하부 시스템 경계는 제조, 재무, 판매, 엔지니어링으로 명백하게 나뉜다. 모두 그 자체 목표 달성에 근거한 그 자체 적응 행위자, 시그널 지시 세트, 시그널 강도를 가진다.

▲ 제조의 시그널 세트는 계획된 생산량을 달성하고, 원가를 최소화하고, 자원 효율성과 생산 간접비 차이production overhead variances를 최대화 하는 데 집중한다.
▲ 판매 시그널 세트는 납기가 지난 주문past-due orders의 판매 잔고, 품절, 나빠지는 DDPDue Date Performance를 청산하는 데 집중한다.
▲ 회계는 모든 KPI(핵심 성과 지표)를 지켜보고 있으나 현재는 급등하는 재고와 낮은 현금 유동성에 집중한다.

이 세 하위 목표는 서로 다른 시그널 세트와 다른 전술적 지시를 가진다. 전술적 우선순위가 변할 때 기획자, 구매자, 스케줄러, 자원 관리자의 액션과 우선순위가 변한다. 공장장이 준수하고, 그의 자원들에게 전달하는 지시 세트는 하부 시스템 관리자 모두와의 상호작용에 기초한다. 그들 모두는 시스템 상태가 혼돈의 가장자리에 근접했음을 가리키는 트리거를 알고 있다. 그 불균형의 무시는 하부 시스템을 혼돈의 가장자리로 몰고, 시스템의 수행 능력을 위협하며, 고용 안정성을 위험하게 한다. 기업은 어떤 정해져 있거나 기준으로 정해진 KPI나 현금 유동성 경계 속에서 계속 이 시소 상태teeter-totter staying에 올라탄다. 그러나 항상 그런 것은 아니다. 혼돈의 경계를 피하지 못하고 지속 가능한 현금 유동성을 유지하지 못한 회사는 드물지 않다. KPI가 하락하거나 위험 지역으로 치솟을 때 성공적인 적응 행위자는 시그널 우선순위와 시그널 지시 세트를 변경할 시점을 학습했다.

노멀 회사에서 세 가지의 경쟁하는 시그널 지시 세트 모두는 다른 차선의 시스템 상태로 귀결된다.

1. 용납할 수 없는 서비스 수준

2. 용납할 수 없는 재고 성과

3. 용납할 수 없는 매출 총 이익(가격할인, 단가, 자원 효율성)

각 상태에 소비된 시간과 그 사이의 상대적 트레이드 오프relative trade-offs는 적응 행위자와 그 세가지 다른 시그널 지시 세트 사이의 상호작용에 의해 결정된다. 그들이 현재 지향하거나 피하려고 진동하고 있는 시스템 상태는 특정 시간에 가장 문제 있는 KPI에 따른 시그널 강도를 지각하여 조치를 취하는 적응 행위자에 의해 결정된다.

[그림 10.1]은 이 세가지 요소가 노멀 회사와 같은 조직의 혼돈의 가장자리와 어떻게 관련이 있는지 묘사한다. 그림은 재고, 서비스, 그리고 매출 총 이익의 3가지 파이 모양 조각으로 나누어 진다. 검은 외부 링은 대부분의 조직에서 혼돈의 정의인 지급 불능insolvency을 나타낸다. 세 가지 요소 모두 현금을 소비하거나 현금을 충분히 공급하지 못해 조직을 지불 불능으로 몰 수 있다. 어느 파이 모양 조각에서든 조직의 위치가 그 외부 링에 근접할수록 시그널 강도는 올라간다. 가운데 원은 재고, 서비스 및 판매 총 이익 사이의 평형상태와 시스템 목표의 일관성을 나타낸다.

노멀 회사의 피드백 루프는 시스템이 한 쪽 끝에서 용납할 수 없는 서비스 수준의 끝(가장자리)과 다른 끝에서 용납할 수 없는 재고 투자, 표준 단가 및 마진 성과margin performance로 떨어지는 것을 막기 위해 존재한다. 관리자의 액션은 지속 가능한 현금 유동성이나 지불능력의 한계 영역 내에서 진동한다oscillate. 현 시스템 상태의 위치와 관계없이 재고 진동과 서비스 수준 진동은 높은 DDP와 높은 ROI라는 시스템 목표와 타협한다. 진동하는 액션은 긴급처리 관련 비용을 발생시키고, 재고를 부풀리며, 서비스 수준을 악화시키고 현금을 격감시킨다. 경계를 넘으면 시스템 목표나 계획한 ROI를 위험하게 하고 적응 행위자의 생존 능력을 위태롭게 한다. 현금이 없거나 더 이상의 현금을 얻을 능력이 없다면 조직의 생존 능력은 한계라고 정의한다. 요점은 노멀 회사가 제한된 성과의 한정된 범

그림 10.1 시그널 강도와 혼돈의 가장자리(the edge of chaos)

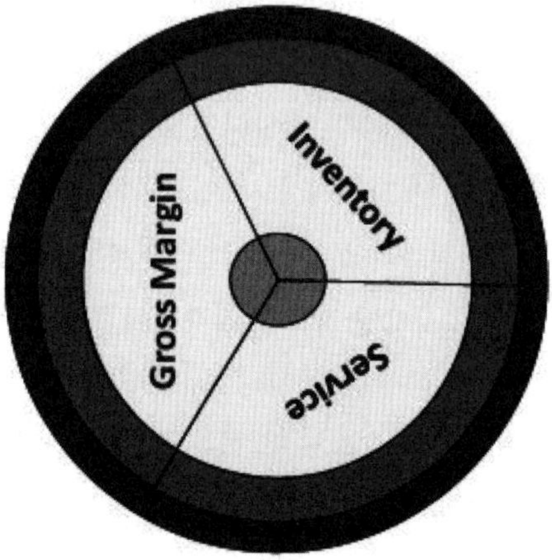

위에 갇혀 있다는 것이다. 시스템 일관성이 없는 로컬 KPIs과 더불어 하부시스템의 연관 및 적시 정보 부족 때문에 그들은 보다 높은 수준의 성과를 학습할 수도, 높은 수준의 성과로 떠오를 수도 없다.

비선형 시스템에서의 연결과 상호작용

Connections and Interactions in Nonlinear Systems

연결이 일어날 때 마다 패턴이 떠오른다. 이 연결을 이해하면 복잡 시스템 패턴을 원인-결과 루프cause-and-effect loops의 네트워크로 예측할 수 있다. 네트워크에서 대량의 순수 데이터는 자원 사이를 오가는 시그널들의 플로우의 일반 패턴을 숨길 수 있다. 복잡 시스템의 비선형성nonlinearity은 보기에도 높은 수준의 복잡한 연결과 상호작용에도 불구하고, 그것들을 통제하는 내재 수준의 단순성이 있을 수 있다는 것을 의미한다. 시스템의 어떤 포인트들은 그 패턴과 결과를 결정함에 있어 다른 포인트들보다 더 중요하다. 이 중요한 포인트 들은 적합한 정보의 정의와 적합한 시간 프레임의 한계를 설정하여 경제적 쇼트런short run을 규정한다. 쇼트런은 원가, 수익, 생산량이 안정을 유지하는 타임프레임timeframe이다. 이 소수의 컨트롤 포인트와 디커플링 포인트의 발견은 조직에 그 시간 동안 적합한 CVPcost-volume-profit analysis 분석능력을 제공하고, ROI와 직접적으로 연관된 전술적 결정과 조치를 위한 적합한 정보를 제공한다. 디맨드 드리븐 운영 모델에서 컨트롤 포인트와 디커플링 포인트는 비선형 시스템의 나비 지렛대butterfly levers 또는 지렛대 포인트lever point 현상이다. 앞에서 언급한 세 가지 중요 원칙 중의 하나는 초기 상태(조건)에 극도로 민감하다. 이 작은 초기 이벤트는 짧은 시간에 많이 일어나서 중요한 비선형적 결과를 낳아 극단적 이벤트가 될 수 있다. 컨트롤 포인트와 디커플링 포인트에 집중한 가시적인 피드백 루프를 형성함으로써 이 작은 최초 이벤트가 확인되고 전달되어 시스템에 커다란 부정적 결과로 커지는 것을 방지할 수 있다.

3장에서 설명한 디맨드 드리븐 운영 모델은 비선형 시스템 플로우를 관리하는 시작 점이다. 그 모델이 상기 논의한 CAS 행동을 어떻게 이용하는지 간단한 검토가 필요하다. 디맨드 드리븐 운영 모델 설계는 포지션 앤 풀position and pull의 포지셔닝 부분이다. 올바른 포지셔닝을 위해서 다음 두 가지가 필요하다.

▲ 디커플링 및 컨트롤 포인트의 확인과 배치placement

▲ 디커플링 및 컨트롤 포인트를 보호하는 방법에 대한 고려

디커플링 포인트 배치 – 디커플링 포인트는 한 편에서 발생하는 이벤트를 다른 쪽에서 발생하는 이벤트와 직접 연결되지 못하도록 차단하는 장소이다. 그 포인트는 적어도 2개의 별개의 계획 및 관리되는 범위의 경계선을 그린다. 디커플링 포인트는 변동의 축적을 막으며, 작은 최초 이벤트TIEs: tiny initiating events가 앞뒤로 전달되지 못하도록 막는다. 이 디커플링 포인트는 재고 위치와 가장 일반적으로 연관되어 있으나, 세 가지 전략적 버퍼타입(비축재고, 시간, 생산능력) 모두 변동을 막고 중단시킨다.

컨트롤 포인트 배치 – 컨트롤 포인트는 시스템을 통해 컨트롤을 전달, 부과, 증폭시키기 위한 위치로 해야 한다. 컨트롤 포인트는 리드타임 존lead-time zone에서 더 나은 컨트롤을 목표로 하는 디커플링 포인트 사이에 종종 배치된다. 보다 짧은 리드타임, 그리고 그 리드타임과 관련된 더 적은 변동성은 디커플링 포인트에서 보다 적은 필요 재고(운전자본 감축)와 보다 적은 시간 버퍼(리드타임 감축)로 귀결된다.

고려사항 1: 희소 생산능력 포인트 – 전체 시스템 생산 잠재력은 가장 느린 자원에 의해 직접적으로 제한 받는다.

고려사항 2: 출구 및 입구 포인트 – 일이 시스템을 떠날 때 효율적 컨트롤도 떠난다. 주의 깊게 입구와 출구를 컨트롤하면 지연과 이득이 시스템 안이나 밖에서 일어나는지 알 수 있다.

고려사항 3: 공통 포인트 Common Points – 제품 구조, 또는 제조 공정에 있어서 모이거나converge 분기하는diverge 포인트이다. 한 곳이 많은 곳을 통제한다. "모든 길은 로마로 통하거나 로마로부터 나온다."

고려사항 4: 프로세스의 불안정성이 높은 포인트 – 한 자원이 안정 상태와는 아주 거리가 멀 때, 그것을 컨트롤 포인트로 정하면 조직은 그 곳을 컨트롤 하에 두게 된다.

CAS와 디맨드 드리븐 운영 모델
CAS and the Demand Driven Operating Model

시스템 디커플링과 컨트롤 포인트를 확인하고 그 행동을 이해하면 쇼트런short run 내에서 복잡 시스템을 단순하고 예측 가능하게 만들 수 있다. 쇼트런은 모델을 만든 가정이 유효한 타임 프레임이다. 파레토 분포Pareto distributions가 전체 시스템을 지배하는 극소수 요소들의 큰 영향을 모델화하기 때문에 비선형 시스템을 가장 잘 설명한다. 파레토 분포는 디커플링 및 컨트롤할 곳을 확인하기 위해 사용된다. 파레토 분포에서 작은 긍정적 또는 부정적 변화는 시스템에 커다란 영향을 미친다. 그 변화가 나비 지렛대butterfly levers이다. 컨트롤 포인트 배치를 위한 상기 4가지 고려사항을 이용하여 연결을 매핑하고 시스템 패턴이 떠오르면 지렛대 포인트lever points가 드러날 것이다. 이 중요한 포인트(컨트롤 포인트와 디커플링 포인트)는 시스템을 모델화하고, 이해하며, 컨트롤하기 위해 필요한 최소한의 적합한 자료를 식별한다. 컨트롤 포인트와 디커플링 포인트는 성공적으로 계획하고, 실행하고, 평가하기 위해 적합한 시간 범위를 결정한다. 우리는 실용적이고 안전하게, 관계없는 수많은 정보를 제외시키고 신뢰할 수 있는 계획, 스케줄링 및 실행을 위해 단순하고 현실적인 예측 모델을 만들 수 있다.

자료 수집과 피드백 루프 Data Collection and Feedback Loops

볼 수 없는 것은 측정할 수 없다. 스마트 메트릭스를 위한 자료 수집은 디커플링 및 컨트롤 포인트와 그것들을 보호하는 버퍼에 맞춰 설계되며, 4 가지 중요한 가시성을 제공한다.

1. 계획, 스케줄링 및 실행 결정을 위한 디커플링 및 컨트롤 포인트의 현 상태에 대한 가시성
2. 디커플링 및 컨트롤 포인트를 혼란disruption으로부터 보호하는 전략적 버퍼의 상태에 대한 가시성
3. 컨트롤 포인트 관련하여 특정 질서 상태에 대한 가시성
4. 떠오름emergence 전략에 대한 가시성. 시간 버퍼 존 침투time buffers zone penetrations

모니터링으로 선제적으로 해결해야 하는 문제를 노출시킬 수 있다. 이것은 중요한 포인트와 시스템 스케줄 안정성 및 신뢰 가능한 계획 아웃풋 성과를 보호

한다. 버퍼 포인트 분포distribution of the buffer points 끝부분에서 일어나는 이벤트는 지렛대 포인트lever point 현상이다.

지연이 발생한 피드백 루프는 추적과 관리를 보다 힘들게 한다. 올바른 것에 대한 올바른 시그널의 적시성은 극도로 중요하다. 모든 이득은 적합한 자재와 정보의 스피드에 비례한다. 중요 포인트들과 특히 그들을 보호하는 버퍼에 집중된 지속적인 피드백 루프는 시스템이 그 자신을 최소 투자와 소비 및 최대의 반응성을 달성하기 위하여 디맨드 드리븐 운영 모델에 맞추어 조절할 수 있도록 한다.

샤워를 위해 뜨거운 물을 튼다면 뜨거운 물이 온수기를 통해 샤워기로 나오는 데는 시간이 걸릴 수 있다. 그 사이 온도를 올리면 뜨거운 물이 갑자기 나오고, 너무 뜨거울 때 온도를 내렸는데, 어느 것도 제대로 되지 않는 것처럼 보인다. 그래서 온도를 내리면 너무 지나치게 찬물이 나오게 된다. 바라던 온도에 근접할 때까지 이 진동은 계속된다. 이것은 물과 에너지 낭비이며 아침 샤워 시간이 길어진다. 대신 샤워 시간 타이머가 설정되는 온수 순환 펌프를 설치해서 지연을 없앨 수 있다. 또한 작동시킬 때 마다 알맞은 온도에 맞추어 미리 조절할 수 있는 샤워기를 구입할 수도 있다. 이것이 전략적 버퍼의 근본 개념이다.

하부 시스템 피드백 루프는 시스템 요구에 따라 실시간이어야 하며, 내부 시스템 목표와 일치되어야 한다. 자료 업데이트 빈도는 그 이상도 이하도 아닌, 하부 시스템의 실질적인 사이클 타임의 함수이다. 계획자가 작업 지시를 하루에 한 번(시그널을 보내는 빈도) 릴리즈/처리한다면 새로운 공급과 수요 시그널의 상태를 매 분마다 새로 고치는 것은 가치 없는 일이 된다. 주문이 하루 종일 끊임없이 처리되고 재고로부터 출하까지 계속 행해 진다면, 짧은 간격의 공급-수요 시그널은 가치 있다. 그것이 배치batch 생산이나 대기시간과 연관된 변동과 시간 지연을 멈추기 때문이다. 실행 사이클 타임execution cycle times이 짧다면, 동기화에서 지연을 피하기 위해 실시간 업데이트가 중요하다.

공급망 시그널 지연은 지연 때문에 증가된 시간에 걸쳐 공급망의 다음 링크를 보호하기 위해 거의 항상 재고투자inventory investment로 귀결된다. 지연이 길어질수록 지연과 연관된 변동이 커진다. 변동이 커질수록 재고투자가 실제 소요량과 어긋날 가능성이 높아진다. 이것은 '불필요한 품목의 과다 및 필요한 품목의 결품'Too much of the wrong and too little of the right의 전형적인 경우가 된다. 다시 한번 1장에 소개된 플로스의 제1 법칙Plossl's first law의 가치를 알 수 있다.

디맨드 드리븐 및 탄성 대 강성 Demand Driven and Resiliency versus Rigidity

디맨드 드리븐 전략은 시스템에 내에서 신뢰성, 안정성 및 탄성을 확보하기 위하여 생산능력, 시간, 재고 등 세 가지 타입의 전략적 버퍼를 이용한다. 이러한 전략적 버퍼상태를 모니터링 하는 것은 컨트롤 포인트의 일정준수 능력에 대한 가시성을 생성한다. 이것은 올바른 작업의 우선순위를 정하는 액션을 가능하게 하며, 조기 경고 시스템이 스케줄 문제가 있는 작업에 대한 수정 조치를 취하는 것을 가능케 한다. 전략적 버퍼는 플로우를 관리하고 측정하기 위한 5가지 핵심 기능을 갖는다.

1. 변동으로부터 회복하는 전략적으로 저장된 시간stored time을 확보하고, 컨트롤 포인트와 디커플링 포인트를 보호하며, 시스템을 탄력적이고 안정적으로 만든다.

2. 버퍼가 보호하도록 설계한 중요한 포인트(컨트롤 포인트와 디커플링 포인트)의 상태의 관점을 통해 시스템 상태에 대한 가시적인 피드백 루프visible feedback loop를 제공한다. 버퍼는 재고과다와 재고부족 사이의 미리 정해진 범위 안에서 움직이도록 설계된다.

3. 올바르게 크기가 정해지고 모니터링 되고 측정되는 가시적 전략적 버퍼는

시그널, 시그널 정렬 및 시그널 강도를 제공한다. 자원 경쟁(자재나 자원 생산능력)이 있을 때 작업 우선 순위를 정하는 시그널 강도는 버퍼 잠식buffer erosion의 퍼센티지에 의해 결정된다. 잠식이 커질수록 시그널 강도와 우선순위가 높아진다. 전략적 버퍼와 컨트롤 포인트의 상태에 대한 가시성의 개념은 적합한 정보의 기본적 구성 요소이며, 자율 균형self-balance을 측정하고 방향을 제시하기 위하여 시스템이 사용하는 피드백 루프이다. 스마트 메트릭스는 이것으로부터 발전한다.

4. 버퍼 상태buffer status는 사람들이 자기조직화self-organize하여 해결해야 할 떠오르는 문제들emerging problems을 선제적으로 강조한다. 이것은 시간에 대한 파레토 분석Pareto analysis 뿐만 아니라 쇼트런 계획short-run planning과 실행을 위한 것이며, 발생 패턴을 추적하고 개선 노력 및 투자 지출에 집중할 수 있도록 한다.

5. 시간에 따른 버퍼 추이buffer trends는 시스템 패턴을 포착한다. 패턴을 보다 잘 이해하면 할수록 보다 좋은 계획과 스케줄링이 가능하다. 계획이 현실적일수록 실행 신뢰성이 더욱 높아진다. 패턴 변화는 시간-표준 변경time-standard corrections을 지시하거나, 전략적 버퍼 배치 또는 크기의 변화가 생산 또는 시장 변화로 인해 타당한 시점을 알려줄 수 있다. 변동을 줄이고 속도를 증가시키는 개선의 증가improvement gains는 재고보호inventory protection를 위해 묶여 있던 생산능력과 투자자본을 풀어준다. 이 개선 증가의 사이클은 전략적 버퍼를 안전하게 줄이고 ROI에 긍정적인 루프를 형성한다.

시스템의 탄성이나 강성을 결정하는 하는 것은 시간에 따른 시스템 모니터링과 관계가 있다. 시스템은 시간경과에 따라 발생하는 행동 양식을 가지며, 그 패턴들은 시간 주기의 경과에 따라 파악된다. 따라서 정적인 스냅샷static snapshots으로는 전체를 파악할 수 없다. 자료나 정보가 시스템을 흐를 때 시스템은 계속 변화한다. 이것이 전략적 버퍼와 같은 모든 피드백 루프가 시간 관련 두 가지 캡처 포인트capture points를 가져야 하는 이유이다.

▲ 첫 번째는 모니터링과 시스템 중요 포인트(컨트롤 포인트와 디커플링 포인트)의 현 상태의 메트릭스를 제공한다. 이것은 우선 순위를 조정하고 액션에 집중하도록 사용되어 계획과 실행 우선순위가 시스템 목적에 집중하여 흘러가도록 한다. 이 관점은 실시간이어야 한다. 자원이 계속 액션을 취함에 따라 시스템 상태가 동적이고 시스템 상태 사이를 이동 하기 때문이다.

▲ 두 번째는 시간에 따른 시스템 변칙system anomalies의 추이 패턴을 포착하는 것이다 - 링크links와 결합linkage을 보호하는 버퍼의 꼬리 존tail zones을 통과하는 이벤트를 추적하여 혼란하거나 위험한 중요 시스템 포인트가 포착될 수 있는 분포의 끝 부분. 다음 장에서 이것에 대해 보다 자세히 다룰 것이다. 근본 원인에 의해 이 혼란이 포착되어 범주화 될 수 있으며, 최고의 이득을 얻도록 프로세스 개선, 또는 투자를 지시하여 시스템 플로우를 강화하고 개선할 수 있다.

디맨드 드리븐 운영 모델은 전략적 시간과 비축재고 버퍼stock buffers 사이의 플로우와 속도의 최대화에 집중한다. 정의된 전략적 버퍼는 종속적인 변동dependent variation을 차단시키거나 흡수하기 위하여 재공품work-in-process이나 원자재, 중간 조립품 또는 완제품 공급을 위하여 저장된 시간이며, 전략적으로 배치된다. 전략적 버퍼는 변동이 중요한 포인트(컨트롤 포인트와 디커플링 포인트)를 혼란에 빠뜨리지 못하도록 한다. 그러한 포인트는 시스템 플로우를 지배하고 스케줄 신뢰성과 안정성을 형성한다. 축적된 변동이 전략적 버퍼를 무너뜨리면, 버퍼를 재구축하는 스피드는 시스템 탄성의 척도이다. 이것이 계획 보호생산능력protective capacity이 필요한 이유이다. 균형 잡힌 생산라인은 유연성이 없으며, 변동이 발생할 때 혼란에 부서지기 쉽고 시달리게 된다. 시스템이 변동을 겪으면 겪을수록 플로우를 보호하기 위해 전략적 버퍼의 형태로 더 많은 보호 생산능력이 필요하다. 따라서 전략적 버퍼는 낭비가 아니며, 플로우/속도를 보호하기 위해 필요하다.

요약
Summary

공급망은 복잡 적응 시스템complex adaptive system이다. 공급망 전략의 성공은 하부 시스템 경계로 또는 경계를 통해 적합한 정보, 자재 및 자원 플로우의 스피드를 빠르게 하는 시그널 정렬signal alignment에 달려 있다. 일관성은 시그널이 적합한 정보, 자재 및 자원만을 전달할 경우에만 가능하다. 일관성은 해결해야 할 중요한 문제를 선제적으로 확인하고 우선순위를 정하는 가시적 피드백 루프로만 가능하다. 중요한 포인트(컨트롤 포인트와 디커플링 포인트)의 상태에 대한 공급망 가시성은 사람들이 자기 조직화self-organize하고, 공급망이 보다 더 높은 질서로 떠오르기 위해, 즉, 자기 개선improve itself 하기 위해서 필요하다. 사후 반응적 관리reactive management는 복잡한 공급망에서 재앙이다.

저자들은 채찍 효과의 새로운 원인으로서 '실행과 투자 결정을 유도하는 부적합한 정보의 사용으로 자초한 변동'을 제시한다. 이것은 수요예측 실수forecast error와 마찬가지로 심각하며, '잘못된 평가지표the bad measures'이다. 이 두 가지 문제가 성공적으로 처리되어야만 채찍효과는 해결될 수 있다. 예측 수요, 그리고 비용 중심 효율성 전략과 그 정책, 전술, 보고 및 평가지표를 사용함으로써 발생하는 변동은, 일관성 있는 플로우 시그널을 비 동기화하고, 상충되는 액션을 유도하며, 전체 시스템을 불안정하게 한다.

우리는 '낡은 룰'과 '새로운 룰'사이의 성과 격차와 기회를 수량화 할 수 있다. [그림 10.2]의 공식은 디맨드 드리븐 전략 측면에서 성과 격차를 수학적으로 정의하는 방법이다.

그림 10.2 더 깊은 진리의 영역 vs 플로슬(Plossl)의 제 1 법칙

$$\Delta \text{Visibility} \rightarrow \Delta \text{Variability} \rightarrow \Delta \text{Flow} \rightarrow \Delta \text{Cash Velocity} \rightarrow \Delta \left(\frac{\text{Net Profit}}{\text{Investment}} \right) \rightarrow \Delta \text{ROI}$$

Core Problem Area | **Plossl's First Law of Manufacturing and the Demand Driven Model**

▲ 가시성Visibility은 의사결정을 위한 적합한 정보로 정의된다.

▲ 변동Variation은 우리가 발생시키기로 계획한 것과 모든 작은 인풋input 수정으로 인해 발생한 결과 사이의 차이점들의 합계이며, 이 작은 인풋 수정은 누적되어 공급망에서는 채찍 효과로 점증하여 확대된다(자연에서는 나비효과).

▲ 플로우는 시스템이 자재를 고객이 요구한 제품으로 변환하는 스피드이다.

▲ 현금 속도Cash velocity는 순 현금 생성 속도이다(매출액 - 순수 변동비 - 운영비).

▲ 순이익/투자금액net profit/investment은 물론 ROI 계산식이다.

[그림 10.2] 방정식은 CAS 행동에 기초하며, 사람들이 제공받는 정보 및 시그널, 그리고 그들의 메트릭스에 따라 행동한다고 가정한다.

적합한 정보에 대한 가시성이 높아지면, 변동은 무효화되거나 제거되고, 플로우 속도가 빨라지며, ROI 기회가 높아진다. 반대로 적합한 정보에 대한 가시성이 떨어지면 변동은 증가하고, 재고, 노동 또는 자본은 변동 증가를 보상하기 위해 증가해야 한다. 그렇지 않으면 속도와 아웃풋량이 하락하며, ROI 기회는 낮아진다.

결론

Conclusion

자연과학은 우주의 모든 것을 설명할 수 있는 우산으로서의 뉴턴 물리학에 대한 그 자체의 집착을 극복하기 위해 대단히 노력했다. 당연히 응용과학 사이에서 극적인 성과 격차, 즉 공백이 있으며, 그리고 복잡한 공급망을 관리하기 위해 오늘날 관리자들이 사용하는 현 비즈니스 룰 및 도구와 그들이 사용할 수 있는, 해야 하는 새로운 비즈니스 룰 및 도구 사이에 큰 간격이 있다. 복잡성 이론과 복잡 적응 시스템에 대한 신생 이론이라는 새로운 패러다임 하에서 개별 자원이나 단위 효율성 및 원가에 대한 환원주의 관점에 기초한 오랜 전략과 룰은 무너지고 있다. 이과 관련된 사례가 9장에서 다룬 보잉 드림라이너 사례이다.

비록 복잡성 이론이 비즈니스 관리에 적용된 새로운 패러다임이라 하더라도, 복잡성 과학은 자연과학이 세계를 보는 방식에 대변혁을 일으켰다. 복잡성 이론과 복잡성 이론에서 파생하여 복잡 적응 시스템 룰과 결합한 제약 기반 관리 원칙constraint-based management principles은 디맨드 드리븐 전략, 정책, 전술, 평가지표를 정의하는 토대이며, 우리가 그래야 한다고 생각하는 방식이나 우리가 운용시키고 싶은 방식이 아니라, 자연과학에 기반하여 세계가 돌아가는 방법을 반영한다. 현실 모델과 현실 그 자체 사이에 왜곡이 클수록 우리가 기대한 결과와 실제 얻는 결과 사이의 차이가 커진다. 어떤 시스템이나 공급망에서도 첫 단계는 항상 링크link 및 결합linkage과 시스템의 원인과 결과를 매핑하는 것이다.

11 장에서는 우리가 논의했던 복잡한 공급망이 어떻게 실제로 모든 요소에 적용되어 지속적인 시스템 발전을 유도하는 스마트 메트릭스를 생성하는지를 보여주는 처음부터 끝까지의 사례 연구를 다룰 것이다.

각주 ---------------------------------------

1. Gell-Mann, Murray, 쿼크(Quark)와 재규어(Jaguar), Henry Holt and Company, LLC, 1994, p. XI

2. Rihani, Samir, 복잡 시스템 이론과 개발 프랙티스, Zed Book Ltd., 2002, page 67

3. Ibid.

4. Dizikes, Peter, "언제 나비 효과가 비상하였는가(When the Butterfly Effect Took flight)", MIT New Magazine, February 22, 2011.

5. Allen, Peter, Steve Maguire, Bill Mckelvey. Eds. "복잡성과 관리에 대한 SAGE 핸드북(The SAGE Handbook of Complexity and Management)", Sage Publication, 2011, page 123.

6. Ibid.

7. http://www.santafe.edu/about/history

8. Ibid.

9. Wycisk, Mckelvey, and Hu Eismann, "Smart parts: 복잡 적응 시스템(complex adaptive systems Supply networks)으로서의 공급망: 분석과 시사점", International Journal of Physical Distribution & Logistics Management", Vol.38, No.2, 2008, pp. 108-109.

10. http://www.csh.umn.edu/UnderstandingComplexSystems/index.htm

11. Ibid.

12. Holland, John H., 시그널과 경계(Signals and Boundaries)- Building Blocks for Complex Adaptive Systems, Massachusetts Institutes of Technology, 2012, page 59.

11 스마트 메트릭스

Smart Metrics

- 파레토 세계에서의 관리는 새로운 사고방식을 요구한다
- 파레토와 전략적 버퍼의 힘
- 비축재고 버퍼, 파레토 분석 및 스마트 메트릭 목표
- 각 전략적 비축재고 버퍼 존의 목적과 크기
- 전략적 비축재고 중심의 개선
- 플로우 인덱스
- 생산능력 버퍼, 파레토 분석, 그리고 스마트 메트릭 목표
- 참조 환경
- 자원 생산능력에 대한 시스템 및 파레토 관점
- 전략적 생산능력 투자를 위한 판매 및 생산 계획의 시사점
- 원가, 생산량, 이익 적합 범위는 희소 생산능력 자원에 의해 결정된다.
- 전략적 공헌에 기초하여 시장에 희소 생산능력 할당
- 쓰루풋 달러 창출률에 의한 제품 믹스 우선순위는 CVP 그래프를 변화시킨다.
- 선반 생산능력 증가의 가치 계산
- 전략적 아웃소싱을 위하여 적합한 정보
- 내부 선반 생산능력 취득의 경우
- 아웃소싱 또는 자본 투자의 재무 및 비 재무 요소의 요약
- 제 3의 대안 – 생산능력을 찾기 위해 스마트 메트릭스 이용하기
- 생산능력과 비축재고의 전략적 투자에 대한 요약
- 비축재고 버퍼의 스케줄링 시사점

- 실행에서 비축재고 버퍼의 역할
- 컨트롤 포인트와 자원 스케줄링
- 시간 버퍼와 신뢰성 있는 스케줄 실행
- 제조를 위한 실행 피드백 루프로서의 시간 버퍼
- 시간 버퍼는 10 개 존이 필요하다
- 작업 오더 실행중의 시간 버퍼
- 컨트롤 포인트 혼란 최소화
- 스케줄 실행 일관성 및 우선순위 조정
- 역할과 책임 할당
- 보다 크고, 보다 복잡한 멀티사이트 컨트롤 요건
- 디맨드 드리븐 성과 시스템을 위한 준비 사항

11 스마트 메트릭스
Smart Metrics

우리가 지금까지 논의했던 복잡한 공급망이 어떻게 실제로 모든 요소에 적용되어 지속적인 시스템 발전을 유도하는 스마트 메트릭스smart metrics를 생성하는지 사례 연구를 다루었다.

디맨드 드리븐 성과 시스템을 위한 준비 사항
- 시간별, 일별, 주별 및 월별로 5 개 주요 문제를 질문하고 대답하라.
- 스마트 메트릭스 해답을 제공하기 위한 5 개의 중요 데이터 캡처 포인트를 적시에 확보하라.
- 시스템 플로우 및 시장 리드타임 전략에 초점을 맞춘 실행 가능한 스케줄을 계획하라.
- 신뢰성, 안정성 및 스피드를 기대하라.
- 원가 중심의 경쟁적인 평가지표를 제거하라.

11 스마트 메트릭스
Smart Metrics

파레토 세계에서의 관리는 새로운 사고방식을 요구한다
Managing in a Pareto World Calls for New Thinking

우리가 다루는 주요 문제는 알려진 방법론, 룰, 정보 도구, 그리고 스마트 메트릭스 피드백 루프의 부재가 아니다. 다양한 산업에 종사하며 다양한 제품 복잡성을 가진 기업들이 10년 이상 성공적으로 디맨드 드리븐 성과 시스템을 시행하고 유지해온 사례들이 있다. 문제는 존재론적인 것이다: 어떤 종류의 현실을 우리가 컨트롤하고 관리하려는 현실로 가정을 하는가?

조직의 공급망 프로세스와 상호의존이라는 현실은 그 물류 현실을 결정하고 시장과 투자 전략을 좌우한다. 이 현실은 적합한 정보의 결정 및 원가, 수익, 플로우의 행동양식의 결정을 위하여 사용되는 룰을 정의한다. 균형 공급망 성과 측정시스템balanced supply chain performance measurement system은 3 가지 뚜렷한 재무 및 비 재무 메트릭스 요소가 있다. 이 장에서는 그 중 다음 1번과 2번을 다룰 것이다.

1. 전략적 투자 결정을 평가하는 내부 재무 평가지표는 앞에서 논의한 비선

형 시스템의 적합한 정보 룰을 따른다. 그 룰은 시간에 따른 원가, 수익, 생산량의 행태를 결정한다. 시작점은 디맨드 드리븐 시스템 설계demand driven system design이며, 시장 리드타임 전략에 합의하고, 합의된 시스템 전략 수행에 필요한 전략적 투자를 결정한다.

2. 컨트롤 포인트 및 디커플링 포인트 버퍼, 피드백 루프 시스템, 그리고 스마트 메트릭스에 대한 비 재무 평가지표(생산 및 물류 운영의 일일 컨트롤)는 공급망 성과를 측정하기 위해 사용된다. 주요 목표는 정의된 전략에 대한 시스템 일관성 및 시그널 동기화이다.

3. GAAP 기간 외부 보고는 이미 논의 하였고 이 장의 주제와 관련이 없다.

이전 장의 요점은 GAAP 단위원가의 정적인 스냅샷을 통해 관리 및 측정되는 독립 이벤트 재무 자료 포인트independent-event financial data points로서의 공급망 성과 관리 패러다임에 도전하기에 충분한 사례를 생성하는 것이다. 재무 평가지표는 생산과 물류의 일일 공급망 관리에는 존재하지 않는다. 이 장은 패러다임이 변화했다는 전제하에 문제의 다른 관점과 다른 해결책, 메트릭스 및 개선 기회를 제시한다. 파레토 관점Paretian view은 비축재고, 시간, 및 생산능력이라는 전략적 버퍼의 가시적 피드백 루프와 버퍼들이 보호하는 컨트롤 포인트에 집중한다. 전략적 버퍼와 컨트롤 포인트는 함께 시스템 일관성과 6개 스마트 측정 목표에 초점을 맞춘 평가기준 세트를 생성한다.

[그림 11.1]은 디맨드 드리븐 성과 측정 시스템을 위한 9가지 측정 목표를 요약한 것이다. 첫 3 가지는 운영 적합 범위에서의 스마트 메트릭스의 비 재무 일일 운영 측정 목표이다.

1. 시스템 신뢰성 Reliability

2. 시스템 안정성 Stability

3. 시스템 속력/속도 Speed/Velocity

그림 11.1 디맨드 드리븐 성과 시스템을 위한 9가지 측정 목표(metric objectives) 요약

	메트릭 목표	정의
운영	시스템 신뢰성 (Reliability)	모델, 계획, 스케줄 및 시장 기대치에 맞추어 실행
	시스템 안정성 (Stability)	가능한한 작은 변동을 전달
	시스템 속력/속도 (Speed/Velocity)	올바른 작업 (right work)을 가능한한 빠르게 수행
전술적	시스템 개선 및 낭비 감소 (기회비용)	플로우(flow)에 대한 장애의 확인 및 우선순위 설정
	로컬 운영비용 컨트롤	시장 기회를 획득하기 위한 비용의 최소화
	전략적 공헌	적합한 모델 팩터 들에 따른 시스템 성과(return)의 최대화 (생산량(volume) 및 비율(rate))
전략적	공헌이익 (현금 창출율)	현금 창출 능력(비율)을 증가시키기 위하여, 내외부적 혁신 및 성장을 추진
	운전 자본(재고, 현금 및 크레딧)	장 단기적으로 플로우(flow)를 보호하고 증진하기 위하여 적절한 수준의 운영자금을 확보
	고객 기반 (시장 점유율, 판매, 서비스 및 품질)	기업을 위한 탄탄한 사업 기반의 확보 및 성장 (생산량(volume))

그 다음 3 가지는 전술적 적합 범위에서의 스마트 메트릭스 목표이다.

4. 시스템 개선 및 낭비 감소(기회비용)
5. 로컬 운영비용 컨트롤
6. 전략적 공헌

그리고 마지막 3 가지는 전략적 적합 범위에서의 스마트 메트릭스 목표이다. 체계적인 전략적 투자 분석은 GAAP 룰 기반 재무 측정치가 아니라 재무 측정치의 조합을 필요로 한다.

7. 공헌 이익(현금 창출율)
8. 운영자금(재고, 현금 및 크레딧)
9. 고객 기반(시장 점유율, 판매, 서비스 및 품질)

파레토와 전략적 버퍼의 힘
The Power of Pareto and Strategic Buffers

관리자에게 가장 중요한 것은 목표 한계targeted limits 외부의 이벤트이다. 특히, 분포의 중심the averages(평균수치)으로부터 꼬리 부분the outliers(이상수치)으로의 관리 집중의 전환은 기존 문제에 대한 해결책과 시장 성장 및 프로세스 개선을 위한 기회를 제공한다. 스마트 메트릭스는 전략적 컨트롤 포인트와 디커플링 포인트에 집중한다. 전략적 버퍼 존strategic buffer zones의 꼬리 부분tail에서 발생하는 이벤트는 관리자의 조치를 유도한다. 구매, 계획, 스케줄링 및 전개 의사결정이 이루어지고 조정되며, 버퍼 존 우선순위에 따라 실행이 동기화된다. 꼬리 부분에서 일어나는 이벤트를 측정하고 추이분석을 함으로써 중점 개선 기회뿐 아니라 자원과 자산 성과를 결정한다.

본서의 저자들은 이 장에서 사용된 모든 예와 예시 기업 사례에 대하여 다음을 가정한다.

▲ 기업은 플로우 중심 효율flow-centric efficiency 전략을 수용하였다.

▲ 디맨드 드리븐 설계 전략이 완성되었고, 합의한 전략적 시장 리드타임을 보호하기 위하여 디커플링 및 컨트롤 포인트가 선택되었다.

▲ 디커플링 포인트에서 비축재고 전략을 결정하기 위하여 디맨드 드리븐 MRP 방법론이 사용되었다.

▲ 비축재고, 시간 및 생산능력 버퍼 존의 크기는 최소 투자로 플로우를 보호하기 위하여 초기에 올바로 결정되었다.

▲ 조직은 실시간 상태로 이 버퍼들을 가시적으로 보여주는 능력을 갖추었다.

비록 재고 관리와 공급 및 수요 계획에 대한 모든 가정이 프택Ptak과 스미스Smith의 저술 Orlicy's Material Requirements Planning 3판에서 정의한 대로

DDMRP 원칙에 기초하고 있다 하더라도 DDMRP는 본서의 주제가 아니다. 전략적 비축재고 버퍼 존 계산에 대한 요약은 부록 A를 참조하라. DDMRP의 수학 및 원리, 그리고 전략적 비축재고 버퍼에 대한 자세한 이해를 돕기 위해 위 도서를 추천한다. 우리의 목적을 위해 예시에 나타나는 존의 수학계산은 옳다고 가정한다.

비축재고 버퍼, 파레토 분석 및 스마트 메트릭 목표
Stock Buffers, Pareto Analysis, and Smart Metric Objectives

[그림 11.2]부터 [그림 11.4]까지는 비축재고 버퍼와 스마트 측정 목표에 대한 파레토 관점을 보여준다. [그림 11.2]는 단일 항목 또는 총계 수준aggregate level에서 모든 재고에 대한 스펙트럼 관점이다. [그림 11.2]에서 양쪽으로 향하는 선을 볼 수 있다. 이 선은 재고의 양을 나타낸다. 왼쪽에서 오른쪽으로 움직일 때 재고의 양은 증가하고, 오른쪽에서 왼쪽으로 움직이면 감소한다.

그림 11.2 재고의 2 가지 보편적 포인트

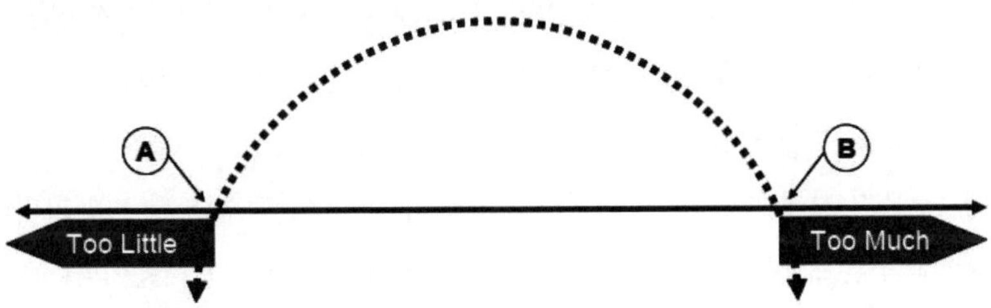

단일 재고 관리단위Single SKU/품목 번호에 있든, 총계 재고 수준에 있든, 곡선상에 2 가지 매우 중요한 포인트가 있다.

▲ 포인트 B: 재고가 너무 많아서 과도한 현금, 생산능력, 그리고 저장공간이 운전 자본에 묶여 있다.

▲ 포인트 A: 재고가 너무 적어서 회사는 품절을 겪고 있고 독촉처리하고 있으며 판매를 놓친다.

그림 11.3 최적 현 재고 범위

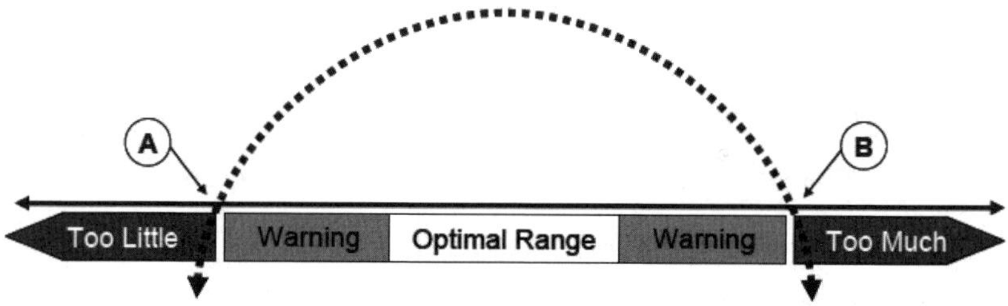

이 두 포인트가 존재한다는 것을 알고 있다면 총계 재고 수준에 대해서 뿐만 아니라 각 재고 관리 단위SKU/품목 번호에 대해 결정할 수 있다. 최적 존은 저 두 포인트 사이 어딘가에 있다. 이 최적 존은 [그림 11.3]에 표시되어 있다.

재고량이 최적 존optimal zone으로부터 증가하여 포인트 B로 움직일 때, 재고에 묶여있는 운전 자본 수익은 점점 줄어들게 된다. 그 정반대도 또한 마찬가지다. 재고가 최적 존으로부터 줄어들어 0이나 0 이하에 가까워지기 때문이다(지나치게 적은 재고를 갖기 시작할 때의 일반적인 수량). 포인트 A를 수량 0으로 정할 경우, 품절이 발생할 경우 재고는 지나치게 적게 된다. 포인트 A가 0 이하(예: -1)이면 수요는 있는데 품절이 발생하여 재고가 지나치게 적게 된다 - 진정한 의미의 품절의 정의.

[그림 11.4]는 DDMRP에 컬러 코드 범위color-coded ranges를 넣은 버퍼 스펙트

그림 11.4 목표(target) 현 재고와 분포의 양 옆의 이상수치(outliers) 또는 꼬리 부분(tails)

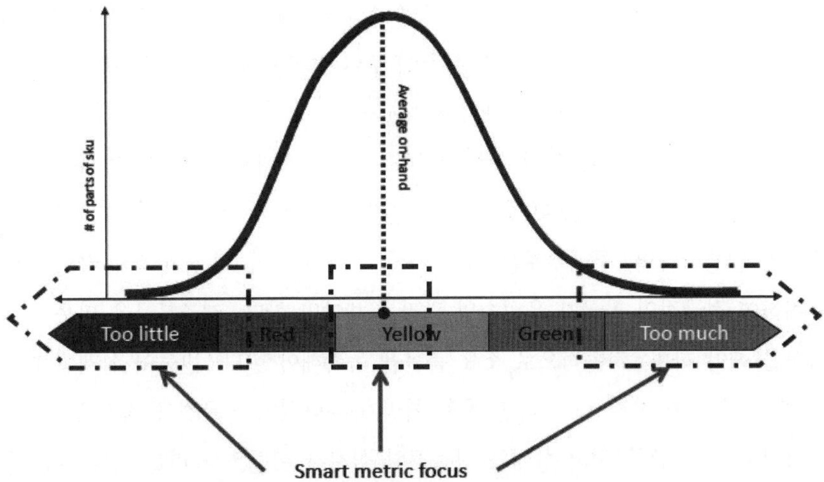

럼을 보여준다. 컬러 코딩된 존과 계획 알고리즘은 최적 범위에서 현 재고수준을 유지하도록 설계된다. 최적 재고 범위는 옐로우 존의 하단 부분이다. 기술적으로 그 범위는 레드 존의 상단부터, 전체 그린 존을 더한 합계 구간으로 정의된다. 평균 현 재고 위치average on-hand target position는 옐로우 존의 한 위치로서, 레드 존 수량에 그린 존 수량의 절반을 더한 수량이 여기에 해당된다. 곧 이 방정식을 실증하는 예를 소개하겠다.

존 들이 이해되고 그 의미가 확립된 후에야 현 재고를 중간 존인 옐로우 존으로 유도하기 위해서 이상수치outliers(꼬리부분)의 측정 및 관리를 시작할 수 있다. [그림 11.4]는 또한 성과 측정 인덱스를 수립하여 이벤트들이 현 재고를 지나치게 최적 범위 외부로 멀어지게 만들 때, 구매자, 계획자, 스케줄러, 운영 자원 관리자 및 전개deployment 팀이 조치를 취하도록 유도한다. 모든 일일 재고 성과는 자재 플로우를 유지하고 시장 수요 충족을 위해 꼬리 부분tails에서 일어나는 이벤트 관리를 기본으로 한다.

모든 비축재고 버퍼 분석은 모든 일일 기반 측정기준 및 의사결정에 있어 재무 달러 가치financial dollar value가 아니라 품목 수준part level에서 이루어짐을 주목해야 한다. 달러 가치가 전략적 투자 결정 목적에 부여된다면, 품목은 단지 변동 원가에만 가치를 둔다 – 현금 플로우 가치cash flow value.

이상수치outliers의 영향과 기회를 관리하는 것은 스마트 메트릭스의 요점이자 강점이다. 마켓 풀market pull이 현 옐로우 존이 수용할 수 있는 크기보다 훨씬 빈번하게 발생한다면, 구매부문은 더욱 자주 구매해야 하고, 잠재적 품절 상태에 대비하여 적극적인 공급자 우선순위 관리를 해야만 한다. 제조부문은 더욱 자주 생산을 해야 하며, 지속적으로 소요 품목을 독촉해야 한다. 변동이 설계된 효율적 레드 존 보호 보다 더 크다면 독촉 처리가 유발되거나 품절을 겪게 된다. 두 시나리오 모두 품목 버퍼 상태와 직접적인 실시간 이벤트 관리를 나타낸다. 두 시나리오 모두 시스템을 불안정하게 하고 신뢰성을 떨어뜨린다. 이 '이벤트'는 또한 플로우 지연과 떨어진 속력/속도의 결과이다. 이 이벤트의 선제적인 측정과 관리는 스마트 메트릭스의 네 가지 목표 성취로 귀결된다. – 시스템 신뢰성, 안정성, 속력/속도, 그리고 시스템 개선 및 낭비 감소

[그림 11.5]는 반복적으로 꼬리 부분tails에 들어가거나 들어 있는 현 재고 품목의 동향 보고를 표시한다.

상단 그래프는 용납할 수 없는 서비스 수준을 가진 품목을 나타낸다. 이 그래프는 왼쪽 꼬리 부분에 초점을 맞추어 각 품목이 180일 기간 동안 3 가지 카테고리에 속해 있는 일수를 나타낸다. 카테고리는 시스템에 대한 잠재적 순 손실potential net loss의 정도에 따라 우선순위가 정해진다.

1. 수요가 있는데 품절인 품목
2. 수요가 없으면서 품절인 품목
3. 크리티컬 레드Critical Red(레드의 하단 절반) 존 침투 품목

그림 11.5 통계적 꼬리 부분(statistical tails)에 집중한 현 재고 성과 측정치

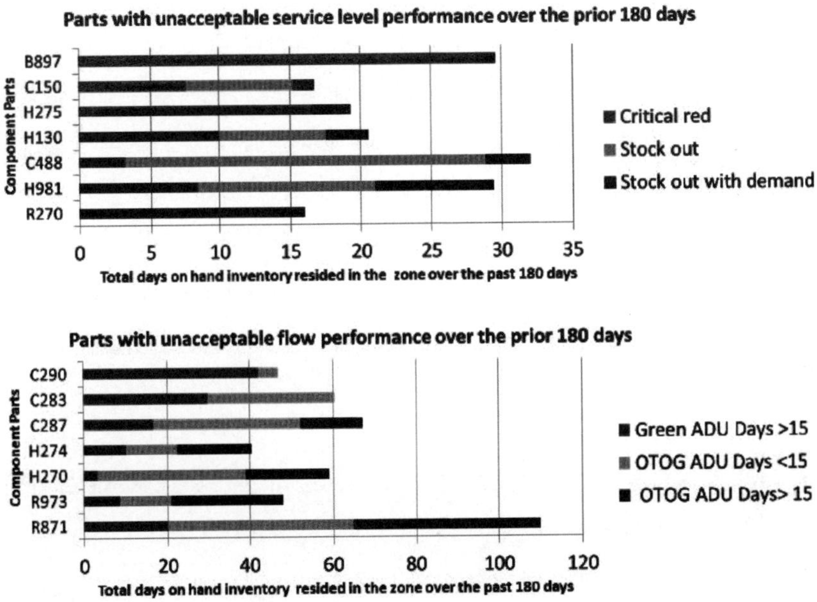

디맨드 풀 변화에 대처하여 비축 수준과 버퍼 보호를 조정하거나, 공급 변동성의 증가로부터 시장을 보호하기 위해 왜, 어디서, 얼마나 많은 현금 유출과 전략적 투자가 필요한지 재무부문은 명확히 알 수 있다. 판매 검토를 통하여 판매 계획 대비 제품 판매 동향을 확인할 수 있고 버퍼 존 수준buffer zone level 증가의 필요성에 대한 신호를 보낼 수 있다. 계획 검토를 함으로써 공급 변동, 또는 공급 시간이 증가하여 레드 존 보호red-zone protection, 또는 대체 공급원alternate source of supply을 증가시킬 필요가 있는지 확인할 수 있다. 원인과 관계없이 이 품목들은 시장 타깃을 지원하거나 독촉 처리 관련 낭비를 감소 시키기 위해 생산능력이나 재고에 추가 투자가 필요하다. 시스템을 신뢰성이 있고, 안정적으로 유지하며, 시장 리드타임 전략을 보호하기 위해 제조부문은 이 품목들의 가용성을 개선 시

키도록 해야 한다. 이 품목들은 시스템 변동의 주요 원천이다. 시스템을 불안정하게 하여 신뢰성을 하락 시키고, 대응성을 낮추고, 보다 낭비적이게 한다. 이 품목들과 형편없는 서비스 성과의 원인에 대한 프로세스 개선 및 전략적 투자를 측정하고 우선순위를 매김으로써 스마트 메트릭스의 모든 전략적 목표를 성취한다 – 시스템 신뢰성, 안정성, 속력/속도, 집중된 프로세스 개선, 최소 운영비용으로 최대 전략적 공헌.

[그림 11.5]의 하단 그래프는 용납할 수 없는 플로우율rates of flow을 가진 품목을 나타낸다. 오른쪽 꼬리 부분에 집중하여 각 품목이 180일 기간 동안 3 가지 카테고리에 있는 일수를 나타낸다. 카테고리는 나쁜 플로우율로 우선순위가 정해진다.

1. 그린 존 상단을 초과한 존에 ADUaverage daily usage(일일 평균 사용량)의 15일분 이상 재고 보유 품목 (〉15)
2. 그린 존 상단을 초과한 존에 ADU의 15일분 미만 재고 보유 품목 (〈 15)
3. 그린 존에 ADU의 15일 분 이상 재고 보유 품목 (〉15)

15일 이상 분의 ADU에 근거한 카테고리 분류는 중간 및 그 이상의 좋은 플로우가 동향 보고에서 제외됨을 확인시킨다. 뒤에 나올 부품 플로우 인덱스 카테고리의 예시와 일관성이 있기 때문에 15일을 선택하였다(그림 11.12 참조). 재무부문은 저조한 플로우 성과를 가진 품목의 현금 플로우 영향과 운전 자본 성과를 명확하게 볼 수 있다:

▲ 비용How much =

품목 당 변동 비용×(목표 현 재고 – 실제 현 재고)

▲ 기간How long =

(목표 현 재고 – 실제 현 재고) / ADU(일일 평균 사용량)

그린 존 상단을 초과하였을 경우는 영업부문의 검토 필요성을 나타내며, 판매 계획 또는 주문 정책에 대한 계획검토까지 제품 판매 동향을 검토하게 한다. 그리고 낮은 플로우 속도가 제조 배치manufacturing batches의 결과이거나 풀 비율pull rate 이상의 최소 구매량의 결과라면 배치 크기 결정 룰도 검토하게 한다. 이 품목들은 시스템 낭비의 주요 원천이다. 이 품목들은 속력을 늦추고 현금, 자재, 생산능력, 그리고 공간을 소모하고 희소 자원을 위한 경쟁을 유발한다. 품목 별 및 플래너planner별 버퍼 상태 동향 검토는 개선된 성과를 탐지할 수 있는 기준을 제공하며, 투자를 증가시키고 개선 노력을 집중시켜야 할 영역을 알려준다. 최소 오더 수량MOQ: minimum order quantities, 또는 최소 오더 사이클을 사용하는 품목들의 생산준비작업 단축 기회와 배치 크기 문제는 프로세스 개선 피드백 루프의 필요 불가결한 부분이다. 나쁜poor 플로우 인덱스(MOQ를 ADU로 나눈 수치가 15를 초과할 경우: 일수로 표시됨)는 최우선 검토 대상이다.

이러한 품목과 그 나쁜 플로우 성과의 원인을 측정하고 프로세스 개선에 우선순위를 부여하여 스마트 메트릭스의 모든 전략적 목표를 성취할 수 있다 –시스템 신뢰성, 안정성, 속력/속도, 집중된 프로세스 개선 및 최소 운영 비용으로 최대 전략적 공헌.

재고가 제공하는 시장 서비스 수준이 경쟁우위를 창출하고 마진과 점유율 약화를 방지할 경우에만 재고는 전략적인 것이다. 전략적 재고가 ROI 계산식의 양쪽 측면을 보호한다. 최대 판매 기회와 최소 독촉 처리 관련 낭비는 왼쪽 꼬리 부분에 초점을 맞추며, 최소 투자 자본은 오른쪽 꼬리 부분에 초점을 맞춘다. 이벤트 동향의 관리, 측정, 검토는 스마트 메트릭스의 9가지 전략적 목표를 모두 달성하고 시스템 개선에 초점을 맞추어 최소 투자 자본 및 운영 비용으로 전략적 공헌 증대에 집중한다. 이것은 바로 ROI 증가를 의미한다.

각 전략적 비축재고 버퍼 존의 목적과 크기

The Purpose and Size of Each Strategic Stock Buffer Zone

비축재고 버퍼를 이용한 지속적 개선 전략을 보다 잘 이해하기 위해 한 예를 들자. [그림 11.6]은 전략적 비축재고 버퍼의 크기가 처음에 어떻게 결정되는지를 나타내며, 버퍼의 크기는 실제 과거 사용량에 대한 ADU(일일 평균 사용량), 예상 사용량에 대한 미래 전망치, 또는 그 둘을 혼합한 것의 함수에 의하여 결정된다.

그린 존은 버퍼에 내재된 공급 오더 생성 과정의 핵심이다. 이 존의 크기는 평균 오더 빈도와 일반적으로 오더 크기를 결정한다. 그린 존의 크기는 부품의 최소 오더 수량MOQ, 또는 계산된 ADU의 팩터에 리드타임을 곱한 값(리드타임×ADU×리드타임 팩터 %) 중에서 큰 값으로 결정된다. ADU는 일반적으로 현재 시점에서 과거 롤링 구간rolling horizon을 사용하여 계산된다(예를 들어, 지난 90일). ADU의 퍼센티지(리드타임 팩터 %)는 해당 품목이 속하는 리드타임 카테고리에 의해 결정된다. 품목 리드타임이 길어질수록 계산식에 사용된 ADU의 퍼센티지(리드타임 팩터 %)는 작아진다. 이것은 긴 리드타임 품목에 대하여 보다 빈번한 오더가 필요하다는 의미이며, 일반적으로 오더 최소량이 허용하는 빈도만큼이다. 이것은 긴 리드타임 항목에 가능한 한 많은 컨베이어 벨트 효과를 형성한다. 예시 품목의 그린 존은 60 단위 MOQ로 크기가 정해졌다.

옐로우 존은 버퍼에 내재된 수요 대응 및 충격 흡수의 핵심이다. 따라서 옐로우 존은 리드타임 동안 항상 ADU의 100%로 고정되어 있다. 예시 품목의 옐로우 존 계산식은 ADU(10)×18일 리드타임 = 180 단위.

레드 존은 버퍼에 내재된 리스크 완화존이다. 이것은 두 개의 개별 계산식의 합이다. 첫 번째 계산식은 기본 레드 존(그림 11.6에서 레드 베이스red base) 값을 구하는데 적용되며, 옐로우 존의 값에 리드타임 팩터lead time factor의 퍼센티지를 곱하여 구한다. 따라서 예시 품목의 기본 레드 존red base의 크기는 37%×

180=67단위이다.

레드 존의 레드 안전 부분red safety portion의 값은 기본 레드 존red base 값에 변동성 팩터variability factor 퍼센티지를 곱하여 구한다. 이 퍼센티지는 안전 팩터를 형성하고 품목에 위치한 변동성 카테고리variability category에 의해 결정 된다. 변동성이 높을수록 사용되는 퍼센티지는 더 커진다. 품목이 중급 변동성 버퍼 프로파일midrange variability buffer profile에 위치하고 있기 때문에 이 경우 기본 레드 존의 50%를 사용한다. 예시 품목의 안전 레드 존red safety zone 계산식은 0.5×67 단위 = 33 단위이다.

그림 11.6 계산된 DDMRP 전략적 버퍼 존

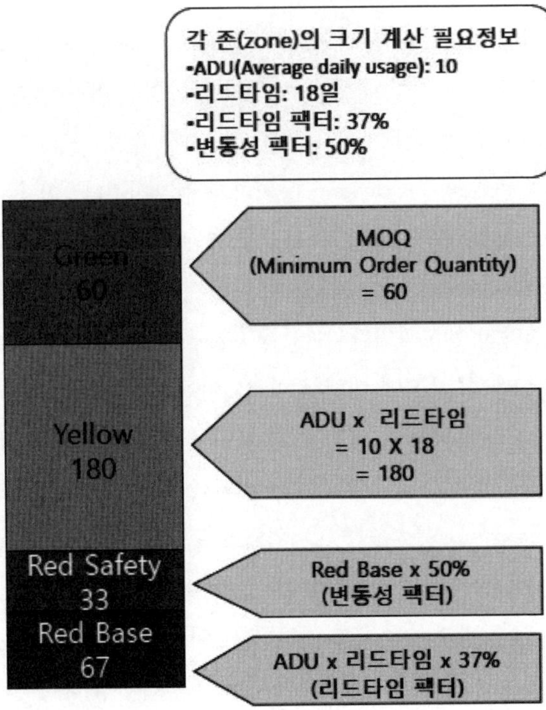

[그림 11.7]은 각 존 수량, 목적 및 목표 평균 현 재고targeted on-hand average inventory를 나타낸다. 목표 평균 현 재고 방정식은 전체 레드 존 + 그린 존의 절반이다. 예시 계산식은 전체 레드(100) +(그린 (60)×0.5)=130 단위이다.

버퍼는 동적인데, 그 이유는 버퍼가 롤링 시간 구간rolling time horizon 동안의 수요량 변화를 통합시키기 때문이다. 모든 재고 목표 수치는 달러 가치가 아니라 재고관리단위stock-keeping units로 측정된다. 모든 달러 가치 할당dollar value assignments은 적합한 변동비용variable costs(자재 + 아웃소싱)으로 계산되어야 한다. 변동비용은 쇼트런 CVP 분석cost-volume profit analysis에 대한 적합한 정보를 제공한다. 재고의 변동 비용 계산은 시장 디맨드 풀market demand pull에서 실제, 또는 예상 변화에 근거한 전략적 재고 투자에서 필요한 변화와 연결된 현실적인 순 현금 플로우 예상치net cash flow projection를 산출한다. 생산량이 증가하고 다른 모든 요소가 여전히 같다면, 목표 시장 리드타임 전략targeted market lead time strategy을 지원하기 위한 전략적 재고 투자 또한 증가 시켜야 한다. 그렇지 않다면 서비스 수준은 악화될 것이고 독촉 처리 비용은 증가할 것이다. 반대로, 시장 수요 하강 추세는 자본 투자와 현금 플로우 변화cash flow change를 동일하게 감소시킨다. 이것은 훌륭한 변동예산편성variable budgeting, 원가 관리 및 자산 성과 관리asset performance management이다.

재고 성과 목표inventory performance targets에 대한 변동원가 달러 가치variable cost dollar values는 모든 전략적 재고관리단위SKU: stock-keeping units에 대하여 계산되어야 하며, 매월 말에 실제 현 재고에 대해서 비교되어야 한다. 그러나 일일day-to-day 운영을 위해 구매자와 플래너는 달러 가치가 아니라 재고관리단위에 관심을 가져야 한다. 그들의 포커스는 시스템 플로우이다. 일일 검토는 구매 오더와 작업 오더 릴리즈work order releases를 유발하고, 위태로운 레드 버퍼 존 침투는 독촉 조치와 우선순위를 지시한다. 주 단위 및 월 단위 버퍼 동향은 전략적 자산 평가와 조치를 위하여 다른 관리 수준에서 검토된다. 이미 언급 했듯 계획된 ADU나 과거 수량history, 또는 그 혼합은 최초 버퍼 존을 계산하기 위해 사용된다. 그 시작점으로부터 리드타임 기간 동안의 ADU는 시장 전략 리드타임을 충족하고 판매

그림 11.7 DDMRP 버퍼 존 목적과 현 재고 목표(target)

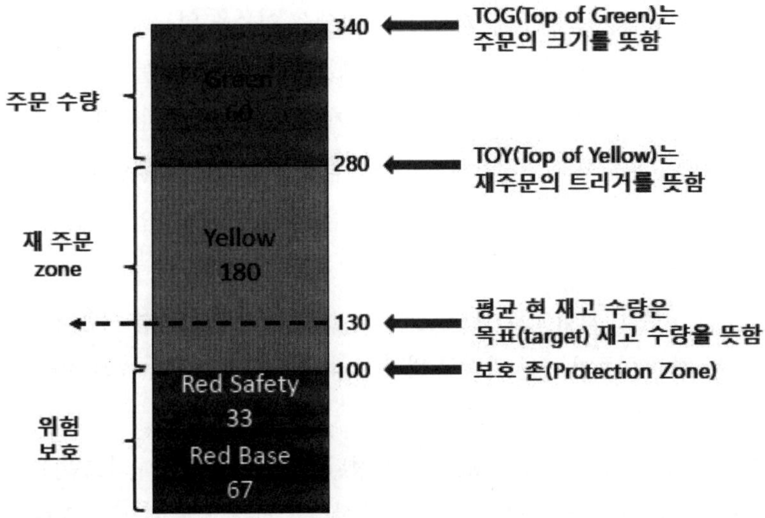

및 마케팅 전략을 성취하기 위하여 회사가 합의한 평균 전략적 재고수준 약속과 생산능력 투자약속을 결정한다.

구매, 제조, 그리고 물류 전개 성과distribution deployment perfor mance는 목표 시장 서비스 수준에 대하여 측정되며, 또한 컨트롤 포인트 자원 생산능력 관리와 더불어 전략적 재고에 대한 목표투자에 대하여 측정된다.

전략적 비축재고 중심의 개선
Strategic Stock Focused Improvements

관심의 초점은 항상 서비스 저하 없이 버퍼 크기를 줄이는 것이다. 예시에서 보았듯 전략적 비축재고 버퍼 존 계산은 시간과 변동에 대한 사용량의 함수이다. 공급 리드타임과 변동이 어떻게 재고 존 계산식에서 직접적으로 변화를 가져오는지를 이해하는 것이 필요하다. 만약 리드타임과 변동이 줄어들면 버퍼를 안전하게 줄일 수 있으며, 그 결과로 플로우에서 이득을 얻고 비축된 생산능력과 운전 자본은 감소한다. 그 반대의 경우에는 비축재고 버퍼를 증가시켜야 하나, 이 증가는 시장 리드타임 전략을 보호하기 위해 필요한 투자이다. 버퍼는 즉각적인 압박을 완화하고 관리자에게 리드타임과 변동 증가의 원인에 집중할 수 있는 시간을 부여하며, 시장 서비스 수준을 유지 하면서 그 원인을 제거할 시간을 부여한다.

[그림 11.8]부터 [그림 11.11]까지는 [그림 11.7]의 예시 품목을 사용하여 어떻게 집중된 개선 이득이 다른 각각의 버퍼 존과 평균 재고 목표average inventory targets의 감소를 의미하는지 보여준다.

이미 언급했듯 예시 품목은 MOQ로 설정된 그린 존을 갖는다. [그림 11.8]은 60 단위에서 40 단위로의 MOQ 감소를 보여주고 평균 목표 재고는 10 단위 감소하게 된다. 제조에서 오더 최소량 감소 또한 생산능력을 여유 있게 해주고 공간을 줄여주며, 플로우를 가속화한다. MOQ로 설정된 그린 존 품목에 대해 도전적이고 획기적인 인위적 배칭 전략batching policies과 공급자 오더 최소량supplier order minimums은 직접적인 그린 존 감소와 품목 플로우 인덱스part flow index 증가를 의미한다. 희소 생산능력 자원 보호scarce capacity resource를 위한 생산준비작업의 결과인 MOQ들은 희소 생산능력 보호를 위한 크기의 재조정 이전에 생산준비작업의 감소 노력을 필요로 한다. 충분한 보호 생산능력protective capacity을 갖춘 자원들은 최악의 플로우 인덱스를 가진 품목의 우선순위에 따라 생산준비작업의 감소를 위해 평가되어야 한다(플로우 인덱스는 전략적 비축재고 버퍼 감소 다음에 설명한다). [그림 11.9]는 리드타임 감소를 요약해서 보여준다. 내부 조달, 플로우 개선 프로세스, 또는 자본 개선보다 근접한 위치에의 추가 비축재고 버퍼 배치는 모두 리드타임을 감소시킬 수 있다. 이것은 목표 시장 서비스 수준을 확보하기 위해 필요한 재고 보호량 감소로 변환된다. 예시 품목의 4일 리드타임 감

그림 11.8 그린 존 및 목표 평균 재고(targeted average inventory)에 대한 MOQ 감소 효과

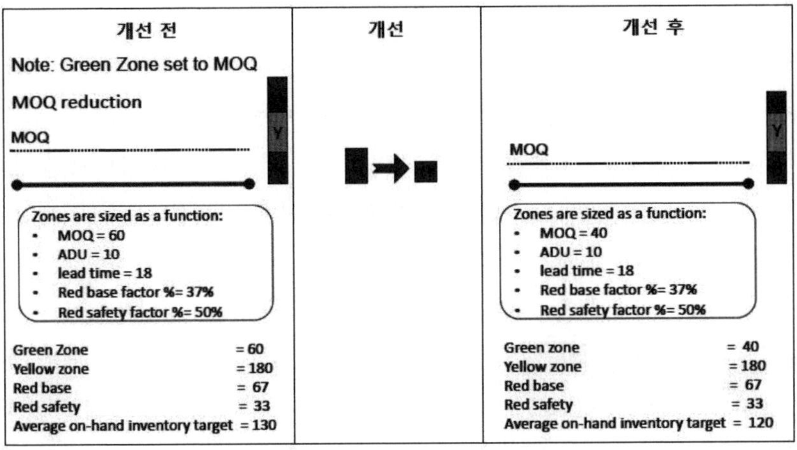

그림 11.9 레드 존, 옐로우 존 및 목표 평균 재고에 대한 리드타임 감소 효과

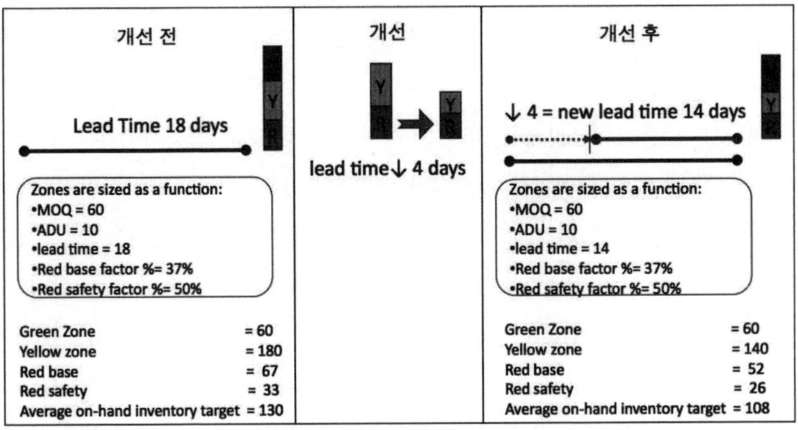

소는 옐로우 존 40 단위 감소 및 전체 레드 존 22 단위 감소를 의미한다. 평균 재고 목표는 22 단위 하락한다. 이 예시는 그린 존이 MOQ로 설정되어 있는 품목을 포함하고 있음을 주목해야 한다. 그린 존이 리드타임 퍼센티지로 계산된다

면, 그린 존 또한 리드타임 감소로 인하여 더 작아진다.

[그림 11.10]은 변동감소를 요약한다. 안전 레드 존Red Zone Safety은 수요와 공급 왜곡 및 붕괴라는 변동성에 근거하여 크기가 정해진다. 보다 신뢰할 수 있는 공급처를 확보하거나, 제조공정이 그 종속 변동 이벤트variation events를 감소시키면 안전 레드 존Red Zone Safety의 크기는 작아질 수 있다.(예: 독촉처리; 품질 저하; 생산능력 경쟁 및 툴링, 드로잉, 공급 지연; 예정되지 않은 설비보수; 자재 가용성)

또는 수요 변동성을 흡수하기 위하여 또 하나의 비축재고 버퍼가 제품 구조상에서 보다 근접하여 (하지만 여전히 높이) 배치될 경우에도 안전 레드 존의 크기는 작아질 수 있다. 버퍼의 꼬리부분 이벤트를 보다 훌륭하고 빠르게 확인하고 이해하여 해결할수록 계획 및 실행은 보다 안정적이고 신뢰성이 높아진다. 이는 곧 안전 레드 존의 보호가 덜 필요하게 된다는 의미이다. 예시에서 25%의 변동감소(품목 변동성 인덱스part variability index는 중medium에서 하low로 변했음)는 레드 존 재고의 16 단위 하락을 의미한다. 평균 재고 목표는 상응하여 16단위 하락한다.

[그림 11.11]은 시간 경과에 따라 3 가지 팩터를 모두 감소시키는 누적 효과cumulative effect에 대한 요약이다; MOQ가 20 단위 하락, 리드타임이 4일 감소, 변동성이 '중'에서 '하'로 감소. 그 결과, 평균 재고 목표 단위 및 재고 투자와 관련된 현금이 35% 감소한다. 그러나 이득은 현금 플로우와 운전 자본에 한정되지 않는다. 비축재고는 저장된 생산능력이며, 재고 감소는 이용 가능한 생산능력 증가를 의미한다. 이 지속 개선 사이클이 스마트 메트릭스이다. 그 사이클은 전략적 비축재고 버퍼의 꼬리 부분에서 일어나는 이벤트 및 동향의 측정과 분석으로 생성된다. 스마트 메트릭스는 사람들이 올바른 개선 우선순위에 집중하고 플로우 및 ROI 효과로 직접 연결하도록 만든다.

옐로우 존의 상단은 리 오더 포인트reorder trigger point이다. 플로우와 생산능력이 균형잡힌 완벽한 세계에서 그린 존은 바람직한 플로우율에 기초한 리드타

그림 11.10 레드 존과 목표 평균 재고에 대한 변동성 감소 효과

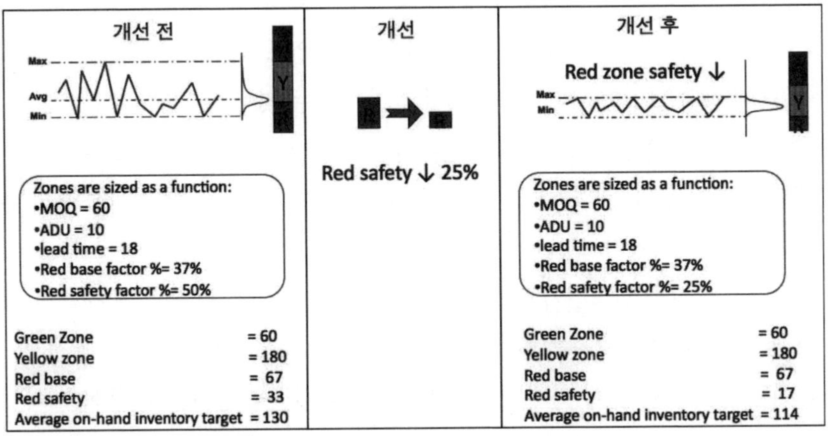

그림 11.11 리드타임, MOQ 및 변동성의 개선으로 인한 버퍼 총 감소 효과

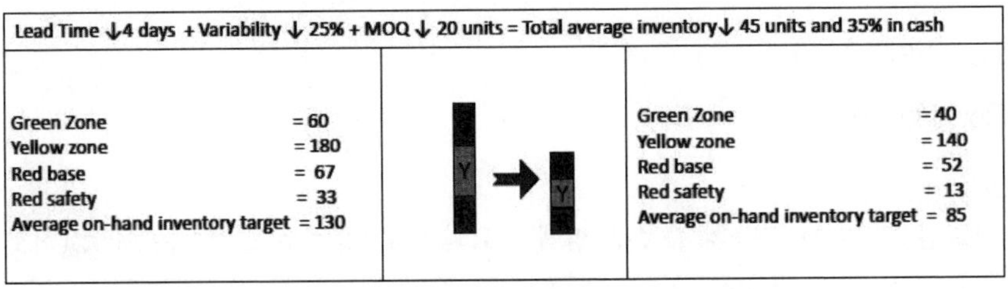

임에 ADU를 곱한 수치에 리드타임 팩터lead time factor를 곱한 값으로 설정된다. MOQ(최소 오더 수량) 또는 최소 오더 사이클minimum order cycle이 존재할 때, 그린 존의 크기는 다음 중 가장 큰 숫자로 결정된다.

1. (리드타임×ADU)×리드타임 팩터
2. 최소 오더 수량Minimum Order Quantity
3. ADO× 최소 오더 사이클minimum order cycle

이 관행은 스마트 메트릭스가 그린의 상단을 초과하는 조치 가능한 이벤트에 집중하도록 한다. 여기에서의 가정은, 최소량은 희소 생산능력과 같은 타당성 있는 이유로 존재한다는 것이다. 그러나 그것이 일으키는 낮은 플로우 성과low flow performance와 그것이 나타내는 기회를 놓치지 않는 것이 중요하다.

대부분의 MOQ와 최소 오더 사이클minimum order cycles의 현실은 플로우 전략을 지원하도록 조정되지 않고 있다. 사실, 저자의 경험으로는 대부분의 조직은 품목 MOQ 감소와 증가 모두를 개선하려는 환경이 태반이다. 너무 낮은 MOQ는 끊임 없는 오더를 발생시키고 희소 생산능력을 낭비하는 불 필요한 셋업을 발생시켜 오더나 업무 활동을 필요 이상으로 증가시킬 수 있다. 너무 높게 설정된 MOQ는 플로우를 막고, 자재, 자원 생산능력 및 현금을 낭비한다. 품목의 이상적인 배치 크기를 계산하고 현 배치 크기와 비교하는 것은 재고, 생산능력 성과 및 기회의 평가를 위한 표준 스마트 메트릭이다.

플로우 인덱스
Flow Indexes

[그림 11.12]는 부품의 플로우 인덱스 요약이다. 플로우 인덱스는 MOQ(최소 오더 수량)를 ADU(일일 평균 사용량)으로 나누어 만든다. 예를 들어, 한 품목의 MOQ가 60이고 그 ADU가 6이면 플로우 인덱스는 10이 되며, MOQ는 10일의 ADU 커버리지를 나타낸다. 그것은 좋은 것인가? 이것은 환경과 전략에 달려 있다. 그림 [11.12]는 Company CMG의 플로우 인덱스 카테고리를 정의한다.

1 = 나쁨, MOQ는 25일 이상 ADU 커버리지이다.

2 = 느림, MOQ는 16일과 25일 사이의 ADU 커버리지이다.

3 = 중간, MOQ는 9일과 15일 사이의 ADU 커버리지이다.

4 = 좋음, MOQ는 4일과 8일 사이의 ADU 커버리지이다.

5 = 우수, MOQ는 4일 이하 ADU 커버리지이다.

그림 11.12 플로우(flow) 인덱스 요약 – 비축재고 부품(buffered components)

Flow Index Summary - Buffered Components			
	Flow Index Range (Days)		
Flow Index Rating	From	To	% of Parts by Flow Index
Poor = 1	25	> 25 Days	11%
Slow = 2	16	25	33%
Moderate = 3	9	15	22%
Good = 4	4	8	0%
Excellent = 5	-	4	33%
			100%

MOQ가 커버하는 평균 수요 일자가 높을수록 플로우 인덱스 등급은 낮아진다. 마지막 열은 각 플로우 인덱스 등급 카테고리의 퍼센티지로 나타낸 전체 품목의 분포이다. 가장 낮은 플로우 인덱스를 가진 품목은 그 MOQ에 이의를 제기하여 플로우가 개선될 수 있는지 검토되어야 한다.

[그림 11.13]은 [그림 11.12] 플로우 인덱스 요약 계산을 위해 사용된 각 부품 플로우 인덱스 등급의 할당을 나타낸다. 각 품목의 현 커버리지 일수current coverage days는 [그림 11.12]의 플로우 인덱스 등급 표에서 그 해당 일 범위day range에 할당된다. 현 커버리지 일수는 또 하나의 작업 오더 발생을 트리거 하기 전에 현 배치 크기가 커버할 ADU 일수이다.

▲ 품목 B897은 ADU가 31이고 배치 크기는 60이다. 평균적으로 작업 오더는 매 2일마다 생산하도록 발생한다. 현 커버리지 일수(2) = 플로우 인덱스 등급 범위 5 (우수).

▲ 품목 C290은 ADU가 2이고 배치 크기는 45이다. 평균적으로 작업 오더는

그림 11.13 평균 수요 일수 커버리지(average demand days coverage)는 플로우 인덱스 등급을 결정한다.

current coverage days = current batch quantity /ADU					
Ideal batch quantity = ADU X 4 days coverage (excellent flow index: 5)					
Flow Index for Buffered Components					
품목 번호	현재 Flow Index	현재 Coverage Days	Ideal Batch Quantity	현재 Batch Quantity	ADU (Average Daily Usage)
B897	5	2	124	60	31
C150	5	3	36	30	9
R871	3	13	12	40	3
H210	3	10	8	20	2
C290	2	22	8	45	2
C283	3	10	12	30	3
C287	2	25	8	50	2
H275	5	4	16	15	4
H270	2	20	4	20	1

매 23일마다 생산하도록 발생한다. 현 커버리지 일수(23) = 플로우 인덱스 등급 범위 2 (느림).

이상적인 배치 크기는 우수한 플로우 등급과 같은 수량, 즉 4일의 현 커버리지 일수에 기초한다.

▲ 품목 B897의 이상적인 배치 크기는 124이다. 이것은 현 배치 크기인 60일의 거의 2배이다.

▲ 품목 C290의 이상적인 배치 크기는 8이다. 이것은 현 배치 크기인 45의 거의 6배 이하이다.

이 두 품목 모두 [그림 11.14]에서 나타난다. B897은 용납할 수 없는 서비스

그림 11.14 이상적인 배치(batch)와 현 배치 사이의 격차 측정

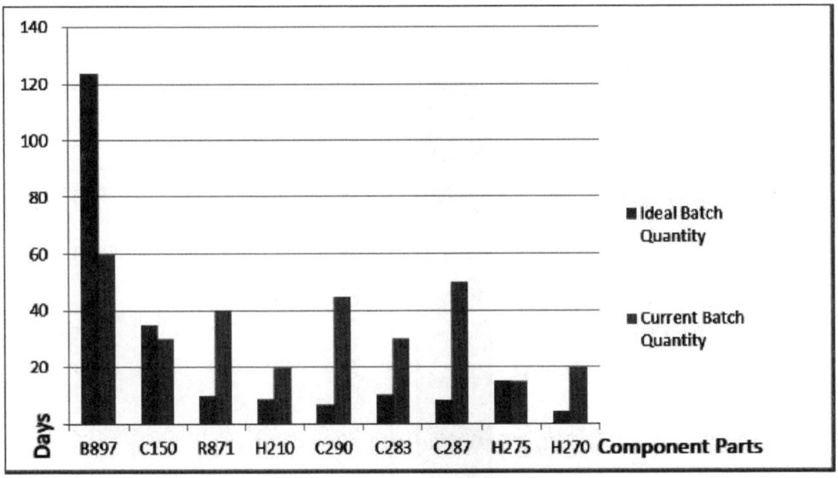

성과를, C290은 용납할 수 없는 플로우 성과를 보여준다. 이 품목 담당 플래너/스케줄러는 해당 자원의 생산능력에 대하여 배치 크기를 평가해서 플로우에 기초하여 올바른 결정을 해야 한다. 이것은 품목 플로우 또는 품목 비용에 관한 것이 아니며, 시스템 플로우 및 시스템 현금 창출에 관한 것이다.

[그림 11.14]는 이상적인 배치 수량과 현 배치 수량 사이의 격차 그래프이다. 가장 큰 격차를 보이는 품목은 검토 되어야 한다. B897은 우수한 플로우를 보이나 실제로는 시스템 플로우에 부정적인 영향을 미칠 수도 있다. 알 수 있는 유일한 방법은 각 자원의 생산능력을 이해하는 것이다. 그 생산능력이 시스템 생산능력 및 시스템 플로우와 관련되어 있기 때문이다.

생산능력 버퍼, 파레토 분석, 그리고 스마트 메트릭 목표

Capacity Buffers, Pareto Analysis, and Smart Metric Objectives

[그림 11.15]는 생산능력에 대한 파레토 관점을 나타낸다. 시스템 생산능력은

그림 11.15 컬러 코딩된 존은 시장 리드타임 내에서 시장 기회에 반응하는 자원 또는 시스템의 능력을 표시한다.

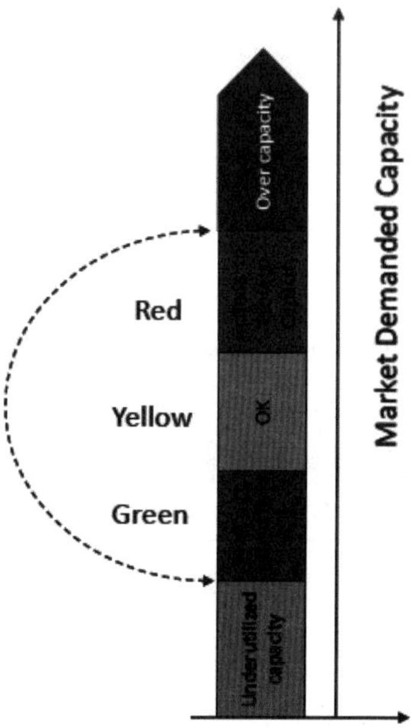

그래프에 컬러로 구분 표시되어 있으며, Y축은 시장 수요 충족을 위하여 필요한 자원 생산능력 소비를 뜻한다. 컬러 코딩된 각 존은 리드타임 내에서 시장 기회에 반응하는 자원 또는 시스템의 능력을 표시한다.

하부 두 존(파란색 및 그린)에서 지속적인 생산능력 수요를 가진 자원은 과잉 생산능력을 가지고 있으며, 플로우를 빠르게 할 수 있는 기회를 나타낸다. 자원 관리 조치resource management actions는 유연성, 민첩성, 배치 크기 축소, 상호교차훈련cross training 등에 집중되어야 한다. 복잡 적응 시스템 현실에서 이러한 자원은 조직의 탄력성, 즉 신속히 회복하고 플로우를 안정시키는 능력을 정의해 준다. 또한 이러한 자원은 추가 투자의 필요가 없는 전략적 공헌strategic contribution를 위한 시장과 제품을 찾을 수 있는 기회를 정의한다. '엉망인 메트릭dumb metric'을 보다 나아 보이도록 하기 위해 실제 디맨드 풀 이상으로 이러한 자원의 활용을 인위적으로 증가시키지 말라.

중간(옐로우) 존에서 지속적인 생산능력 수요를 가진 자원은 시장 리드타임 내 시스템의 현재 수요 및 공급 변동에 대응하는 생산능력을 갖추고 있다.

레드 존에서 지속적인 생산능력 수요를 가진 자원은 변동에 대응하는 제한된 역량을 갖추고 있다. 이 자원은 전략적 비축재고 버퍼 및 시간 버퍼의 조합을 갖춤으로써 변동으로부터 보호되어야 한다. 이 존 상부 절반의 자원은 전략적 컨트롤 포인트 후보candidates이다.

상부 존over capacity zone에서 지속적인 생산능력 수요를 가진 자원은 프로세스 개선(생산준비작업 축소, 상호 교차훈련, 스크랩 절감 등), 아웃소싱 또는 자본 조달 등을 최우선적으로 실행해야 할 대상이다. 이들은 전략적 컨트롤 포인트이고 전략적 비축재고 버퍼 및 시간 버퍼로 보호되어야 한다. 이러한 자원은 전체 시스템의 플로우율flow rate을 결정한다. 이러한 자원들이 전략적 공헌strategic contribution을 생성하는 비율은 시스템이 현금 플로우 및 이익을 생성하는 비율이다.

참조 환경
Our Reference Environment

이제 이 장의 나머지 부분에서 이해를 증진하고, 구체적이며 의미 있는 예시를 제공하기 위한 기업 사례를 소개한다. 자원 생산능력 분석에 앞서 참조 회사인 CMG와 그 회사의 디맨드 드리븐 시스템 설계를 소개한다.

[그림 11.16]은 이전 제3장에서 논의한 디맨드 드리븐 설계를 수정하여 부품제조 내에 열 처리 공정을 포함시킨 설계도이다.

▲ 리드타임을 단축하고, 변동이 하나의 프로세스 영역에서 다른 프로세스 영역 및 시장으로 전달되지 않도록 디커플링 시키기 위해 비축재고 버퍼는 전략적으로 배치된다. 버퍼 없이 종속성을 가진 가장 긴 리드타임 체인은 조립공정에 부품을 재공급하기 위해 걸리는 3주 및 조립공정을 통해 완제품을 재공

그림 11.16 Company CMG를 위한 디맨드 드리븐 설계

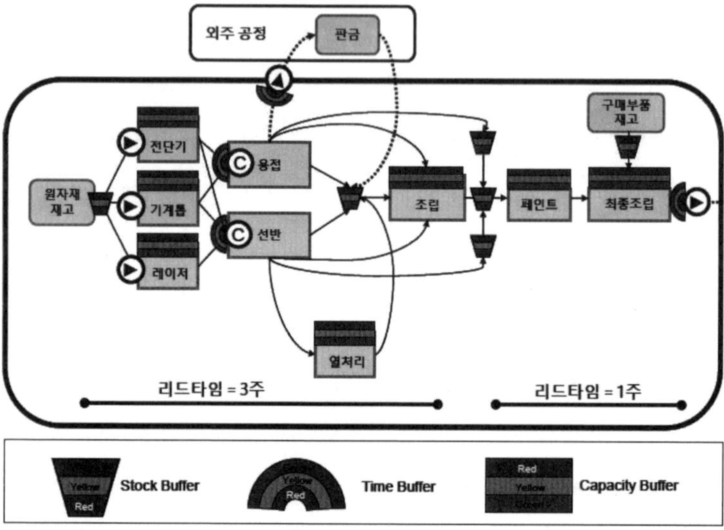

급하기 위해 걸리는 1주이다.

▲ 용접 및 선반weld and lathe이 컨트롤 포인트로 선택되었고, 이 포인트들은 모두 시간 버퍼에 의해 보호된다. 판금 아웃소싱 및 출하shipping는 배송 스케줄을 지키기 위해 시간 버퍼로 보호된다.

▲ 다른 모든 자원들은 용접 및 선반을 초과하는 충분한 생산능력을 갖추어 변동에 대응하고 용접 및 선반의 계획 생산능력에 맞추어 정시에 확실히 배송한다.

자원 생산능력에 대한 시스템 및 파레토 관점

The System and Paretian View of Resource Capacity

자원 관리에 대한 시작점은 시장 수요 전략 충족과 관련하여 그 생산능력을 이

해하는 것이다. 재고는 생산능력으로 변환될 수 있고 판매 계획은 생산능력에 대응하여 비교될 수 있다.

각 품목 제조공정표는 자원 시간resource hours을 가지는데, 그것은 총 프로세스 타임으로 변환되거나 개별 자원이 요구하는 생산능력 프로세스 타임으로 변환될 수 있다. [그림 11.17]은 11개의 개별 완제품 품목에 대하여 다른 자원 요구사항들을 나타낸다. 명백히 서로 다른 품목들은 요구하는 총 자원 시간total resource time 차이뿐만 아니라 서로 다른 자원 부하resource load 요구사항을 가지고 있다.

품목당 총 시간total time per part은 많은 것을 알려주지 않는다. 회사 CMG의 현재 자원 자본 및 인력 투자 한계 내에서 전략적 자원 투입 및 생산량 한계를 이해하기 위해 시스템 파레토 관점이 필요하다. [그림 11.18]은 전략적 생산능력 관리 및 투자에 대한 시야를 넓혀준다. 다른 기간에 걸쳐 모든 자원 분야에서 사용된 총 제품 수요 및 생산능력이 그래프로 표시되어 있다. 그래프는 쇼트런(1주) 자원 경쟁뿐만 아니라 시간 경과에 따른 발현 패턴emerging pattern을 표시한다.

분포의 꼬리 부분은 충분한 보호 생산능력sufficient protective capacity을 가진 자원 및 잠재적 제한 생산능력potential limited capacity을 가진 자원에 대한 명확한 뷰를 제공해준다. 다시 언급하건대, 모든 것은 꼬리 부분에 있다. 세 개의 자원 생산능력 활

그림 11.17 품목 수량을 자원 생산능력(resource capacity)으로 전환

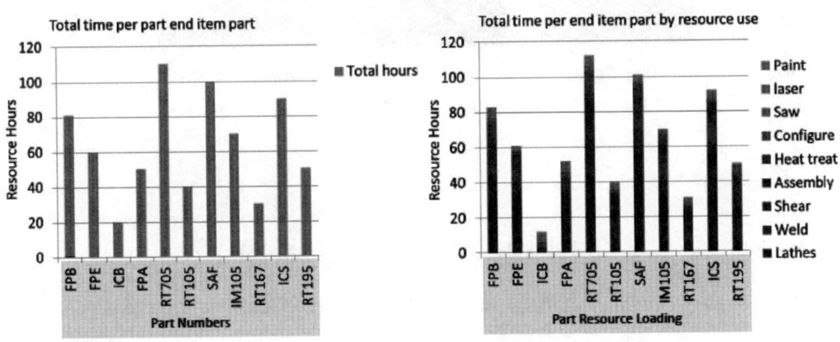

용 그래프 비교는 단기 수요 변동short-term demand variation 및 시간에 따른 종합 스무딩 효과smoothing effect of aggregation를 보여준다. 확실히 선반lathes은 시간에 따른 가용 생산능력에 대하여 가장 높은 자원 수요를 가지며, 용접weld은 단기 생산능력 경쟁을 유발할 수 있는 단기 수요 급등을 가지고 있다. 모든 다른 자원은 충분한 보호 생산능력을 갖추고 있다.

자원 생산능력에 대한 파레토 관점은 선반과 용접이 전략적 컨트롤 포인트라는 것을 확인해 준다. 선반과 용접은 각각 좋은 서브시스템 컨트롤 포인트에 대한 모든 기준을 충족시킨다.

그림 11.18 3 개의 시간 구간에 걸친 자원 부하

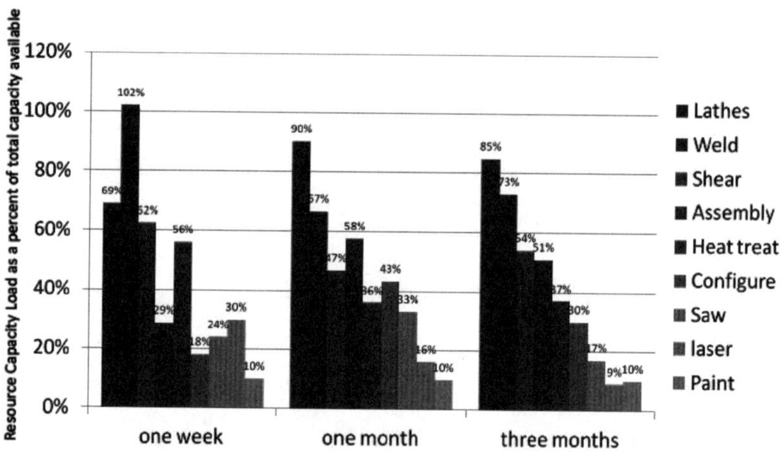

1. 함께 조립 공정 이전의 모든 품목의 플로우를 제어한다.
2. 다른 모든 자원과 비교해 볼 때 희소 생산능력 포인트points of scarce capacity이다.
3. 모두 희소 숙련 노동 세트scarce skilled labor sets를 필요로 한다.

전략적 컨트롤 포인트는 전략적 투자 및 일일 실행 결정을 위하여 적합한 관련 정보를 정의한다. 이러한 컨트롤 포인트는 변동을 막고, 공급 자원 프로세스 우선 순위를 제어하고 집중시키며, 스케줄 일관성을 유지하기 위해 전략적으로 선택되었다.

용접과 선반 생산능력은 효과적으로 잠재 총 생산량을 결정한다. 용접과 선반 생산능력은 그들이 공급하는 중간 비축재고 버퍼 존 상태에 따라 우선순위가 매겨진 그들의 가용 유한 생산능력finite capacity에 근거하여 디맨드 풀 하도록 스케줄링 된다. 컨트롤 포인트에 대한 유한 생산능력 스케줄링은 신뢰할 수 있고 실행 가능한 스케줄을 확보하는 유일한 방법이다. 공급 가능한 부품보다 수요가 많을 때, 판매는 보다 많은 생산능력을 획득할 때까지 가장 높은 우선순위에 있는 고객, 혹은 제품을 선택해야 한다. 공급망은 고정 생산능력의 영구적인 증가 투자 시점뿐만 아니라 일시적인 생산능력 급증을 처리할 수 있는 계획을 갖추어야 한다. 부품과 조립품목 사이의 전략적 버퍼는 [그림 11.18]의 필요한 자원 생산능력의 1주 그래프에서 보여준 일시적 수요 급증을 흡수할 수 있는 크기여야 한다. 기억하라, 전략적 비축재고 버퍼가 무너지면 제조와 유통 모두 붕괴된다. 결과적으로 변동, 독촉 처리 및 관련 비용이 증가하고, 서비스 수준은 하락하며, ROI는 감소한다.

전략적 생산능력 투자를 위한 판매 및 생산 계획의 시사점

The Implications of the Sales and Operating Plan for Strategic Capacity Investment

전략적 비축재고 버퍼는 선택된 시간 구간 동안 실제 ADU 변화에 기반하여 존 크기를 조절하도록 동적으로 설계된다. 통상적인 공급 및 수요 변동은 레드 존 크기 설정에 의해 커버된다. 계획된 이벤트나 알려진 계절 변동은 디맨드 풀 변화에 대하여 한 타임 프레임 앞서 전략적 비축재고 버퍼를 구축하기 위하여 생산능력의 계획적인 증가나 감소를 필요로 한다. 전략적 비축재고 버퍼는 스케줄 신뢰성과 시장 성과를 보호하도록 설계되어 제품 수요 변화 전과 후에 늘이고 줄이는 조절이 가능하다. 미리 구축할 충분한 보호 생산능력이 없는 컨트롤 포인트는 전략적 아웃소싱으로 일을 덜어내던가, 생산능력의 증가분이 확실히 정시에 전략적 비축재고 버퍼에 전달될 수 있도록 고정비용 및 생산량 범위를 증가시킬 생산능력 투자를 해야 한다.

[그림 11.19]는 롤링rolling 13개월 판매 계획을 가진 공급망을 통한 역시간 연속 웨이브successive wave backwards in time를 나타낸다. 알려지거나 계획된 각각의 이벤트에 대하여 완제품 및 완제품에 부품을 공급하는 전략적 비축재고 버퍼(조립 품목, 기계가공 품목, 구매 품목)는 각각 한 타임 프레임 이전에 조정되어야 한다. 증가한 수요를 충족하기 위해 충분한 부품 생산능력(용접 및 선반)을 갖추거나, 용접 및 선반 공정이 피딩feeding하는 비축재고 버퍼가 보호 생산능력이 확실히 공급할 수 있는 비율로 사전에 구축되어야 한다. 제조부문은 용접 및 선반에 관한 다음 질문에 대답해야 한다.

▲ 수요와 제품 믹스에서 단기 차질에 대응할 충분한 생산능력이 있는가?
▲ 그렇지 않다면, 생산능력이 얼마나, 언제, 어떤 자원에 대하여 필요한가?
▲ 시장 리드타임 전략 내 판매 계획을 달성할 수 있는 충분할 생산능력을 갖출 계획은 무엇인가?

[그림 11.20]는 용접이 디맨드 풀 이전에 전략적 재고 구축과 오버타임 계획의 조합으로 필요한 생산량 증가를 통해 관리될 수 있다는 것을 보여준다. 하지만 선반은 미리 구축한 급등 생산능력surge capacity을 갖추고 있지 않다. 시장 수요의 증가를 충족하는데 전략적 비축재고 버퍼가 충분하도록 보장하기 위해 3월 이전에 생산능력을 확보해야 할 것이다. 만일 선반 생산능력을 증가시키지 않는다면 판매는 어떻게 고객과 제품 사이에 희소 생산능력을 할당할지 결정해야 한

그림 11.19 5월 판매 계획량 증가는 마켓 풀(market pull) 이전에 전략적 버퍼의 증가를 필요로 한다.

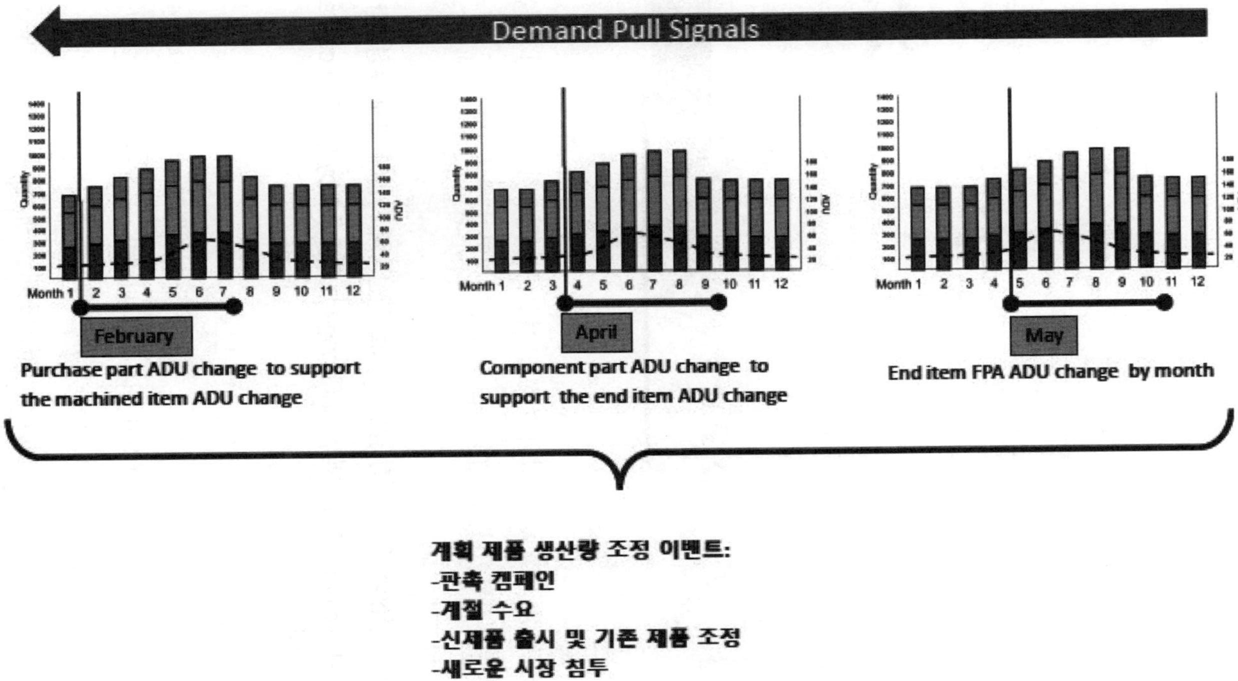

그림 11.20 계획 월별 판매 수요를 충족하기 위한 월별 용접 자원 증가

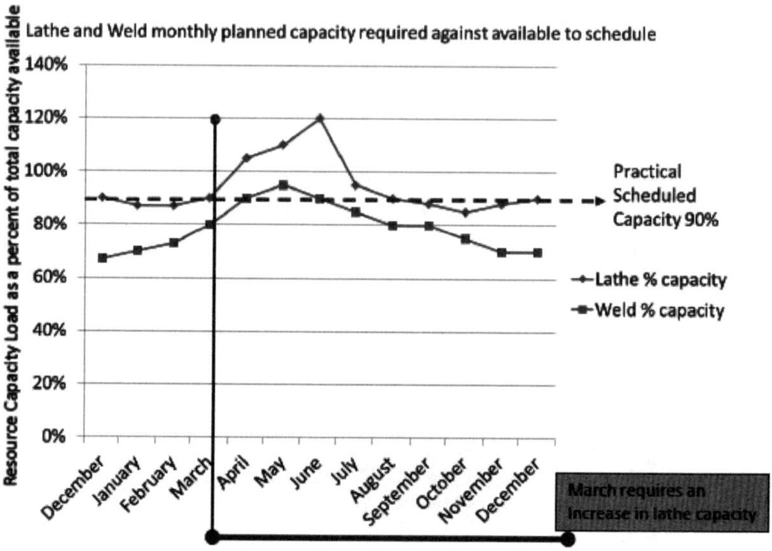

다. 연결된 상호종속성의 비선형 현실에서 전략적 공헌을 결정하는 것은 꼬리 부분의 자원이다. 그것이 공급 산출을 제한하기 때문이다.

원가, 생산량, 이익 적합 범위는 희소 생산능력 자원에 의해 결정된다.

Cost, Volume, Profit Relevant Range Is Defined by the Scarce Capacity Resource

[그림 11.21]은 선반의 희소 생산능력이 어떻게 CVPcost-volume-profit그래프에서 시스템 생산량 제한 요소가 되는지 나타낸다. 선반 생산능력은 고정 원가 범위fixed cost range 뿐만 아니라 생산량 적합 범위를 한정한다. 기존 자산 기반, 제품 믹스product mix 및 제품 공헌product contribution의 현재 한계를 고려하면 공급망의 현재

잠재능력을 쉽게 수량화 할 수 있다.

전략적 공헌에 기초하여 시장에 희소 생산능력 할당
Allocating Scarce Capacity to the Market Based on Strategic Contribution

전략적 현금 플로우를 계산하는 첫 단계는 제품 플로우율rate of product flow과 현금 플로우의 관계를 이해하는 것이다. 전체 생산량은 희소 생산능력 자원인 선반에 의해 지배된다. 모든 다른 자원은 기간별 예상 판매 계획을 충족시킬 수 있는 충분한 생산능력을 갖추고 있으며, 비축재고 버퍼를 재구축하고 수요 및 공급 변동으로부터 수요 플로우를 보호하기에 충분한 급증 생산능력을 갖추고 있다. [그림 11.21]은 보통 쓰루풋 달러 창출율throughput dollar rate로 알려진 전략적 공헌율을 보여준다. 제품의 수익성 결정을 위한 적합한 정보는 희소 자원 단위당 현금 창출을 고려해야 한다. 제품과 고객에 대한 생산능력 분배 결정을 위해서는 선반 생산능력을 사용하는 서로 다른 제품 간의 순 현금 플로우net cash flow와 순이익에 있어서의 트레이드 오프를 이해해야 한다. 이것은 관리회계에서 잘 알려진 개념으로, 제약 자원constrained resource 단위 당 공헌 이익이라고 한다.

그림 11.21 CVP(Cost–Volume–Profit)와 고정원가 적합 범위를 한정하는 선반 생산능력

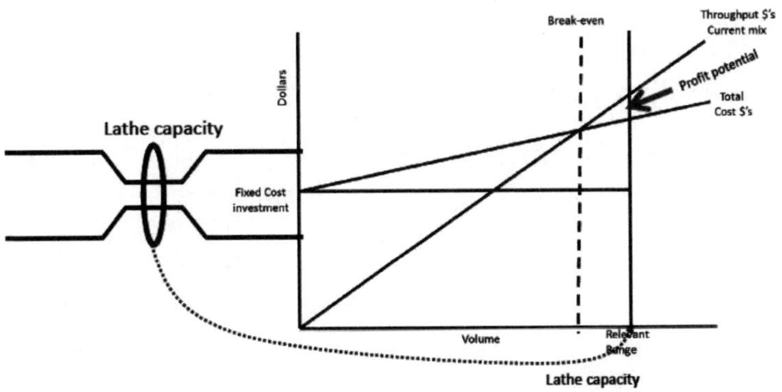

그림 11.22 전략적 공헌 = 희소 선반 자원의 쓰루풋 달러 창출율(throughput dollar rate)

End item product throughput dollar rates are calculated based on the rate they generate cash per lathe hour									
End Item Part	FPA	IM105	RT105	RT705	ICS	FPE	FPB	SAF	RT195
Selling Price	$2,550	$4,500	$540	$5,400	$3,900	$3,600	$4,500	$4,800	$1,050
Total Variable Costs	$714	$1,125	$108	$1,728	$780	$1,080	$1,125	$1,440	$263
Throughput/Contribution $	$1,836	$3,375	$432	$3,672	$3,120	$2,520	$3,375	$3,360	$788
Lathe hours	5	10	5	30	30	30	40	50	20
Throughput $ per hour of lathe	$367.20	$337.50	$86.40	$122.40	$104.00	$84.00	$84.38	$67.20	$39.38

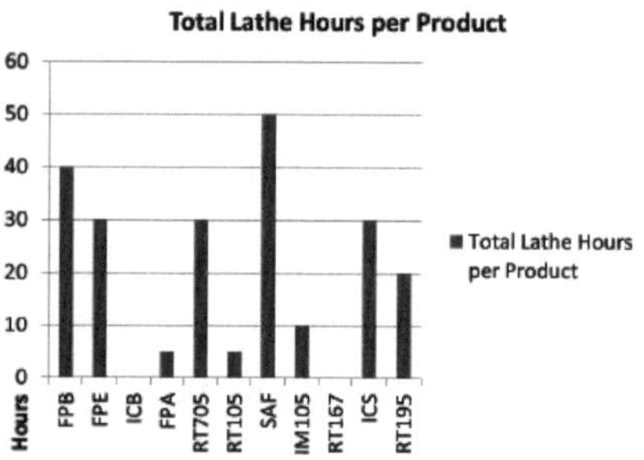

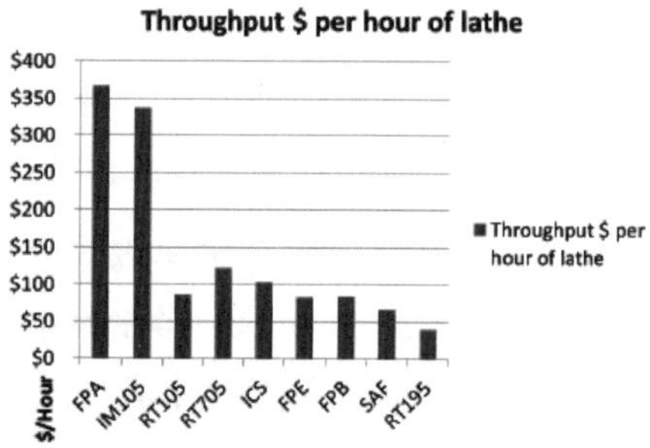

하나의 제약 때문에 어떤 제품을 줄여야 한다면, 전체 공헌 이익을 최대화하기 위한 핵심 요건으로서, 가장 높은 공헌 이익을 가진 제품을 선택하는 것이 분명한 것으로 보인다. 그러나 불행히도 이는 옳지 않다. 오히려 올바른 해결책은 제약 자원 단위 당 가장 높은 공헌 이익을 제공하는 제품을 선택하는 것이다.[1]

[그림 11.22]는 비록 제품 SAF의 달러 공헌 이익은 FPA 보다 거의 2배 이상 많지만 어떻게 제품 FPA가 RT195 보다 9.3배, 그리고 제품 SAF 보다 5.4 배 빠르게 현금을 창출하는지 명확히 보여준다(선반 단위 시간당 쓰루풋 기준). 기억하라, 적합한 정보의 정의는 대안 사이의 서로 다른 원가와 이득이다. 재무적 관점에서 보면, 대안 사이의 순 현금 플로우 차이이다. 전략적으로 중요한 고객 보호를 위해 판매는 다른 선택을 해야 하나, 이로 인하여 상실한 기회는 정량화 되고, 파악되고, 이해 되어야 한다. 그렇게 함으로써 전략적으로 중요한 고객의 정의가 변경될 수도 있다.

[그림 11.23]은 선반 시간 단위당 최고의 달러 창출율을 가지는 제품이 최악의 달러 창출율을 가진 제품보다 우선할 때 총 순이익과 현금 플로우의 차이를 보여준다. 수요가 생산능력을 초과하는 4개월 동안 선반 생산능력 추가가 없다면, 최고 현금창출율을 가진 제품에 기계가공 품목을 우선적으로 할당함으로써 이익과 현금 플로우를 최대화할 수 있다. 조립품 생산계획은 [그림 11.22]의 선반 단위 시간당 쓰루풋 달러를 참조한 완제품 별로 우선순위가 정해진다. 판매주문의 우선순위를 정하여 FPA, 그 다음 IM105, RT705, ICS, RT105, FPB, FPE, SAF, 그리고 마지막으로 RT195 순으로 생산능력이 부족한 기계 가공품목을 할당함으로써 시스템 전체 투자 자본에 대한 최고의 전략적 공헌율rate of strategic contribution이 보장될 것이다. 물론 판매부문은 전략적인 고객 당 제품 믹스에 기초하여 할당을 이해하고 결정해야 한다. 시스템 일관성을 위험하게 하는 상충되는 결정과 조치를 피하기 위해 모든 메트릭스와 인센티브는 시스템의 전략적 공헌을 최대화 되도록 조정 되어야 한다.

[그림 11.23]적정 제품 믹스 선택은 순이익 및 순 현금 플로우에서 $359,360의 가치가 있다.

쓰루풋 달러 창출율에 의한 제품 믹스 우선순위는 CVP 그래프를 변화시킨다.
Prioritizing the Product Mix by Throughput Dollar Rate Changes the CVP Graph

[그림 11.24]는 희소 생산능력이 선반 시간 단위당 최고의 달러 창출율을 가진 제품에 처음 할당될 때, CVP를 이용하여 손익분기와 총 잠재 순이익에 대한 긍정적인 효과를 그래프로 나타낸다. 이전 그림에서 표시된 목표 제품 믹스의 결과로 총 수입선의 경사가 변화되고, 손익 분기 생산량이 왼쪽으로 이동되어 전략적 공헌에 있어서 $359,360이라는 최대 증가치를 창출한다. 새로운 믹스로 인해 제약 시간당 훨씬 더 큰 현금 플로우가 창출된 것이다. 쓰루풋 달러 기반의

그림 11.23 "올바른 제품(right product)"믹스 선택은 순 이익과 순 현금 플로우에 있어서 $359,360의 가치를 창출한다.

제한된 생산능력을 선반 단위 시간당 쓰루풋(throughput)이 큰 제품에 우선 할당할 경우의 순 이익

End Item Part	Throughput $ per Hour of Lathe	April	Monthly Hours	May	Monthly Hours	June	Monthly Hours	July	Monthly Hours	Total Dollars	Total Hours
FPA	$367.20	$36,720	100	$36,720	100	$36,720	100	$36,720	100	$ 146,880	400
IM105	$337.50	$47,250	140	$47,250	140	$47,250	140	$31,050	92	$ 172,800	512
RT705	$122.40	$14,076	115	$14,076	115	$14,076	115	$0	0	$ 42,228	345
ICS	$104.00	$22,984	221	$40,560	390	$40,560	390	$0	0	$ 104,104	1,001
RT105	$86.40	$0	0	$1,987	23	$35,165	407	$0	0	$ 37,152	430
FPB	$84.38	$0	0	$0	0	$0	0	$0	0	$ -	0
FPE	$84.00	$0	0	$0	0	$0	0	$0	0	$ -	0
SAF	$67.20	$0	0	$0	0	$0	0	$0	0	$ -	0
RT195	$39.38	$0	0	$0	0	$0	0	$0	0	$ -	0
Totals		$121,030	576	$140,593	768	$173,771	1,152	$67,770	192	$ 503,164	2,688

제한된 생산능력을 선반 단위 시간당 쓰루풋(throughput)이 작은 제품에 우선 할당할 경우의 순 이익

End Item Part	Throughput $ per Hour of Lathe	April	Monthly Hours	May	Monthly Hours	June	Monthly Hours	July	Monthly Hours	Total Dollars	Total Hours
RT195	$39.38	$17,325	440	$17,325	440	$17,325	440	$7,560	192	$ 59,535	1,512
SAF	$67.20	$9,139	136	$22,042	328	$26,880	400	$0	0	$ 58,061	864
FPE	$84.00	$0	0	$0	0	$26,208	312	$0	0	$ 26,208	312
FPB	$84.38	$0	0	$0	0	$0	0	$0	0	$ -	0
RT105	$86.40	$0	0	$0	0	$0	0	$0	0	$ -	0
ICS	$104.00	$0	0	$0	0	$0	0	$0	0	$ -	0
RT705	$122.40	$0	0	$0	0	$0	0	$0	0	$ -	0
IM105	$337.50	$0	0	$0	0	$0	0	$0	0	$ -	0
FPA	$367.20	$0	0	$0	0	$0	0	$0	0	$ -	0
Totals		$26,464	576	$39,367	768	$70,413	1,152	$7,560	192	$ 143,804	2,688

$359,360 is the total difference in net profit and net cash flow between the optimum product mix and the worst product mix

그림 11.24 선반 시간 단위당 쓰루풋 달러 창출율에 의한 제품 믹스 변화가 손익 평형과 총 순이익에 끼치는 긍정적인 영향

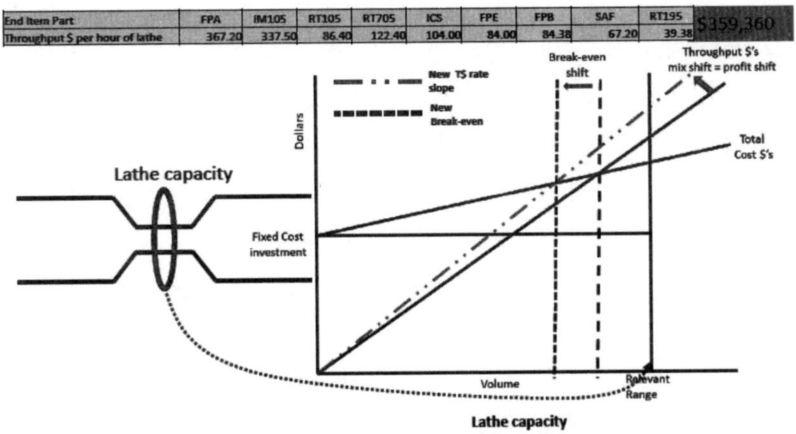

활용은 병목현상을 해결할 수 없는 없는 희소 생산능력 자원이 있을 때, 또는 회사가 병목현상을 해결하기 위하여 고정 투자를 증가시키지 않기로 결정했을 때에만 효과적인 믹스 처리 전략mix manipulation strategy이다. 증가한 생산능력 비용이 잠재이익의 단기 증가치를 초과한다면, 기업은 임시 아웃소싱이나 단기적으로 이익을 최대화 시키는 전략을 찾는 것이 더 좋다.

선반 생산능력 증가의 가치 계산

Calculating the Value of Finding More Lathe Capacity

희소 생산능력 할당 방법, 제품당 전략적 공헌, 또는 고객 제품 믹스당 전략적 공헌에 상관없이 제조부문은 현 선반 생산능력 수준에서 총 계획 수요를 충족할 수 없을 것이다. 적합한 정보 파악은 제조부문의 일이고, 올바른 수치 파악은 재무부문의 일이며, 올바른 전략적 시장 선택은 판매부문의 일이다. 스마트 메트

릭스는 시스템내의 모든 사람들을 위해서 적합한 정보와 올바른 수치를 강조하는 소수 컨트롤 포인트 및 디커플링 포인트에 집중한다. [그림 11.25]는 선반 생산능력 부족으로 인해 판매 계획에 있어서 제품의 전략적 공헌과 생산량의 부족분을 보여준다. $263,283 감소는 순이익과 현금 플로우를 감소시킬 것이다. 제조 부문은 즉각 아웃소싱과 자본 획득을 통한 선반 생산능력 증가를 평가해야 한다. 이 예시에서 각 완제품에 대해 공헌 달러contribution dollars를 이용하고 있음을 주목하라. 그 이유는 선반 생산능력에 전략적 투자를 할 수 있고 모든 가용한 시장 기회를 잡을 것이라고 가정하기 때문이다. 쓰루풋 달러 창출율은 희소 자원 생산능력, 자재, 공간 등을 어떻게 할당할 것인지에 대한 선택을 해야 할 때에만 적용 가능하다.

그림 11.25 선반 생산능력 부족으로 인한 전략적 공헌 부족

End Item Part	FPA	IM105	RT105	RT705	ICS	FPE	FPB	SAF	RT195	
Selling Price Unit	$2,550	$4,500	$540	$5,400	$3,900	$3,600	$4,500	$4,800	$1,050	$30,840
Total Variable Costs Unit	$714	$1,125	$108	$1,728	$780	$1,080	$1,125	$1,440	$263	$8,363
Throughput/Contribution Unit	$1,836	$3,375	$432	$3,672	$3,120	$2,520	$3,375	$3,360	$788	
Total product increase	9	9	24	13	11	14	11	13	10	
Total Contribution Increase	16,524	30,375	10,368	47,736	34,320	35,280	37,125	43,680	7,875	263,283

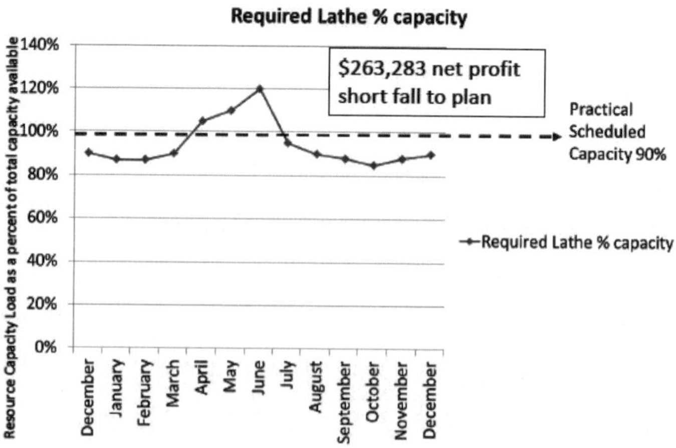

전략적 아웃소싱을 위하여 적합한 정보

Relevant Information for Strategic Outsourcing

아웃소싱 결정은 항상 시장 수요 충족을 위한 희소 생산능력 해소의 필요에 기초해야 한다. 유일한 예외는 구매 품목 비용 보다 더 큰 변동 원가를 가진 품목이다. 그러나 지금까지 저자들은 이러한 경우를 경험하지 못하였다. 다른 유일한 경고는 기존 내부 프로세스가 시장 품질 규격과 기대를 충족시키는 품목을 생산한다는 가정이다. 아웃소싱 결정은 전략적 비축재고 버퍼에서의 변동원가 변화와 운전 자본 투자 변화로부터 오는 재무적 영향을 받는다. 공간이나 스크랩 처리율과 같이 운영비에서 알려진 다른 변화 또한 고려되어야 한다. 아웃소싱할 품목 선택과 아웃소싱 납품업체 선택은 재무적 및 비재무적 적합 정보를 필요로 한다. 아웃소싱할 품목 결정은 제조와 구매 사이의 적합한 변동 원가 차이의 이해를 필요로 하며, 길어진 리드타임으로 인한 아웃소싱 품목 후보의 전략적 비축재고 버퍼에 필요한 투자 변화도 이해 되어야 한다.

시작점은 가장 큰 선반 생산능력을 필요로 하는 완제품의 공통 부품들을 확인하는 것이다. 이 품목들이 선반 생산능력의 대부분의 시간을 해소하고, 총 전략적 재고에 대한 최소 투자의 결과를 가져올 가능성이 높은 품목들이다. [그림 11.26]은 가장 큰 선반 생산능력을 필요로 하는 완제품, 확인된 공통 비축재고 버퍼 위치 및 그 선반 부품의 다이어그램이다. 완제품 SAF는 가장 큰 선반 생산능력이 필요하고 부품 C290은 3개의 별개 선반 품목이 필요하다.

[그림 11.27]은 선반 생산능력 부족 및 아웃소싱에 대한 총 변동비용 $161,100과 전략적 공헌 $102,183을 나타낸다.

또한 아웃소싱 되는 품목 B897과 C290의 아웃소싱 업체로의 이동으로 인한 리드타임 증가를 커버하기 위하여 비축재고 버퍼에 일시적 증가가 발생할 것이다. 그 품목들의 아웃소싱에 필요한 추가 리드타임인 3일에 대하여 완제품 품목 FPE, ICS, FPB 및 SAF의 ADU는 각 비축재고 버퍼 존에서 커버되어야 한다.

그림 11.26 가장 큰 총 선반 생산능력(aggregate lathe capacity)을 이용하는 부품(component parts)

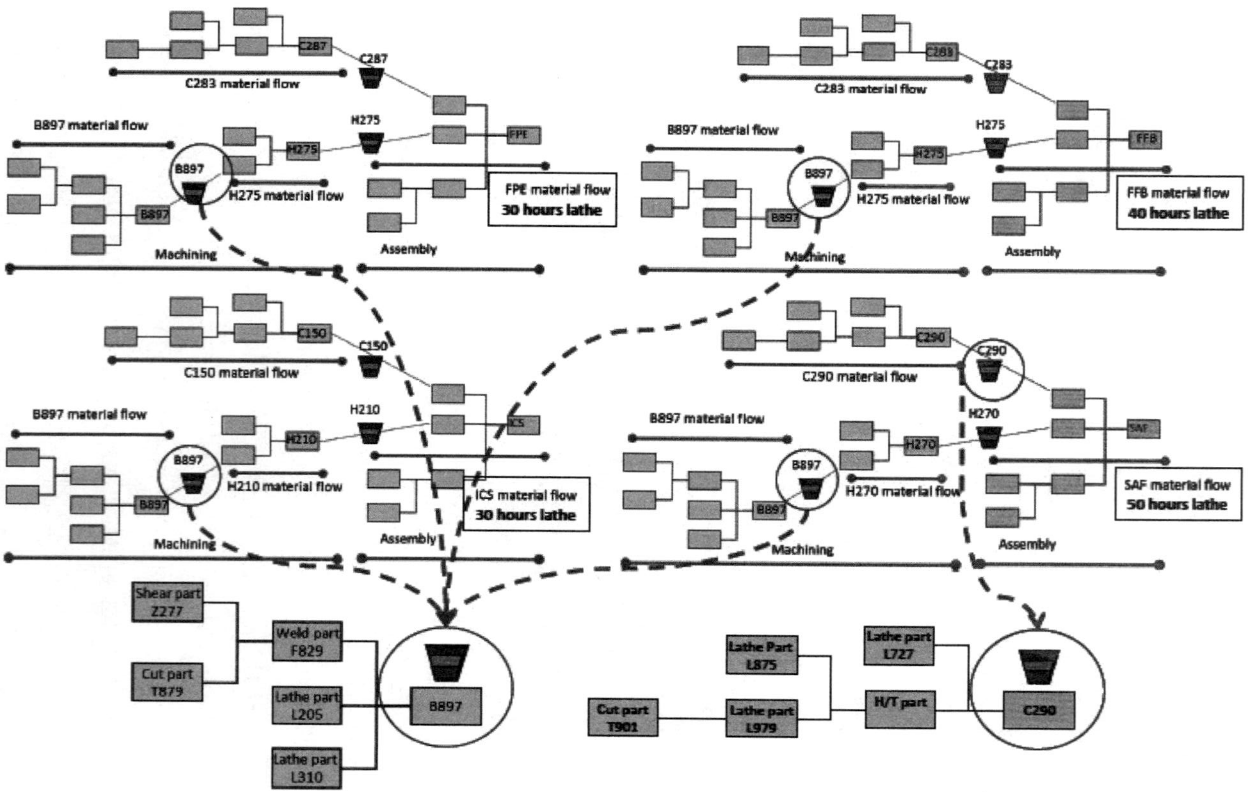

아웃소싱의 재무 비용과 이익에 대한 이해를 돕기 위해 모든 적합한 정보를 [그림 11.27]에 자세히 나타내었다. 적합한 정보는 항상 대안사이의 차이로 한정된다.

내부 선반 생산능력 취득의 경우
The Case for Acquiring Internal Lathe Capacity

선반자원 생산능력은 제한되나 선반은 하나의 단일 생산능력 풀one homogeneous pool of capacity이 아니다. [그림 11.28]은 전체 선반 생산능력을 구성하는 다른 선반 자원들과 다른 역량들의 드릴다운drill-down이다. 현재 12개의 선반이 있다. 5개는 작은 품목을 처리하는 선반이다. 4개는 작은 품목과 중간 품목을 처리할 수 있고, 3개는 중간 및 큰 품목을 처리할 수 있다. 단기간 변동으로부터의 회복을 위해 작은 선반과 큰 선반은 보호 생산능력protective capacity(10% 오버타임)을 가진다. 중간 선반 생산능력은 현재 스케줄이 가득 차서 정상 스케줄을 커버하기 위해 오버타임 사용 중이다. 그것은 보호 생산능력의 형태로 작업량을 경감시킬 수 있는 큰 선반의 능력에 달려 있다. 중간 선반에 대한 추가 수요는 큰 선반의 보호 생산능력을 심각하게 약화시킬 것이다.

품목을 아웃소싱 한다면, 분명히 중간 선반 품목에 집중하는 것이 최선이다. 선반 생산능력 한계의 출처와 이유를 이해하지 못하고, 단지 선반 일을 덜어내는 것offloading lathe은 생산능력 문제 해결 없이 비용만 증가시킬 것이다. 선반 생산능력 증가를 검토하기 위한 또 하나의 대안이 있다. 중간선반을 한 대 더 도입하는 것이다.

[그림 11.29]는 부족한 선반 생산능력으로 인해 위험에 처한 공헌(쓰루풋 달러) $263,283 획득에 필요한 운영비용과 자본 투자(추가 선반) 증가를 요약한 것이다. 관련 운영비 증가를 처리한 후, 공헌 순 증가는 $156,483이고, 중간 선반 생산능력이 영구적으로 증가하여 연간 판매 계획의 남은 기간을 커버한다. 추가 선반에 사용된 $155,000 자본 비용은 첫 연간 계획 8개월만에 추가 공헌

그림 11.27 아웃소싱 계획의 영향(변동 비용 증가, 긍정적 순 공헌, 리드타임 증가 및 재고 투자 증가)

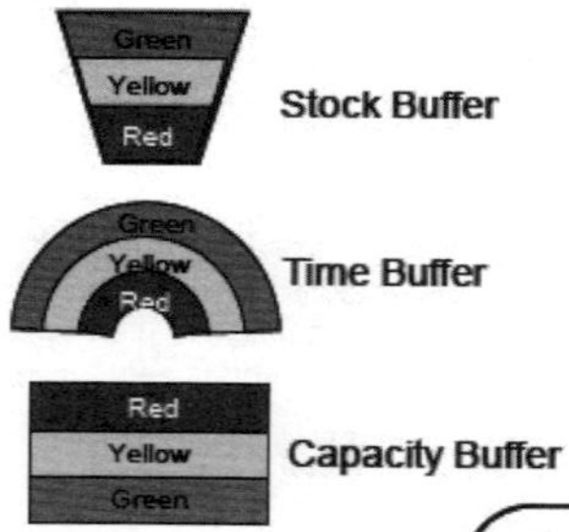

End Item	End Item Capacity Shortfall	Lathe Hrs per End Item	# Lathe Hrs Outsourced	Outsource Cost Per Hour	Total Outsource Cost	End Item Contribution $'s	Net End Item Contribution $'s
FPA	9	5	45	$60	$2,700	$ 16,524	$ 13,824
IM105	9	10	90	$60	$5,400	$ 30,375	$ 24,975
RT705	13	30	390	$60	$23,400	$ 47,736	$ 24,336
ICS	11	30	330	$60	$19,800	$ 34,320	$ 14,520
RT105	24	5	120	$60	$7,200	$ 10,368	$ 3,168
FPB	11	40	440	$60	$26,400	$ 37,125	$ 10,725
FPE	14	30	420	$60	$25,200	$ 35,280	$ 10,080
SAF	13	50	650	$60	$39,000	$ 43,680	$ 4,680
RT195	10	20	200	$60	$12,000	$ 7,875	$ (4,125)
Totals	114		2,685		$161,100	$263,283	$ 102,183

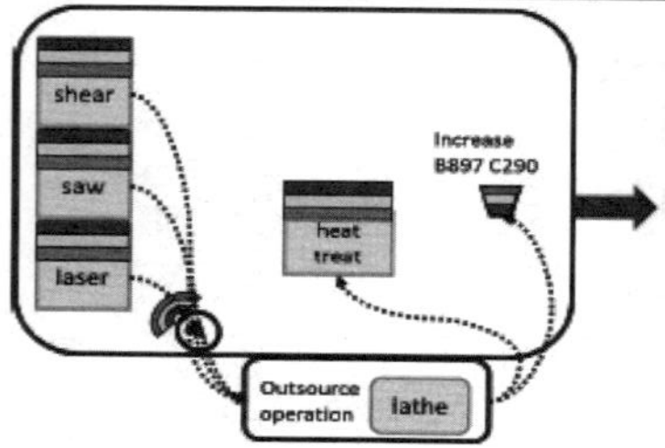

Relevant time increase	Lead time increase stock buffer must cover
Lathe buffer = outsource buffer	none
Time on lathe internal = outsource	none
Process time at outsourcing	Three days X ADU

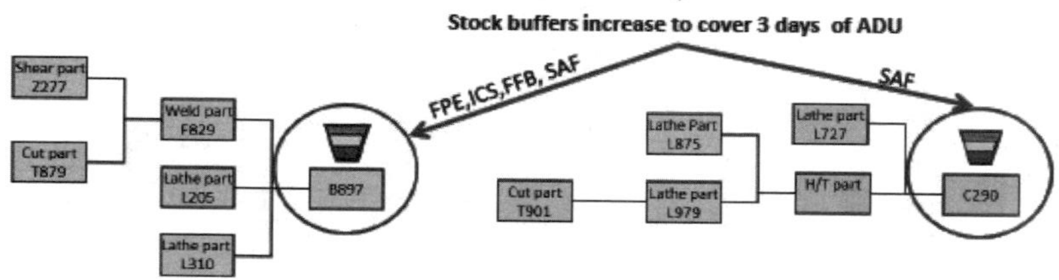

으로 충분히 회복한다.

[그림 11.29]는 기존 생산능력과 비교한 선반 생산능력 증가 그래프를 보여준다. 추가 선반의 도입으로 전략적 재고가 디맨드 풀 증가 보다 앞서 구축되는 것을 허용하는 충분한 보호 생산능력이 확보된다. 중간 선반 생산능력 취득은 부족분을 보충하기 위해 필요한 투자이나, 큰 선반의 급증 생산능력과 유연성 재획득을 위해 더 중요하다. 중간 선반medium lathe은 정상 부하normal load와 훨씬 더 큰 자본 투자인 큰 선반 생산능력의 30%를 커버하기 위해 이미 영구 오버타임 사용 중이다. 본 공급망 사례에서 다른 재무 정보는 아웃소싱과 내부 선반 생산능력 취득 사이의 의사결정을 하는데 적합하지 않다.

그림 11.28 각 기계 및 프로세스 역량에 따른 연간 선반 자원 생산능력

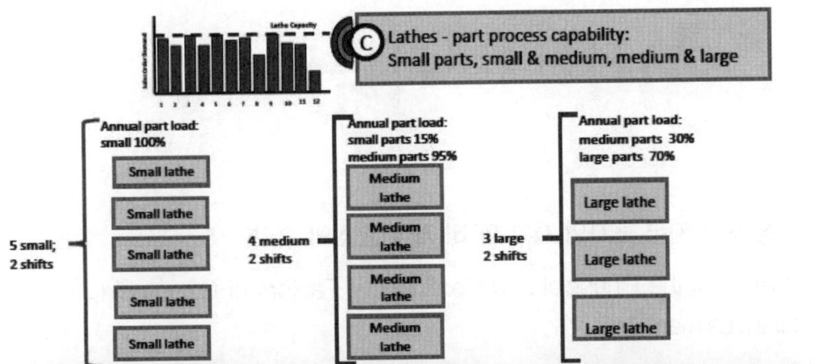

Current Factors for lathes	Small capacity	Medium capacity	Large capacity
Annual capacity is 2,080 hours per machine per shift: two shifts, fully staffed, scheduled at 90%	18720 hours	14,976 hours	11,232 hours
Average utilization% of available capacity schedule and planned overtime	80% + 5% overtime	90% + 15% overtime	80% + 10% overtime
part size by percentage of capacity scheduled	Small = 100%	Small = 5% Medium = 95%	Medium = 30% Large = 70%
Annual cost of an additional lathe	$75,000	$155,,000	$235,000
Lathes scheduled per shift	4	3	2
Annual journeyman machinist cost (fully burdened) Annual machinist level 2 cost (fully burdened)	$83,000 ($28/hour) $58,000 ($20/hour)	$83,000 ($28/hour) $58,000 ($20/hour)	$90,000 ($30/hour) $58,000 ($20/hour)

그림 11.29 4 개월 생산능력 부족을 보충하기 위한 적합한 운영비용 및 자본 투자 증가의 요약

Relevant cost and benefits for lathe capital acquisition	cash inflow and (cash outflow)
Capacity increase (2 shifts @ 90%) covers the lathe shortfall of 2,700 hours	3,744 hours
Decrease ins overtime 1,200 hours @$36/hour	$43,200 Operating expense↓
Add two machinists level 2 (one per shift)	($150,000) Operating expense↑
Total strategic contribution of meeting planned sales targets	$263,283
Net operating cash flow change for the plan year	$156,483
Cost of capital acquisition is recovered inside the plan year	$155,000

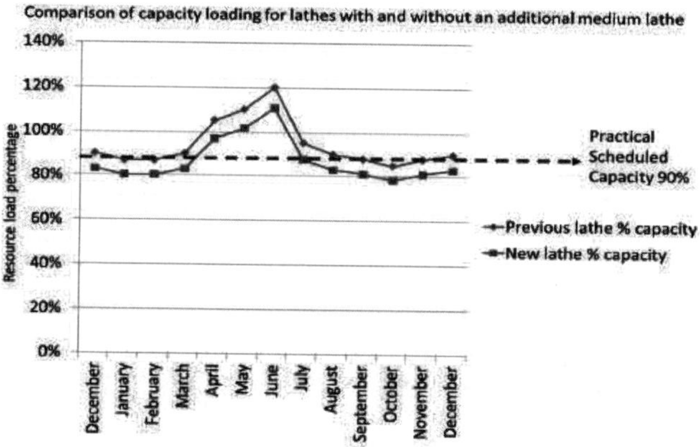

아웃소싱 또는 자본 투자의 재무 및 비 재무 요소의 요약

A Summary of the Financial and Nonfinancial Factors of Outsourcing or Capital Investment

실제 문제는 보다 장기적인 시장 전망이다. 판매가 계속 현 비율을 유지할 것이라 예상한다면 중간 생산능력의 영구적인 해결책이 있어야 한다. 2개 대안의 비교를 [그림 11.30]에 제시한다.

$161,000의 연 변동비용 증가는 2,685 시간의 생산 능력만을 확보한다. 중간 선반 매입은 $106,800의 연 운영비용 증가로 3,774 시간의 생산 능력을 확보한다(순 노동 증가). 시간당 $60 아웃소스 생산능력으로 3,744 시간 비용은

그림 11.30 아웃소싱과 선반 투자의 자본 및 노무비 비교

Factors	Outsourcing	Lathe investment	Net annual difference
Annual increase lathe hours	2,685	3,744	1,059
Annual variable cost increase	$161,000 ($60 rate)	$(0)	$161,000
Annual variable cost increase for equal hours	$63,540	$(0)	$63,540
Net Increase in labor cost	$0	$(106,800)	$(106,800)
Net annual cost increase of outsourcing	$224,640	$(106,800)	$117,840
Monthly net cost increase of outsourcing			$9,820

Capital Investment Factors

Cost of capital	$155,000
Monthly net cost increase	$ 9,820
Payback on cost of capital	< 16 months
One time permanent investment in working capital for inventory increase ≈ $12,000	

$224,640이다. 아웃소싱과 자본 투자 사이의 순 현금 플로우 차이는 $117,840, 즉 1개월당 $9,820이다. 선반 비용의 투자회수 기간은 16 개월 이하이다. 여기에서 아웃소싱 대안을 지원하기 위해 필요한 재고 증가는 무시했다. 우리의 목적은 적합한 정보의 예를 제공하는 것이어서 감가상각과 이자의 순 세금효과는 무시하였다. 재무부문은 적용 가능한 자본 요소비용applicable cost of capital factors을 추가할 수 있다. – 하지 말아야 하는 것은 GAAP를 돌리는 것이다. 이 내용은 플로우, 제품 및 현금으로 직접 변환되며, 그리고 시장 수요와 조직의 시장 리드타임 전략의 비율에 따른 플로우를 확보하고 유지하기 위해 필요한 실제 달러 투자로 직접 변환된다.

[그림 11.31]은 전략적 의사 결정시 고려해야 할 중요한 비 재무 요소의 요약이다. 조직은 아주 다른 희소 자원 문제들을 가지며, 그것들은 시간에 따라 변할 수 있다. 재고가 많이 증가하거나 아웃소싱되는 품목이 대형 전략적 부품에 사용된다면, 아웃소싱 결정에서는 공간이 제약 요소이다. 전략적 아웃소싱 결정에 있어 문제 타입과 시스템 플로우에 대한 상대적 중요성을 포착하기 위해 제

그림 11.31 아웃소싱 결정에서 고려해야 할 비 재무 요소

Part number	Technology risk	Quality risk	Space	Variable cost of strategic stock	MOQ/ADU flow index	Market lead time	Supplier Reliability
L205	1	1	1	1 (B897)	5		
L310	1	1	1	1 (B897)	5		
L875	1	1	1	3 (SAF)	2		
L979	1	2	3	3 (SAF)	2		
L727	3	3	1	3 (SAF)	2		

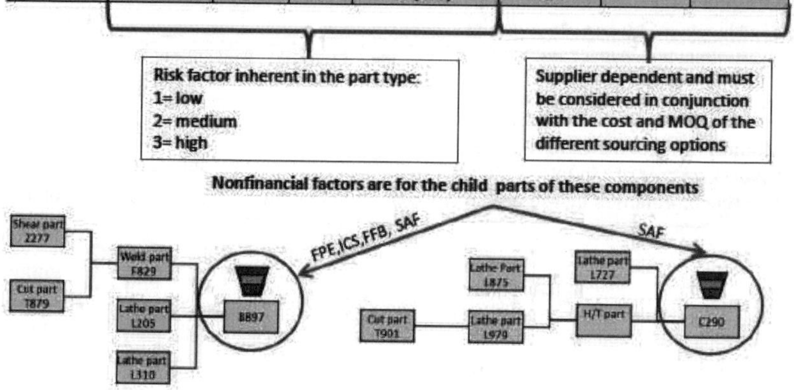

한 시스템 요소limiting system factors 및 전략적 관심사 리스트는 유용하다. 시장 리드타임 전략 보호는 리드타임 및 공급자 변동성의 차이를 흡수하기 위해서 더 많은 현 재고량을 필요로 한다. 보통 최소 비용 공급자와 관련된 숨겨진 비용이 있다. 만일 품목 크기가 작고 낮은 변동 원가의 전략적 비축 품목을 공급하며, 품질 또는 기술 손실 위험이 낮다면, 원가에 기초해서 조달해야 할 좋은 후보이다. 리드타임은 길지만 보다 더 나은 원가를 가진 공급업체로부터 보호하기 위한 높은 수준의 운전 자본 투자는 MOQ가 여전히 허용 가능한 플로우 인덱스를 제공하는 한 괜찮은 트레이드오프일 수 있다.

제 3의 대안 – 생산능력을 찾기 위해 스마트 메트릭스 이용하기
The Third Alternative – Using Smart Metrics to Find Capacity

이 장 초기에 이상적인 배치 크기를 소개했다. 그 크기는 부품의 MOQ 4일 커버리지의 플로우율 인덱스flow rate index 할당에 기초한다. 4일 ADU 커버율four-day rate of ADU coverage로 배치 크기를 정하는 것은 평균적으로 매 4일 마다 작업 오더를 릴리즈하는 것을 뜻한다. 앞에서 [그림 11.14]는 각 부품의 현 배치 수량 및 이상적인 배치 수량과 그 차이 비교 그래프를 보여 주었다. 3 개의 부품(B897, C150 및 H275)은 현 배치 수량이 이상적인 배치 수량보다 적은 플러스(+)의 격차를 가졌으며, 그 격차는 용납할 수 없는 서비스 수준으로 되어 있다. [그림 11.32]는 세 품목 모두 과거 180일에 걸쳐 수요가 있는 결품stock-outs with demand과 크리티컬 레드critical red를 겪었음을 보여준다.

그림 11.32 이전 180일간 C150, H275 및 B897의 서비스 수준 성과

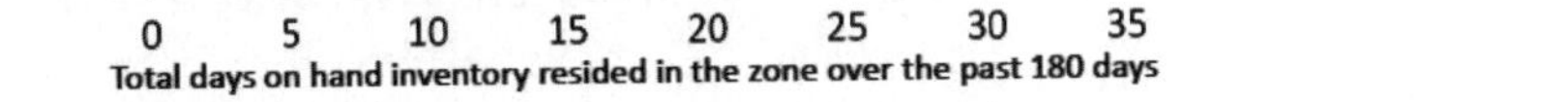

품절과 크리티컬 레드 침투critical red penetration를 경험한 부품들은 부품 운영에 있어 독촉 처리를 발생시킨다. 수요가 있는 결품을 겪는 품목은 완제품 조립 스케줄을 지연시키고 독촉 처리 비용뿐만 아니라 신뢰성 있는 시장 서비스에 정적인 영향을 끼친다. 이 품목의 서비스 수준은 개선될 수 있으며, MOQ를 증가시

그림 11.33 부품 배치(batch) 크기 최소량을 8일 커버리지로 증가시켜 이용 가능한 선반 생산능력 증가

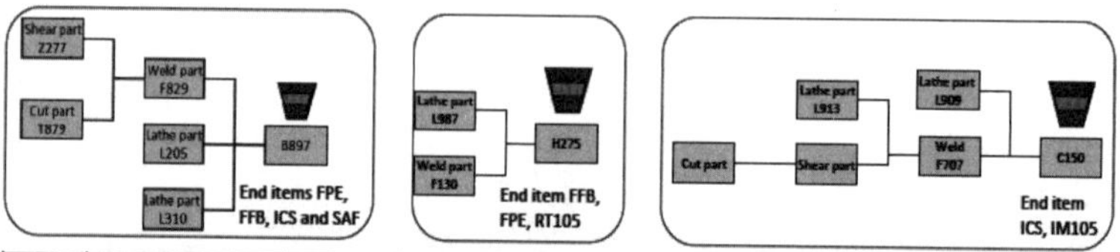

	Component Part #	Days Between Setups	Setup Hrs Per Parts	Annual Lathe Setup Hours						
				IM105	RT105	ICS	FPE	FFB	SAF	Total
Current MOQ's	Part B897	2	4			520.0	520.0	520.0	520.0	2080.0
	Part C150	3	3	260.0						260.0
	Part H275	4	3		195.0		195.0	195.0		585.0
	Total Setup Hours			260.0	195.0	520.0	715.0	715.0	520.0	2925.0
Higher MOQ's	Part B897	8	4			130.0	130.0	130.0	130.0	520.0
	Part C150	8	3	97.5						97.5
	Part H275	8	3		97.5		97.5	97.5		292.5
	Total Setup Hours			97.5	97.5	130.0	227.5	227.5	130.0	910.0
Total Number of Setup Hours Reduced(Added Capacity)				162.5	97.5	390.0	487.5	487.5	390.0	2015.0
Average Throughput Dollar Rate per Hour of Lathe =$141				$22,912.5	$13,747.5	$54,990.0	$68,737.5	$68,737.5	$54,990.0	$284,115.0

*역자 주: 연간 작업일 260일(주 5일 근무 시 52주) 기준으로 계산

킴으로써 희소 자원의 과다 생산준비작업으로 비축된 생산능력을 활용할 수 있다.

[그림 11.33]은 이러한 부품들, 선반공정을 거치는 각각의 자 품목들child parts, 그리고 그들이 각각 공급하는 완제품들을 그림으로 보여주고 있다. [그림 11.33]의 표는 최소 배치 크기를 증가시켜 그에 따른 생산준비작업 시간을 감소 시킴으로써 품목 가공을 위해서 사용된 총 선반 시간을 나타낸다. 현 배치 크기를 8일 커버리지로 증가시켜 각 부품 플로우 인덱스를 우수excellent에서 좋음good(5–8일의 커버리지 범위)으로 떨어뜨리나, 여분의 생산준비작업에 의해 이미 소모된 2,015 생산능력 시간을 생산을 위하여 사용할 수 있도록 할 것이다. 주목하라, 이 목표는 더 낮은 단가와는 전혀 관련이 없으며 희소 자원으로 인한 플로우 및 그것이 지배하는 시스템의 플로우와 밀접한 관련이 있다. 현 제품 믹스에서 선반 단위당 평균 쓰루풋 달러 창출율은 $141이다. 이는 생산능력이나 노동의 추가 증가 없이 $284,115(2,015×$141)의 잠재 현금potential cash 및 순이익 증가에

해당하는 것이다. 최소 운전 자본 투자로 시스템 안정성과 신뢰성을 생성하는 것이 가장 중요하다.

많은 린lean 프랙티셔너들에게 있어 최소 배치 크기의 증대는 플로우의 관점에서 볼 때 이단이며 반 직관적인 것으로 보인다. 그러나 비선형 시스템의 세계에서 이것은 훌륭한 논리이다. 플로우 인덱스는 룰이나 유도할 종점, 또는 상충하는 메트릭스가 아니라 정보 포인트로 존재한다. 어떤 항목은 플로우를 늦추어 보다 원활한 전체 시스템 플로우를 얻을 수 있다. 스마트 메트릭은 피드백 시스템이 제공하는 비축재고 버퍼 및 컨트롤 포인트의 현 상태에 비추어 항상 그 제공 정보가 해석되기 때문에 스마트하다. 사실, 그것은 [그림 11. 32]의 나쁜 부품 서비스 성과 동향 평가와 시스템 개선 프로세스 초점을 생성하는 희소 자원 생산능력 가용성의 결합이다.

전략적 비축 품목 배치 최저한도는 제한된 생산능력을 가진 자원 및 시스템 플로우와 개별 부품 플로우 사이의 균형을 고려해야 한다. 회사는 부품이 아니라 완제품을 판매하고 출하하며, 단일 완제품의 조립 및 출하를 위해 이용 가능한 모든 자 부품child component parts을 가지고 있어야 한다. 만약 회사가 부품 대체 품목component replacement parts을 판매한다면, 그 가용성은 훨씬 더 중요해진다. 이러한 이유로 전략상 결정된 좋은 플로우 인덱스good flow index를 초과하는 배치 크기의 증가를 추천하지 않는다. 필요한 모든 추가 선반 생산능력은 시스템 플로우와 전략적 시장 리드타임에 부정적 영향을 주지 않도록 획득해야 한다.

[그림 11.34]는 고정비용(추가 선반 및 작업자)이나 변동비용(아웃소싱) 추가 없이 부품 최소수량을 감소시키고 희소 생산능력을 증가시켜서 얻는 잠재 순이익을 설명하는 CVP그래프이다. 적합한 범위는 선반의 총 생산능력에 의해 정해진다. 선반 생산능력을 확장하면 적합한 범위가 바뀐다. 잠재 이익 증가는 선반 시간당 평균 쓰루풋 달러 창출율average throughput dollar rate로 서술되나 판매가 올바른 제품 믹스에 그 증가를 집중한다면(그림 11.22), 순이익 증가는 2배가 될 수 있다. 판매 인센티브는 항상 추가 투자 비용이 너무 높거나 위험한 최저 생

그림 11.34 총 생산준비작업 시간 절감에 의한 적합 범위 확대

Component part #	IM105	RT105	ICS	FPE	FFB	SAF	Total
Total Number of Setup Hours Reduced(Added Capacity)	162.5	97.5	390.0	487.5	487.5	390.0	2015.0
Total Dollars Saved	$22,912.50	$13,747.50	$54,990.0	$68,737.5	$68,737.5	$54,990.0	$284,115.0

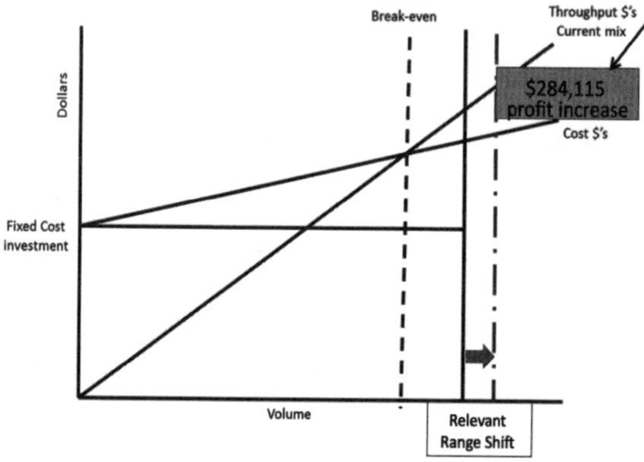

산능력의 희소 자원, 또는 컨트롤 포인트에 있는 제품의 쓰루풋 달러 창출율과 연동되어야 한다. 판매 인센티브는 총판매량, 총 매출액, 혹은 총 이익 GAAP 값gross profit GAAP values에 근거해서는 안 된다 – 그것들은 현금 및 이익 속도cash and profit velocity, 즉 ROI와 전혀 관련이 없다. 선반 시간 단위 당 쓰루풋 달러 범위는 동일한 자원 생산능력 투자에 대하여 시간당 $39에서 시간당 $367까지이다; 현금 및 이익 속도cash and profit velocity에서 9배. 회사 CMG 예시에서 쓰루풋 달러 창출율 범위는 선반 생산능력 사용과 관련하여 제품 믹스에 따라 $180만에서 $1,650만까지의 잠재 현금 및 이익 증가로 변환된다.

판매 계획, 마케팅 및 인센티브 시스템은 가장 최고의 이익 속도를 창출하는 제품에 맞추어져야 한다. 스펙트럼의 한 쪽으로의 변화는 극적인 순손실이나 극적인 이익 및 ROI 증가 사이의 차이를 의미한다. 시간당 쓰루풋 달러throughput dollars/time의 9배 차이는 보통이다. 저자는 적게는 3배(제철소에서 시간당 $6,000에서 시간당 $18,000)에서 19배(회로판 제조사에서 분당 $80에서 분당 $4)인 제품 쓰루풋 달러 창출율을 경험했다. 비록 배수는 제철소가 더 낮았으나, 달러

마진dollar spread의 엄청난 크기는 이익 속도profit velocity에 있어 큰 이득 획득으로 귀결되었다. 두 회사 모두 이 스마트 메트릭스를 사용해서 시장 전략을 정렬하였으며, 극적으로 이익창출 속도, 현금 플로우, 그리고 ROI 관점에서 극적인 자원 투자 효과를 거두었다.

생산능력과 비축재고의 전략적 투자에 대한 요약
Summary on Strategic Investments in Capacity and Stock

생산능력과 비축재고는 모두 시간에 대한 투자이며, 상호 의존적이고 상당한 범위까지 교체 사용이 가능하다. 비축재고와 생산능력에 대한 투자는 시장 리드타임 전략을 보호하고 수행할 경우에만 전략적인 투자가 된다. 제품 전략은 제품 각각에 대해 현금 및 이익 창출속도에 대한 현재 자원 생산능력의 관계를 정렬하거나, 최소한 이해하고 고려해야 한다. 마진은 높으나 낮은 이익 창출속도low-profit velocity를 가진 제품 믹스product mix로 생산능력이 채워진 공장을 찾아내는 것은 쉽고도 흔한 일이다. 본서 저자들의 경험으로는 이 두가지는 결코 동일한 제품 믹스가 아니며, 그런 일이 일어난다 하더라도 그것은 일시적인 사건일 따름이며 관리된 이벤트는 아니다. 이 룰의 예외는 일용품의 세계이다.

오늘날 진정한 일용품은 드물지만 여전히 존재한다. 헨리 포드의 예를 살펴보아야 한다. 자동차가 일용품이었을 때, 포드는 하나의 제품one-product, 빠른 플로우high-flow, 최저 비용least-cost 전략으로 시장을 장악했다. 슬론Sloan과 F. 도널슨 브라운F. Donaldson Brown은 소비 시장의 변화를 인식하고 CVP 분석을 통해 제품 틈새 전략으로 문자 그대로 시장으로부터 포드를 몰아냈다. 브라운의 방법 및 CVP 공식은 그 분석에 사용되는 적합한 정보가 비선형 시스템 룰과 파레토 수학에 의해 정의 되는 한 오늘날에도 여전히 적합하다.

비축재고 버퍼의 스케줄링 시사점
The Scheduling Implications of Stock Buffers

전략적 비축재고 버퍼를 공장의 다른 프로세스들을 디커플링할 목적으로 사용할 때 2가지 스케줄링 시사점이 있다. 첫 번째는 [그림 11.35]에서 설명된다. 전략적 비축재고 버퍼는 보다 단시간의 독립적 계획 및 실행 구간을 생성하기 위해 사용된다. 프로세스간 종속성 차단은 리드타임 디커플링 뿐만 아니라 스케줄링 방정식 및 영역간의 종속성 디커플링을 의미한다. 이는 보다 쉽고 안정적인 스케줄링 시나리오로 변환되며, 그 결과는 납기성과 신뢰성의 증가이다. 비축재고 버퍼는 생산능력을 저장하고 희소 생산능력 자원을 보호한다. 비축재고 버퍼

그림 11.35 전략적 비축재고 버퍼는 스케줄과 저장된 생산능력(stored capacity)을 디커플링한다.

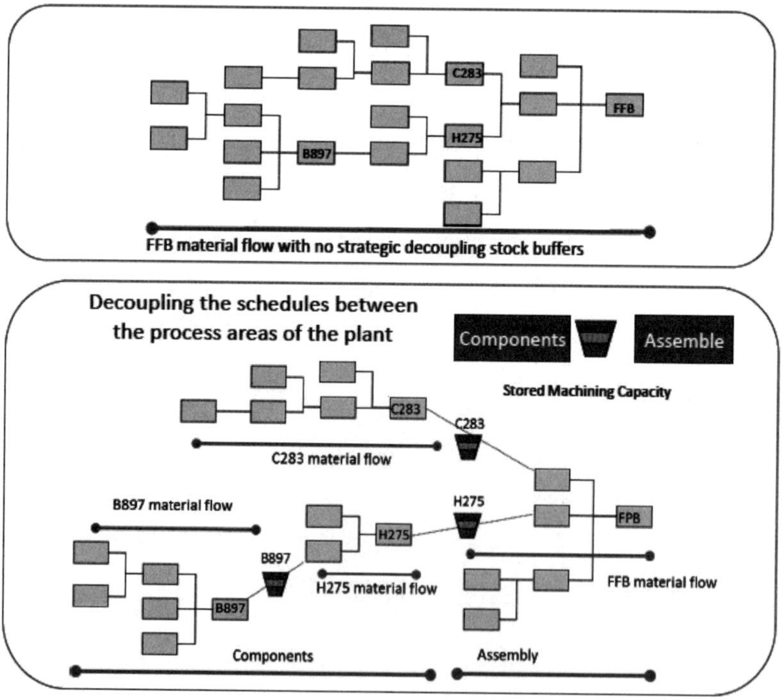

에 담겨있는 공통의 저장된 생산능력은 수요 변동에 대비하여 종합적인 보호를 제공한다. 마치 충격 흡수장치같은 역할을 해서 단기 변동 이벤트에서 오는 압박과 긴급한 상황을 막아준다. 이 비축된 보호 생산능력은 단기 생산능력, 또는 자재의 분쟁이 있을 때, 플래너와 스케줄러에게 보다 많은 유연성을 제공한다. 잘 관리된 전략적 비축재고 버퍼는 안정성 및 신뢰성 있는 계획 구간과 보다 높은 유연성을 생성시켜 스케줄러가 희소 자원 생산능력을 보호하고 시장 기대에 따른 납기이행을 준수하도록 한다.

스케줄링의 두 번째 시사점은 디맨드 풀 스케줄링 시그널을 제공하기 위한 비축재고 버퍼 상태stock buffer status의 이용이다. 비축재고 버퍼의 가시적인 존 상태는 구매, 계획, 실행 및 공급 전개supply deployment에 분명한 우선순위를 제공한다.

그림 11.36 전략적 비축재고 버퍼로부터 작업 오더 생성

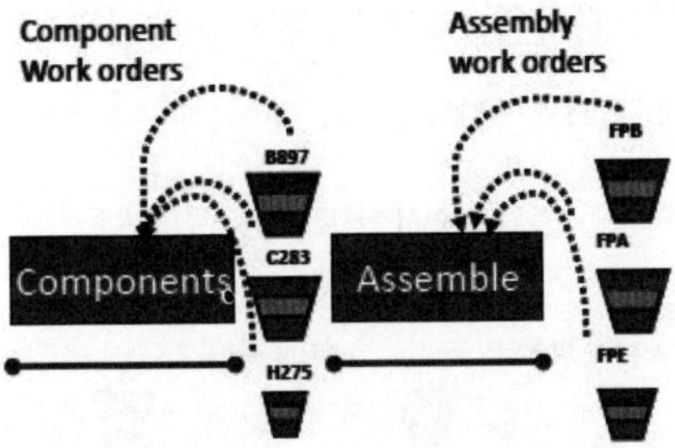

Finished Item Planner Bench

Part	Open Supply	On-hand	Demand	Net Flow Position	Recommended Supply Qty	Action
FPB	5453	4012	3200	60% YELLOW	6500	Create Work Order
FPE	3358	4054	540	66% YELLOW	3128	Create Work Order
FPA	530	3721	213	67% YELLOW	2162	Create Work Order

Intermediate Component Planner Bench

Part	Open Supply	On-hand	Demand	Net Flow Position	Recommended Supply Qty	Action
B987	16359	12000	8000	58% YELLOW	60	Create Work Order
C283	900	5532	960	72% YELLOW	30	Create Work Order
H275	1530	3721	713	74% YELLOW	15	Create Work Order

실시간 전략적 재고 상태의 가시성은 적합한 피드백 루프와 스마트 메트릭스를 위해 필요한 조건이다. 실제 마켓 풀과 일치되도록 존 컬러 및 버퍼의 잔존 퍼센티지를 이용한 단순하고 가시적인 시그널로부터 작업 오더 우선순위를 생성한다. 버퍼의 꼬리 동향은 현금, 생산능력, 공간, 재고의 이용 및 시장 서비스 수준 성과에 대한 성과 평가를 제공한다. 버퍼 존 동향 분석의 중요성에 대한 예는 지난 섹션에서 논의되었다. [그림 11.36]은 작업 오더 수량 생성과 스케줄 우선순위를 결정하기 위한 비축재고 버퍼 존 상태의 이용을 나타낸다.

실행에서 비축재고 버퍼의 역할
Stock Buffers' Role in Execution

전략적 비축재고 버퍼가 스케줄링에 대해 가지는 세 번째 시사점은 실행 사이클 시간 동안 오픈 작업 오더에 변화하는 우선순위 시퀀스를 매치하는 능력이다. 다이내믹한 환경에서 변동(수요, 품질, 프로세스 등)은 계속해서 실행 타임

그림 11.37 진행 중인 작업(Work-In-Process)에서 실시간 실행 우선순위

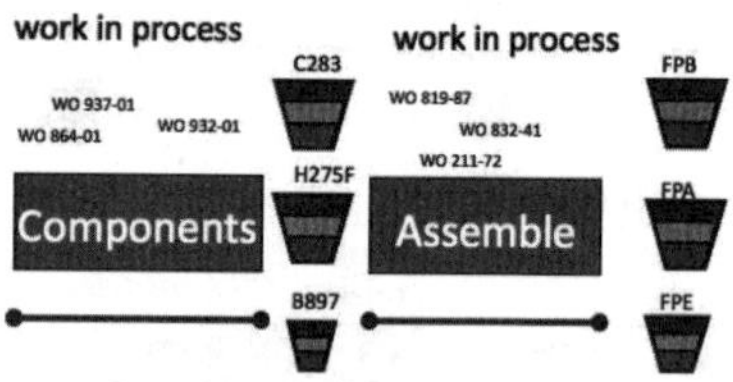

Component Items

Order #	Due Date	Item #	Buffer Status
WO 932-01	5/19	B897	20% RED
WO 864-01	5/18	H275	25% RED
WO 973-01	5/20	C283	55% YELLOW

Finished Items

Order #	Due Date	Item #	Buffer Status
WO 819-87	54/24	FPB	19% RED
WO 832-41	5/22	FPE	22% RED
WO 211-72	5/22	FPA	63% YELLOW

프레임 동안 이 비축 재고 버퍼의 보유 재고 포지션on-hand inventory position에 영향을 미친다. [그림 11.37]은 작업 오더 실행 동안 만약 전략적 비축 품목이 크리티컬 레드 존critical red zone으로 넘어 간다면, 독촉처리 상태, 또는 우선순위 변화가 어떻게 유발되는지 나타낸다. 다수 품목이 레드 크리티컬 존에 들어간다면, 작업 오더의 버퍼 잔존 퍼센티지는 작업 오더 우선순위를 결정한다. 잔존 퍼센티지가 보다 정확한 우선순위 기준priority reference을 제공하는 반면, 컬러는 일반적인 기준을 제공한다.

우선순위 변화를 통해 변동이 앞쪽으로 전달됨으로써 발생하는 품절, 조립 릴리즈 스케줄 지연, 출하 스케줄 지연, 그리고 그 결과 발생하는 물류센터에서의 서비스 수준 악화 등이 방지된다. 꼬리 부분에서 발생하는 이벤트들을 관리함으로써 부정적 변동이 공급망으로 퍼져나가 일으키는 시스템 및 시장 성과의 불안정화가 차단된다. 부정적 이벤트를 확인하고 혼란이 일어나기 전에 조치를 취하는 역량은 채찍효과를 약화시킨다. 전체 공급망을 통해 함께 연결되어 프로세스 단위 간에 지속적으로 적용될 때, 르터노 테크놀러지Letourneau Technologies 사례의 경우처럼 플로우에서 얻는 이득이 엄청나게 된다.

파레토 꼬리Parentian tail의 한 쪽(그린 및 그린 최상단 초과green and over top of green zone)은 현재 놓치거나 숨겨진 기회가 어디에 있는지 나타낸다. 다른 쪽(크리티컬 레드 및 품절)은 부정적 이벤트가 불필요한 비용, 투자와 시장 거래손실로 퍼져 나가지 않도록 어디에 집중하여 조치를 취해야 하는지 알려준다. 스마트 메트릭스는 초기에 나비 지렛대butterfly levers를 포착할 기회에 집중하여 그것이 극단적인 결과나 재앙으로 퍼져 나가지 않도록 중단시킬 수 있다. 분포의 중심은 기껏해야 과거를 포착할 수 있다. 혁신이 일어나는 곳과 스마트 메트릭스가 집중하는 곳은 분포의 꼬리이다. 전략적 버퍼의 꼬리는 회사가 혼돈의 가장자리에서 안전하게 운영하고, 문제를 확인하고, 자원에 집중하여 학습하도록 함으로써 시스템을 더 높은 질서 수준으로 떠오르도록 한다. 전략적 버퍼는 그 안에서 학습하고 혁신해야 하는 보다 안전한 존 뿐만 아니라 조기 경보 시스템도 제공한다.

일단 보다 나은 시스템 성과가 나타나면 버퍼 꼬리의 다른 쪽(그린 및 그린 존 최상단 초과)은 집중적인 투자 감소의 기회에 대한 시그널을 보내고, 새로운 벤치마크benchmark가 개선 프로세스에 적용된다. 전략적 버퍼가 안정적이면, 시스템은 버퍼간 종속적 변동으로부터 성공적으로 디커플 되며, 그 결과는 더 짧고 안정적이며 신뢰성 있는 계획 및 실행 구간이 된다. 버퍼가 위태롭다면 시장 리드타임 전략도 위태롭고 시장 서비스 수준은 신뢰할 수 없게 된다. 혼돈과 운영 비용은 안정성 상실로 인해 확산된다. 왜, 그리고 어떻게 스마트 메트릭스 목표가 신뢰성, 안정성, 속력/속도 및 개선 기회에 집중하며, 버퍼 관리가 스마트 메트릭스 성과 평가 도구인지에 대하여 명확히 이해해야 한다.

컨트롤 포인트와 자원 스케줄링
Control Points and Resource Scheduling

예시에서, 부품 스케줄링의 첫 번째 목표는 전략적 컨트롤 포인트(선반과 용접)가 릴리즈된 작업을 신뢰성 있게 실행하고 제시간에 그 피딩 버퍼에 전달할 수 있도록 하는 것이다. 두 번째 목표는 컨트롤 포인트 스케줄에 맞추어 모든 피딩 자원feeding resources을 조정 및 집중하도록 하는 것이다. 컨트롤 포인트는 다음과 같은 중요한 기능을 하며 다른 모든 자원 스케줄을 위한 적합한 시스템 정보를 정의한다.

▲ 페이스 세터pacesetter로서 전체 시스템의 플로우 속도를 설정한다.

▲고객 및 보충(전략적 비축재고 버퍼) 수요를 안정적으로 충족시키도록 유한 스케줄finitely scheduled 된다.

▲컨트롤 포인트의 유한 스케줄은 다른 모든 자원의 스케줄과 우선순위를 결정한다.

▲시장 리드타임 전략과 생산량 계획에 필요한 생산능력투자(자원, 노동 및

비축재고)의 수준을 결정하는데 사용된다.

▲적합한 생산능력 범위를 설정하고 CVP 분석을 위한 적합한 정보를 정의한다. 컨트롤 포인트의 쓰루풋 달러 창출율, 비용, 그리고 생산능력을 증가시키기 위한 타임 프레임은, 제품 생산량 범위, 순이익 기회 및 고정 비용 투자에 대한 시스템의 적합 범위를 결정한다.

[그림 11.38]은 부품과 조립품이 어떻게 스케줄링 되는지 나타낸다. 용접과 선반 스케줄 우선순위는 그들이 피딩 하는 전략적 부품 버퍼strategic component buffers의 존 상태로부터 당겨진다. 전략적 컨트롤 포인트 일일 자원 부하daily resource loading는 각 컨트롤 포인트 자원의 전체 유한 생산능력finite capacity에 의해 제한된다. 컨트롤 포인트의 스케줄 된 생산능력 막대 그래프는 자원의 실질적인 생산능력을 초과하지 않는다. 다른 모든 자원 생산능력 스케줄은 일시적인 급증으로부터 회

그림 11.38 부품과 조립 스케줄링

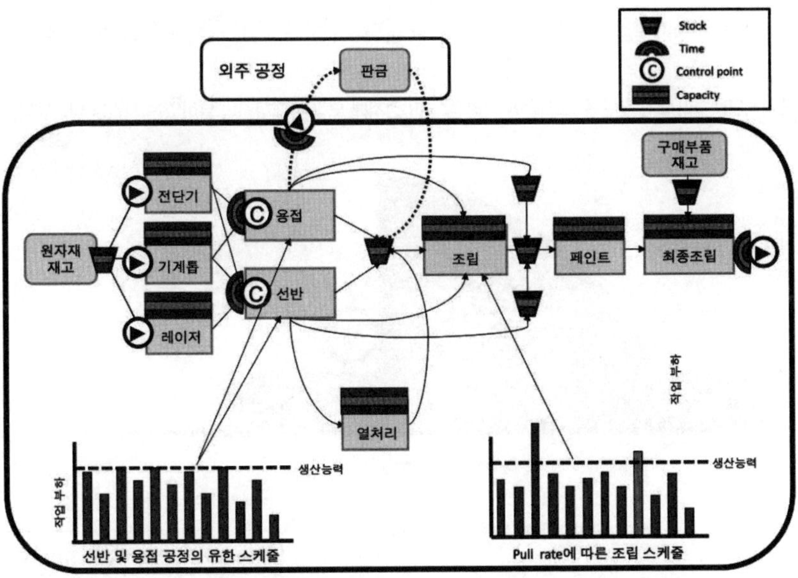

복하기 위해서 모두 충분한 생산능력 버퍼를 갖추어야 하기 때문에, 그 피딩 하는 컨트롤 포인트에 필요한 수준으로 유동float해야 한다. 피딩 자원feeding resource의 중간에 있는 막대 그래프는 일시적인 과부하와 회복 패턴을 보여준다.

조립은 컨트롤 포인트가 아니며, 직접 출하direct-ship 고객 주문을 만족시키도록 전략적 비축재고 버퍼가 당겨올 수 있는 비율로 스케줄 된다. 조립의 모든 자원들은 그들이 당겨오는 비축재고 버퍼로 공급할 수 있는 부품들의 능력을 초과하는 급증 생산능력을 갖춘다. 조립의 생산능력과 각 물류 센터의 전략적 비축재고 버퍼들은 시스템이 겪는 정상적인 수요 변동normal demand variation을 흡수하도록 크기가 결정된다.

시간 버퍼와 신뢰성 있는 스케줄 실행
Time Buffers and Reliable Schedule Execution

[그림 11.39]는 변동이 중요한 납기에 영향을 주지 못하도록 설계된 시간 보호time protection에 대한 파레토 관점을 나타낸다. 납기는 컨트롤 포인트에서 작업 오

그림 11.39 컬러 코딩된 존은 스케줄에 따라 작업이 정시에 도착할 때까지의 남아있는 시간을 나타낸다.

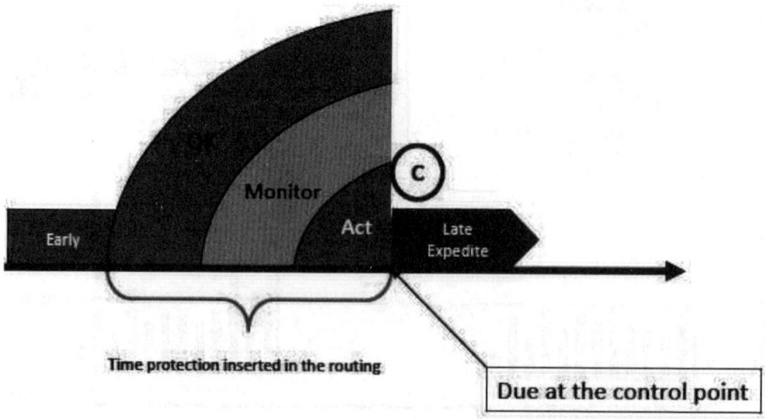

더를 위해 스케줄 된 시간, 작업을 아웃소싱 공급업체로 전달하도록 스케줄 된 시간, 고객 또는 전략적 버퍼에 전달하기 위한 납기일 수 있다. 우리가 시간을 측정하기 때문에, 우리는 정시이거나, 이르거나, 또는 늦는다. 시간 버퍼의 목표는 중요한 포인트에서의 스케줄 신뢰성과 시스템 스케줄 안정성을 확보하는 것이다. 시간 버퍼는 움직이는in action 스마트 메트릭스이다. 비축재고 버퍼와 똑같이, 직관적 컬러 코딩이 시간 버퍼에도 있다. 컬러 존은 피딩 자원에 대한 시그널의 강도 및 작업의 우선순위를 나타낸다(그린 존: OK, 옐로우 존: Monitor, 레드 존: Act). 컨트롤 포인트에 도달하지 않은 레드 존 작업 오더들의 상태를 확인하여 그들의 도착을 확실히 하기 위해 어떤 조치가 필요한지 결정한다. 레드 존은 액션을 취하거나 취하지 않거나를 결정하는 의사결정 존decision zone이다. 독촉처리expedites는 안정을 해치므로 만약 컨트롤 포인트가 잘 보호되고 있고 부품 비축재고 버퍼의 상태가 좋다면, 액션이 필요한지 결정하는 것은 버퍼 관리자에게 달려 있다. 그 반대 상태라면 무엇이든 적합한 액션을 취해야 할 것이다. 만약 독촉처리 상태가 아직 레드 존에 할당되어 있지 않다면, 늦은 존late zone에 속해 있는 작업 오더들은 독촉처리를 트리거할 것이다.

제조를 위한 실행 피드백 루프로서의 시간 버퍼
Time Buffers as the Execution Feedback Loop for Manufacturing

초점은 당연히 실행 우선순위에 대한 적합한 정보를 제공하기 위해 분포의 꼬리에 있다. [그림 11.40]은 시간 버퍼의 다이내믹한 속성을 나타낸다. 버퍼 존 침투의 깊이는 실시간으로 추적되고 존을 통해 다이내믹하게 이동한다. 작업 오더가 도착할 때, 도착을 메모하고 도착한 존의 상태를 기록하는 처리가 필요하다.

작업 오더가 아직 접수되지 않았을 때, 컨트롤 포인트 스케줄을 지키기 위해 남은 시간은 여전히 흐른다. 이것은 버퍼 존을 침투하는 화살표로 표시된다. 작

그림 11.40 이 그림은 작업이 정시에 도착할 때 시간 버퍼가 변동을 막아주는 것을 보여준다.

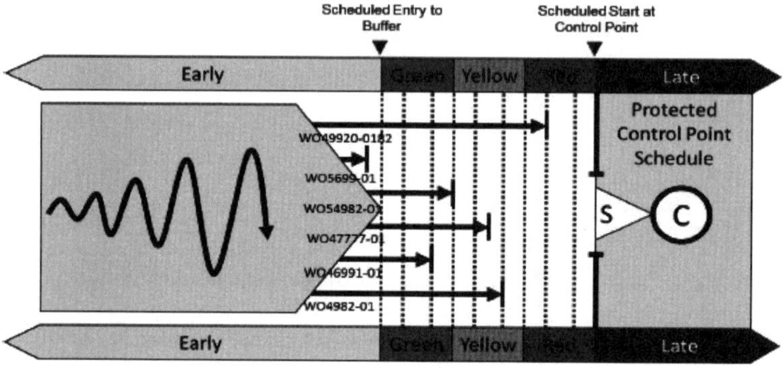

업 오더가 도중에 겪는 긍정적 및 부정적 변동의 순량net amount은 어떠한 컬러 존에 도착할지 결정한다. [그림 11.40]에서 레드 존에 첫 번째 작업 오더가 도착하는 것을 볼 수 있고, 두 번째는 조기early에, 세 번째는 그린에, 네 번째는 옐로우에 도착한 것을 확인할 수 있다. 만약 작업 오더가 레드 존에 언제든지 도착만 한다면, 컨트롤 포인트 스케줄상 정시 도착이 될 것이다. 레드 존은 두 가지 목표가 있다; 스케줄에 맞춰 정시 도착하지 않을 위험에 처한 작업을 위한 조기 액션 경보의 제공과 변동 이벤트 및 후속 동향 분석을 위해 그 원인을 포착하는 메커니즘 제공. 조기early, 레드 또는 늦은late 존 상태는 이유 코드 입력reason code entry이 필요하다. 피딩 자원이 전자적으로 작업 오더에 메모를 부착하고 버퍼 침투의 원인을 기록하는 역량은 미래 프로세스 개선을 위해 필요한 정보를 제공한다. 발생 포인트에서의 이벤트 확인은 타당한 이유 코드 확인과 의미 있는 동향 보고 및 분석을 보장한다.

이 예시에서 모든 작업 오더는 정시에 도착했고, 버퍼는 이전 자원에서 겪은 모든 프로세스 변동을 흡수했다. 현재 버퍼 크기는 레드 존의 두 가지 목표에 대하여 이상적이다. 스케줄은 예정대로이며, 레드 존에 도착할 엔트리entry가 있어 미래 개선 기회를 포착하고 집중한다. 또한 조기 존early zone에도 하나의 작업이 도착한다. 조기 도착의 이유를 추적하는 것은 느슨한 시간sloppy time이나 제조공정표 표준routing standard을 수정할 기회를 제공한다. 이것은 스케줄을 타이트하게 하여 더 늦은 릴리즈를 허용하고 그 품목의 미래 속도와 플로우를 개선한다.

시간 버퍼는 10개 존이 필요하다

Time Buffers Require Ten Zones

분명한 가시성을 제공하고, 적합한 시정 조치를 지시하고, 이벤트들에 대한 자료를 수집하기 위하여 버퍼는 구체적인 방법으로 구성되어야 한다. 시간 버퍼는 두 개의 다른 관점에서 동일 시간 구간the same time horizon을 설명해야 하고, 이를 위해서는 [그림 11.41]에서 보듯이 10개 상태 존 표시ten status zones display가 필요하다. 앞에서 예시된 회사에서 선반의 시간 버퍼 크기는 그린, 옐로우, 레드 존으로 각각 3시간씩 나누어진 총 9시간이다. 상단 5개 존은 피딩 자원의 성과를 모니터한다. 작업 오더가 접수되었을 때, 그것은 크리티컬한 자원critical resource에 대해 준비되고 사용 가능하며, 그것이 떠난 동일 상태 존의 하단 구간에 떨어진다.

오직 하나의 시간 버퍼가 존재하나 두 개의 다른 목적을 위한 다른 관점이 있다. 상단 존은 피딩 자원의 성과와 우선순위에 대한 가시적인 상태를 제공한다. 하단 존은 스케줄에 대한 컨트롤 포인트 보호와 성과에 대한 가시적인 상태를 제공한다. [그림 11.41]에서 '아직 접수되지 않음' 구간'yet to be received' horizon에는 하나의 지연 오더가 있다. 이 버퍼 담당 관리자는 독촉처리를 트리거 했어야 하며, 우선순위 액션은 이미 진행 중에 있어야 한다. 관리자는 또한 정시에 도착하기 위해 액션이 필요한지 결정하기 위해 두 개의 레드 존 오더 상태를 검토해야 했다. 버퍼 관리자, 스케줄러와 컨트롤 포인트 자원 관리자는 시스템의 주된 적응 행위자adaptive agents이다.

그림 11.41 버퍼 보드(buffer boards)는 피딩 자원 성과, 개별 작업 오더의 플로우 상태 및 컨트롤 포인트의 스케줄 상태를 측정한다.

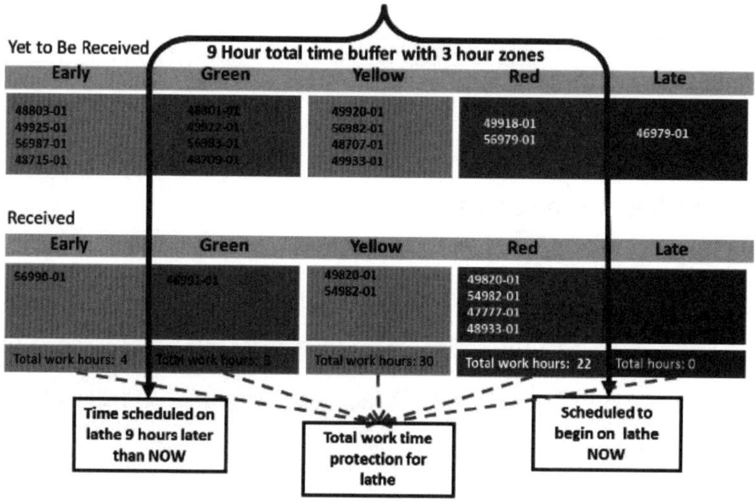

하단 다섯 개 존은 크리티컬한 자원을 기다리는 작업 시간 보호의 깊이the depth of time protection를 모니터링 한다. 시간 보호는 존 별 크리티컬한 자원에 대해 그 존 시간을 기다리는 모든 작업 오더의 총 크리티컬 자원 시간total critical resource hours에 의해 결정된다. 지연late 존의 총 부하시간은 컨트롤 포인트가 스케줄을 얼마나 잘 수행하고 있는지 분명한 정보를 제공한다. 또한 그것은 작업 부하가 불충분한 보호를 제공하고, 컨트롤 포인트가 자재 결핍으로 생산중단시간downtime을 겪을 위험에 처할 때 조기 경보를 제공한다. 평균적으로 작업 오더가 옐로우 존에 도착하여 선반 당 4.5 시간의 평균 작업부하 보호average workload protection를 가질 것이라고 예상한다. 이러한 것은 모두 꼬리에서 일어나는 이벤트의 모니터링 및 측정에 관련된 것이다.

[그림 11.41]의 회사 예시에서 드럼drum(생산능력 제약 자원으로서 시스템의 페이스를 결정함)은 하나의 늦은 오더one late order가 있고 그 오더는 아직 도착하

지 않았다. 총 59 시간의 작업부하 보호가 있다. 선반 공정은 12개 선반을 보유하고 있으며, 4.5시간의 작업은 54시간의 예상 평균 보호expected average protection 역할을 할 것이다. 중간 선반은 가장 제약 받고 있지만 다른 큰 선반에 의해 부하를 줄일 수 있으며, 3 개 모두 컨트롤 포인트이다. 스케줄러의 유일한 경고는 중(선반) 및 대(선반)의 결합 부하combined load가 총 생산능력의 90%를 초과할 수 없다는 것이다. 그 자원 할당은 선반 관리자에게 맡겨져야 한다. 하나의 버퍼 보드butter board는 선반 상태를 평가하기에 충분하다. 피딩 자원들은 예정대로이고, 컨트롤 포인트 버퍼는 안정적이며, 컨트롤 포인트도 스케줄대로 작업 처리 가능하다. 시스템은 안정적이고 스케줄대로 신뢰성 있게 처리 중이다. 진실로 효율적이기 위해 시간 버퍼 보드는 실시간에 근접하여 운영되고 조직 전반에 걸쳐 가시적이어야 한다. 본서의 저자들은 수동 보드 및 카드를 강력히 거부한다. 노동 집약적이고 실수하기 쉬우며 그 앞에 서 있어야 확인할 수 있기 때문이다. 컨트롤 포인트 및 디커플링 포인트 상태의 가시성은 시스템 일관성 유지에 대단히 중요하다.

작업 오더 실행 중의 시간 버퍼
Time Buffers During Work Order Execution

시간 버퍼는 실행 액션을 지시하고 집중된 개선 및 투자를 위한 동향 분석 정보를 공급하기 위한 가시적이고 실시간의 피드백 루프이며, 스마트 메트릭스의 초점이다. 모든 버퍼는 전략적으로 종속적 변동을 막고 크리티컬한 포인트나 프로세스, 또는 시장 약속market commitment을 보호하기 위해 선택된다. 모든 자원 우선순위는 그들이 피드하는 버퍼의 레드 존과 지연 존late zone 작업에 근거하여 조정된다. 피딩 또는 서비스 자원(유지보수, 품질, 제조, 엔지니어링)에서 자원 또는 자재 경합이 있을 때, 우선순위 및 액션 결정은 그 존 상태에 근거한다. 시스템 가시성은 모든 행위자agents에게 동일하고 적합한 정보와 액션의 우선순위를 제공한다.

시간 버퍼는 공급망 프로세스에서 컨트롤 포인트 작업 오더의 예정된 시작일을 보호한다. 시간 버퍼는 또한 희소 생산능력 자원과 출하 스케줄을 보호하고, 아웃소스 공정에 정시 공급을 보장한다. 시간 버퍼는 충격 흡수장치로서, 피딩 자원의 보호 생산능력과 정상적인 종속 및 프로세스 변동으로부터 급증하고 회복하는 역량에 근거하여 크기가 결정된다. 급증 생산능력이 많을수록, 신뢰할 수 있는 피딩 자원 프로세스가 많을수록, 보다 작은 시간 버퍼가 필요하다. 시간 버퍼는 중요한 컨트롤 포인트를 통해 작업되는 각 품목의 제조공정표에 삽입된 전략적 크기의 시간이다. 품목의 시간 표준은 작업시간, 생산준비작업 시간setup time, 경화 시간cure time, 또는 드라이 타임dry time만을 포함해야 한다. 모든 부풀림은 제거되고, 전략적 가치를 가지고 있으며, 모니터 되고 측정될 수 있는 시간 버퍼에서 고려되어야 한다. 부풀린 시간 표준padded time standards을 가진 품목이나 지나치게 작은 표준을 가진 품목은 각각 일상적으로 조기 존early zone, 또는 레드과 지연 존late zone에 도착할 것이다. 그러한 사항의 검토를 위해 적절한 원인 코드reason code가 붙여질 것이다. 모든 표준은 일정 시간에 걸쳐 체계적으로 수정되어야 한다. 보다 훌륭한 표준으로 인한 변동 감소는 종종 버퍼 크기를 줄이는 능력으로 귀결된다. 시간 버퍼들은 시간 손실 이벤트로부터의 보호를 제공하며, 그들이 보호하는 컨트롤 포인트로의 안정적이고 신뢰성 있는 플로우를 생성한다. 만약 컨트롤 포인트가 계획에 맞추어 실행 중이라면, 시스템도 계획에 맞추어 실행 중인 것이다. 컨트롤 포인트로 및 컨트롤 포인트를 통한 동기화된 플로우의 속력 및 속도는 전체 공급망을 통한 플로우의 속력 및 속도를 결정한다.

컨트롤 포인트 혼란 최소화
Minimizing Control Point Disruption

컨트롤 포인트 혼란에는 네 가지 일반적인 원인이 있으며, 모든 전략적 버퍼

표 11.1 컨트롤 포인트 혼란의 원인 및 최소화 방법

컨트롤 포인트 혼란	혼란 최소화
시작일에 맞추어 자재 또는 부품이 가용하지 않음. 출하를 위한 완제품이 가용하지 않음.	– 시스템 전반에 결쳐 전략적 비축재고에 대한 투자 유지 – 공정(operation)에 작업 오더를 릴리즈 하기 전에 자재 가용성 점검 – 크리티컬 레드(critical red) 및 품절(stock–out) 상태의 비축재고 버퍼의 모니터링 및 조치 – 크리티컬 레드 및 품절 동향을 검토하고 품목 버퍼 프로파일(part buffer profiles) 및 존을 조정
지금 필요 없는 품목 생산	– 컨트롤 포인트 스케줄과 일치하도록 자재 릴리즈(the release of material)를 조심스럽게 통제 – 적당한 구간 (proper horizon) 내에서만 자재 릴리즈에 시차 부여 – 이전(before)이 아니라 – 시간 버퍼에서 조기 접수(early receipts)를 모니터 하고 원인 코드 보고(reason code reporting), 파레토 분석 및 개선 동향을 강화 – 전략적 재고 플로우 인덱스 및 버퍼 동향 보고(buffer trend reporting)를 모니터
폐색(Blockages)	– 피딩 자원의 일시적으로 작업부하가 넘치는 상황을 막기 위해 보호 생산 능력유지 – 시간 버퍼에서 레드 존 및 지연 접수(late receipts)를 모니터하고 원인 코드 보고, 파레토 분석 및 개선 동향을 강화
다운타임(계획 및 비 계획)	– 비축재고, 피딩 자원의 급증 생산능력 및 컨트롤 지점 앞에 삽입된 시간 버퍼의 조합

는 부정적 영향을 최소화 시키고, 근본 원인을 확인하고, 지속적으로 그 원인 제거를 위해서 합동으로 사용된다. 〈표 11.1〉은 이 혼란 및 혼란을 완화시키는 방법을 기술한다.

스케줄 실행 일관성 및 우선순위 조정
Schedule Execution Coherence and Priority Alignment

[그림 11.42]는 회사 CMG의 예를 이용하여 부품 생산을 위한 각 자원이 각각의 작업 우선순위를 위해 어디에 집중 하는가를 보여준다. 용접, 선반, 외부위탁 판금outsource plate 시간 버퍼들은 전단기, 톱과 레이저 작업을 위한 우선순위 관리

그림 11.42 부품 비축재고 버퍼를 피딩하는 모든 자원에 대한 실행 성과 측정 및 우선순위 조정

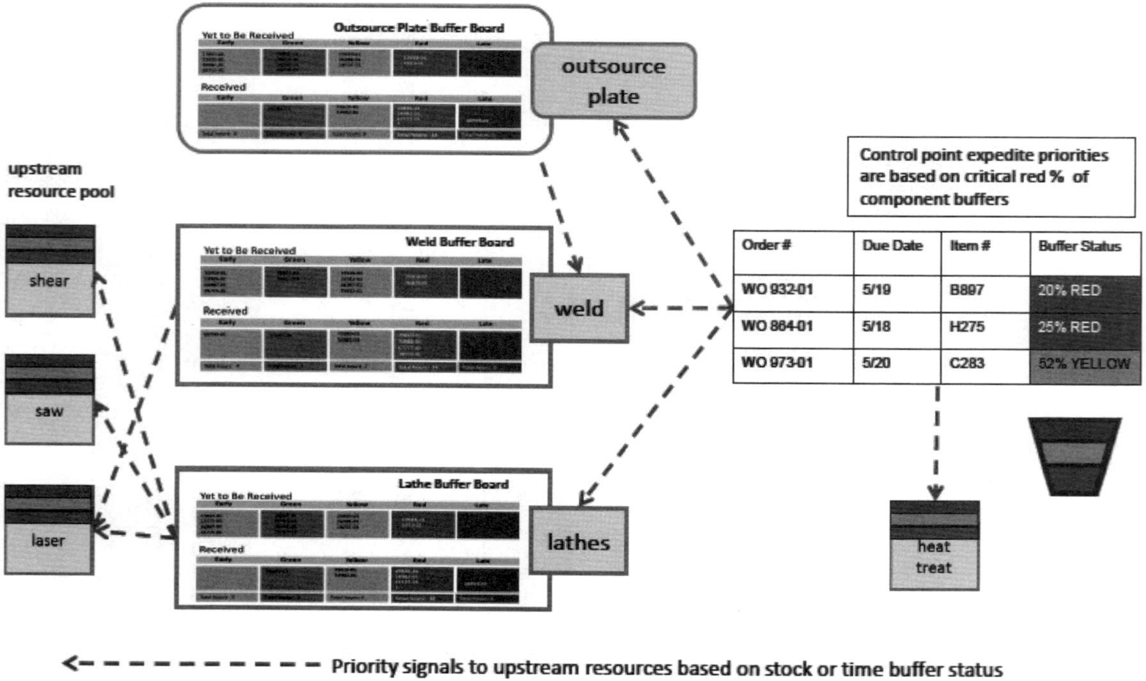

지표이다. 이 자원들 각각은 동일한 평가지표와 성과기준을 가지는데. 그 것은 그들이 피딩하는 버퍼로의 정시 공급이다. 컨트롤 포인트의 성과 측정기준은 컨트롤 포인트가 보충하는 부품 비축재고 버퍼로의 정시 공급이다. 품절의 위험에 처할 때 부품 비축 재고 버퍼 상태는 컨트롤 포인트 우선순위를 결정한다.

[그림 11.43]은 조립의 각 자원이 출하/완제품 창고로 가기 전에 시간 버퍼로의 정시 공급에 주력하는 하는 것을 보여준다. 이 시간 버퍼는 고객 주문일과 그 비축재고 버퍼의 지표이다. 완제품 비축재고 버퍼 상태는 품절 위기에 있을 때 세개의 모든 자원 우선순위를 지시하고 조정한다. 시간 버퍼 보드 가시성time buffer board visibility은 개별 작업 오더 상태에 대한 드릴다운drill-down 역량을 제공한다. 버퍼 보드에 대한 판매의 접근은 그들이 지연 오더late orders를 검토하고 고객 우선순위에 근거하여 개별 오더에 대해 결정하고 고객이 개별 주문 상태에 대해 갱

그림 11.43 조립에 대한 실행 성과 측정 및 우선순위 조정

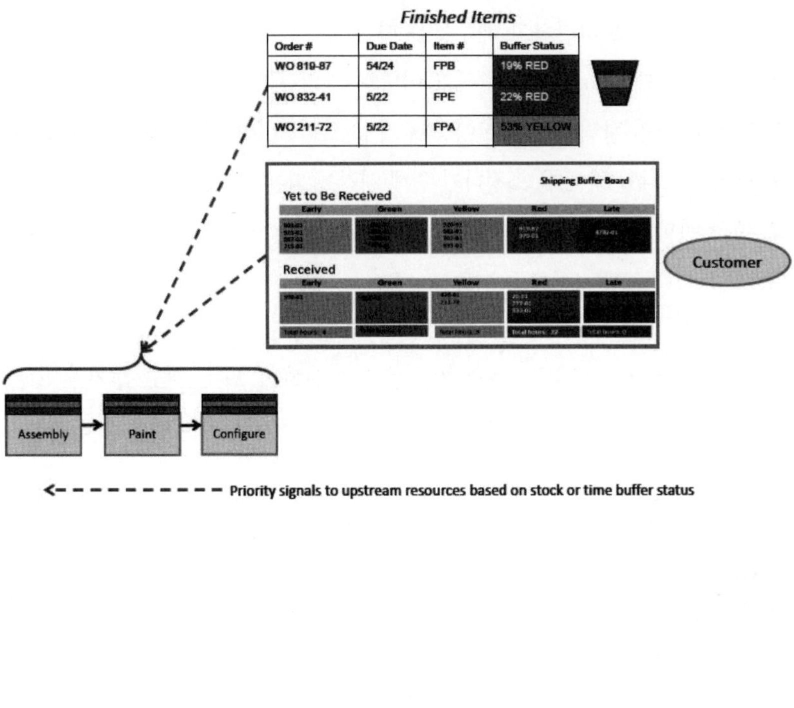

신된 정보를 유지하도록 해준다. 모든 주문이 고객에게 동일한 중요성을 갖는 것은 아니다. 독촉처리 액션의 영향을 파악할 수 있는 시스템에 대한 동일한 관점과 적합한 정보가 있기 때문에 가시성 및 실시간 상태는 잠재적 갈등이 있을 때 판매부문과 제조부문이 함께 보다 나은 의사결정을 할 수 있도록 한다.

역할과 책임 할당

Assigning Roles and Responsibilities

부품 및 완제품 재고 버퍼 매니저는 운전자본 및 독촉처리의 최소 투자로 부품 및 제품에 대하여 조립 스케줄과 출하 납기 이행을 확보한다. 그들의 직무는 다음과 같다.

▲ 자재 경쟁이 있을 때, 출하를 위한 판매 오더에 제품 재고를, 조립 오더에 중간부품을, 중간부품 제조 스케줄링에 원자재를 할당한다.

▲ 재고 수준을 모니터하고 재주문을 한다

▲ 크리티컬 레드critical red이거나 그 이하 수준의 재고를 모니터하고, 컨트롤 포인트 버퍼 책임 관리자에게 진행중인 작업 오더를 위한 독촉처리를 요구한다.

▲ 버퍼 프로파일 및 존을 조정하기 위해 시간에 따른 버퍼 크기를 모니터한다.

▲ 예상 판매 동향을 위한 계획된 조정planned adjustments을 모니터하고 트리거한다.

자재 재고 버퍼 매니저는 자재 가용성을 확인하여 최소 재고 투자로 컨트롤 포인트 스케줄 시작일을 맞출 수 있도록 한다. 그들의 직무는 다음과 같다.

▲ 부품 및 완제품 버퍼 매니저와 함께 일하며 자재 경쟁이 있을 때 작업 오더 스케줄링을 위해 자재를 할당한다.

▲ 재고 수준을 모니터하고 구매 재 주문을 실행 시킨다.

▲ 크리티컬 레드critical red 그 이하 재고를 모니터하고 공급업체에 우선순위, 또는 신속처리 상태의 변화에 대하여 의사 소통한다.

▲ 자재 가용성 변화에 따라 구매 부품 주문 입고 일을 업데이트한다.

▲ 버퍼 프로파일 및 존 조정을 위해 시간에 따른 버퍼 크기를 모니터한다.

▲ 완제품 및 부품 비축재고 버퍼 매니저와 함께 예상 판매 동향을 위한 계획된 조정을 모니터 하고 트리거한다.

컨트롤 포인트 버퍼 관리자는 피딩 자원이 컨트롤 포인트 스케줄에 따라 버퍼에 정시에 공급할 수 있도록 한다. 그들의 직무는 다음과 같다.

▲ 버퍼에서 정시에 작업 오더가 접수될 수 있도록 한다.

▲ 버퍼 처리가 제시간에 일어날 수 있도록 한다.

▲ 컨트롤 포인트 스케줄의 변화를 처리 가능한 작업에 일치시킨다.

▲ 피딩 자원 및 서비스 자원에 우선 순위 변화를 시작 하도록 하고 의사 소통한다.

▲ 피딩 자원 및 서비스 자원에 독촉처리를 시작 하도록 하고 의사 소통한다.

▲ 모든 자원 관리자와 함께 일하며 어떻게(어떤 조치) 누가(관련 자원) 독촉처리 회복 계획expedite recovery plan을 실행할 것인지 결정한다.

▲ 컨트롤 포인트에 가용한 작업부하 보호work load protection와 아직접수되지 않은 지연 및 레드 작업 오더 상태에 근거하여 모든 피딩 자원에서 언제, 누가, 얼마나 많은 오버타임이 필요한지 결정한다.

컨트롤 포인트 관리자는 희소 자원 활용과 컨트롤 포인트 스케줄 준수를 확보한다. 그들의 직무는 다음과 같다.

▲ 총 가용 작업 부하total available work load로부터 작업 오더 우선순위에 따라 부족한 컨트롤 포인트 생산 능력을 최대한 이용 하도록 결정한다.

▲ 버퍼에서 가용 작업이 안전 보호 존 아래로 떨어질 때 그 버퍼 관리자와 함께/ 또는 그 버퍼 관리자를 통해 작업한다.

▲ 오프로딩offloading(작업부하를 덜어내는 것)이 필요하다고 확인될 때그 버퍼 관리자와 함께 작업하며, 버퍼에서 가용 작업의 백로그backlog가 늘어나고 늦어질 때 오버타임을 실행 시킨다.

▲ 오버타임이나 오프로딩으로 해결할 수 없는 백로그가 발생할 때 피딩 자원에 릴리즈 되는 작업율을 제한하도록 스케줄링 담당에게 통지한다.

스케줄러는 희소 생산능력 자원을 활용하는 시장 주도의 현실적이고 믿을 수 있는 스케줄을 확보한다. 그들의 직무는 다음과 같다.

▲ 실 수요 요구사항을 충족하도록 주요 생산 분야를 유한 스케줄링 한다.

▲ 비축재고 버퍼 상태와 고객 요청 날짜의 우선순위에 근거하여 생산능력이 테스트된 납기capacity tested due dates를 생성한다.

▲ 단기 수요 급증이 단기 생산능력 경쟁을일으킬 때 특정 작업 오더 및 고객 우선 순위를 위하여 판매와 협업한다.

▲ 컨트롤 포인트 스케줄 날짜에 맞추어 도착하도록 자재가 릴리즈 되어야 할 때를 결정한다.

▲ 오더를 릴리즈 하기 전에 자재가 사용 가능한지 확인한다.

▲ 다음 사항을 모니터 한다.

- 컨트롤 포인트 상태 보호 생산능력과 지연 백로그를 모니터하고, 필요할 때 작업 오더 릴리즈를 제한하는 조치를 취한다.
- 릴리즈 되지 않은 지연 작업량과 시장 리드타임에 대한 영향을 모니터한다.

▲ 늘어난 리드타임이 시장 전략에 영향을 끼치는지 판단하기 위해 판매부서

와 협업한다.

▲ 릴리즈 되지 않은 오더의 백로그가 단기 급증 생산능력을 초과할 때, 계획된 오버타임 과 아웃소싱 조치를 취한다.

판매부문은 제품 및 고객이 총 ROI에 최대한 전략적으로 공헌하도록 조정되도록 해야 한다. 그들의 직무는 다음과 같다.

▲ 제품 ADU의 모든 계획된 변화의 타이밍을 제공하기 위해 완제품 재고 관리자와 협업한다(계절성, 판촉, 제품 출시 및 진부화).

▲ 전략적으로 감소된 리드타임에 대한 프리미엄 가격 책정 기회를 확인한다.

▲ 생산능력 경쟁이 있을 때, 고객 및 주문에 의한 우선순위를 정하기 위해제조부문과 협업한다.

▲ 고객 요청 날짜와 상이한 주문상태에 대하여 고객과 의사 소통한다.

엔지니어링, 제조 엔지니어링, 품질 및 유지보수 부서는 그 우선순위가 희소생산능력 자원 및 그 버퍼에 대한 긍정적 영향에 근거하도록 해야 한다.

보다 크고, 보다 복잡한 멀티사이트 컨트롤 요건
Larger, More Complex, Multisite System Control Requirements

보다 크고 보다 복잡한 조직은 브랜드, 또는 사업 그룹 사이의 자원 경쟁 갈등을 해소하기 위한 중앙 전략 계획 및 물류 기능이 필요하다. 이 기능의 직무는 회사 내에서의 순조로운 플로우와 최대의 공헌을 보장하는 것이다. 처리해야 할 직무 리스트는 다음과 같다.

▲ 주간 보고서를 모든 사업 책임자에게 제공한다.

- 시스템 안정성을 향상시키기 위해 필요한 곳에 노력을 조직화한다.
- 컨트롤 포인트/출하 버퍼를 검토한다.
- 컨트롤 포인트 활용을 검토하고 수요와 비교한다.

▲ 품절 및 재고회전에 대한 월간 보고서를 모든 사업 책임자에게 제공한다.

▲ 희소 생산능력 조정
- 각 중요 영역에 대하여 계획된 시간 표준 대비 실제 성과를 보고하고 검토한다.
- 다수 사업 그룹/브랜드에 영향을 끼치는 희소 생산능력/스케줄 갈등을 해결한다.

▲ 중앙 버퍼 관리
- 완제품 버퍼 수준에 대하여 개별 사업 그룹/브랜드와 협업한다.
- 수요 요건/동향 및 생산능력 요구사항 동향에 근거하여 수준을 조정한다.

▲ 전략적 공헌 및 재무
- 공급망의 요구가 충족된 후 여분의 생산능력 판매를 위해서 서비스 성과와 판매 기회간의 최선의 균형을 권장한다. 수직 통합 공급망vertically integrated supply chains의 예시는 벌목업, 철강업, 주조foundry castings 등이다.
- 진정한 제약true constraints이 있는 모든 완제품에 대하여 전략적 공헌과 희소 자원 단위당 쓰루풋 달러 속도율throughput dollar velocity rates을 사업그룹에게 제공한다.

▲ 모든 버퍼 및 원인 코드 동향을 분석 검토하여 프로젝트 우선순위를 결정하고 프로세스 개선 액션 및 프로젝트의 할당을 조정한다.
- 설계변경engineering changes 및 우선 순위를 조정한다.
- 비보충 재고nonreplenishment inventory를 모니터하고 과잉 재고의 처분을 권장한다.
- 아웃소싱 및 모든 제조/구매에 관한 의사결정을 한다.

– 자본 지출을 검토한다.

▲ 제조, 물류 및 프로세스 개선 프로젝트에 관련된 모든 소프트웨어 문제에 관하여 IT 부서와 협력한다.

측정measurements은 IT 부서 협력의 부분이 아니다. 이 중앙 기능의 측정은 다음을 포함해야 한다.

1. 전체 시스템의 정시 성과on-time performance
2. 보충 재고 성과
   a. 품절stock-outs
   b. 플로우 지수flow index
3. 진정한 생산능력 제약capacity constrained 컨트롤 포인트에 대한 쓰루풋 달러 속도

디맨드 드리븐 성과 시스템을 위한 준비 사항
The Cheat Sheet for a Demand Driven Performance System

시간별, 일별, 주별 및 월별로 5 개 주요 문제를 질문하고 대답하라. Ask and answer five key questions hourly, daily, weekly, and monthly.

효과적인 피드백 및 책임 시스템 채택은 다음 문제에 대해 조직의 다른 수준에서 일별, 주별, 월별 및 분기별로 답변을 필요로 한다. 요점은, 변동을 확인하고 중단시키는 운영 시스템을 빠르게 도입 하는 것과 실행, 피드백 및 진행중인 개선을 지시할 수 있는 피드백 시스템을 도입하는 것이다.

1. 컨트롤 포인트 및 그 피딩 버퍼의 상태는 어떠한가? 미 접수존 및 접수 존에서 레드 존 및 지연 존의 시간 버퍼 작업 오더 상태를 검토하라. 컨트롤 포

인트에 대해 가용한 작업 부하 보호 시간. 크리티컬 레드 또는 품절인 비축재고 버퍼.

2. 상태 동향은 악화 또는 개선되는가? 계속 잠식되고 있는 버퍼 보호를 추적하라; 레드 및 지연 존이 증가하고 있는가? 또는 버퍼 보호가 재구축되고, 컨트롤 포인트는 스케줄대로 회복되고 있는가? 조치를 취할 것인가, 아니면 취하지 않을 것인가?

3. 동향이 악화되면 복구 계획은 무엇인가? 최악의 버퍼 침투가 있는 작업 오더를 파악하고 올바른 자원들이 그들을 원상복귀 되도록 지시하라. 유지보수, 품질, 제조 엔지니어링, 오버타임 등은 작업 지연을 일으키는 특정 문제 영역에 지시된다.

4. 복구 계획은 효과적이었나? 버퍼 및 컨트롤 포인트의 상태는 개선되었나?

5. 근본적인 문제 재발 방지를 위해 어떤 예방 조치가 마련되어 있는가? 레드, 지연 및 조기 존 시간 버퍼에 진입하는 작업의 원인 코드 자료는 분석되어 프로세스 개선 및 투자 포커스를 지시하는데 사용된다.

스마트 메트릭스 해답을 제공하기 위한 5 개의 중요 데이터 캡처 포인트를 적시에 확보하라. Ensure the five critical data capture points to provide the smart metric answers are timely.

시스템의 네 가지 모든 실행 스마트 메트릭 목표(시스템 신뢰성, 안정성, 속력/속도, 그리고 시스템 개선 및 낭비 감소)를 위해 정보를 모니터하고 컨트롤하고 공급하기 위한 작업 플로우 데이터 캡처 포인트 들work flow data capture points이 반드시 기록되어야 한다. 5개의 핵심 버퍼 관리 문제에 답하려면 다음과 같은 최소한의 데이터 처리 포인트가 필요하다.

1. 정시 릴리즈는 스케줄링이 작업필요 시점에 작업을 릴리즈 하는지 측정한

다. 늦게 릴리즈된 작업 오더는 각각의 시간 버퍼를 위험하게 한다.

2. 첫 번째 공정에서의 작업 오더 실제 시작 시간. 계획된 시작 시간과 실제 시작 시간 사이의 지연은 버퍼 침투 시간buffer penetration time이다. 시작 자원에서의 마이너스 변동은 잠재적인 버퍼 침투의 조기 경고를 유발한다. 시간 버퍼 존의 35% 이상의 시간 변동은 시작 자원이 작업 오더 지연의 원인을 기록하도록 트리거(촉발)해서 버퍼에서 레드 및 지연 도착에 대한 유용한 버퍼 보드 원인 코드buffer board reason codes를 제공하도록 해야 한다.

3. 매 버퍼(시간 및 재고)로 진입. 각각 그리고 모든 전략적 버퍼에서 데이터 처리가 적시에 일어날 경우에만 실시간, 가시적 버퍼는 유용하다. 지연된 데이터 처리는 그릇된 행동 시그널a false signal to act을 보낸다. 시간 버퍼 접수 처리time buffer receipt transactions는 조기early, 레드, 지연late에 진입하는 작업에 대한 원인 코드 할당을 필요로 한다.

4. 컨트롤 포인트 시작 시간 데이터 처리. 작업 오더의 시작은 컨트롤 포인트 버퍼 보드에서 그것을 제거하여 존 별로 표시된 총 보호 부하 시간total protection load hours을 업데이트한다. 컨트롤 포인트 스케줄이 시스템 스케줄이다. 버퍼 보드의 접수 존received zones은 컨트롤 포인트의 현재 정시 스케줄 및 스케줄 유지 능력의 지표이다.

5. 컨트롤 포인트 중지 시간 데이터 처리. 컨트롤 포인트 스케줄 상태가 시스템 스케줄 상태이다. 컨트롤 포인트에서의 완료시간의 마이너스 변동은 재고, 또는 출하 시간 스케줄 버퍼에서 버퍼 침투의 조기 경보를 유발한다. 컨트롤 포인트에서의 시간 표준은 매우 중요하다. 시간 표준이 시스템 아웃풋을 지배하고 전략적 제품 공헌율을 판단하는데 사용되며, 시스템 스케줄을 결정하기 때문이다. 컨트롤 포인트의 엉성한 표준sloppy standards은 신뢰할 수 없고, 불안정한 스케줄과 신뢰할 수 없는 의사결정 정보를 생성한다. 컨트롤 포인트 표준 편차는 정기적인 개선 피드백 사이클의 한 부분으로 검토, 수정된다.

시스템 플로우 및 시장 리드타임 전략에 초점을 맞춘 실행 가능한 스케줄을 계획하라. Plan an executable schedule focused on system flow and the market lead-time strategy.

1. 컨트롤 포인트의 작업부하는 실질적인 유한 생산능력practical finite capacities에 따른다(예를 들어 총 가용 생산능력의 90%). 게다가 그것이 합의된 시장 전략의 부분이라면, 급증 생산능력은 계획된 단기 발생 수요를 위해 확보되어야 한다. 이것은 실질적인 유한 생산능력 부하는 90% 이하로 스케줄 되어야 한다는 것을 의미한다. 긴급처리를 위해 10%를 비축하면 스케줄 된 부하가 80%까지 감소한다. 적합한 긴급처리 사업의 예는 전략적 시장 요소인 높은 공헌과 프리미엄 가격 책정된 독촉처리premium priced expedites 서비스 품목이다(예: 기계 또는 항공기 고장).

2. 스케줄 우선순위의 결정

a. 처음에는 크리티컬한 존 침투가 있는 비축재고 버퍼(레드 존)에 의해결정되며, 그 다음에는 MTSmake-to-stock 및 MTOmake-to-order의 생산형태를 갖는 기업에서의 고객 약속 납기에 의해 결정된다. 비축재고 버퍼의 우선순위가 앞서는 이유는 다수의 고객 주문을 보호하기 때문이다.

b. 레드 존 침투가 있는 모든 나머지 비축재고 버퍼

3. 스케줄을 조정하라. 보다 많은 생산능력이 가용할 때, 희소 생산능력은 안전하게 저장될 수 있다.

a. ADU의 X%로 이미 스케줄 된 품목의 오더 수량을 증가시켜라. 생산준비작업 시간이 길거나 좋은 플로우 지수를 가진 품목들이 유일한 고려대상이다.

b. 나머지 희소 자원 컨트롤 포인트 가용 생산능력에 대해서는 컨트롤 포인트 생산준비작업 시간이 짧은 품목들의 그린 존 침투에 따라 스케줄 하라.

4. 자재가 가용할 때만 작업 오더는 공정에 릴리즈 된다.

5. 컨트롤 포인트 실행control point execution은 모니터 되며, 작업 오더 스케줄 및 릴리즈는 상황에 맞추어 조절된다.

a. 작업 오더는 컨트롤 포인트가 수행하는 페이스pace에 의해 제한된다.그림 11.41에서 선반 시간 버퍼lathe time buffer 그린 존 상단은 9시간의 보호, 또는 12개 모든 선반에 대하여 108 시간의 작업부하이다. 접수된작업량이 108시간을 초과하면, 바로 그 시점이 불균형이 바로 잡힐 때까지 스케줄을 제한할 때이다.

b. 변동이 감소하면, 스케줄에 대한 증가된 가용 생산능력과 컨트롤 포인트의 속도 이득gains in velocity을 기대하라. 변동을 대비한 10% 확보는 점진적으로 감소하는 오버타임이 될 수 있다. 긴급처리 생산능력 비축은 시장 기회와 연계되어 유지된다. 그것은 프로세스 개선 사이클의 부분이다 – 그것을 지켜보고 추적하라.

신뢰성, 안정성 및 스피드를 기대하라. *Expect reliability, stability, and speed.*

시스템은 아래 사항으로 인해 신뢰성 있는 수행이 가능하다.

1. 모든 현장은 출하 스케줄 및 완제품 비축재고 버퍼 우선순위의 직접 반영인 버퍼 상태에 의해 지시된 동일한 우선순위 순서the same prioritized sequence에 따라 작업을 수행 한다. 각 버퍼 및 컨트롤 포인트의 상태는 모든 의사결정권자에게 가시적이며, 모든 사람은 시스템 우선순위에 대하여 동일한 관점을 가지고 있다.

2. 현장은 실제 마켓 풀과 관련하여 필요한 것을 만들거나 구매하도록 권장된다.

- 개별 자원 활용은 자원 관리자의 책임이나, 성과 평가지표가 아니다.
- 공장은 완제품 비축재고 버퍼로부터 컨트롤 포인트나 마켓 풀의 비율에 따라 스케줄/제한 된다.

3. 모든 사람이 시스템에 대하여 동일한 관점, 동일한 평가지표. 그리고 진행 점검 포인트(버퍼)에 대한 동일한 관점을 가지고 있으므로 실시간 가시성과 우선순위 조정은 올바른 액션이 무엇인가에 대하여 갈등이 없다는 의미이다.

4. 사람들은 다음의 경우에 보다 책임감을 가지며 상황을 앞서 주도한다.

- 사람들은 상충하는 평가지표나 현장 자원 하부목표local resource subgoals를 만족시키려 하지 않는다.
- 권한 및 책임에는 분명한 구별이 있다.
- 그들의 액션은 명확히 가시적이고, 다른 모든 사람들도 마찬가지이다.

시스템은 아래 사항으로 인해 여전히 안정적이다.

1. 시간 버퍼는 변동이 컨트롤 포인트로 통과하는 것을 막는다.

2. 컨트롤 포인트(유한 스케줄 된)를 위한 실행 가능한 스케줄이 있으며, 다른 모든 자원들은 버퍼 잠식을 복구시키는 충분한 급증 생산능력을 갖추고 있다.

3. 비축재고 버퍼는 공급 및 물류망, 그리고 제품 구조의 중요한 포인트에서 종속적 변동을 디커플링 한다.

시스템 플로우 속력/속도는 아래 사항으로 인해 최대화 된다.

1. 모든 자원은 컨트롤 포인트의 속력과 속도를 보호하는데 집중된다.

2. 실시간 가시성 및 우선순위 조정은 마켓 풀 우선순위에 기초하여 적합한 작업이 시스템 내부를 통과하는 것을 의미한다.

3. 스케줄 된 표준 시간 보다 성과가 좋지 않은 자원영역은 시간 버퍼의 레드

존으로 전달하고 이벤트 원인이 기록된다. 원인 코드 동향은 해당 자원 영역 resource area을 고속 플로우high-flow 프로세스 개선 기회로 활용 한다.

4. 자원의 핵심 성과 메트릭은 그들이 피드하는 버퍼에의 정시 공급이다.

목표한 시스템 개선은 아래 사항으로 인해 ROI를 증가시킨다.

1. 근본 원인에 대한 적합한 원인 코드가 조기, 레드 및 지연에 도착하는 이벤트에 대하여 수집된다.
2. 모든 버퍼의 양쪽 꼬리 자료는 주별 및 월별 검토를 위하여 동향이 집계된다.
3. 특정 개선 과제는 적절한 개개인들에게 할당된다.
    a. 시간 표준 수정은 제조 기술 부서의 정규적인 작업 과제로서 할당된다.
    b. 비축재고 버퍼 프로파일 수정은 전략적 비축재고 버퍼를 책임지는 구매자 및 플래너의 정규적인 작업 과제로서 할당된다.
    c. 개선 프로젝트는 극소수 최고 우선순위로 제한된다. 멀티 태스킹을 제한하고 시스템의 고가치 개선 프로젝트의 플로우에 관리자들을 집중시킨다.
4. 개선 프로젝트, 진행 및 결과에 대한 주별 및 월별 검토는 모니터 되고, 버퍼 동향buffer trending 개선으로 확인된다.

원가 중심의 경쟁적인 평가지표를 제거하라. Remove cost-centric competing measures.

공급망 성과 측정 시스템의 현실 세계는 회복할 수 없을 만큼 손상 되었으며, 반드시 대체되어야 한다. 결함 있는 룰, 부적절한 수학 및 상충되는 메트릭스를 바탕으로 하는 혁신은 엄청난 갈등, 변동 및 낭비의 원인이다. 기존 원가 중심 평가지표는 더 이상 안되며, 대체되어야 한다. 글로벌 공급망 기업들은 이미 두 세계에 양다리를 걸치려는 시도를 하고 있으나 양다리 걸치기는 기껏해야 현상 유지이고 최악의 경우 소멸을 위한 방안이다. 재무 회계 측정은 월별, 분기별 및 연도별로 회계 사이클 내에서 일어난다. 공급망 성과 측정 시스템은 종료점이 없는 계획 및 실행 피드백 루프로, 지속적이고, 상호작용하며 다이내믹하다. 공급망 성과 측정 시스템은 올바른 우선순위를 동기화하고, 플로우를 유도하며, 변동을 확인 및 제거하며, 전략적 공헌 및 판매 기회에 집중하도록 설계된 시간 메트릭스를 기반으로 한다. 두 시스템은 혼합될 수 없으며, 다른 목적 및 상충하는 룰을 가진다.

전략 세션에서 모든 상충하는 원가 중심 메트릭스를 확인하고 새로운 성과 측정 시스템으로 전환하기 전에 그 모든 것을 제거하라. 그렇지 않으면 동일한 갈등 공간에서 끝날 뿐이다. 스마트 메트릭스는 전체 시스템에 이익을 주는 액션을 촉진한다. 나쁜 메트릭스는 시스템 전체에 손상을 초래하면서 로컬 영역에만 이익을 주는 액션을 촉진한다. 그러한 액션들은 거의 항상 상충하고 있다. 항상 모든 갈등을 확인하고 제거하라.

각주 ——————————————

1. Noreen, Eric, Peter Brewer, 및 Ray Garrison, "관리자를 위한 관리 회계(Managerial Accounting for Managers)" McGraw-Hill, 2008, page 516.

12 요약
Summary

- 새로운 깊은 진리 위에 구축된 성과 측정
- 꾸준한 피드백의 필요성
- 개선에 초점을 맞춤
- 정보 기술에 대한 최종 생각

12 스마트 메트릭스
Smart Metrics

오늘날 잘못된 진리는 "단위 원가Unit Cost 감소 = ROIReturn on Investment 증가"라는 사고이다. 우리는 새로운 깊은 진리에 도전해야 한다. 그렇게 하기 위해서는 이에 맞는 성과관리 측정도구가 있어야 한다. 이 측정도구는 시스템 상 현 상태의 어떤 시간 포인트에서의 측정값으로 시스템 및 개별 자원 성과 측정에 사용되어 시스템 플로우를 보호하고 개선시킨다.

공급망 성과 측정 시스템performance measurement system은 꾸준한 시스템 성과 피드백과 자원 사이의 동기화 유지를 위한 정기적인 조정을 필요로 한다. 버퍼 관리는 이 연결을 단순하고 가시적인 시그널로 사람들에게 명확히 알려주며, 집중과 액션을 유도한다. 버퍼로의 실시간 공급은 일상적인 목표이며 평가지표이나, 매일 모든 공급망 버퍼의 실시간 상태(시간, 재고 및 생산능력)에 따라 아주 다른 조치가 필요하다. 버퍼 침투의 상태 및 원인에 따라 조치가 달라져야 한다.

효과적인 운영 계획 및 컨트롤 솔루션은 기능적 성과 측정 시스템의 전제조건이다. 운영 시스템이 매일 매시간 결정 및 조치를 동기화 시키고 갈등을 해소함으로써 현 시스템 상태에 대한 피드백을 제공하는 효율적인 방법을 확보하여 적절한 시점에 즉시 실행할 수 있는 시스템을 유지해 나아가야 한다.

12 요약
Summary

"지구, 대륙, 그리고 대양의 형태를 발견하는데 가장 커다란 장애물은 무지가 아니라 지식의 환상이었다."– 다니엘 부어스틴 Daniel Boorstin

도입부에서 개인, 기업, 문화, 그리고 세계가 어떻게 현실을 보는지 마음 속 깊이 뿌리내린 신념, 즉 깊은 진리deep truth에 대하여 논하였다. 그것은 아주 보편적으로 받아들여지는 어떤 것이어서, 의문조차 갖지 못하게 된다. 깊은 진리는 우리가 딛고 서있는 토대이며, 통하여 보는 창문이다. 그것은 우리의 세계관을 결정하며, 우리가 보는 것에 대하여 얼마나 강하게 느끼는지를 결정한다. 본서의 저자들은 그에 대한 사례를 제시하였고, 여러분들이 깊은 진리에 도전하기를 바라고 있다.

오늘의 깊은 진리 : 단위 원가 Unit Cost **감소 = ROI**Return on Investment **증가**

이 깊은 진리에 대하여 우리는 무엇을 배웠는가?

▲ 최소 단위 원가least unit product cost에 대한 대부분의 생각은 그릇된 수학일 뿐

이다 – 경제학과 심지어 물리학에서도 거부하는 방정식의 부적절한 사용.

▲ 법률 제정은 회계 정보의 보고 요구사항을 탄생시켜 거의 우연히 의사결정과 제품 원가계산을 위한 적합한 정보에 대한 실제의 정의와 룰을 대체했다.

▲ 모든 정보 시스템은 원가와 수익이 어떻게 운용 되는가에 대하여 잘못된, 또는 잘못 적용된 룰 및 가정으로부터 원가 기록 및 자원 영역 성과 평가지표를 컴파일 하도록 하드 코딩 되어 있거나 구성되어 있다.

▲ 단위 원가가 그러한 깊은 진리로 자리잡게 되면서 적합한 정보를 정의하는 전체 규율은 상실되고 말았다.

▲ 어떤 적합한 원가가 시스템 내에서 운용되어야 하는지 아는 사람조차도 어떻게 행동해야 할지 적절한 시간에 적합한 정보를 제시할 수 없다.

▲ 사람들은 그들이 취한 조치가 예측 가능한 대단히 심각한 부정적인 결과를 야기할 것인가에 대하여 더 이상 의문 조차 갖지 않으며, 결과가 도래했을 때 그러한 결과를 수습해야만 한다.

우리가 오늘날의 깊은 진리가 아주 명백히 그릇된 것이라는 강력한 사례를 제시하였는가? 그 자체의 부정 또한 깊은 진리라는 것이 특징이다.[1)]

새로운 깊은 진리 위에 구축된 성과 측정

Performance Measurement Built on a New Deep Truth

오늘날 국제적인 경쟁 속에서 새로운 의사결정 도구는 복잡 적응 시스템complex adaptive system이라는 현실을 바탕으로 사업을 모니터하고 측정해서 개선해야 한다. 디맨드 드리븐 정보 시스템은 전략적 컨트롤 포인트 및 디커플링 포인트를 통해 플로우 중심 실시간 피드백 루프를 이용해서 개선의 계획, 실행 및 집중/우선순위를 정하도록 설계되며, 시스템 관점 및 전략에 맞추어 모든 것을 조정한다. 측정 및 실시간 피드백을 위한 포인트는 상대적으로 극소수이며, 전략적으로 선택되어 프로세스, 또는 서브시스템 사이에서 중요 자원을 보호하고 이관한다. 시간이 저장된 전략적 버퍼는 종속적 변동을 차단할 수 있도록 크기가 결정되며, 자원 관리자에게 가시성을 제공하여 동기화 할 수 있도록 한다. 버퍼는 필요한 모든 정보를 제공하여 전체 공급망 상태를 판단하고 주의와 액션을 지시하며, 개선 및 투자 기회에 집중하도록 한다.

평가지표는 시스템이 실행하도록 지시 받은 표준, 또는 계획에 관하여 시스템 현 상태의 어떤 시간 포인트에서의 측정값일 뿐이다. 정보는 개인의 상벌에 사용되지 않고 시스템 및 개별 자원 성과 측정에 사용되어 시스템 플로우를 보호하고 개선시킨다. 실시간 예외사항 피드백은 선제적으로 문제 및 근본 원인을 확인하여 사람들이 적기에 적합한 조치를 취할 수 있도록 한다. 그것은 또한 시간이 흐르면서 동향분석을 위한 정보로 축적되어 일상적으로 플로우를 막는 반복적인 이슈나 이벤트를 영구적으로 제거하는데 초점을 맞출 수 있게 한다.

꾸준한 피드백의 필요성

The Need for Steady Feedback

대부분의 조직들이 직면하고 있는 유일한 확실성은 컨디션이 똑 같은 상태로 유지되지 않는다는 것이다. 공급망 성과 측정 시스템은 꾸준한 시스템 성과 피드백과 자원 사이의 동기화 유지를 위한 정기적인 조정을 필요로 한다. 공급, 또는 수요 상태 변화는 수정 조치가 필요한데, 때때로 극적으로 수정할 필요가 있다. 변화 시그널 및 수정 조치 사이의 지체가 길수록 보다 극적인 과정 수정이 일어나고, 시간 보호 형태로 보호protection 및 탄력resilience의 필요성이 높아진다. 효과적인 피드백 메커니즘이 없다면, 사람들은 상태가 변했다는 것을 인식하지 못하고 계획된 목표를 향하여 계속 나아갈 것이다. 즉, 이것이 ROI를 높이는 옳은 일이라고 믿고 조치를 취하지만 실질적으로 회사에 해를 끼칠 수 있다. 동적인 상호의존 시스템에서 동일한 조치는 어제는 아주 옳은 일이었을 지 모르나 오늘은 정말 그릇된 것이다. 조직의 모든 사람은 피드백 메커니즘이 성과측정을 고정된 전술이나 조치에서 벗어나 이 순간에 필요한 조치로 유도한다는 것을 이해해야 한다.

때때로 사람들은 목표가 일정하다고 생각하고 있으나 목표 성취 수단과 측정은 변화할 수 있다. 버퍼 관리는 이 연결을 단순하고 가시적인 시그널로 사람들에게 명확히 알려주며 집중과 조치를 유도한다. 버퍼로의 실시간 공급은 일상적인 목표이며 평가지표이나, 매일 모든 공급망 버퍼의 실시간 상태(시간, 재고 및 생산능력)에 따라 아주 다른 조치가 필요하다. 결정은 언제, 또는 어디로 노동력을 배치해야 하는가; 배치 생산준비작업; 설비 유지보수, 품질 또는 엔지니어링을 어디에 지시해야 하는지; 그리고 어느 물류 센터가 어떤 제품을 먼저 필요로 하는가 등에 대한 것도 포함한다. 버퍼 침투의 상태 및 원인에 따라 조치가 달라져야 한다. 효과적인 운영 계획 및 컨트롤 솔루션은 (역기능적이기 보다) 기능적 성과 측정 시스템의 전제조건이다. 운영 시스템이 매일 매시간 결정 및 조치를 동기화시키고 갈등을 해소하여 현 시스템 상태에 대한 피드백을 제공하는 효율적인 방법을 확보하지 않는다면 적절한 실행이나 유지가 힘들 것이다.

개선에 초점을 맞춤
Focus on Improvement

개별 KPI(품질, 재고, 원가, 판매 및 서비스)에 대한 고정 목표와는 대조적으로 피드백 시스템은 종료점이 없으며, 예외사항 또는 이슈를 알아내기 위하여 플로우에 대한 지속적인 모니터링을 제공한다. 플로우를 모니터하기 위하여 사용되는 버퍼 관리 영역은 예외사항에 대응할 수 있고, 바람직한 플로우 유지를 위해서 충분히 빠른 대처가 가능하도록 크기가 정해진다. 레드 존은 혼돈의 가장자리에 설계되어 개선을 위한 안전한 학습의 장을 제공한다. 덧붙여, 이러한 예외사항들을 분석하고 예외사항들의 원인을 밝혀 제거함으로써 계속적인 개선 프로세스가 이루어진다. 시스템을 확인, 분석, 학습 및 개선시키는 철저한 과정은 프로세스 개선과 시스템 ROI를 묶는 유일한 방법이다.

당연히, 효과적인 성과 측정 시스템은 어떤 하나의 KPI 성과 기준 보다는 ROI를 결정하는 모든 전술적 목표를 동시에 고려해야 한다. 성과 피드백 시스템에서 전술적 목표의 상호의존적인 본질을 이해할 필요가 있다. 상기 내용을 이해하고 그것을 재무적, 전략적 투자 및 자산 성과 분석으로 통합시키는 기업은 경쟁적인 경제 상황에 관계없이 번창하고 계속 성장한다. 전략적 버퍼 관리 및 지속적인 개선의 역할에 대한 중요성에 무지한 사람들은 흔히 개선의 부진과 초기의 '눈부신' 결과를 경험한 후 쇠퇴한다. 그들은 성공적인 결과를 가져온 과거 행동을 반복하지만 현실은 이미 변했다. 그들은 반드시 이전의 성과 수준으로 퇴보하게 된다. 본서의 저자들은 기업의 오너, 경영층의 리더쉽과 정보 기술이 바뀔 때 이러한 상황을 반복적으로 목격했다.

관리자가 버퍼 관리, 또는 어떤 다른 메커니즘을 통해, 성과에 영향을 미치는 잠재적인 문제에 대한 가시성을 미리 확보하면, 이 것은 시스템이 제대로 작동하고 있다는 커다란 신호이다. 이 신호를 문제 없음으로 받아들이는 실수를 범하지는 말자. 기업과 그 소속 인력은 언제나 이슈들을 가지고 있으며, 시스템은 당연히 역동적이다. 이슈들을 소음으로부터 분리하고 회사의 플로우 성과에 영향을 미치기 전에 그 이슈들에 대하여 조치를 취하는 역량은 강력하지만 아주 힘든 것이다. 이슈들이 포착되고, 명확하게 되며, 이해되고, 미래를 위하여 해결된다면, 기업 이익 성과는 동일하거나 보다 적은 자본 투자로도 개선될 것이다.

확인을 거쳐 파악한 각각의 이슈/문제는 개선의 기회이다. 불행히도 고정된 사고방식의 많은 개인들은 문제의 제시를 시스템이 제대로 작동하지 않는 것으로 이해한다. 잠재적인 문제들의 확인을 수용하는 것은 측정에 필수적이며, 효과적으로 작동하는 실행 시스템은 조직의 모든 레벨에서 충분한 책임감과 의무를 수용한다. 이러한 사고방식은 모든 사람에게 편안한 것만은 아니다. 이러한 시스템 관점을 이해하고 장착한 최고 경영진이 없다면, 그 조직의 다른 경영진이 올바른 사고방식을 채택할 수 있으리라는 희망은 거의 없다.

조직에 속한 인력이 올바른 조치에 동기화 되지 못할 때, 당연히 그들은 자원의 생산능력을 낭비할 것이다. 지시와 올바른 조치에 대한 혼란은 컨트롤 포인트를 통한 플로우를 억제하며, 관리 능력뿐만 아니라 프로세스 및 물류 플로우에 대한 관리자의 지식에 대하여 조직 전반이 의구심을 가지게 된다. 경영진은 버퍼 관리가 어떻게 이루어지는지 이해하고 11장 후반에서 제시한 5가지 관리 질문을 이용해서 매월 그 관리팀과 함께 검토해야 한다. 플로우 상태에 대한 주요 일일 측정과 시스템의 추가 기회가 버퍼 관리를 통해 이루어지면, 주별, 월별, 그리고 분기별 보고서에는 반드시 그 정보가 통합되어야 한다. 가장 중요하게도 전체 조직은 실행 측정execution measurement이 전략적 버퍼에 연결된 각 피딩 링크의 자원들의 측정을 통하여 로컬에서 글로벌로 동기화된다는 것을 반드시 이해해야 한다.

모든 플로우 개선 또는 변동 감소는 서비스 수준을 유지하면서 피딩 링크를 지원하는 전략적 버퍼 감소를 유도한다. 이것은 훌륭한 수학, 통계적 분석, 그리고 상식이다.

고정 목표, 기준 및 메트릭스가 가진 문제는 종료점, 즉 성취된 상태가 있는 것으로 인식하고 가정한다는 것이고, 따라서 지속적인 개선을 지향하지 않게 된다. 첫 단계는 조직을 다른 사업 단위나 기능으로 분리시키는 벽을 허무는 것이다. 이것은 디맨드 드리븐 플로우 맵을 중심으로 한 전략, 시그널 그리고 조치를 조정하기 위한 필요 조건이다. 두 번째 단계는 전체 시스템이 그 부분들의 합으로 보도록 하는 성과 관리 시스템 및 메트릭스를 제거하는 것이다. 이러한 로컬 관점local viewpoint은 공유 자원(예; 생산능력, 재고 등) 및 전술적 우선순위의 효과적인 이용을 저해하는 갈등의 근원이다.

디맨드 드리븐 성과 측정 시스템 내에서의 모든 개인의 역할에 있어 가장 중요한 것은 생각하고 진화하는 시스템이며, 실행 후 망각방식fire and forget 시스템이 아니다. 고정 메트릭스fixed metrics는 단일 방향을 가리키며, 시스템 필요에 관계없이 성취를 향해 독립적인 노력을 계속 독려한다. 진정으로 효과적인 성과 측정 시스템은 모든 사람이 최고의 이익을 얻는 방향으로 향하게 하는 성장 모형이다. 버퍼 관리 피드백 시스템은 일일 의사결정이 조직의 ROI 평가지표에 의거하여 이루어질 수 있도록 적합한 정보를 제공한다. 변화가 일어날 때, 조직의 가장 큰 잠재력을 실현하기 위하여 사람들은 생각하고 조정하고 적응하여야 한다.

스마트 메트릭스를 디맨드 드리븐 성과 시스템의 정보 피드백 루프로부터 분리하는 것은 불가능하다. 피드백 루프는 의사결정 및 측정 도구이기 때문이다. 버퍼와 컨트롤 포인트의 가시적 상태는 시스템 상태에 대한 피드백 루프이다. 스마트 메트릭스의 열쇠는 문제를 확인하고 조치하며 학습하는 것을 모든 사람의 직무 기술서의 일부, 그리고 책임이라는 인식을 형성하는 것이다. 서로에게 대항하는 것이 아니라, 상호의존성을 이해하고 함께 협력하여 행동하는 것이 초점이다. 전략적 컨트롤 포인트와 디커플링 포인트의 대시보드는 현금 플로우 및 ROI 기회로 직접 연결되어 있다. 성과 기준은 단위 원가가 아니라, 언제나 시간 및 현금 플로우와 관련하여 표현된다.

정보 기술에 대한 최종 생각
A Final Thought on Information Technology

디맨드 드리븐 성과 시스템을 개발하는데 있어서 두 가지 주요 정보 기술 장애물이 존재한다. 그 첫 번째 문제는 다시 존재론적이다: 주요 소프트웨어 공급자는 공급망이 컨트롤하고 관리하려는 것이 어떤 종류의 현실이라고 가정하는가? 많은 ERP시스템을 경험한 저자의 의견으로는 오늘날 ERP, MRP, 그리고 DRP 시스템 및 모듈들은 선형적 세계와 비용 중심cost-centric 전략을 고수하고 있다. 플로우의 계획, 스케줄 및 전개라는 필요성과 현 ERP 시스템의 소프트웨어 도구 사이의 믿을 수 없는 미스매치의 증거는 [그림 1.1] 'MRP를 보완하기 위하여 스프레드시트를 사용하는 회사'에서 제시되었다. 간단히 말해 대규모 소프트웨어 회사가 문제의 본질을 아주 약간이라도 이해라도 하는가? 대규모 소프트웨어 공급업체의 내부 작업에 대한 경험과 개인적 지식에 근거하여 본서의 저자들은 "그렇지 않다No", 또는 기껏해야 "아직은 아니다."라고 주장한다.

두 번째 장애물은 대부분의 조직에서 IT 부서가 맡고 있는 역할과 관계 있다. 저자는 회사 내에서 크나큰 좌절의 암류undercurrent(표면화되지 않은 경향)를 감지한다. 운영 담당 직원들은 그들이 경험하는 변동성과 복잡성에 대항할 수 있는 솔루션 부족에 좌절한다. 대부분의 직원들은 IT를 혁신 및 개선에 대해 열린 문이라기 보다 닫힌 문이라고 생각한다. 다른 한편으로는 IT는 시스템 주변 및 외부에서 일하는 운영진을 극도로 좌절하게 하였다. 수 차례에 걸쳐 저자들은 대규모 경영진 회의에 참석했는데, 그곳에서 새로운 방법 및 도구 사용에 대하여 엄청난 결과가 제시되었다. IT의 반응에는 종종 기존 IT 인프라의 규정준수에 대한 우려들이 포함되었다. "잘하셨네요, 3 개월 만에 500만 달러 수익을 내셨는데 시스템 외부에서 낸 수익이군요. 시스템 내부에서 해결방안을 처리할 필요가 있습니다." 그리고 언제 시스템이 해결방안을 지원할 능력이 없다는 것을 알게 되었나요?, "그럴 리가요. 우리는 시장에 출시된 가장 최고의 ERP중의 하나를 사용합니다. 그 ERP는 현존하는 모든 베스트 프랙티스를 지원합니다."

기업은 기술에 거금을 투자하고 엄청난 시간을 들여 설치한다. 이러한 노력과 비용을 들인 후 최고 경영진은 당연히 모든 사람들이 IT의 가이드 하에 획일적인 방법으로 시스템을 이용하기를 원한다. 상기 첫 번째 장애물을 고려할 때 이것은 문제가 될 수 있다. 제조부서와 물류부서는 운영 및 물류 플로우, 그리고 회사의 전략적 시장 목표를 지원하도록 소프트웨어를 작동시키기 보다는 소프트웨어를 지원하는 방식으로 작업하라고 요청 받고 있다. 수십 년 전, IT 부서는 일반적으로 재무부문에 보고했고, 논리적인 사례들이 현금 플로우와 운영의 필요에 기초하여 만들어졌다. 제조공정을 이해하고 공장에서 성장한 CFO는 변화에 대한 개념과 필요를 즉각적으로 이해했다. 뉴 노멀 시대에 있어서 정보 기술은 사업에 핵심적이며 점차 복잡해지고 있다. IT는 이제 CEO나 COO에게 직접

보고하며, 많은 예에서 IT는 서비스를 제공하고 있는 기능조직 및 비즈니스의 전략적 목표에서 전적으로 분리되어 있는 것 같다.

운영과 IT는 매우 빠르게 분기하고 있는 것 같다. 우리는 비즈니스 필요 및 플로우에 대한 개념을 완벽하게 이해하거나 지향할 능력이 없는 IT 조직들을 목격한 바 있다. 우리는 운영 부서 인력이 IT 조직의 필요 및 목표에 대한 지식과 관심이 부족함을 알았다. 양측 모두 그들이 무지함을 알지 못한다. 해결방안은 지속적인 분기divergence 보다는 수렴convergence을 필요로 한다. 공급망 성과 관리 시스템 및 스마트 메트릭스를 다룬 본서에서 서술된 필요조건은 대부분의 ERP 시스템에서의 기존 정보 기술 특성 및 기능의 변화를 분명히 요구한다. 이 주제는 차기 디맨드 드리븐 관련 집필에서 다룰 것이다.

깊은 진리가 부인되고 새로운 현실 관점으로 바뀌게 되면, 다시는 되돌아 갈 수는 없다. 자신이 알고 있는 지식을 잃어버릴 수는 없다. 이 여정을 택해서 성공한사람들에게는 다시 낡은 패러다임 기반으로 일 처리하고 있는 자신의 모습을 발견하는 것이 믿을 수 없을 만큼 좌절스럽고, 힘들며, 성취감이 없을 것이다. 이제 토끼 굴이 얼마나 깊은지 알게 된 지금, 본서를 덮은 후 경험할 수 있는 세 가지 잠재적인 반응 또는 액션이 있다.

1. '무지는 축복'이라는 캘빈Calvin과 홉스Hobbes의 모토를 채택하고, 손으로 눈을 가려 절벽 위 작은 붉은 마차에 탑승한다.

2. "나는 이 모든 것을 알고 있고 아무도 귀 기울이지 않을 거야."라고 외치며 펄쩍 뛴다. 그리고 나서 마치 시스템이 붉은 마치를 몰고 절벽을 향해 질주하는 것처럼 소속되어 있는 시스템을 계속해서 탓한다.

3. 보다 스마트한 방법이 있음을 '알아냈고' 호기심이 당신을 그곳으로 이끌었다고 확신한다. 더 학습하고, 동료들도 학습에 참여하도록 하여 함께 그들의 가설에 도전한다. 본서의 저자들은 사람들이 스마트하고, 그들이 타고 있는 붉은 마차에 대하여 깊이 우려하며, 상식적인 리더십을 지향한다는 것을 경험

하고 있다.

아무도 그릇된 것으로 알고 있는 조치를 취하려고 하지 않는다. 그들이 다른 실행 가능한 대안을 찾지 못할 때 조차도.

각주 ———————————————————————

1. Schilpp, P.A., ed., "원자 물리학에 있어서의 인식론의 문제에 대한 아인슈타인과의 논의(Discussion with Einstein on Epistemological Problems in Atomic Physics)," in Albert Einstein:Philospher–Scientist, 1949, page 240.

부록 A

Demand Driven MRP의 전략적 보충 버퍼에 대한 추가 설명

More on the Strategic Replenishment Buffers of Demand Driven MRP(DDMRP)

이 부록은 DDMRP 버퍼의 크기가 어떻게 결정되며 어떻게 보충되는지 상술한다. 캐롤 프탁Carol Ptak과 채드 스미스Chad Smith의 저서 올리키의 자재 소요량 계획Orlicky's Material Requirements Planning 제 3판의 23~28장은 DDMRP 및 그 버퍼에 대해 광범위하게 설명한다.(백서, 팟캐스트, 동영상을 포함한 상세 정보는 www.demanddrivenmrp.com을 참조)

추가적으로, 미국의 디맨드 드리븐 인스티튜트Demand Driven Institute에서는 DDPPDemand Driven Planner Professional 및 DDLPDemand Driven Leader Professional라는 DDMRP 관련 국제자격증 프로그램을 제공한다.

버퍼 크기 결정

Sizing Buffers

[그림 A.1]은 DDMRP 버퍼 존의 크기 결정을 위한 구성 팩터를 나타낸다. 그린 존은 버퍼에 내재된 공급 오더 생성 프로세스의 핵심이다. 이 존의 크기는 평균 오더 빈도 및 일반적인 오더 크기를 결정한다. 그린 존의 크기는 부품의 최소 오더수량MOQ, 또는 계산된 ADUAverage Daily Usage의 퍼센티지에 리드타임을 곱한 값(리드타임×ADU×리드타임 팩터 %) 중에서 큰 값으로 결정된다. ADU는 일반적으로 현재 시점에서 과거방향으로의 롤링 구간을 사용하여 계산된다(예를 들어, 지난 90 일). ADU의 퍼센티지(리드타임 팩터 %)는 해당 부품이 속하는 리드타임 카테고리에 의해 결정된다. 부품 리드타임이 길어질수록 계산식에 사용된 ADU의 퍼센티지(리드타임 팩터 %)는 작아진다. 이것은 긴 리드타임 부품에 대하여 보다 빈번한 오더가 필요하다는 의미이며, 일반적으로 최소 발주량이

그림 A.1 전략적 보충 버퍼 크기 결정 팩터

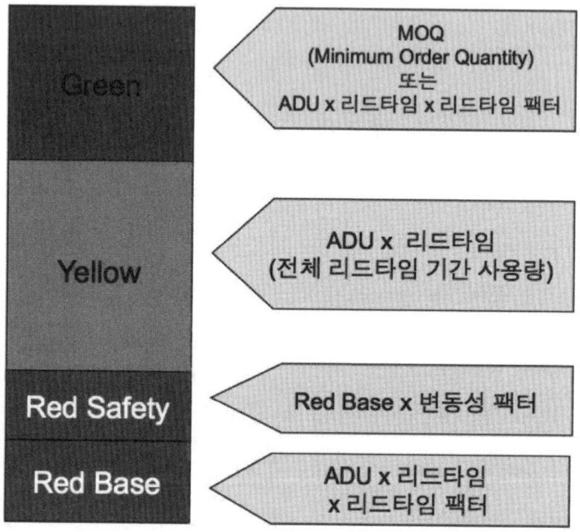

허용하는 빈도만큼이다. 이것은 긴 리드타임 항목에 가능한 한 많은 컨베이어 벨트 효과를 형성한다.

옐로우 존은 버퍼에 내재된 수요 커버리지 및 충격 흡수의 핵심이다. 따라서 옐로우 존은 리드타임 동안 항상 ADU의 100%로 고정되어 있다

레드 존은 버퍼에 내재된 리스크 완화존이다. 이것은 두 개의 개별 계산식의 합이다. 첫 번째 계산식은 [그림 A.1]에서 기본 레드존Red Base 값을 구하는데 적용되며, 옐로우 존의 값에 리드타임 팩터lead time factor의 퍼센티지를 곱하여 구한다. 그 다음 계산식은 안전 레드 존Red Safety 값을 구하는 공식이며, 기본 레드 존 값에 변동성 팩터variability factor 퍼센티지를 곱하여 구한다. 이 퍼센티지는 그 부품이 위치한 변동성 카테고리에 의해 결정된다. 변동성이 높을수록 사용되는 퍼센티지가 커진다.

[그림 A.2]는 전략적 보충을 위해 선택된 부품의 버퍼 존 크기가 어떻게 결정되는지 보여준다.

그림 A.2 부품 XYZ의 전략적 보충 버퍼 크기 결정 예

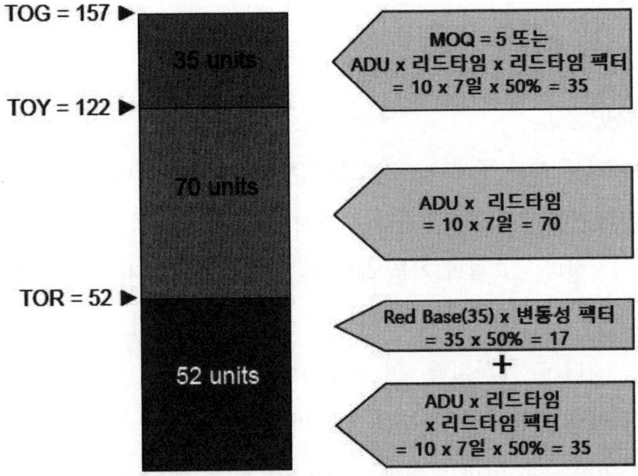

그린 존 Green Zone

이 부품의 ADU는 10이고 리드타임은 7일이다. 이 부품은 중간 크기의 리드타임 구매자 카테고리에 속한다. 예를 들어 플래너는 ADU×리드타임의 50%(리드타임 팩터: 50%)를 사용 중이다. 계산결과 그린 존 수치는 35 단위가 될 것이다. 이 부품의 MOQ는 5 단위이기 때문에 계산된 그린 존 수치가 더 높다. 그리하여 계산된 그린 존 수치(35)가 사용될 것이다. 더 높은 쪽을 택하는 이유는 그린 존이 본질적으로 오더 빈도를 결정하기 때문이다. 그린 존 크기를 MOQ로 설정할 경우, 이 부품은 평균적으로 하루에 두 번 발주된다(ADU가 10임을 기억하라). 이 상황은 지나치게 빈번한 작업 전환이 필요하고, 비용이 많이 든다. 특히 동일한 시나리오가 수백의 부품으로 퍼진다면 생산능력을 잠식하는 것이라는 것을 증명할 수 있다. 즉, 오더 빈도에 대해 수익 체감 포인트가 발생할 수 있는데, 그 포인트는 플로우가 시스템에 내재하는 제약과 한계로 인해 실제로 지연 될 수 있는 포인트인 것이다.

옐로우 존 Yellow Zone

부품 XYZ의 옐로우 존은 총 ADU에 리드타임을 곱하여 계산된다(10/day×7일). 계산 결과는 70이다.

레드 존 Red Zone

이 경우의 기본 레드 존Red Base은 그린 존을 반영한다. 이 부품은 중간크기의 리드타임 카테고리에 있고, 플래너는 다시 한번 리드타임 팩터를 50 퍼센트로 다시 한번 설정한다. 그 결과 기본 레드 존은 35 단위가 된다. 다음으로 안전 레드 존Red Safety은 그 부품이 속하는 변동성 카테고리에 따라 기본 레드 존의 퍼센티지(변동성 팩터)로 계산된다. 이 경우 그 부품은 중간 변동성 카테고리에 있고 50% 퍼센티지가 선택된다. 부품 XYZ의 안전 레드 존 = 기본 레드 존(35)×50% = 17.5이며 소수 이하 버림으로 17이 된다. 총 레드 존 = 52(기본 레드 존[35] + 안전 레드 존[17])이다. 이 수치를 TORTop Of Red이라고 한다.

버퍼의 최상단은 그린의 상단, 즉 TOGTop Of Green이라고 하며, 이 계산된 모든 존들의 합계이다. 부품 XYZ의 TOG는 157이다. 옐로우 존의 상단은 TOYTop Of Yellow라고 하며, 그 값은 TOR(52)에 옐로우 존(70)을 더한 122가 된다.

TOG가 목표 재고보유량을 나타내는 것은 아니며 목표 가용 재고수량의 상위 범위를 나타낼 뿐이다. 목표 평균 재고 보유량targeted average on-hand quantity = 그린 존 절반 + 전체 레드 존이다. 이에 대하여 이 부록의 후반부에 다룰 것이다.

계획된 조정
Planned Adjustments

이 버퍼 계산은 단지 출발점이다. 버퍼 계산식은 기업과 그 계획 및 구매 직원들이 처음에 편안하게 느끼는 결과를 도출해야 한다. 이제 버퍼를 동적으로 만드는 문제는 버퍼가 경험 및 계획된 변화에 대해 적응할 수 있도록 하는 것이다.

이들 버퍼는 ADU 계산에 대한 변화 또는 수정을 근거로 하여 조정되거나 팽창 또는 수축된다. [그림 A.3]은 다른 조정 시나리오를 제시한다. 모든 차트에서 왼쪽에서 오른쪽으로 움직이는 점선은 오른쪽 Y축에 해당하며 ADU를 나타낸다. 컬러 코드로 표시된 막대는 총 버퍼량과 개별 존들을 나타내며 왼쪽 Y축에 수량이 표시되어 있다. '시간에 따른 ADU 계산의 변화'라는 제목의 상단 왼쪽 시나리오는 롤링 평균rolling average을 사용하여 12개 기간별 평균 사용량의 점진적 변화를 나타낸다. 상단 오른쪽 시나리오는 시즌 별 상황을 나타내며 롤링 과거 ADUrolling past ADU에 의존하는 것으로는 시즌의 급증seasonal upsurge을 충분히 커버할 수 없다는 것을 보여준다. 이 경우 ADU는 퍼센티지 팩터percentage factor를 적용하여 실제로 미리 조정된다. 기간 6은 ADU의 180퍼센트로 설정되는 반면, 기간 1은 ADU의 80퍼센트로 설정될 수 있다. 이 ADU 조정은 PAFplanned adjustment factor(계획된 조정 팩터)라고 하며 과거의 시즌 행동양식historical seasonal behavior, 예상 시즌 행동양식expected seasonal behavior, 또는 그 둘의 조합으로 유형화할 수 있다.

[그림 A.3] 하단 왼쪽 차트는 서비스 중지 부품을 위한 계획된 조정이다. 기간 10에 도달하면 부품은 더 이상 활동이 없다. 글라이드 패스glide path(활강경로)가 형성되어 ADU가(감소 ADU 퍼센티지 방정식을 통해) 시간에 따라 점차로 감소한다. 그 목적은 서비스 종료일이 다가옴에 따라 그와 관련된 많은 재 오더량과 진부화 위험obsolescence risk을 방지하는 것이다.

[그림 A.3] 하단 오른쪽 차트는 새로운 부품 도입 시나리오이다. 새로운 부품의 문제는 기록된 사용 이력usage history이 없고 때때로 예상 판매가 과장될 수 있다는 것이다. 이 첫 번째 문제를 해결하기 위해 수요 예측된 ADUforecasted ADU를 사용하여 첫 번째 날을 시작할 수 있으며, 그리고 나서 롤링 계산rolling calculation을 통해 그 계산이 순수하게 과거의 사용량historical usage으로 구성될 때까지 그것을 실제 사용량과 혼합할 수 있다. 두 번째 문제를 해결하기 위해 램프 업 계획ramp up plan을 수립하여 버퍼 수준을 점차적으로 상승시키기 위해 시간에 따라 그

그림 A.3 버퍼 조정

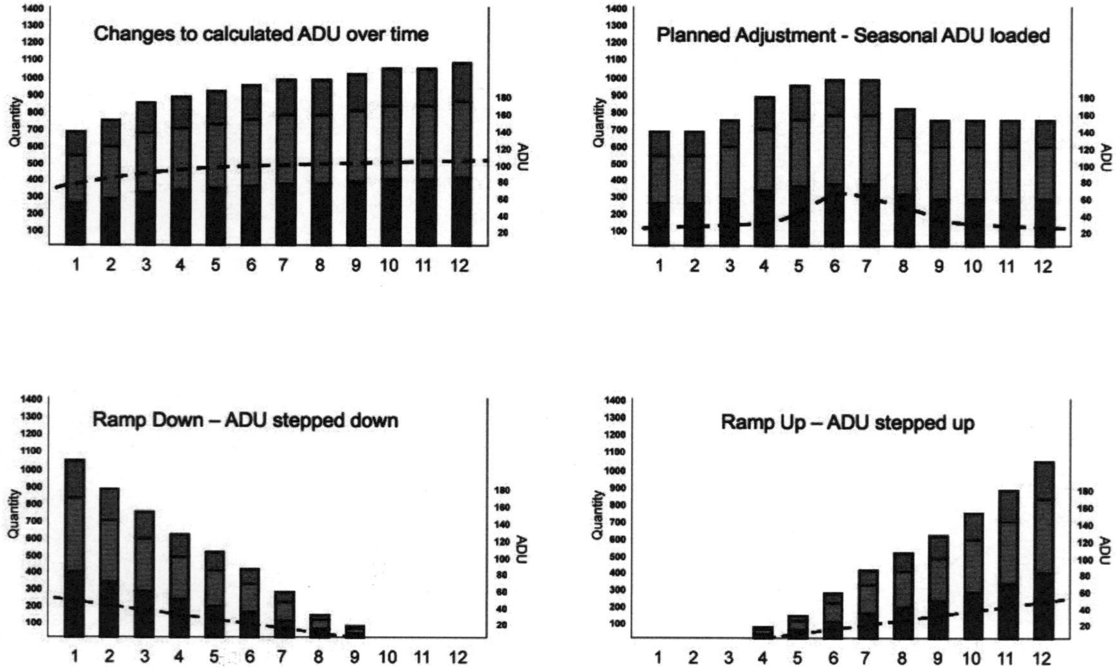
Changes to calculated ADU over time
Planned Adjustment - Seasonal ADU loaded
Ramp Down – ADU stepped down
Ramp Up – ADU stepped up
Quantity
ADU
1 2 3 4 5 6 7 8 9 10 11 12

ADU의 퍼센티지를 적용할 수 있다. 이러한 일은 시장이 입증될 까지 회사가 생산능력, 현금과 공간을 투자하는 것을 약속하지 않을 때 일어난다. 램프 업 경로ramp up path는 테스트를 위한 위험 회피 방법risk-averse way을 말하며 여전히 시장에 서비스를 제공한다.

공급 오더 생성

Supply Order Generation

이들 버퍼는 현 재고, 기 발주 오더 및 실제 수요 오더를 고려하여 보충된다. 공급 오더는 넷 플로우 포지션net flow position이 위치하는 존에 기초하여 생성된다.

완제품 넷 플로우 공식 = 현 재고on-hand + 기 발주 오더on-order(open supply) - 판매 오더 수요(납기지연 오더, 당일 납기 오더, 그리고 자격 있는 급증오더qualified spikes)

중간 및 구매 품목에 대한 DDMRP 넷 플로우 공식 = 현 재고on-hand + 기 발주 오더on-order(open supply) - 작업지시 수요 할당Work Order Demand Allocations(납기지연 오더, 당일 납기 오더, 그리고 자격 있는 급증 오더qualified spikes)

[그림 A.4]는 급증 오더order spike의 조건이 어떻게 확보되는지 설명한다. 급증 오더의 조건을 확보하기 위해서는 급증 오더 구간이 설정된다. 하나의 급증 오더 구간은 최소한 미래의 리드타임만큼의 크기를 확보해야 한다. [그림 A.4]에서 품목 XYZ의 급증 오더 구간은 7일이다(품목의 리드타임에 직접 상응). 다음으로 급증 오더 한계선order spike threshold이 설정된다. 이 예시에서 그것은 총 레드 존의 50%인 26 단위로 설정된다. 급증 오더 구간은 급증 오더 여부 판정 시에, 품목의 일일 판매 오더의 합으로 판단한다(중간조립 및 구매 품목에 대해서

그림 A.4 급증 주문(Order Spike)의 조건

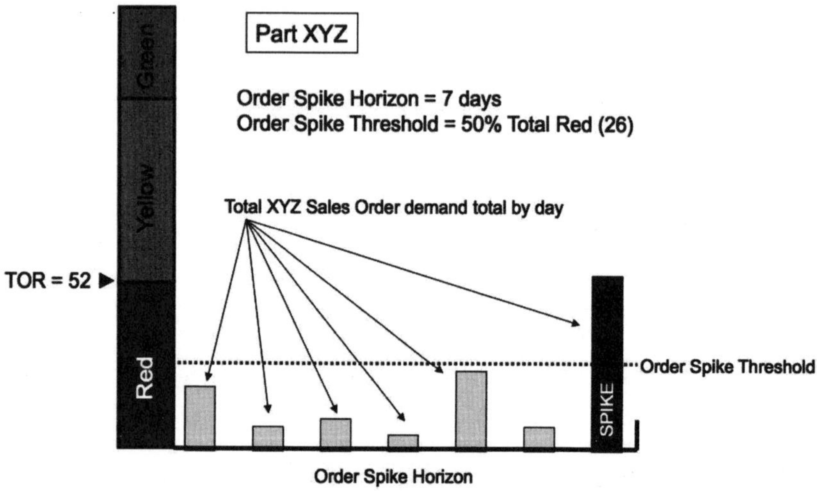

는 작업 오더일 것이다). 이것은 같은 날짜에 예정된 여러 판매 오더가 누적되어 해당일의 급증 오더를 만들 수 있음을 의미한다. 상기 예시에서 하루에 26 단위 이상의 누적, 즉 2.5일 이상의 평균 수요는 급증으로 판정되어 넷 플로우 공식에 포함됨으로써 보상받을 것이다.

급증 오더 조건order spike qualification과 보상은 추가 재고 투자 없이 버퍼에 보다 훌륭한 완충 역량을 제공한다.

[그림 A.5]는 기계가공 및 조립 기능을 갖춘 제조 공장에서의 전략적 보충 버퍼의 공급 오더 생성 과정을 나타낸다. 디커플링 포인트는 완제품의 비축에 의해 조립 공정과 고객 사이에 위치하고 있다. 오른편의 버킷 아이콘들은 완제품 재고 상태(품목 FPB, FPA 그리고 FPE)이다. 추가적으로, 중간 재고 품목의 태로 기계가공과 조립 사이에 디커플링 포인트가 위치하고 있다(품목 ICB, SAF 그리고 ICS).

그림 A.5 공급 오더 생성 예

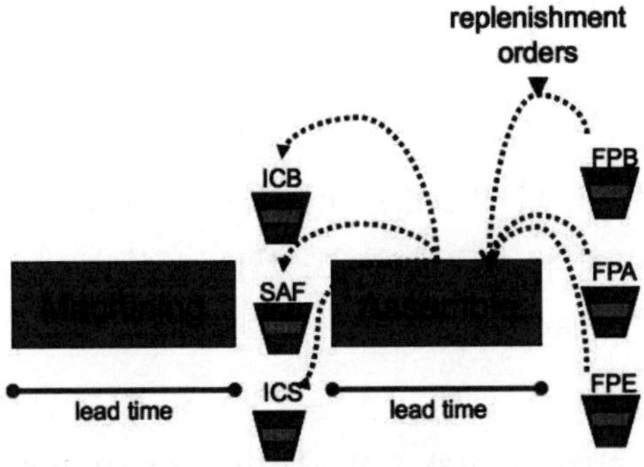

Part	Open Supply	On-hand	Demand	Net Flow Position	Recommended Supply Qty	Action
FPB	5453	4012	3200	6265 (49%)	6500	Create Order
FPE	3358	4054	540	6872 (66%)	3128	Create Order
FPA	530	3721	213	4038 (67%)	2162	Create Order

이미 기술한대로 오더 권고는 넷 플로우 공식에 기초한다. 넷 플로우 공식이 TOY 이하 상태라면 공급 오더는 TOG 수량과 넷 플로우의 차이만큼 생성된다. 품목 FPB의 넷 플로우 포지션net flow position은 6265개이다. 그 수치는 4,012개의 현 재고 수량에 5,453개의 기발주 오더open supply 수량을 더하고, 3,200개의 판매 오더 수요를 차감하여 도출되었다. 넷 플로우 상태는 옐로우 컬러 코드이며, 이는 옐로우 존에 있음을 의미한다(TOYTop Of Yellow 이하 TORTop Of Red 이상). 넷 플로우 열의 퍼센티지 표시는 현 넷 플로우 포지션을 총 버퍼(TOGTop Of Green 수량)와 관련시킨다. 넷 플로우는 6,265, 즉 TOG 수치의 49%이고, 넷 플로우 포지션을 TOG로 회복시키기 위하여 6,500 단위의 공급 오더 생성이 권고된다.

완제품의 재 공급 오더('보충 오더'라고 표시됨)는 조립 공정으로 거꾸로 연결된 화살표 점선으로 나타낸다. 이 보충 오더는 작업 오더로 전환되어 조립공정으로 스케줄 될 것이다. 조립공정에 스케줄 된 작업 오더는 중간 비축재고 버퍼에 대한 수요 할당demand allocation을 나타내나, 오늘 릴리즈 예정이거나 급증 구간

spike horizon 내의 미래 급증이 아닌 한, 각 넷 플로우 공식에 영향을 미치지 않는다.

이미 언급했듯 평균 현 재고 포지션은 TOG 보다 현저히 낮다. TOG는 단지 오더의 목표 수준일 뿐이다. [그림 A.6]은 비축재고 품목에 대한 버퍼와 적합한 속성들을 보여주고 있다. 이 예는 평균 또는 목표 현 재고target on-hand 수준을 어떻게 결정하는지 설명한다. 이 품목의 리드타임은 18일이고 ADU는 10이다. 그린 존은 리드타임 기간 동안 사용량의 30%로 설정되어 그 크기는 54(180×0.3)이 되나, MOQ가 60이므로, 실제 그린 존 크기는 둘 중 큰 값인 60으로 결정된다. 옐로우 존(항상 리드타임 기간 동안 ADU의 100%)은 180 단위가 된다. 총 레드 존은 100으로 설정되었다.

그린 존이 60개이고 ADU가 일일 10개면, 완벽한 평균 세계에서 매 6일 마다 60개를 재 주문할 것이다. 매 6일 마다 그 품목을 재 주문한다면, 넷 플로우 공

그림 A.6 버퍼 예시

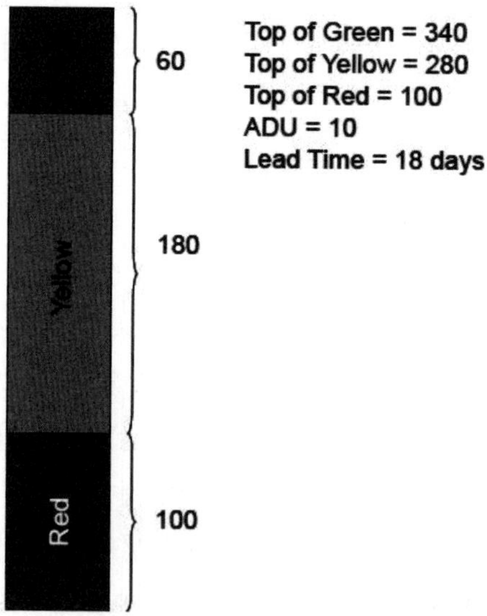

식이 그린일 때, 일반적으로 3개의 오픈 공급 오더가 존재할 것이다. 넷 플로우가 TOG 이상이 되거나 현 재고량이 상당히 감소해야 하기 때문에, 3개(평균 수요 가정) 이상의 오픈 공급 오더는 존재하지 않을 것이다. [그림 A.7]은 이 3개의 기 발주 오더open supply order를 나타낸다.

그림 A.7 리드타임 동안의 오픈 공급 오더(open supply order)

DAY	1	2	3	4	5	6	7	8	9	10	11	12	13	14	15	16	17	18
Supply Order	60						60						60					

일일 계획을 완료하고 오더들을 승인한 후, 플래너는 최소 각 60개의 발주량을 가진 3개의 기 발주 오더를 보유해야 한다. 넷 플로우가 TOG에 있을 때, 3개의 오픈 오더가 존재하면 최소한 180개의 예정 입고량이 존재하며, 현 재고 수

그림 A.8 평균 재고 범위 예시

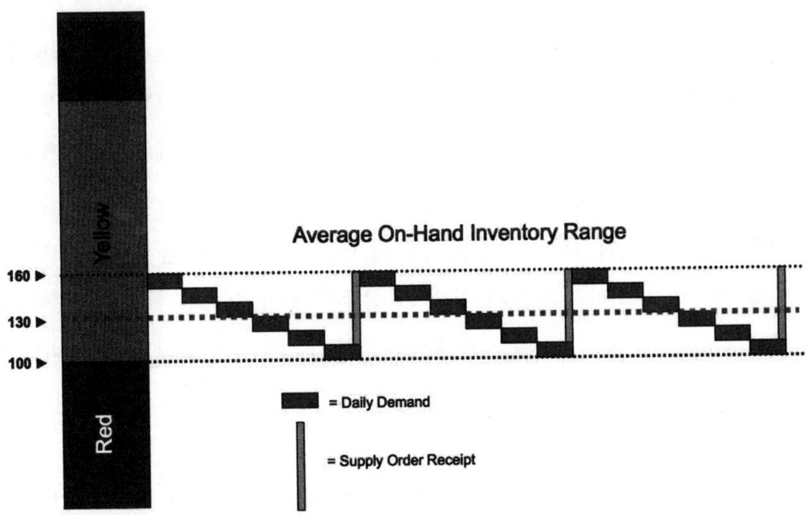

량은 160개(레드 존 크기 + 그린 존 크기) 이상이 될 수 없다

오픈 공급 오더 수량이 입고되고 새로운 공급 오더를 발주 처리할 때까지 남은 6일분의 수요가 존재한다. 60개 오픈 공급 오더 수량이 입고되어 현 재고 수준을 다시 160까지 채우기 전까지 6일 동안의 ADU는 현 재고 수량을 100까지 소모 시킨다. 완벽한 평균 세계에서 현 재고는 100~160사이 범위에 있을 것이며, 평균치는 130이 될 것이다(총 레드 (100) + 그린 절반 (30) = 130).

이것을 [그림 A.8]에서 나타냈다. 왼쪽에서 오른쪽 아래로 움직이는 검은 사각형은 일일 사용량인 10 단위를 나타낸다. 160 단위에서 시작하여 공급 오더 수량이 입고될 때까지 매일의 수요는 현 재고 포지션을 감소 시킨다. 공급 수량에 대한 입고는 길고 얇은 사각형으로 표시한다.

상기 공식에서 이미 입증했듯 보충 버퍼는 실제 고객 수요나 소비만을 이용한다(보통 판매 오더 형태로 표시). 중간 품목 작업 오더에 대한 수요 할당은 판매 오더에 의해 드라이브 된다고 가정한다. 판매 오더 수요만을 이용한다는 것은 보충 포지션이 비축재고 포지션의 통계적 안전재고statistical safety를 극도로 부풀리는 수요예측 실수에 민감하지 않음을 의미한다. 수요예측 된 오더forecasted error는 공급 생성 공식의 일부가 아니다.

지금까지 우리는 보충 공급 오더 생성replenishment supply order generation이 어떻게, 그리고 왜 보다 나은 계획 시그널을 제공하는지 설명했다. 전략적 보충 버퍼는 또한 실행 가시성, 즉 오픈 공급 오더 관리에 대한 큰 도약을 제공한다. 전통적인 공식 계획에서는 우선순위가 납기일에 의해서 결정된다. 그러나 특히 뉴 노멀 시대에서는 지연과 시스템 고장, 수요의 단기 급증 발생, 품질과 신용 문제 발생 등 상황이 변한다. 이 모든 것은 기 발주된 공급 오더의 실제 우선순위에 큰 영향을 미칠 수 있다. 오늘날 우리는 이러한 우선순위 변화의 영향에 비교적 무지하다. 적합한 데이터가 없거나, 데이터가 MRP 액션 플래그의 방대한 대기열에 묻혀 있다.

DDMRP의 전략적 보충 버퍼는 강력한 실행 도구를 제공한다. 이들 버퍼는

'버퍼 상태에 의한 우선순위 결정' 메커니즘에 의해 완전히 새로운 실행의 측면을 보여준다.

그림 A.9 생산 현장 실행(shop floor execution)을 위한 전략적 보충 버퍼 사용

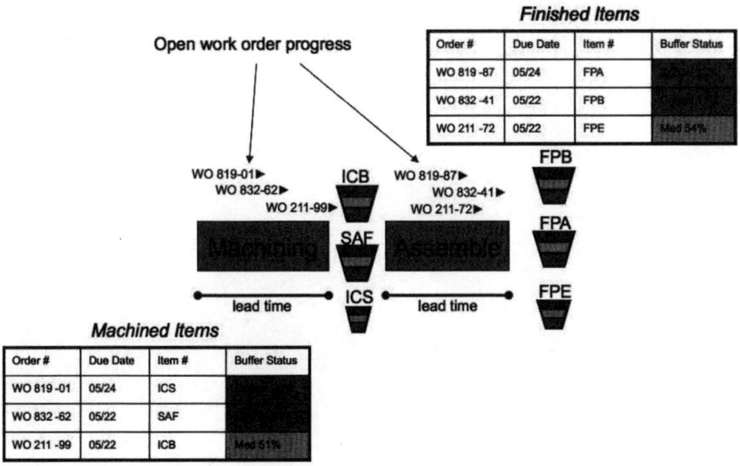

[그림 A.9]는 이들 새로운 버퍼와 함께 하는 새로운 종류의 가시성을 나타낸다. 왼쪽에서 오른쪽으로 2개의 도표는 오더 번호, 버퍼에 대한 오더 납기일, 품목 번호, 품목 버퍼의 현 재고 상태를 표시한다. 기계가공과 조립에는 작업 오더 형태로 재공 작업work-in-process이 있다. 조립은 3가지 작업 오더가 있다. 작업 오더가 표시된 상대적인 위치는 각 작업 오더가 프로세스를 통해 어느 정도로 진행되었는지 나타낸다. 오른쪽 버퍼에 가까울수록 작업 오더는 더 많이 진행된 것이다. 예를 들어 작업 오더 832-41은 완성에 가장 근접해 있다.

도표는 현 재고 경고 보드current inventory alert board로 자주 표현되는데, 작업 오더 819-87이 현 재고의 관점에서 가장 우선순위가 높다는 것을 나타낸다(그러나 이 품목의 납기일은 가장 늦다). 현 재고 경고 가시성current inventory alert visibility은 작

업현장 활동을 변화시켜 최고 우선순위의 필요에 따라 비축재고 버퍼를 보호하도록 한다.

이들 버퍼는 전략적으로 디커플링 포인트로 선택되었고 디맨드 드리븐 시스템의 핵심이다. 버퍼는 단지 '비축재고'로만 생각되어서는 안 된다. 버퍼는 또한 전략적으로 저장된 생산능력 및 시간이기도 하다. 세 가지 종류의 버퍼(비축재고, 생산능력 및 시간)는 하나로 결합되어 시스템 제어 및 변동성 완화 메커니즘이라는 대단히 중요한 역할을 수행한다.

부록 B

용어 사전

ADU – "일일 평균 사용량" 참조

DDMRP – "디맨드 드리븐 자재 소요량 계획" 참조

DDOM – "디맨드 드리븐 운영 모델" 참조

PAF – "계획된 조정 팩터" 참조

TOG(Top Of Green) – 그린 존 꼭대기. TOG는 버퍼의 레드, 옐로우 및 그린존의 합이다.

TOR(Top Of Red) – 레드 존 꼭대기. TOR은 기본 레드 존Red Base과 안전 레드 존Red Safety의 합이다.

TOY(Top Of Yellow) – 옐로우 존 꼭대기. TOY는 버퍼의 레드와 옐로우 존의 합이다.

결품(Stockout) – 재고가 즉시 가용하지 않는 품목(APICS 사전 참조)

계절성 조정(seasonality adjustment) – 계절적 패턴을 따라 버퍼를 조정하여 재고 포지션에 영향을 주기 위한 버퍼 조정

계획된 조정 팩터(planned adjustment factor: PAF) – 특정 전략, 이력, 비즈니스 정보를 기반으로 버퍼를 조정하는 팩터

계획된 조정(planned adjustments) – 특정 시점에서 버퍼 레벨 및 해당 존을 올리거나 내려서 재고 포지션에 영향을 주는 버퍼 공식의 조정. 계획된 조정은 구체적인 전략, 이력 및 비즈니스 정보를 기반으로 한다.

고객 허용 시간(customer tolerance time) – 잠재 고객이 상품 또는 서비스의 제공을 기다릴 용의가 있는 시간

그린 존(green zone) – 버퍼에 내재된 공급 오더 생성 프로세스supply order generation process의 핵심이다. 이 존의 크기는 평균 오더 빈도 및 일반적인 오더 크기를 결정한다. 그린 존의 크기는 부품의 최소 오더수량MOQ: minimum order quantity,

또는 계산된 ADUAverage Daily Usage의 퍼센티지에 리드타임을 곱한 값(리드타임 × ADU × 리드타임 팩터 %) 중에서 큰 값으로 결정된다.

기본 레드 존(red zone base) – 리드타임 팩터에 의해 크기가 결정되는 레드 존 부분

넷 플로우 공식(net flow equation) – 버퍼 품목의 계획수립 상태를 결정하기 위한 계획수립 공식: 판매 오더 수요(납기지연 오더, 당일 납기 오더, 그리고 자격 있는 급증오더qualified spikes

넷 플로우 포지션(net flow position) – 품목의 버퍼에 대하여 넷 플로우 공식에 의해 도출된 재고 포지션

다이나믹 버퍼(dynamic buffers) – 품목의 주요 특성의 변경에 따라 자동 또는 수동으로 레벨이 조정되는 버퍼

디맨드 드리븐 운영 모델(Demand Driven Operating Model: DDOM) – 전술적으로 적합한 운영 범위(시간, 일, 주)에서 적합한 정보 및 물류의 흐름을 보호하고 촉진하는 예측 가능하고 민첩한 시스템을 구축하기 위해 전략적 디커플링, 콘트롤 포인트, 재고, 시간 및 능력 버퍼와 함께 실제 수요를 사용하여 공급 오더 생성, 운영 스케줄링 및 실행하는 모델. DDOM의 핵심 파라메타는 DDS&OP를 통해 설정되어 운영 자본 및 독촉 관련 비용을 최소화하면서 결정된 비즈니스 및 시장의 목표를 만족시키도록 한다.

디맨드 드리븐 자재 소요량 계획(Demand Driven Material Requirements Planning: DDMRP) – 적합한 정보 및 물류 흐름을 보호하고 촉진하기 위해 공급망을 모델, 계획수립 및 관리하는 방법. DDMRP는 DDOM에서 공급 오더를 생성하고 관리하는 엔진이다.

디커플드 리드타임(decoupled lead time: DLT) – BOM에서 버퍼로 보호되지 않는 가장 긴 구간으로 정의되는 누적 리드타임

레드 존(red zone) – 버퍼에 내재된 리스크 완화risk mitigation존이다. 이것은 두 개의 개별 계산식의 합이다. 첫 번째 계산식은 기본 레드 존red base 값을 구하는데

적용되며, 옐로우 존의 값에 리드타임 팩터lead time factor의 퍼센티지를 곱하여 구한다. 그 다음 계산식은 안전 레드 존red safety 값을 구하는 공식이며, 기본 레드 존red base 값에 변동성 팩터variability factor 퍼센티지를 곱하여 구한다. 이 퍼센티지는 그 부품이 위치한 변동성variability 카테고리에 의해 결정된다. 변동성이 높을수록 사용되는 퍼센티지가 커진다.

리드타임 팩터(lead time factor) – 그린 존과 레드 존 크기 계산 시에 품목의 리드타임에 적용되는 곱셈 팩터

버퍼 상태 경고(buffer status alerts) – 종속 네트워크 전반에 걸쳐 디커플링 포인트 포지션의 현재 및 예상 상태를 보여주는 경고

버퍼 존(buffer zone) – 재고 버퍼 내의 계층. 일반적으로 버퍼 존은 레드, 옐로우, 그린으로 색상이 지정된다.

버퍼 침투(buffer penetration) – 버퍼의 남은 양으로, 일반적으로 퍼센트로 표시.

버퍼 프로파일(buffer profile) – 리드타임, 변동성, 콘트롤 및 오더 관리 특성이 유사한, 통합적으로 관리되는 품목 그룹

수요 조정 팩터(demand adjustment factor: DAF) – 특정한 기간에 승인된 비즈니스 케이스에 근거하거나 단기간에 급변하는 수요에 대응하기 위하여 과거 이력으로 검증되거나 계획된 포지션으로 ADU 입력을 조정하는 것

스파이크(spike) – 넷 플로우 공식에 포함될 자격이 있는, 상대적으로 큰 일일 누적 실제 수요

시장 잠재 리드타임(market potential lead time) – 기존 또는 신규 고객 채널을 통해 가격 인상이나 추가 비즈니스 포착이 가능한 리드 타임

쏘트웨어(thoughtware) – 조직 또는 시스템에서 속도, 가시성, 자본 효율을 극대화 할 수 있는 적합한 비즈니스 규칙 및 운영 전략을 구축하기 위하여 적합한 팩터 및 종속성을 정의하는 데 적용하는 분석 및 프로세스. DDMRP 프레임에서 쏘트웨어는 일반적으로 재고 포지셔닝 팩터 적용과 관련하여 언급된다.

안전 레드 존(red zone safety) – 변동성 팩터에 의해 크기가 결정되는 레드 존 부분

옐로우 존(yellow zone) – 버퍼에 내재된 수요 커버리지coverage 및 충격 흡수의 핵심이다. 따라서 옐로우 존은 리드타임 동안 항상 ADU의 100%로 고정되어 있다.

오더 스파이크 구간(order spike horizon) – 오더 스파이크 문턱값threshold과 조합하여 오더 스파이크의 적격성 판단에 사용되는 정의된 미래 시간 구간. 일반적으로 오더 스파이크 구간은 품목의 디커플드 리드타임으로 설정한다.

오더 스파이크 문턱값(order spike threshold) – 오더 스파이크 구간과 조합하여 오더 스파이크 적격성 판단에 사용되는 정의된 양. 일반적으로 오더 스파이크 문턱값은 품목 버퍼의 레드존 (또는 최소값)에 대한 퍼센트로 표시한다.

일일 평균 사용량(average daily usage: ADU) – 부품, 구성품 또는 제품의 일일 평균 사용량

적격 실제 수요(qualified actual demand) – 넷 플로우 계산식의 수요로 간주되는 부분으로, 적격 오더 스파이크, 납기 지연된 수요, 당일 납기 수요로 구성됨.

적격 오더 스파이크(qualified order spike) – 오더 스파이크 구간 내에서 오더 스파이크 문턱값을 넘는 일일 실제 수요의 합

전략적 재고 포지셔닝(strategic inventory positioning) – 시장 요구를 충족시키고 운전 자본을 활용하며, 채찍효과를 완화하기 위해 다양한 형태의 변동성으로부터 시스템을 가장 잘 보호할 수 있도록 재고 위치를 결정하는 프로세스.

중대한 최소오더량(significant minimum order quantity) – 버퍼의 그린존을 설정하는 최소오더량

컨트롤 포인트(control points) – 제품 또는 제품 그룹의 논리적 구조내에서 계획수립, 스케줄링, 콘트롤 기능을 단순화 할 수 있는 전략적 위치(APICS 사전 참조)

판매 오더 가시구간(sales order visibility horizon) – 기업에서 일반적으로 판매

오더 또는 실제 종속수요를 인식하는 시간구간

평균 재고 범위(average inventory range) – 특정한 버퍼 품목의 실제 현재고가 특정 날짜에 있어야 하는 예상 범위. 버퍼의 레드존 상단에서 레드존과 전체 그린존을 더한 곳까지를 말한다.

평균 현재고 포지션(average on-hand position) – 버퍼의 레드존에 그린존의 반을 더한 값

품절(stockout) – 재고가 즉시 가용하지 않은 품목 (APICS 사전 참조)

플로우 인덱스(flow index) – 모든 품목을 비교한 평균 오더 주기

현재고 경고 레벨(on-hand alert level) – 실행에서 옐로우 및 레드 색상을 정하기 위해 버퍼 상태 경고에 사용되는 레드 존의 퍼센트

현재고 경고(current on-hand alert) – 현재고가 버퍼의 레드존을 침투하여 나타나는 실행 경고

반세기만의 SCM 혁명

DEMAND DRIVEN
PERFORMANCE
USING SMART METRICS

초판 1쇄 발행 2018년 9월 15일
지은이 데브라 스미스 · 채드 스미스
옮긴이 이광빈 · 김경현

발행인 장대용
편 집 이현화
발행처 (주) 물류신문사
서울시 마포구 마포대로 63-8 삼창프라자 2층
전화 : 02-749-5445 / FAX : 02-749-5456
홈페이지 : hppt://www.klnews.co.kr
출판등록 제03-01239호

ISBN 978-89-93475-28-9 93500